한(恨)의 학제적 연구

한(恨)의 학제적 연구

김진 조수동 하창환 이명곤 이광호 김영필
임효덕 강대석 박정희 서정욱 이강화 지음

철학과현실사

2004

본서는 2002년 한국학술진흥재단 인문학육성과제 "한(恨)의 구조분석을 통한 한국인의 정체성 연구"(KRF2002-074-AM1520)에 대한 결과물이다.

연구책임자: 신창석(대구 가톨릭대학 철학과 교수)

서문

오천 년을 이어오는 한국인(韓國人)의 가장 한국적 철학(哲學)은 단순히 문헌 속에만 있는 것이 아니라, 언어와 삶 속에도 깊이 용해되어 있다. 그 중에서도 가장 한국적 의식은 한(恨)이라는 개념 속에도 담겨 있다. 한국 사람들이 일상에서나 전통, 문화, 문학 등등의 담론에서 흔히 만날 수 있으면서도 돌이켜 생각하면 분명하지 않은 것이 한이라는 말이다. 한 개념은 물론 유구한 역사 속에서 우리 겨레와 함께 살아왔지만, 이에 대한 체계적 연구나 반성은 부족했기 때문이리라. 한이란 무엇인가? 부정적 심성인가, 긍정적 심성인가? 슬픔과 애환의 심성인가, 기쁨과 희망의 심성인가? 아니면 슬픔과 기쁨, 애환과 희망이 교차하는 복합적 심성인가? 우리의 일상 언어에서 보면 한은 맺히기도 하는 것이요, 풀기 위해 존재하는 것이기도 하다. 그렇다면 한은 우리 민족의 정서와 어떤 관계를 맺어왔으며, 앞으로는 또 어떻게 전개될 것인가?

물론 이에 대해서는 다양한 견해와 근거가 있을 수 있다. 그러나 본 연구는 한에 대한 담론을 넘어서서 보편타당한 진술을 이끌어내고자 한다. 이러한 한의 의식을 학문화하기 위해서는 학제간 시도와 함께 체계적 작업이 필수적이다. 따라서 본 연구는 한에 대해 전해 내려오는 한국인의 다양한 경험과 현상, 이야기들을 인문학적 구조를 통하여 형상화하고자 한다. 물론 최초의 학제간 시도인 만큼 부족한 점도 많을 것이다. 그러나 이러한 작업을 토대로 21세기를 맞이하여 세계 속에 한국이라는 이미지와 한국인의 자아(自我) 정체성(正體性)을 구축하는 동시에 새로이 모색하는 하나의 계기가 될 것이다.

한에 대한 학제간 연구 작업은 7개 학문 영역, 12개 전문 영역에 걸쳐 이루어졌으며, 학제간 연구에 대한 성과를 철학적 분석팀에서 추상화하고 일반화하는 작업을 거쳐 개별 연구에 환류시키는 방법으로 전개되었다. 이는 한에 대한 다양한 이야기를 학문의 체계 속으로 영입시키기 위한 최소한의 방법이었다. 여기서 학제간의 연구에는 철학, 종교학, 여성학, 정신의학, 문학, 영화비평의 영역이 동원되었으며, 철학적으로는 한에 대한 현상학적 고찰과 해석학적 환류를 시도하였다.

이러한 한의 구조분석을 통한 한국인의 정체성에 대한 연구는 4개의 과제로 분류되어 있다.

첫째, 한의 구조에 대한 철학적(哲學的) 연구에서는 해석학적 의미와 현상학적 구조를 중점적으로 분석한다. 이는 한에 대한 담론을 학문화하기 위한 기초 작업이다. 물론 한의 정서에 대한 언어분석은 이미 시도된 바 있으나, 이를 토대로 한 철학적 작업은 등한시되어 왔다. 따라서 여기서는 한의 의미와 구조에 대해 개방적이고 적극적이며, 미래지향적이고 희망철학적 측면을 드러냄으로써 한에 대한 철학적 사유의 길을 열어보고자 한다.

둘째, 한의 종교학적(宗敎學的) 분석에서는 불교, 유교, 천주교, 기독교의 관점에서 한의 문제를 작업할 것이다. 곧 한이 가지는 현상의 사실성과 의미 지향성을 우리와 함께 살아온 종교 안에서 찾고자 한다.

유교적 관점에서는 한의 성립 과정을 분석하면서 부정적 한의 발생을 최소화할 수 있는 대동사회의 구축을 모색할 것이다.

불교적 관점에서는 한의 정서에 맺혀 있는 모든 부정적 경향성들을 자비로 해체하는 한의 지향성을 소개할 것이다.

천주교적 관점에는 한국 가톨릭의 수난사에 나타난 한의 내면성과 역동성을 찾아내고자 한다. 나아가 천주교적 한의 정서가 보편적이고 윤리적 가치로 승화될 수 있다는 가능성을 제안함으로써 한의 적극성을 드러낼 것이다.

기독교적 관점에서는 특히 여성의 한을 한국 초기 기독교를 중심으로 고찰할 것이다. 한국 기독교의 성장신화 이면에 깔려 있는 여성들의 한이 영적 구원 사업과 지상에서의 사회 참여로 태동하는 장면을 보여줄 것이다.

셋째, 한의 치료·해방적 분석에서는 한의 정서를 정신분석학(精神分析學)과 페미니즘 내지는 여성해방의 시각에서 보고자 한다. 한에 대한 정신치료적 이해에서는 한의 정서가 다른 민족이 느끼는 원한이나 보복 감정과는 다르기 때문에, 한국인의 특수성을 고려한 치료방식을 모색할 것이다. 또한 여성학적 관점에서는 한국 여성의 한이 차지하는 실상을 분석하는 동시에 한의 해소를 여성 해방운동의 맥락에서 진단할 것이다.

넷째, 문학(文學)과 영화(映畵) 예술을 통한 한의 형상화에서는 문학과 영상에 묘사되는 한의 이미지들을 제시함으로써 각 시대마다 특징적으로 드러나는 한의 형상화 과정을 파악할 것이다. 여기서는 고대의 한국인들로부터 현대의 영상 세대에 이르기까지 시대별로 나타나는 한의 정서에 대해 통시적 이해가 가능할 것으로 보인다.

결국 이러한 시도는 한국인에게 특징적 정서이면서도 학문의 역사에서 체계화하지 않은 우리 본연의 심성에 대해 반성하는 동시에 21세기를 맞이하여 한민족의 정서적 역량을 제고하는 계기가 될 것이다. 특히 한에 대한 학제적 연구는 20세기의 식민주의 사관과 조선시대의 사대주의를 넘어서서 한민족의 정체성 자체에서 21세기를 출발하는 시발점이 되기를 바라는 염원에서 시작되었지만, 앞으로 얼마나 효과적인 반향과 결실을 맺을 것인지는 또 다시 과제로 남아 있다.

부족하나마 한국인의 정체성 회복을 위해 시도된 한의 구조 분석은 한국학술진흥재단의 지원과 여러 대학의 협조 없이는 불가능한 것이었다. 인문학의 위기라는 절대절명의 시기에 한에 대한 연구를 가능케 한 한국학술진흥재단, 그리고 본 연구에 협조를 아끼지 않은 대구가톨릭대학교에 진심으로 감사하는 마음이다. 또한 열악한 연구 상황에서도 사회적으로 등한시되어 온 연구에 열과 성을 다한 여러 교수님들과 연구원님들께도 고마운 마음을 전하는 바이다. 다양한 문화와 경제의 열강들이 벌이는 각축 속에서 과거와 같이 미래에도 끝없이 한국인으로 살아갈 뿐만 아니라 자랑스럽고 행복하게 살기 위해서는 타인에 대한 연구뿐만 아니라 자신에 대한 연구도 병행되어야 할 것이다. 따라서 한국인의 한에 대한 연구가 다양한 관심 속에 지속되기를 기원한다.

2004년 4월 5일
연구책임자　신 창 석

한의 학제적 연구

차례

제1장 | 한(恨)이란 무엇인가?

김 진

한(恨)은 우리 한국인에게 가장 기초적이고 근본적인 정서이다. 그러나 그것은 총체적이고 복합적인 문화현상의 산물이기 때문에 정의하기가 쉽지 않다. 한의 정서는 사람들에 따라서 매우 다양하게 나타난다. 한의 개념을 이해하기 위하여 네 가지 의미유형과 두 가지 해석구조를 제시하였다. 한의 네 가지 의미유형은 怨(공격성), 嘆(퇴영성), 情(우호성), 願(진취성)이다. 원과 탄은 부정적이고 소극적인 의미요소들이고 정과 원은 긍정적이고 적극적인 의미요소들이다. 이 두 개의 개념쌍에는 한에 대한 두 가지 해석 구조가 드러나 있으며, 그것은 각각 한의 흑색전이와 백색전이, 즉 한의 검은 빛 구조와 밝은 빛 구조를 나타내고 있다. 전통적으로 한의 의식에는 무차별적 보복을 감행하는 흑색샤먼적(저주) 요소와 화해와 관용과 용서와 희망으로 이어지는 백색샤먼적(치료) 요소가 혼재되어 있었다. 이 두 가지의 원리를 바탕으로 하여 기본적으로 한에 대한 네 가지 유형의 해석학적 이해가 제시된다. 정한론(情恨論), 원한론(願恨論), 원한론(怨恨論), 일원론(一元論)이 바로 그것이다.

1. 철학적 연구주제로서의 恨

이 글에서 주로 다루게 될 내용은 "한이란 무엇인가?"와 "한은 어떻게 이해될 수 있는가?"이다. 앞의 물음은 주로 한의 현상에 해당되는 내용이고, 뒤의 물음은 한의 의미 해석과 관련된 것이다. 이 글은 한국인의 기초정서인 한(恨)의 의식에 대한 철학적 성찰을 목적으로 하고 있으나, 한의 다양한 의미함축에 대한 분석으로부터 궁극적으로는 그것이 갖고 있는 가능적인 잠재력의 구조와 크기를 드러내고자 한다.

한(恨)의 개념에 대한 학문적 분석은 1970년대부터 시작되었다. 문학, 사회학, 경제학 등에 대한 민중론적 접근이 시작되면서 한과 민중의 개념이 주요 분석어로 상정되었고, 한국신학의 영역에서 독자적인 민중신학 운동이 태동한 것도 바로 이 시점이었다.[1] 이 시기의 연구자들은 한의 개념분석을 통하여 우리 사회에 내재된 부정성의 근거를 극복하려고 고심하였다. 그렇다면 그 때 당시와 비교하여 전적으로 새로운 시대에 살고 있는 지금 우리들에게 한의 의식이 철학적 연구의 대상으로 상정되는 이유는 무엇일까? 그것은 아마도 미래를 향한 우리의 가능성 지평과 관련될 것이다. 정치사회적 발전과 더불어 우리에게 새롭게 요구되고 있는 실천적 지위와 의무들은 우리들 한국인들로 하여금 우리 자신의 근본정서와 정체성에 대한 비판적인 성찰을 요구하고 있으며, 이를 통하여 변화하는 시대의 요구에 부응하는 한국인상을 정립할 필요가 대두되고 있기 때문이다.[2] 따라서 우리 한국인의 저력과 가능성에 대한 바른 인식을 위하여 우리 자신의 근본정서와 심성에 대한 심도 있는 연구를 수행해야 할 필요가 있는 것이다. 한의 의식에 대한 연구는 민간신앙에서 전

---

1 1970년대와 80년대의 민중신학 운동은 서남동의 저서 『民衆神學의 探究』(한길사 1983)에서 확인할 수 있다.
2 탁석산, 『한국의 정체성』, 책세상 2000.

승되고 있는 고유한 사유유형으로부터 근대의 주요 종교사상에 이르기까지 우리들의 고유한 가치체계를 주체적으로 이해할 수 있게 하는 동시에 한국적 가치세계의 정체성을 확인하게 하는 중요한 계기가 될 것이다. 더 나아가서 이것은 한국학의 정립 및 발전에 중요한 계기가 될 것이다.

1990년대까지만 하더라도 한국학 연구는 어떤 특별한 개념규정이나 연구영역과 방향조차 정하지 못하고 표류하는 듯하였다. 국문학과 특정 철학을 중심으로 하는 한국학 연구만으로는 새로운 세계질서 속에서 우리의 모습을 각인시킬 수 있는 고유사상을 확립하기가 어렵다. 한국학은 이제 한국인의 고유한 언어와 역사, 정치경제 및 사상과 문화, 종교와 관습까지를 포괄하는 한국과 한국인의 총체성에 관한 학문으로 자리잡아야 한다. 지금까지 우리들은 이처럼 종합적 전체적인 구도에서 우리 자신의 것을 둘러본 적이 거의 없었다. 이제 우리는 외국학자들이 한국을 이해하기 위하여 개척하였던 한국학 분야에 만족하지 않고 우리의 문화를 세계 속에 바르게 이해시키는 적극적인 맥락에서 연구 영역과 방향의 심화 확대를 도모해야 하는 것이다. 다행스러운 것은 최근에 우리 자신의 학문적 논의들에 대한 다양한 반성과 검토 작업이 시작되고 있다는 사실이다.[3] 그러나 이것은 매우 개설적인 단계에 지나지 않으며, 주요 쟁점들에 대한 활발한 논의가 심도 있게 진행될 수 있도록 적극 권장되어야 할 것이다.

---

3 윤사순 외, 『우리 사상 100년』(현암사 2001)과 길희성 외, 『한국 종교문화 연구 100년』(청년사 1999) 등과 같이 한국학에 대한 총체적인 연구가 활발하게 전개되고 있는 것은 매우 고무적인 일이다.

이상과 같은 의미에서 우리는 본 연구가 무한하게 발전 가능한 한국학의 바른 정립에 기여할 수 있으리라고 생각한다. 본 연구는 한국적인 느낌과 생각, 한국적인 것 그 자체를 세계철학 속에서 조망할 수 있는 결정적인 단서를 제공하는 동시에 세계사상이 한국적인 것과 지평융합을 이루면서 발전해나가는 특이한 현상을 기술하는 동시에 한국인들이 이와 같은 세계모순에서 탈출하고 해방되기 위하여 제시하고자 하는 새로운 문화의 컨텐츠들과 그 가능성 조건들에 대하여 살펴보고자 하는 것이다.

한(恨)의 문제가 철학적으로 다루어진 것은 아마도 정대현 교수의 논문이 처음일 것이다.[4] 그것은 언어분석학적 접근을 통하여 '한'이라는 말마디가 어떻게 사용되는가를 충분하게 보여주었다. 이 글에서 그는 한의 개념이 어떤 의미에서 한국인의 경험에 고유한 현상인가를 밝히려고 하였으며, 원한이 의도적이고 대상지향적인 데 반하여 한은 의도로부터 독립적이고 구체적 대상을 지향하지 않는다는 사실을 보여주고 있다. 한의 생성과 관련하여 정대현은 체계적 불의가 한 사회의 주도적 가치로 작동되고 있기 때문이라고 해석한다.[5] 그러나 그는 한의 의식 자체에 대한 총체적인 분석을 시도한 것은 아니기 때문에 잠정적이고 유보적인 관망 상태에 머무르고 있으며, 따라서 특정한 해석 방향을 제시하는 것도 아니어서 매우 유동적이다.

---

4 정대현, 「恨의 개념적 구조」, 『한국어와 철학적 분석』, 이화여자대학교출판부 1985. 이 글은 나중에 서광선이 펴낸 『恨의 이야기』(보리 1987) 245-259쪽에 재수록되었다.

5 정대현, 「恨의 개념적 구조」, 『恨의 이야기』, 보리 1987, 245, 249, 250쪽 참조

한에 대한 철학적 분석은 두 가지 방향에서 수행된다. 첫째로 한의 현상학적 연구 방향이다. 여기서는 한이란 무엇인가가 주로 다루어지게 되며, 이 과제는 다른 연구자에 의하여 수행될 것이다. 지금 우리가 이 글에서 다루려는 주제는 한의 해석학적 의미구조이다. 한이 어떻게 이해될 수 있는가에 대한 다양한 논의구조들을 정형화하게 될 것이다. 그러나 이 주제 역시 다시 두 가지 내용으로 나누어지게 되며, 전반부에서는 한의 다양한 이해유형들을 다루고, 후반부에서는 1970년대 이후의 민중론적 한의 이해를 희망철학적 방법론으로 체계화하는 방식으로 접근하고자 한다.

2. 한(恨)의 의미유형과 해석구조

한(恨)은 우리에게 고유한 정서이지만, 그것을 한 마디로 정의하기는 매우 어렵다. 사람들에 따라서 그것은 매우 다양하게 나타나기 때문이다. 한이 드러나는 양태는 매우 다양하고 복합적이다. 그것은 다층적이고 상호모순적일 뿐만 아니라, 자해적이고 공격적인 모습을 보이다가도 온정적이고 포용적인 태도를 취하기도 한다. 어둡고 부정적인 것 같다가 밝고 긍정적인 빛을 발하기도 한다. 보복과 살육의 악순환을 배회하기도 하지만 용서와 관용의 자리를 마련하기도 한다. 파괴와 투쟁의 노선을 걷다가도 창조와 상생의 지혜를 구하기도 한다. 우리말 '한'(恨)이 갖고 있는 의미 함축은 너무나 깊고 다양하기 때문에 외국어로 번역 불가능하다. 그래서 독일의 대표적인 현대신학자 위르겐 몰트만이 편집한 책에서도 한은 우리말 그대로 표기되고 있다.[6] 우리는 이제 한의 네 가지 의미유형과 두 가지 해석구조에 대하여 살펴보기로 하겠다.

1) 한의 의미유형: 怨·嘆·情·願

우리는 천이두의 한(恨)에 대한 자의(字意) 연구를 바탕으로 하여 네 가지 의미유형, 즉 怨·嘆·情·願에 대한 분석을 시도할 수 있다. 천이두는 이 네 가지 의미요소들 중에서 怨과 嘆을 한의 상위(본원적) 개념으로 보고, 情과 願을 하위(파생적) 개념으로 보았다.

허신(許慎)의 『설문해자(說文解字)』에서 한은 "怨極也, 怨也"로 정의되고 있다. 『사원(辭源)』에는 "怨也 悔也"로 되어 있다. 『강희자전(康熙字典)』에는 "怨之極也, 悔恨也"로 되어 있고, "恨과 憾은 소리와 뜻이 약간 다르다. 감은 뜻이 옅고 한은 뜻이 깊다. 감은 음이 가볍고, 한은 음이 무겁다"(恨與憾聲意微別, 憾意淺 恨意深, 憾音輕, 恨音重)라고 부연 설명하고 있다. 일본의 『대자전(大字典)』에서는 한을 원(怨)의 극(極)으로 풀이하고 있다. 그리고 『대한한사전(大漢韓辭典)』에는 "① 한(恨)하다(怨之極), ② 후회하다(悔也), ③ 유감으로 여기다(憾也)"로 적고 있다. 한글 사전에도 원한(怨恨)과 한탄(恨歎)의 뜻이 담겨져 있다.[7]

이상에서 볼 때 한은 한국, 일본, 중국에서 공통적으로 원한(怨恨), 회한(悔恨), 한탄(恨嘆)과 같은 의미로 사용되어 왔다. 이 경우에 원(怨)은 "외향적·대타적 공격성"이고 탄(嘆)은 "내향적·대자적

6 Moltmann, Jürgen: *Minjung Theologie des Volkes Gottes in Südkorea.* Neukirchen 1984.

7 천이두, 『한의 구조 연구』, 문학과지성사 1993, 12-13쪽.

공격성"이며, 회(悔)는 그 바닥을 흐르고 있는 슬픈 정서를 지시하고 있다.[8]

한의 어원적 의미는 怨·嘆을 기본으로 하며, 천이두는 이를 한의 상위 개념이라고 규정한다. 그리고 이것들은 공격성(怨)과 퇴영성(嘆)을 특징으로 하는 부정적 의미망을 형성하고 있다. 그러나 원(怨)은 대타적 우호성으로서의 정(情)과 대응하고 있으며, 탄(嘆)은 진취적인 미래 지향성으로서의 원(願)과 대응하고 있다.[9] 한의 개념 속에는 이처럼 상호모순적인 양상들이 혼재하고 있기 때문에 해석자의 관점에 따라서 다양한 방식으로 이해되고 있다. 그리하여 한의 의미요소들 중 하나를 중점적으로 부각시키거나 또는 반대적인 요소군들의 이원적인 대립관계에서 파악하거나 변증법적, 일원론적 관계에 서 이해하기도 한다. 천이두는 한을 무조건 계승해야 할 긍정적 가치의 표상으로 보는 관점(願恨論)과 무조건 버려야 할 부정적 덕성에 불과하다는 보는 관점(怨恨論), 이 두 극단 모두를 동시에 극복해야 한다고 주장하면서, 怨(공격성)·嘆(퇴영성)을 바탕으로 하는 한의 원초적인 부정성이 끊임없이 질적 변화(삭임)를 통하여 情(우호성)·願(진취성)이라는 한의 새로운 긍정성을 지향하는 근저에서 찾아질 수 있는 가치생성의 측면을 발굴하려고 고심하였다.[10]

---

8 천이두, 『한의 구조 연구』, 문학과지성사 1993, 14쪽.

9 천이두, 『恨의 구조 연구5』, 문학과지성사 1993, 49-50쪽.

10 천이두, 『恨의 구조 연구』, 문학과지성사 1993, 51쪽. 이와 같은 사실은 恨人에 대한 자전적 의미에서도 드러난다. 중국의 『사원(辭源)』에서 恨人은 "실의포한적인(失意抱恨的人)"으로 설명되지만, 김민수, 홍웅선 편 국어사전에서는 "다정다감한 사람"(a man of sentiment)으로 나타난다. 천이두는 이를 원래 원(怨)·탄(嘆) 등 공격적·퇴영적 정서에서 출발한 한이라는 말이 한국 문화권에 있어서는 우호적·진취적 정서로 발전해간 것으로 해석한다. 같은 책, 36쪽 참조

2) 한의 해석구조: 검은 빛과 흰 빛 구조

천이두는 한이 복합적인 정서라는 사실에 착안하여, 한의 개념 속에 함축된 부정적 속성과 긍정적 속성을 구분하고 있다. 그가 들고 한의 구조적 계기들에는 원(怨), 원(冤), 탄(嘆), 애(哀), 정(情), 원(願) 등이 있다. 그는 怨, 冤, 嘆, 哀를 한의 어두운 내포("한의 검은 빛 구조"), 그리고 情과 願은 한의 밝은 내포("한의 흰 빛 구조")로 구분하고 있다. 그 밖에도 통(痛), 분(憤), 감(憾)의 정서가 한의 개념에 자리잡고 있다.

한의 검은 빛 구조는 본래 怨과 嘆이 기본을 이루며, 거기에다가 冤, 哀, 悔, 憤, 憾이 덧붙여짐으로써 한의 체념구조가 정형화된다. 그리고 이와 같은 요소들은 대개 무속신앙이나 주술신앙에서의 흑색전이 현상과 마찬가지로 부정적인 성격을 띠고 있다. 우리는 이것을 일반적으로 "한의 검은 빛 구조"라고 부른다. 원(怨)은 보복, 복수, 설욕, 공격을 유발하는 어두운 요소이다. 이는 막스 셸러의 르상티망(ressentiment)과 같은 개념이다.[11] 원한(怨恨)은 『임경업전』, 『홍길동전』, 『장화홍련전』에서 중심주제로 등장한다.[12]

---

11 Scheler, Max: *Das Ressentiment im Aufbau der Moralen*, in: *Vom Umstrurz der Werte*. 4. Auflage, München 1955, S. 33-147. Ressentiment ist eine seelische Selbstvergiftung mit ganz bestimmten Ursachen und Folgen. Sie ist eine dauernde psychische Einstellung, die durch systematisch geübte Zurückdrängung von Entladungen gewisser Gemütsbewegungen und Affekte entsteht, welche an sich normal sind und zum Grundbestande der menschlichen Natur gehören, und die gewisse dauernde Einstellung auf bestimmte Arten von Werttäuschungen und diesen entsprechenden Werturteilen zur Folge hat. Die hier an dieser Stelle in Betracht kommenden Gemütsbewegungen und Affekte sind: Rachegefühl und -impuls, Haß, Bosheit, Neid, Scheelsucht, Hämischkeit. S. 38.

탄(嘆)은 자포자기 상태에서의 신세타령, 즉 한탄이다. 원한이 한의 대타적 공격성이라면 한탄은 대자적 공격성이다. "좌절·상실에 즈음하여 먼저 그 유인자를 향하여 품게 되는 감정, 그것이 대타적 공격성으로서의 원한이며, 그럼에도 불구하고 그 유인자에 대한 보복·반격을 가할만한 힘이 없음을 자각한 데서 연유되는 무력한 자신에 대한 탄식, 그것이 대자적 공격성으로서의 한탄이다."[13] 천이두에 의하면 "체념의 감정은 원(怨)·탄(嘆)을 거친 연후에 오는 감정이다."[14] 사도세자의 부인이었던 혜경궁 홍씨의 한은 우선 탄(嘆)이다.[15] 성삼문이 백이(伯夷)·숙제(叔齊)를 개탄한 시조 역시 탄의 정서를 드러내고 있으며,[16] 최충(崔冲)의 심사 역시 탄의 범주에 속한다.[17]

원(冤)은 『한중만록(閑中漫錄)』에서 나타나는 것처럼 원통하고 억울한 심사를 드러낸다. 그러나 원억(冤抑)의 감정이 드러나 있는 "平生恨"은 "平生之願"으로서 "간절한 소원의 정서"를 반영하기도 한다.[18] 천이두는 좌절과 상실에 즈음하여 일어나는 보상 심리가 간절한 원(願)을 발생시키며, 이것이 다시 실현되지 못할 경우에 개탄

---

12 천이두, 『恨의 구조 연구』, 문학과지성사 1993, 15-19쪽.

13 천이두, 『恨의 구조 연구』, 문학과지성사 1993, 22쪽.

14 천이두, 『恨의 구조 연구』, 문학과지성사 1993, 23쪽.

15 천이두, 『恨의 구조 연구』, 문학과지성사 1993, 24쪽.

16 천이두, 『恨의 구조 연구』, 문학과지성사 1993, 25쪽: 首陽山 바라보며 夷齊를 恨ᄒ노라 / 주려죽을진들 採薇도 ᄒ는것가 / 아무리 푸새엿거신들 긔 뉘 따헤낫더니.

17 천이두, 『恨의 구조 연구』, 문학과지성사 1993. 26쪽: 平生에 恨ᄒ기를 羲皇적의 못난줄이 / 草衣를 무릅쓰고 木實을 먹을만졍 / 人心이 純厚ᄒ던줄을 못니 불워ᄒ노라.

18 천이두, 『恨의 구조 연구』, 문학과지성사 1993, 20-21쪽.

제1장 한(恨)이란 무엇인가? 19

(憾)이 생겨난다고 보았다.

애(哀)는 내면적인 설움(悲哀)으로서의 한이다. 이것은 한탄이 내면적 경향으로 기울어질 때 주도적으로 드러나는 현상이다. 「춘향가」에서의 "옥중가"와 소월의 시 "설움의 덩이"[19] 등에 잘 나타나 있다. 애(哀)는 정(情)으로 가는 단초이기도 하다.

한의 흰 빛 구조는 情과 願을 기본으로 하여 한의 희망구조를 정형화한다. 한에는 분풀이, 원수풀이 등의 부정적인 내포성도 있지만, 소원풀이, 고풀이 등처럼 긍정적인 지향성도 있다. 정(情)은 다른 사람에 대하여 호감과 친숙성을 드러내는 구조 계기이고, 원(願)은 한의 진취성과 적극적인 미래 지향성을 강조하는 구조 계기이다. 한은 단순히 그리고 언제나 원한에 차원에 머물러 있는 것이 아니고, 절망과 탄식을 초극하여 영원을 희구하는 동시에 새로운 세계에 대한 염원을 담고 있다. 따라서 한에서 원(願)의 계기는 다른 나라에서는 찾아보기 어려운 한국적 한의 고유한 속성으로서 진취성과 미래 지향성을 특징으로 한다.

한의 검은 빛 구조와 흰 빛 구조는 저주와 희망의 양면성을 지칭한 것이다. 한의 본래적인 근거가 되는 怨과 嘆은 우주한의 효시를 이루는 동시에 그것은 다시 우주적 차원의 굿을 통하여 해체될 수 있다. 이와 같은 한의 역동적인 구조계기적 관계성을 우리는 증산사상에 찾아볼 수 있다.

증산사상에서 한의 문제는 해원사상으로 주제화되고 있는데,[20]

---

19 천이두, 『恨의 구조 연구』, 문학과지성사 1993, 29쪽: 꿇어앉아 올리는 香爐의 香불 / 내 가슴에 조그만 설움의 덩이 / 초닷새 달 그늘에 빗물이 운다. / 내 가슴에 조그만 설움의 덩이. 하희주(河喜株)는 소월의 가슴 속에 있는 "설움의 덩이"는 바로 한국의 "시가상의 정통적 전래 정서"로서의 "한"이라고 규정하였다.

이는 증산이 현실적인 고통의 원인을 원한과 억울함이 축적되어 이루어진 상극적인 세계상황에서 비롯된다고 간파하였기 때문이다. 오늘날 증산교의 경전으로 인정되고 있는『대순전경』제5장「개벽과 선경」에서는 한이 실존적 원한관계에서 성립된 것이라고 기술한다. 다시 말하면, 당요(糖撓)의 아들 단주(丹朱)는 그의 아버지가 왕위를 다른 사람에게 물려주자 아버지에 대한 원한을 갖게 되었으며, 바로 이 사건이 한의 기원을 이룬다는 것이다.[21] 증산이 설명하고 있는 한의 유래는 그야말로 한 개인의 불순하고 이기적인 감정상태에서 비롯된다. 따라서 증산의 한 이해는 서남동 교수가 지적하는 것처럼 실존적, 정태적인 차원을 넘어서지 못하고 있다. 그것은 정상적인 민중이 부당한 사회구조와 타락한 정치지도자들에 의하여 억압당하는 데서 기인하는 정치적 사회적 또는 경제사적인 측면을 간과하고 있기 때문이다. 이 점에서 증산이 말하고 있는 한은 원한(怨恨, 冤恨)에 가까우며, 개인적이고 이기적인 보복의식과 맺어져 있고 민중적 사회의식이 결여되어 있다. 그리하여 우리는 증오에 가득 차 있는 이기적 개인의 원한에서 출발하는 증산교가 한의 검은 빛 구조를 가지고 있으나, 해원사상 또는 천지공사론을 통하여 우주적 차원에서의 해한(解恨)을 추구하는 점에서 한의 흰 빛 구조를 예비하고 있음을 알 수 있다.

---

20 해원사상(解冤思想)은 이미 동학사상이 쇠퇴하기 시작하면서 증산 자신에 의하여 설파되고 있었으며, 그에 대한 개별적인 연구도 이미 활발하게 수행되고 있다. 1975년에는 변찬린의 「증산의 해원사상」(『증산사상연구』제1집)이 발표되었고, 1977년에는 이정립의 「해원사상」(『증산사상연구』제3집)이, 그리고 『증산사상연구』제5집은 해원사상을 특집으로 다루고 있다.

21 이상호,『大巡典經』, 1929, 298쪽 이하.

3. 한(恨)의 해석학적 유형들

현대에 들어와서 한국인의 근본정서인 한에 대한 총체적 조망을 제시하기 위한 노력이 구체화되었으며, 이 글에서는 특히 네 가지의 해석유형을 중심으로 하여 한의 정서가 어떻게 이해되어 왔는가를 살펴보기로 하겠다. 여기에서 논의될 네 가지의 해석유형은 정한론(情恨論), 원한론(願恨論), 원한론(怨恨論), 일원론(一元論)이다.

1) 情恨論的 이해(문순태·고은)

한을 한국인의 고유 정서로 보는 관점은 일반적으로 정한론(情恨論)에서 비롯되었다. 문순태,[22] 임헌영,[23] 김동리,[24] 서정주,[25] 하희주[26] 등이 주장하였으며, 유종호, 김윤식, 김우창 등은 정한을 퇴영적·과거 지향적 정감, 여성편향적·애수적 경향 등으로 규정하였다.[27]

---

22 문순태,「한이란 무엇인가」,『민족과 문학』제1호, 1982; 서광선 편,『한의 이야기』, 보리 1987, 135쪽 이하에 재수록.

23 임헌영,「한의 문학과 민중의식」,『오늘의 책』, 한길사 1984년 여름호; 서광선 편,『한의 이야기』, 보리 1987, 101쪽 이하에 재수록.

24 김동리,「靑山과의 거리」,『문학과 인간』, 자민문화사 1948, 천이두 45쪽에서 재인용. "아무것으로도 영원히 메워질 수 없는 그리움의 감정", 즉 그는 충족될 수도 없고 대리 보상을 구할 수도 없는 무방책의 상실감을 정한으로 규정하였다.

25 서정주,「소월 시에 있어서의 情恨의 처리」,『현대문학』, 54호, 1959, 천이두 55쪽에서 재인용. 그는 "정(情)의 끝에 오는 한(恨)"이라고 함으로써, 간절한 그리움의 감정으로 풀이하였다. 정한의 가장 대표적인 유형에는 이한(離恨)과 별한(別恨)이 있다.

26 하희주,「전통 의식과 한의 정서」,『현대문학』, 72호, 1962, 천이두 59쪽에서 재인용. 그는 비애, 정한(情恨)을 "유구한 세월을 두고 우리의 혈맥 속에 끊임없이 흘러내려온 시가상의 정통적 전래 정서"라고 정의하였다.

문순태는 한을 "정의 미학"으로 해석하였다.[28] 그는 한국문학의 특질을 '여백과 여운', '은근과 끈기', '애처러움과 가냘픔', '아리랑과 흰옷', '체념과 소박' 등으로 나타내었던 김용숙의 시도[29]를 통하여 이와 같은 정의 질이 한의 감정과 상통한다고 본 것이다. 더 나아가서 그는 원과 한의 문제를 결한과 해한이라는 큰 틀 속에서 이해하여, '황조가'와 '공후인', 「삼국유사」에서의 지귀나 천관녀의 원사, 「한중록」, 「임진록」, 「홍길동전」, 「춘향전」, 그리고 이광수의 「무정」에 이르기까지 우리 문학사에서 "별리와 기다림의 맺힘" 등을 형상화한, 이른바 "서정적 슬픔으로서의 한의 맥"으로 이해하고 있다.[30] 문순태는 정한과 원한을 구분하여, 전자는 자학적인 눈물 속에서 차라리 아픔보다는 감미로울 정도의 체념을 가져다주는 반면에 후자는 죽어서도 앙갚음을 하는 복수지향적인 특이성을 확인하면서도, 한국문학의 대세는 원한조차도 복수가 아닌 미학적 차원으로 승화되고 있다고 주장한다.[31]

　　천이두 역시 자신의 1960년대 작업이 정한론을 지향했었다고 술회한다.[32] 그는 이렇게 말하고 있다: "한은 과거 지향적이다. 서사적이 아니라 서정적이다. 남성적이 아니라 여성적이다. 한국 서정시의 주조를 이루고 있다. 매사를 대립·갈등의 관계에서 문제를 제기·천착하는 적극적이며 상극적인 서구적 삶의 양식과는 대조적으로 매

27　천이두, 『恨의 구조 연구』, 문학과지성사 1993, 60쪽.
28　문순태, 「한이란 무엇인가」, 『한의 이야기』, 보리 1987, 135쪽.
29　김용숙, 『조선조여류문학의 연구』, 숙명여자대학교출판부 1979, 7쪽.
30　문순태, 「한이란 무엇인가」, 『한의 이야기』, 보리 1987, 137쪽.
31　문순태, 「한이란 무엇인가」, 『한의 이야기』, 보리 1987, 192쪽.
32　천이두, 『恨의 구조 연구』, 문학과지성사 1993, 62쪽.

사를 선의적·인정적으로 포용하려는 경향이 짙다. 현대 소설 가운데에서도 특히 토속적·전래적 분위기가 짙게 나타나는 일련의 소설들에서 볼 수 있는 선의적·해학적 삶의 양식도 한국적 한의 일면의 속성이다."[33] 이런 사실에서 그는 정한을 좌절·상실 등에서 연유되는 무력한 자아에의 한탄으로부터 비롯되는 여성 편향적·퇴영적·과거 지향적 정서라고 규정하였다. 정한은 다정다한(多情多恨)의 정서이며 대타적 우호성을 기본 속성으로 한다. 정은 타자에 대한 연민으로 발전할 개연성이 크다. 이 점에서 정한은 밝고 건강한 측면이 있지만, 그러나 동시에 그것은 어둡고 부정적인 대타적 공격성으로서의 원(怨)과 일원적·연속적 관계에 있다고 보았다.[34]

고은은 1970년대 이후의 민중론적 한의 이해까지를 고루 섭렵한 후에 정한론에 기초한 한의 역동화를 추구하였다. 그는 한의 축적이 혁명의 의지로 발전한다는 논리를 부정한다. 그에 의하면 한은 민중의 집단의지에 불을 붙이는 어떤 촉매도 아니다. 본래 분노나 증오 등과 같은 야성적 감정이었던 한의 정서는 한민족이 오랜 기간 동안의 유랑생활을 통하여 여성적 체념과 비애로 전락하게 되었다("한의 타락사"). 강력한 남성적인 반격 의지를 전제로 하는 원(怨)에서 출발한 한이 끊임없는 외침과 상실의 역사를 거치면서 '영구적인 절망'을 체험하는 사이에 비애·탄식을 주조로 하는 정한(情恨)에로 변질되었다는 것이다. 그는 이와 같은 비애의 감정은 불교의 자비에로

33 천이두, 「정한의 전통과 소월 시」, 『한국언어문학』, 제1호, 1063;「청상의 이미지」, 『문학춘추』, 제10호, 1965; 「恨的·인정적 특질」, 『현대문학』, 제152호, 1967; 천이두, 『恨의 구조 연구』, 문학과지성사 1993, 62쪽 참조.

34 천이두, 『恨의 구조 연구』, 문학과지성사 1993, 66쪽 이하.

승화되는 것, 즉 "한의 역동화"를 요구한다고 주장한다.[35]

이상에서처럼 정한론에서는 일반적으로 한의 공격적·퇴영적 정서가 '풀이'의 방식이 아닌 '승화'·'표백'·'희석' 등의 방식에 의하여 증류되는 것으로 이해되고 있다.[36] 정한론에서는 情과 願의 요소를 강조되어 대타적 우호성(다정다감), 여성 편향적 퇴영성, 비애·한탄·청승 등이 두드러지게 나타남으로써 한국적 한의 밝은 빛 구조를 부각시키고 있다.

2) 願恨論的 이해(유현종·이어령)

한에는 분풀이, 원수풀이 등의 부정적인 내포성도 있지만, 소원 풀이, 고풀이 등과 같은 긍정적인 지향성도 있다. 이동주,[37] 유현종,[38] 이어령[39] 등은 원(願)에 바탕을 둔 한의 이해를 통하여 한의 진취성과 적극적인 미래 지향성을 강조하였다.

원(願)이 한의 모습으로 드러나는 것은 『심청전』과 혜경궁 홍씨의 『한중록』(閑中錄)에서 찾아볼 수 있다. 심청은 "아비의 평생한(平生恨)이 눈뜨기가 원(願)이온데"라고 말함으로써 원한론(願恨論)의 정형을 보여준다. 다른 한편 혜경궁 홍씨의 원(願)은 30년 동안

---

35 고은, 「한의 극복을 위하여」, 『한국사회연구』, 한길사 1980; 서광선 편, 『한의 이야기』, 보리 1987, 23쪽 이하에 재수록. 천이두 93쪽 참조
36 천이두, 「한국적 한의 일원적 구조와 그 삭임의 기능」, 『한의 구조 연구』, 100쪽; 이규동, 「한을 희석·표백하려는 정신 역동」, 『월간동서문화』 제50호, 1978. 8.
37 이동주, 「한의 여운과 우리 문학」, 『그 두려운 영원에서』, 태창문화사 1982.
38 유현종, 「한 뿌리 한 새암」(동아일보 1989. 10. 3).
39 이어령, 「한(恨)과 원(怨)」, 『한국인의 마음』, 동경, 학생사 1985.

풀리지 않은 친정 권속들의 억울한 죄에 대한 원억(冤抑)의 심사일 것이다. 이 두 가지 사례는 원(怨)과 원(冤)의 부정적 정서가 원(願)의 적극적 정서 계기로 이행하고 있음을 보여주고 있다.

유현종은 「한 뿌리 한 새암」이라는 글에서 한을 다음과 같이 정의하였다: "'한(恨)'은 '원(怨)'이 아니다. 원망과 증오가 서려 있는 '怨'이 아니다. 한국인의 '한'은 '원(願)'에 바탕을 둔다. 원망과 증오가 모여서 걸러지고 여과(濾過)되어 증류된 깨끗한 물이다. 모든 색이 모이면 검정색이 되지만 모든 색이 없어지면 흰색이 된다. 주름진 어머니의 흰색 치마폭에서 보이는, 희다 못해 푸르게 보이는 서러움이 바로 '한'이 아닌가 싶다."[40] 그는 한의 개념 속에서 희망의식을 발굴하였던 것이다. 우리는 바로 여기에서 한의 희망철학적 해석 가능성을 발견하게 된다.

이어령의 경우에도 한(恨)은 원(怨)이 아닌 꿈과 희망으로 해석된다. 그는 일본말의 경우에 한(恨)과 원(怨)은 모두 '원망'을 뜻하지만, 우리말의 경우에 한은 원(怨)과 다르다고 하였다. 원(怨)은 "타인에 대한, 또는 자기의 외부의 어떤 것에 대한 감정"이고, 한(恨)은 "자기 내부로 침전(沈澱)하여 쌓이는 정(情)의 덩어리"인 것이다. "'한'은 특별히 타인으로부터 피해를 입지 않아도 솟아나는 심정이다. 자기 자신의 소원이 있었기 때문에, 또는 자기 자신의 능력이 있었기 때문에 어떤 좌절감이 비로소 '한'으로 되는 것이다. 그것은, 충족되지 못한 소망이며, 실현시키지 못한 꿈이다."[41]

이어령은 한을 좌절과 소망의 긴장관계 속에서 이해한다. 따라서

---

40 유현종, 「한 뿌리 한 새암」, 천이두 40-41쪽에서 재인용.
41 이어령, 「한(恨)과 원(怨)」, 천이두 70쪽에서 재인용.

그것은 희망의 부정성으로 파악된다. 한이 많다는 것은 그만큼 이루지 못한 꿈과 소망이 많았다는 것을 반증하기 때문이다. 그리하여 그는 이렇게 말한다: "좌절감 속에 있으면서도 간절한 소망을 계속 간직할 수 없다면, 그리고 어둡고 공허한 마음속에 아직도 사라지지 않은 꿈의 조각을 간직하지 아니한다면, '한'의 심정을 지속시킬 수 없다. 역설적으로 말하면 '한'이 많은 사람은 그만큼 소망과 꿈이 많았었다는 것을 반증하는 것이 된다. 원망은 뜨겁다. 복수에 의하여 지워져서 풀린다. 그러나 '한'은 차갑다. 소망이 성취되기 전에는 풀리지 않는다. 원한은 분노이나 '한'은 슬픔이다. 따라서 원한은 불꽃같이 활활 타지만, '한'은 눈처럼 쌓인다."[42]

이상에서처럼 원한론(願恨論)에서는 일반적으로 한의 정서가 원망과 보복의 차원에서 해소되는 것이 아니라 절망과 탄식을 넘어서서 꿈과 소망을 희구하는 적극적인 실현의지로 변화되고 있다. 영원한 이상을 희구하는 간절한 희망의 기능(願)은 정한(情恨)의 대타적 우호성과 더불어 한의 밝은 빛 구조를 부각시키고 있다.

3) 怨恨論的 이해(김열규)

한국인의 한 의식에는 일반적으로 가학적, 보복적, 파괴적인 측면이 강하게 드러나 있으며, 심지어 그것은 무차별적으로 나타나기도 한다. 원한(怨恨)의 성격이 강한 것이 사실이고, 이것은 가장 본래적이고 근원적인 정서상태를 이루고 있다. 억울한 감정상태(內傷)가

---

42 이어령, 「한(恨)과 원(怨)」, 천이두 70쪽에서 재인용.

굳어져서 치유 불가능할 정도의 지속적인 고통을 이기지 못하여 피학적 공격성으로 나타나게 되는 것이 바로 원한이다.

김열규의 한(恨) 이해는 지극히 원한(怨恨)론적이다. 이는 그의 저서 『恨脈怨流』(主友 1981)와 한국정신문화연구원이 1997년(3월 29일)에 개최한 학술담론회("한국인의 화병 - 그 정신문화적 진단과 처방")에서 발표한 그의 논문 「원한과 화증」에 극명하게 드러나 있다. 김열규는 이재선과 더불어 1970년대 이후 원한론(怨恨論)을 주도적으로 대변하였다. 그는 한국인을 '원한인(怨恨人)'으로 규정한다.[43] 우리가 남달리 서러움을 잘 타고 원한을 남보다 더 가슴에 끼고 살기 때문이다. 그리고 이에 대한 대칭 개념으로 '해한인(解恨人)'[44]이라는 말을 쓴다. 이 두 개념어의 근간에는 한의 생성과 해체, 즉 '맺힘'과 '풀림'의 논리가 대립하고 있다. 그에 의하면 우리 한국인은 다른 어느 민족보다도 깊고 짙은 원한을 품고 살아왔지만, 동시에 그것을 풀어내는 지혜를 갖추고 있었다.

맺힘에는 서러움, 괴로움, 외로움, 아픔, 억울함 등이 있으나 그 중에서도 가장 지독하게 맺히는 것은 바로 한이다. 그러한 한이 풀리고 나면 흥(興)이 나고 정이 되살아나고 신명이 솟는다. 무당굿, 심청과 흥보, 홍길동 등은 맺힌 것을 풀면서 살아간 이상적인 한국인상을 드러내고 있다. 이 점에서 김열규는 한을 흥, 정, 신명 등 적극적 가치생성의 계기로 포착하고 있다. 한을 맺힘에서 풂에로 이르는 과정에서 한국인의 적극적 지향성을 유발하고 있다. 그리고 여기에서 그는 "한의 전이(轉移)가 없는 풀이",[45] 즉 한의 "흰빛 전이"[46]

---

43 김열규, 『恨脈怨流』, 主友 1981, 15쪽.
44 김열규, 『恨脈怨流』, 主友 1981, 26쪽.

를 강조하고 있다.[47]

다른 한편 김열규는 1997년에 발표한 그의 논문 「원한과 화증」에서 한국인의 화증과 원한의 출처를 제시하려고 시도하였다. 이는 개인적-생리적 차원의 질병(특히 정신질환)과 행동양식으로부터 전체적-문화적 차원에서의 한민족 공동체의 근본정서와 문화양식까지를 포괄하는 커다란 구상임에 틀림이 없다. 그리고 이것은 학문적으로나 문화적으로 매우 가치 있을 뿐만 아니라 축적된 성과 없이는 작업하기 어려운 것이 사실이다. 그러나 김열규 교수의 한 이해는 원론적인 것처럼 보이지만 상당히 편파적인 측면이 있어서 우리의 기초정서인 '한'의 의식을 평가하는 데 부적합한 측면이 없지 않다. 그의 논지를 따라가 보면서 새로운 쟁점으로 부각될 수 있는 몇 가지 문제점들을 지적해 보기로 한다.

김열규 교수의 핵심 주장은 한국인에게 일반적으로 나타나는 화

---

45 김열규, 『恨脈怨流』, 主友 1981, 85쪽.

46 김열규, 『恨脈怨流』, 主友 1981, 28쪽.

47 그러나 천이두는 김열규의 이러한 시도를 이원대립론으로 규정한다(천이두, 『한의 구조 연구』, 문학과지성사 1993, 86쪽). 사실 김열규가 강조하는 것처럼 한은 부정적이고 어두운 것인 만큼 그것이 풀릴 때에는 흥, 정, 신명이 솟고, 이완, 화해, 일체감이 생기는 것은 사실이다. 그러나 그는 한의 해체가 미학적, 윤리적 가치 생성의 계기로 발전되기 위하여 요구되는 "한의 전이(轉移) 없이" 어떻게 가능한가를 묻는다. 이와 함께 그는 '풀이'를 가치중립적 개념으로 받아들인다. 한풀이는 선과 악의 양면성을 모두 드러내는 말이다. 분풀이, 원수풀이 등과 같이 부정적인 행위와 소원풀이, 신명풀이, 고풀이 등 긍정적인 행위를 동시에 표상하고 있기 때문이다. 따라서 한의 해체가 긍정적인 방향으로 전개되기 위해서는 풀이 행위에 앞서는 질적 변화가 요구되지 않으면 안 된다. 한 자체의 공격성·퇴영성이 초극되지 않은 상태에서 한풀이가 실행되면 그것은 한의 독소가 살포·개방되는 것과 다르지 않다. 그리하여 천이두는 적극적인 의미에서의 한의 해체는 삭임의 기능을 전제하고 있으며, 이 경우에만 한국적 한의 고유성이 작동되는 것으로 이해할 수 있다고 주장한다(천이두 88쪽 이하).

증은 원한에서 비롯되며, 이러한 원한은 맹목적이고 주제넘은 욕망 충족의 실패에 근거하고 있다는 것이다. 그는 한국인에게 나타나는 화병의 증세가 '막힘'이라고 보면서 한국인을 '화인'(火人)으로 규정하였다. 그의 입론은 한국인의 기초심성을 '불덩이'라고 진단함으로써 시작된다. 그는 이러한 진단을 정당화하기 위하여 일상언어분석과 이청준의 작품 『석화촌』에 대한 해석을 토대로 '불'과 '혼'의 관계에 천착하는 동시에 자신의 관심을 다시 '혼불'이라는 개념에 집중시키고 있다. 그는 '화병'이 한국인에게 일반적으로 발견되는 현상이라는 사실을 일상언어분석의 방법을 통하여 성공적으로 보여주고 있다. '화통', '열통', '심혈'(心血)이라는 단어들과 관련된 한국인의 생체언어 또는 내장언어들은 '불' 개념의 부정적 측면을 드러내고 있다. 이처럼 부정적인 내장언어들은 원한과 증오를 파괴적이고 위협적인 방식으로 표출하고 있으며, 그 현상이 심각할 경우에는 병증으로 발전되는 사실을 보여준다. 예를 들면, "피가 끓는다", "애가 탄다"('애끓다'), "가슴이 탄다"("가슴이 꽉 차오른다"), "속이 뒤끓는다", "입술이 마르고 목이 탄다", "등에 불이 난다", "조갈증을 느낀다", "가슴이 갑갑하다", "부화가 난다", "보골이 난다", "썽이 난다", "속에서 천불이 난다" 등이 이러한 유형에 해당된다. 이 같은 한국인의 심리적 현상들은 질병으로 전개될 가능성이 많고, 이는 실제로 '외증열'(外蒸熱), '내울열'(內鬱熱), '구조순건'(口燥脣乾), '담화'(痰火), '간화'(肝火), '심화'(心火), '울화'(鬱火), '허화'(虛火) 등 임상의학적 용어들을 통하여 입증된다. 더 나아가서 "불똥이 튄다", "불씨가 남았다", '불호령', '불장난', '불침', '불벼락', '불여우', '화적떼'와 같은 낱말들 역시 '불' 개념의 부정적 파괴적 측면을 드러내고 있다.

한국인의 내장언어가 '불'의 부정적, 파괴적, 위협적인 측면을 드러내는 것과는 달리 그는 한국인의 '넋' 또는 '영혼'에 해당되는 '혼불'이라는 개념 속에 '불'의 긍정적 측면이 있다고 지적한다. 그리고 구체적인 언급은 없지만 그는 생명을 유지하게 하는 불의 긍정적 측면이 생명을 박탈하는 불의 부정적 측면에 의하여 압도되는 직접적인 계기를 욕망의 좌절에서 비롯되는 원한 구조에서 찾으려는 것 같다.

이와 같은 일상언어적 분석을 통하여 그는 첫째로 한국인을 '화인'(火人)으로 규정한다: "한국인은 인간 안팎 양면으로 화가 난다. 겉으로 화가 나지만 안으로도 역시 화가 난다. 물론 이 들 두 내외의 화는 따로따로 불기운이 댕겨지기도 하지만 서로 호응해서 더한층 치열한 불길로 타오르기도 하는 것이다. … 한국인은 결국 언행으로 화를 내지만 내장으로도 화를 내는 '화인'(火人)이라고 해볼 만해진다." 둘째로 그는 한국인에게 나타나는 화병의 증세를 '막힘'이라고 규정한다: "체증 및 그 내림, 고뿔이며 몸살 그리고 그 풀이 등은 전적으로 한국적이라고 해도 지나침은 없을 것이다. 이들 보기는 한국인이 병을 무엇인가 인간 생리의 막힌 것, 응어리진 것, 정체된 것 등으로 인식하고 있음에 대해서 말해준다." 셋째로 그는 이와 같은 화병의 발생 원인을 지귀설화에 기초하여 지나친 욕망의 좌절 현상으로 파악한다. 여기에서 지귀설화는 한국적인 '원화'(寃火) 개념의 절정으로 해석된다. 그의 해석에 의하면 여왕을 사모한 지귀는 신분을 초월한 과대망상과 맹목적이고 실현 불가능한 욕망을 가진 편집광적인 인물이다. 또한 그는 원귀(寃鬼)로 된 지귀가 자신의 원화(冤火)를 해체하는 방식(불특정 다수에 대한 무차별 복수)도 전적으로 잘못된 것이라고 평가한다.[48] 넷째로 그는 한국의 무속신앙과 冤恨(최영, 공민왕, 임경업, 사도세자 등)의 결합을 시베리아의 흑색 샤마니즘에 비견하고 있다: "무당은 그 자신의 세속적인 생의 파국을 종교적으로 전환시킴으로써 원신을 섬길 수 있는 권능을 획득한 살아있는 원신들이다. '원신 인간'이다. 그들은 그들 굿판에서 원귀의 입이 되고 원귀의 몸이 된다." 그에 의하면 신들이 갖는 화증은 공포와 파괴의 모습으로 나타난다. 그러나 그는 여기에서 신들의 화증이 전환될 수 있는 가능성을 지적한다. 무서운 파괴력을 가진 신들의 화증은 무속신앙의 매개작용을 통하여 건설적인 불길로 조정될 수 있다는 것이다. 반대로 한국의 무속신앙은 "신들의 화증"이 갖는 이중성을 적절하게 활용함으로써 종교적 생명력을 유지하게 된다.

이상과 같이 현상적으로는 매우 객관적이고 과학적인 것처럼 보이는 그의 논지 속에는 몇 가지 문제점들이 도사리고 있다.

첫째로 화병이 한국인에게 발견되는 일반적인 현상이고, 화병의 원인을 원한에서 찾으려는 그의 주장에는 전적으로 동의하고, 이러한 현상적 사실들이 일상언어의 분석을 통하여 입증될 수 있다는 점에 대해서도 동의할 수 있다. 그러나 한국인을 화인(火人)이라고 규정한 그의 입장에 대해서는 동의하기가 어렵다. 왜냐하면 그와 같은 개념 규정은 '화'의 책임을 일방적으로 '화'를 가진 주체에게만 전가할 위험이 있기 때문이다. 이와 같은 부정적인 개념 규정은 우

---

48 특히 김열규의 지귀설화 해석은 그의 논문 「怨恨意識과 怨靈信仰」, 『증산사상연구』, 제5집, 1979, 9-19쪽 참조. 지귀설화는 심화요탑설화(心火繞塔說話)라고도 하는데, 이는 최치원의 저서 『대동운부군옥』(大東韻府群玉)에 수록되어 있다.

리 민족이 처한 특수한 역사문화 및 정치경제적 환경을 전혀 고려하지 않은 것이다.

둘째로 그는 화병의 원인이 욕망의 좌절에서 비롯되는 원한에 있는 것처럼 주장하고 있지만, 이 주장이 설득력을 갖기 위해서는 선행적으로 원한을 유발한 원인과 동기들이 철저하게 분석되지 않으면 안 된다. 그리고 이러한 원인 분석은 실존적, 집단적, 민족적 주체의 차원과 역사문화적, 정치경제적 환경의 차원에서 입체적으로 이루어져야 할 것이다. 그의 일상언어적 분석은 한국인의 화병이 일반적으로 나타나는 현상이라는 사실은 제시하고 있으나 그 이상의 사실에 대해서는 적절한 정보를 제공하고 있지 않다.

셋째로 그의 지귀설화 해석은 텍스트 해석에 따른 방법론 문제를 야기할 수 있다. 텍스트에 대한 문자적 해석이 항상 정확하고 정당한 것은 아니다. 텍스트 자체가 편집자에 의하여 왜곡되거나 날조되어 있다면 전복적으로 해석할 필요가 있다.[49] 따라서 어떤 텍스트를 어떤 방법으로 해석하는 것이 정당한가에 대한 논쟁이 선행되어야 할 것이다. 지귀설화에서는 여왕을 만나기로 한 시간에 지귀가 잠들게 된다는 등 상식적으로 납득하기 어려운 요소들이 발견된다. 또한 그의 지귀설화 해석은 지배논리에 충실하고 있으며, 따라서 민중론적 해석 가능성은 처음부터 철저하게 배제되어 있다. 어떤 근거에서 그는 천민인 지귀가 여왕을 사모하는 것이 도저히 용납될 수 없는 무모한 욕망이라고 단정하는가를 설명해야 한다. 그리고 여왕이 지

---

49 이것은 희망의 철학자 에른스트 블로흐가 성서 속에 숨어 있는 이원론적, 무신론적 요소들을 발굴하기 위하여 사용한 전복적 해석학(subversive Hermeneutik)을 원용한 것이다. *Bloch, Ernst: Atheismus im Christentum. Zur Religion des Exodus und des Reiches*. Frankfurt 1968.

귀를 만나러 간 사실은 어떤 맥락에서 이해될 수 있는가도 밝혀야 할 것이다. 우리는 신분상으로 최하층과 최상층에 속한 주인공들의 삶에 얽혀 있는 수많은 이야기들을 알고 있다. 그러나 여기에서 가장 중요한 것은 이야기를 어떤 사람의 입장에서 들어주는가가 판결에 결정적인 영향을 미친다는 사실이다. 그는 지귀설화를 지배계층의 입장에서만 해석하고 있다.[50]

넷째로 한국의 무속신앙이 가진 종교적 기능, 즉 한의 해체적 기능을 보다 적극적으로 개진할 필요가 있다. 그는 무속신앙이 '신들의 화중'을 달래는 기능을 갖고 있다고 말함으로써 원한 작용의 부정적 결과를 최소화하려고 노력하는 종교적 기능의 가능성을 배제하지 않았다. 그러나 그는 한국의 무속신앙적 요소가 심지어는 기독교에까지 영향을 주고 있는 적극적 기능이 있으며, 이것은 바로 말할 수 없는 침묵적 상황에 처한 한의 주체들을 대변하고 그들의 고통을 풀어주려는 한의 해체 작용에 있다는 사실까지는 적극적으로 개진하지 않았다. 민중신학자들이 말하는 '한의 신학'과 '한의 사제론'은 무속신앙의 구원론적 기능에 착안한 것이다.[51]

이상과 같은 사실에서 김열규 교수는 한국인의 화증이 원한에서 비롯되었다는 사실은 밝히고 있으나, 그와 같은 원한의 출처에 대한 분석은 결여되어 있거나 편파적인 측면이 있다. 따라서 화병에 대한 올바른 치유책도 제시하지 못하고 있다. 한국인의 화병 현상이 실존적 요소뿐만 아니라 문화구속적 성격을 가지고 있다면 그 치유책

---

50 지귀설화의 전복적 해석에 대해서는 필자의 『종교문화의 이해』(울산대학교출판부 1998)에 수록된 "무속신앙과 한의 신학"을 참조하라.
51 서남동, 「恨의 사제」, 『民衆神學의 探究』, 한길사 1983, 37쪽.

역시 그와 같은 지평 위에서 모색되어야 할 것이지만, 그에게서는
이와 같은 문제의식을 발견하기가 어려운 것이 사실이다.

4) 일원론적 이해(천이두)

천이두는 그의 저서 『恨의 구조 연구』에서 한을 일원적으로 독해
하는 시도를 하였다. 한을 정확하게 이해하기 위해서는 그 부정적
속성인 공격성(怨)과 퇴영성(嘆)뿐만 아니라 그 긍정적 속성인 우호
성(情)과 진취성(願) 등을 일원적 총체성으로 포착하지 않으면 안
된다는 것이다. 그는 "한국적 한의 다층적·상호 모순적 속성들을 일
원적으로 포착하며, 아울러 그 부정적 속성이 긍정적 속성에로 질적
변화를 이룩해가는 내재적 가치 생성의 기능을 구명"하고자 하였
다.[52] 그는 임헌영과 황패강에게서 자신의 입장과 유사한 점을 발견
하였다.

임헌영은 원한론과 정한론을 구분하면서 그 두 가지 요소의 통일
적 조화를 추구하였다. 그는 원한론을 "원한→보복감정→신명풀이
→사회의식화→혁명화", 그리고 정한론을 "정한→체념과 포기→신
명풀이→현실순응→민족적 허무주의"로 각각 도식화한 후에, 민중
사회학이나 민중신학적 이해뿐만 아니라 고은 등의 정한론적 이해
도 수용함으로써 정(情)과 원(怨)의 공존을 주장하였다.[53] 천이두는
임헌영의 이런 시도가 자신의 의도와 일치한다고 평가하였다.[54] 황

---

52 천이두, 『恨의 구조 연구』, 문학과지성사 1993, 10쪽.
53 임헌영, 「한의 문학과 민중의식」, 『한의 이야기』, 보리 1987, 107쪽; 천이두 95
쪽 참조.

패강 역시 일원론적 맥락에 서 있다. 그에 의하면 우리 문학에서의 '한'은 단순한 개인적 복수 감정과 거의 구별할 수 없는 낮은 차원에서부터 선(禪)의 경지와도 같은 '한무한(恨無限)'의 지극한 차원에 이르기까지 다양한 모습으로 나타난다.[55]

천이두의 중심 주장은 이처럼 한은 일원론적으로 해석되어야 한다는 것이다. 이것은 한의 의미체계에 담겨 있는 다양한 해석 요소들이나 해석 구조들이 분리된 것이 아니고 계기적이라는 사실을 반영하고 있다. 예를 들면 "한과 원(願)의 역설적 결합"이 바로 그것이다.[56] 원(冤)과 탄(嘆)의 형태로 드러난 한의 의미체계 속에는 이미 원(願)의 지향성이 내포되어 있는 것이다. 이는 혜경궁 홍씨나 심청 부모의 '평생한'(平生恨)이 바로 '평생지원'(平生之願)이라는 사실에서 분명하게 된다. 또한 동시에 최충(崔冲)의 한(恨) 역시 원(願)과 같은 맥락에서 사용되고 있다는 사실이 새롭게 조사되었다. 심재완에 의하면 최충의 시조에 나타나는 '한ㅎ기를'은 『병와가곡집(瓶窩歌曲集)』에 '원(願)ㅎ기를'이라고 표기되어 있다.[57] 이러한 사실은

---

54 천이두, 『恨의 구조 연구』, 문학과지성사 1993, 96쪽.
55 황패강, 「한은 한국적 비극 정신」, 『월간동서문화』 제50호, 1978. 8. 천이두 100쪽에서 재인용.
56 천이두, 『恨의 구조 연구』, 문학과지성사 1993, 42쪽.
57 심재완 편, 『교본 역대 시조 전서(校本歷代時調全書)』, 세종문화사 1972. 천이두 27쪽. 심재완에 의하면 『진본 청구영언(珍本靑丘永言)』에서는 최충의 시조가 선고(羨古)라는 주제로, 그리고 『근화악부(槿花樂府)』에서는 개세(慨世)로 각각 분류되고 있는데, 천이두는 이것이 願과 恨이라는 서로 다른 관점에서 해석된 결과라고 본다. 다시 말하면 옛 시대를 흠모한다는 '선고'(羨古)는 희황(羲皇)시대와 같은 태평성대에 태어나기를 간절하게 원하는 마음을 감안한 것이고, 지금의 세정(世情)이 옛 시대처럼 순후하지 못함을 개탄하는 '개세'(慨世)는 嘆으로서의 恨의 관점에서 해석한 것이다.

원(怨)과 탄(嘆)이 원(願)으로 전이되는 사실을 입증한다.

그리하여 천이두는 "한국적 한은 원(怨)·탄(嘆) 등과 같은 어둡고 부정적인 속성에서 출발하여, 끊임없이 밝고 긍정적인 측면에로 질적 변화를 지속해 가는 것이다."[58]라는 자신의 테제를 확정한다. 공격적·퇴영적 정서에서 출발하는 한이 한국인의 주체 안에서는 반격·보복의 길로 나아가지 않고 우호적·선의적인 삶의 지평을 열어가는 것은 "한국적 한의 역설적 성격"이며, 여기에서 우리는 "한국적 한의 미래 지향성"을 발굴할 수 있다.[59] "좌절에서 오는 설움, 그것이 한의 어두운 면이라면, 그 좌절을 기어이 딛고 일어서려는 질긴 꿈은 한의 밝은 면이다. 그리고 한의 이 어두운 면과 밝은 면은 이원적으로 대립되어 있는 것이 아니라 일원적 상승 관계를 형성하고 있는 것이다. 여기에 한국적 한의 역설적 속성이 있다."[60]

천이두는 한의 부정적 속성, 즉 공격성(怨)과 퇴영성(嘆)의 독소는 삭임의 기능에 의하여 초극되어 미학적·윤리적 가치로 승화·발효된다고 보았다. 그는 우리 민족은 한을 삭임의 방식으로 푸는 것을 즐기는 민족이라고 규정하면서, 이 삭임의 기능이야말로 "한국적 한의 내재적 지향성"인 동시에 "한국적 한의 진정한 고유성"이라고 주장한다.[61]

4. 한의 해석학적 의미

---

58 천이두, 『恨의 구조 연구』, 문학과지성사 1993, 41쪽.
59 천이두, 『恨의 구조 연구』, 문학과지성사 1993, 38쪽.
60 천이두, 『恨의 구조 연구』, 문학과지성사 1993, 46쪽.
61 천이두, 『恨의 구조 연구』, 문학과지성사 1993, 101쪽.

한(恨)은 우리 한국인에게 가장 기초적이고 근본적인 정서이다. 그것은 우리들의 자화상이다. 그러나 그것은 총체적이고 복합적인 문화현상의 산물이기 때문에 정의하기가 쉽지 않다. 한의 정서는 사람들에 따라서 매우 다양하게 나타난다. 한의 정서는 매우 복잡하고 다충적, 다기적인 모습을 하고 있다. 또한 그것은 매우 공격적이고 파괴적이다가도 자애롭고 포용하는 태도를 보이기도 한다. 어둡고 부정적인가 하면 밝고 긍정적이고, 보복과 살육의 언저리에서 용서와 화해를 구하기도 한다. 파괴와 투쟁이 각축하는 곳에서 창조와 상생의 지혜를 꽃피우기도 한다. 이처럼 한국인의 한은 삶 그 자체의 총체성을 반영하는 듯한 온갖 정서 상태를 아우르고 있으며, 심지어는 상충되고 모순되는 정서조차도 하나로 엮어내고 있는 것이다.

한의 개념을 적절하게 이해하기 위하여 네 가지 의미유형과 두 가지 해석구조를 제시하였다. 한의 네 가지 의미유형은 怨(공격성), 嘆(퇴영성), 情(우호성), 願(진취성)이다. 원과 탄은 부정적이고 소극적인 의미요소들이고 정과 원은 긍정적이고 적극적인 의미요소들이다. 이 두 개의 개념쌍에는 한에 대한 두 가지 해석 구조가 드러나 있으며, 그것은 각각 한의 흑색전이와 백색전이, 즉 한의 검은 빛 구조와 밝은 빛 구조를 나타내고 있다. 전통적으로 한의 의식에는 무차별적 보복을 감행하는 흑색샤먼적(저주) 요소와 화해와 관용과 용서와 희망으로 이어지는 백색샤먼적(치료) 요소가 혼재되어 있었다. 이 두 가지의 원리를 바탕으로 하여 기본적으로 한에 대한 네 가지 유형의 해석학적 이해가 제시된다. 정한론(情恨論), 원한론(願恨論), 원한론(怨恨論), 일원론(一元論)적 한의 이해틀이 바로 그것이다.

첫째로 문순태, 고은 등이 주도하였던 정한론(情恨論)적 이해는 한을 정(情)의 미학으로 해석하는 동시에, 한국인의 고유한 정서 역시 서정적 슬픔으로서의 한맥(恨脈)으로 보는 관점이다. 부드럽고 자상하며 상대방을 배려하는 서정적, 여성적 정조가 강조되고 있지만, 비애, 한탄, 청승, 체념과 같은 퇴영적 감상에서 헤어나지 못할 위험도 있다.

　둘째로 유현종, 이어령 등이 주도하였던 원한론(願恨論)적 이해는 한을 염원과 희망의 존재론으로 해석하는 동시에, 한국인의 고유한 정서 역시 원억(冤抑)의 감정을 넘어서서 소원성취를 바라는 데 있다고 보는 관점이다. 여기에서 한의 정서는 원망과 보복의 차원에 머무르지 않고 절망과 탄식을 넘어 이상과 소망을 추구하는 적극성을 지향하고 있지만, 역사적인 경험에 비추어 볼 때 이러한 기능이 주도적으로 작용한 것은 아니었다. 그러나 이러한 해석은 우리의 역량을 미래에 투기해 볼 수 있는 가능적 지평을 열어준다.

　셋째로 김열규 등이 주도하였던 원한론(怨恨論)적 이해는 한을 원한과 화증에 의한 무차별적인 자상과 보복행위로 해석하는 동시에, 한국인의 고유한 정서를 원한의 맺힘과 풀림이라는 대립구도를 통하여 보는 관점이다. 여기에는 우리의 근본 정서가 조급하고 참을성이 없다는 부정적 경향성이 전제되어 있다. 그러나 원한론이 정치적 정의를 실현하려는 혁명론과 결합한 경우에는 매우 역동적인 모습을 드러냈다는 역사적인 경험을 중시할 필요가 있다. 나중에 김지하는 이것을 한과 혁명의 통일이라고 승화시킨다.

　넷째로 천이두 등이 주도하였던 일원론(一元論)적 이해는 한을 네 가지의 의미유형과 두 가지의 해석구조가 총체적으로 고려된 상태에서 해석하는 동시에, 한국인의 고유한 정서에 반영된 다양한 요소들이 제각기 존중되어야 한다는 보는 관점이다. 여기에서는 한의 원초적인 모습을 보여주는 부정적인 요소들이 부단한 질적 변화(삭임)를 통하여 긍정적인 요소를 지향해 나가는 변증법적 가치생성의 측면이 강조되고 있다.

이상과 같은 한의 이해구조, 즉 해석학적 의미유형들은 우리의 일상적인 기초의식에 대한 해석틀을 제공하고 있으므로 한국인의 정체성을 규명하고 그 잠재적 가능성을 발굴하는데 중요한 계기가 될 수 있으며, 새로운 시대에 요구되는 우리의 자화상을 그려볼 수 있는 단초가 된다. 원한(怨恨)과 정한(情恨)의 변증법적 통일을 거쳐서 새로운 차원에서의 희망과 가치를 창출해나가는 원한론(願恨論)적, 희망철학적 일원론은 한의 정서를 가장 풍요롭게 발전시키는 하나의 중요한 계기가 될 것이다.

참고문헌

길희성 외,『한국 종교문화 연구 100년』, 청년사 1999
김열규,「怨恨意識과 怨靈信仰」,『증산사상연구』, 제5집, 1979.
김열규,『恨脈怨流: 한국인, 마음의 응어리와 맺힘』, 主友 1981.
김지하,『김지하전집』, 실천문학사 2002.
김진,『종교문화의 이해』, 울산대학교출판부 1998, 1999, 2000.
박종천,『상생의 신학』, 한국신학연구소 1991.
서광선,『恨의 이야기』, 보리 1988.
서남동,『민중신학의 탐구』, 한길사 1983.
윤사순 외,『우리 사상 100년』, 현암사 2001.

이규태, 『한국인의 정서구조』, 신원문화사 1994.

이어령, 『신화 속의 한국정신』, 문학사상사 2003.

이어령, 『푸는 문화 신바람의 문화』, 문학사상사 2003.

이어령, 『한국인의 마음』, 동경, 학생사 1985.

정대현, 「恨의 개념적 구조」, 『한국어와 철학적 분석』, 이화여자대학교출판부 1985.

천이두, 『恨의 구조 연구』, 문학과지성사 1993.

최길성, 『한국인의 恨』, 예전사 1991.

탁석산, 『한국의 정체성』, 책세상 2000.

프레드 엘퍼드, 『한국인의 심리에 관한 보고서』, 그린비 1999.

한국여성연구소여성사연구실, 『우리 여성의 역사』, 청년사 1999.

한국정신문화연구원, "한국인의 화병 - 그 정신문화적 진단과 처방"(1997년 3월 29일).

한국정신문화연구원, 『새천년 한국인의 정체성』, 제11회 한국학 국제학술회의 논문집 2001.

Bloch, Ernst: *Atheismus im Christentum. Zur Religion des Exodus und des Reiches*. Frankfurt 1968.

Moltmann, Jürgen(Hrsg.): *Minjung. Theologie des Volkes Gottes in Südkorea*. Neukirchen 1984.

Scheler, Max: *Das Ressentiment im Aufbau der Moralen, in: Vom Umsturz der Werte*. 4. Auflage, München 1955.

제2장 | 한의 불교적 화해와 지향성

조수동

불교에서 恨이란 UpanＦha인데 그것은 번뇌의 일종이다. 우파나하의 의미는 첫째, 원한, 앙심, 적의가 계속되는 것, 둘째 분노가 증상한 것이다. 이것은 분노의 대상을 언제까지나 계속 생각하여 원한을 갖는 마음의 작용이다. 한은 인간의 청정한 본성을 덮고 있는 번뇌에 불과하기 때문에 인간의 궁극 목표인 해탈을 위해서는 반드시 제거해야 하는 것이다.

한은 우리 민중의 민중적 정서이다. 한이 자기 내면으로 향하게 되면 한탄, 체념이 되고, 다른 사람과의 관계에서 일어나면 원망, 증오, 복수심으로 발전한다. 한은 개인적이면서도 공동체적인 체험이다. 또 그것은 과거의 체험이면서도 미래의 삶을 열어주는 힘이 되기 때문에 민중들의 삶의 원천이 된다.

한국불교에서는 한의 해소와 화해를 위한 방법으로 죽은 자의 원한 해소를 위해 그 영혼을 정토에 추선하거나 불교의 위신력에 의해서 화해시키는 것과 같은 종교적인 방법, 현실에서의 자비와 관용의 정신으로 화해 조화시키는 방법, 한이 번뇌이기 때문에 수행에 의해서 한의 마음을 초극하는 방법 등이 있다.

1. 서론

우리 민족은 지정학적 환경으로 의한 빈번한 외세의 침략과 유교 이데올로기가 지배하는 사회 구조적 특징, 지배층과 피지배층의 계충적 갈등 등에 의해서 다른 민족보다 절망과 체념, 비애를 많이 가지고 살아 왔다. 이러한 민중의 정서를 恨이라 하는데, 한은 우리의 정신사에서 중요한 부분을 차지하고 있으며, 한국문화의 한 특징이라 할 수 있다. 한을 우리 민족의 독특한 것으로 볼 수 있는 이유는 한을 초극해 가는 삶의 양식 자체가 다른 민족과는 다른 특이성을 가지고 있기 때문이다. 우리 민족은 한을 삭이고 풀며, 또한 화해시키면서 살아왔다.

한이란 개념 정의는 그리 간단하지 않다. 허신(許愼)의『설문해자(說文解字)』에서는 "원극야(怨極也) 원야(怨也)"라고 하여 한의 원래의 뜻을 怨이라 하고 있고,『사원(辭源)』에서는 "원야(怨也), 회야(悔也)"라 하고,『강희자전(康熙字典)』에서는 "원지극야(怨之極也) 회한야(悔恨也)"라고 하고 있다.[1] 그리고『우리말 큰사전』에서는 한을 원한이나 한탄의 준말이라 풀이하고 있다. 천이두는 한의 의미를 怨, 冤, 嘆, 설움(悲哀), 情, 願, 긍정과 부정의 복합체, 멋의 표상으로 정리하고 있다.[2] 이러한 여러 정의를 통해서 볼 때 한은 원한, 원망, 야속함, 미움, 질투 따위가 쌓이게 되면 생겨나는 것이라 할 수 있다.

한을 해소하는 방법을 살펴보면 그것은 대체로 두 가지 경우로 나타난다. 첫째는 한에 의한 원한이나 복수의 직접적 관계를 회피하여 주술이나 무속 등에 의지해서 그것을 해결하는 방법이다. 두 번째는 불교와 같은 고등 종교의 진리와 수행을 통한 화해의 길에 의해서 한을 해소하는 것이다.

---

1 천이두,『한의 구조 연구』, 문학과지성사 1994, 12쪽~13쪽 참조
2 같은 책, 15쪽~52쪽 참조

한과 일치하는 불교 개념은 UpanFha이다. 『구사론』에서는 한을 오위(五位) 75법 중의 하나로 분류하고 있고, 대승불교의 유식사상에서는 한을 오위 100법 중의 하나로 심소(心所)에 분류시키고 있다. 『구사론』이나 유식사상에서는 한을 원수를 맺고 열뇌(熱惱)하는 정신작용이라 본다. 즉 분노한 일을 언제까지나 마음에 두고 원한을 잊지 못하는 정신작용이라는 것이다. 이런 의미에서 볼 때 한에 대한 불교적 해석은 원한, 한탄과 대체로 유사하다.

불교에서는 한을 번뇌의 일종으로 보고 극복되어야 될 대상으로 보지만, 한을 극복함에 있어서는 무속신앙과 분명히 다른 점이 있다. 무속이 한을 사후세계로 이동시키고 현세에서는 그것을 삭일 것을 요구하지만, 불교에서는 원한이나 복수보다는 상대에 대한 적극적인 이해와 사랑을 가르치거나 또는 현세에서의 불만족을 정토신앙을 통해 해소시키거나, 개인의 점차적인 수행을 통해서 그것을 초극할 것을 가르친다. 즉 불교에서의 한은 해탈을 위해 극복되어야 될 하나의 대상인 것이다.

한에 있어서의 비애는 불교의 자비에 의해서 승화된다. 비(悲, karunF)는 애련, 동정의 의미로 "사람들로부터 불이익과 고를 제거하려고 바라는 것"이라는 뜻으로 사용되고 있다. 비는 원한으로서가 아니라 사랑의 완전한 구현으로서의 슬픔이다. 그 슬픔은 바로 중생이 부처가 되는 것에 머물지 않고, 끊임없이 중생을 성불시키려는 자비심의 발로인 것이다. 이러한 자비의 정신을 바탕으로 원한은 용서와 화해로 승화될 수 있다.

2. 불교에서의 한의 자의

불교 사전에서는 한을 첫째, 원한, 앙심, 적의가 계속되는 것, 둘째 분노가 증상한 것이라 풀이하고 있다. 그것은 분노의 대상을 언제까지나 계속 생각하여 원한을 갖는 마음의 작용이다. 여기서는 팔리장경, 부파불교 논서, 대승불교의 경론을 통해 불교경론에 나타난 한의 의미를 고찰해 보고자 한다. 가장 오랜 된 경의 하나인『숫타니파타』,『담마파타』등에서 한과 관계된 게송을 찾아보면 다음과 같다.

> 화를 잘 내며 원한을 품고 흉악하여 남의 미덕을 덮어 버리고, 그릇된 견해를 가지고 남을 술책 하는 자. 이는 천한 자임을 알라.[3]
> 실로 이 세상에서 원한으로서는 원한을 풀 수 없는 것, 오직 용기로서만 그것을 풀 수 있나니, 이것은 영원한 진리.[4]
> 원한을 품을만한 자들에게 원한을 품지 않고, 폭행하는 자들을 용서와 평화로 대하며, 집착된 자들 속에서 집착이 없나니. 나는 그를 브라흐만이라 부른다.[5]

이들 초기 원시경전에서는 원한을 갖지 말며, 남에게 원한을 생기게 해서도 되지 않으며, 자비에 의한 용서와 평화를 강조하고 있다. 한, 원한 등에 대한 구체적인 의미 설명은 부파불교의 아비달마 논서에서 이루어진다.

---

3 『숫타니파타』, 1, 116.
4 『법구경』, 5게.
5 같은 책. 403게.

1) 아비달마 논서에서의 한

팔리불교 상좌부계의 현상적 심식설은 우리들의 마음을 심법(心法), 심소법(心所法), 심심소상응(心心所相應: 심의 주체와 속성과의 관계), 심작용론(심의 작용) 등으로 분류한다. 심법은 심 자체, 현상으로서의 심의 주체이며, 심소에 대비한 것이다. 심소법은 심의 속성인 受, 想, 思 등에 관해 말한 것이다. 일체의 心은 89종 또는 121종으로 나누어지는데, 89심설이 일반적이다. 89심설은『청정도론(淸淨道論)』에서 처음 나타나고,『법집론(法集論)』에서 일반화된다.『법집론』에서는 89심을 욕계(欲界) 54심, 색계(色界) 15심, 무색계(無色界) 12심, 출세간(出世間) 8심 등으로 분류한다. 그런데 이 89심의 분류에는 분(忿)이나 한(恨)은 없고, 단지 이 분과 한의 의미를 포함하고 있는 진에(瞋恚)가 포함되어 있다.

진에심(瞋 dosa, 瞋恚 vyFpFda)은 노해서 생물을 살상하거나 타척(打擲)하거나, 상하게 하거나 훤화(喧譁), 악구(惡口), 원한(怨恨), 질투하는 경우에 생기는 것이다. 진에심은 욕계에서 일어난다. 즉 욕계의 번뇌를 완전히 끊지 않는 일체의 욕계 범부 및 수다원, 사타함(斯陀含)에게서는 생기지만, 아라함(阿那含), 아라한에게는 일어나지 않는다.

『법집론』에서 체계화된 89심설은 이후『입아비달마론(入阿毘達磨論)』에 계승되는데, 거기서도 한은 불선번뇌법(不善煩惱法)으로 진에에 포함되어 있다.『사리불아비담론(舍利弗阿毘曇論)』에서도 한은 심소법에 분류되지 않고, 단지 번뇌품에서 설해지고 있다. 즉 한을 사원(伺怨)이라고 번역하여[6] 진심소(瞋心所)에 속하는 것으로 설명하고 있다. 팔리 경전이나『사리불아비담론』에서는 분(忿) kodha, krodha(산)과 恨 upanFha(구역, 伺怨)을 잡번뇌로 설명한다.

그리고 부파불교의 다른 논서인『븐별론(分別論)』,『입시설론(人施設論)』등에서는 恨을 정의하여 "선시(先時)에 분(忿) 있고, 후시(後時)에 한(恨) 있다. 이와 같이 모든 한, 원한, 원한성, 원결(怨結), 원(怨), 정원(正怨), 수속(隨續), 수결(隨結), 분(忿)의 견고한 업은 한(恨)이라 말해진다."[7]라고 하고, 이에 대한 주석에서 "한은 원결을 특상(特相)으로 하고, 원을 사견(捨遣)하지 않는 것을 작용으로 하고, 분에 수결하는 상태를 현상(現狀)으로 한다."[8]라고 하고 있다. 이것에 의하면 한은 분에 이어서 일어나는 것이어서, 분보다도 강력한 진에이다. 여기서도 한을 진에와 똑같이 보기 때문에 독립적인 심소라고 보지 않는다. 이같이 한은 유부(有部) 이전에는 팔리경전에서와 마찬가지로 심소[9]에 포함되지 않고 번뇌잡사론(煩惱雜事論) 중에서 취급되었음을 알 수 있다.

한이 심소법에 포함되어 설명되기 시작한 것은 유부에 있어서 이

---

6 『사리불아비담론』18, 대정 28, 650쪽 중. 若欲報仇 纏 究竟纏 心行 癡業 究竟 忿怒 若瞋恚 是名伺怨.

7 Vibhaṅga(『分別論』), p.357. 水野弘元,『팔리불교를 중심으로 한 佛敎의 心識論』, 비타카, 1978, 724쪽 재인용.

8 MA. Ⅰ, P. 106. Sammoha-vinodanΣ(분별논주). p. 492. 같은 책, 724쪽 재인용.

9 心所란『法集論經』에서는 "別離하지 않고 심중에 결합하기 때문에 심소라 한다."『입아비달마론』에서는 "심소란 심과 상응하는 것, 또는 심중에 존재하는 것"이라 하고 있다. 이것을 통해서 보면 심소란 심중에 존재하고 심과 결합하고 있는 것이다. 즉 심소는 단순히 심에 俱存하는 것이 아니라 심과 상응하여 존재한다. 그러므로 심소법이란 심상응법이다. 심소가 심과 상응한다고 하는 것은 심소가 심과 동시에 생멸하면서 존재하는 것만 아니라 그 所依와 所緣도 동일한 것일 필요가 있다.

다. 『대비파사론』에서는 우리들의 마음의 분류 중 소번뇌지법 10종 중에 한을 열거한다.[10] 이후 한은 소번뇌지법에 분류되어 설명되는 것이 일반화된다. 즉 『구사론』, 『아비담심론』, 『품류족론(品類足論)』, 『계신족론(界身足論)』 등에서는 모두 한을 심소에 포함시키고 있다.

아비달마 논서 중 최초로 심소법을 분류한 것은 『법온족론(法蘊足論)』인데, 『계신족론(界身足論)』에서 분류 범위의 기초가 놓여지고, 『품류족론』에서 그것을 설명하고 있다. 즉 『계신족론』에서는 심소법을 분류 조직하여 그것을 십대지법(十大地法), 십대번뇌지법(十大煩惱地法), 십소번뇌지법(十小煩惱地法), 오번뇌(五煩惱), 오견(五見), 오해(五解), 오근(五根), 오법(五法)으로 나누고 있는데, 그 중 10소번뇌지법에 분, 한을 넣고 있다. 『아비담감로미론(阿毘曇甘露味論)』에서는 10소번뇌지에 진(瞋: 忿), 우파나(優波那: 恨)을 포함시키고 있고, 『입아비달마론』에서는 한을 수번뇌에 넣고 있다. 이것을 살펴보면 다음과 같다.

> 『법온족론』: 有一類 作是思惟 彼旣於我欲爲無義 廣說如前 我當於彼亦如是作 此能發忿 從瞋而生 常懷憤結 諸恨 等恨 遍恨 極恨 作業難廻 爲業纏縛 起業堅固 起怨 起恨 心怨恨性 總名爲恨.[11]
>
> 『계신족론』: 心結恨 等遍結恨 心怨結性 是名恨.[12]
>
> 『품류족론』: 心結怨 已正當恨 是名爲恨.[13]

---

10 『대비파사론』, 「잡온」, 제1중, 思納息 제8.

11 『法蘊足論』, 권9, 대정 26, 495쪽 중.

12 『界身足論』, 권상, 대정 26, 615쪽 상.

13 『品類足論』, 권3, 대정 29, 700쪽 중.

『잡아비담심론』: 於可欲 不可欲 應作 不作 非作 反作 忿相續性
名爲恨.[14]

『입아비달마론』: 恨爲於忿所緣事中 數數尋思結怨不捨.[15]

『순정리론』: 於非愛相隨念 分別生續 忿後起心 結怨名恨 有餘師
言 欲捨怨結不能解脫 此因名恨 由有此故 怨結纏心 自惱長時
空無有果.[16]

분 이후에 한이 생겨난다는 점은 팔리불교 경전의 설과 동일하다.
또 한은 분보다도 강력한 것이다. 그렇지만 부파불교의 유력한 논서
의 하나인 『성실론』에서는 恨을 독립된 하나의 심소로 보지 않고,
진(瞋)의 일상(一相)으로서 우파나가(優波那呵, upanᴇha)의 음역어
및 보한(報恨)의 의역어로 설명한다. 즉 "有瞋在心不捨 要欲還報
名優波那呵 義言報恨"[17]라고 하고 있다.

2) 대승경론에서의 한

아비달마논서에서 분류된 심소법은 대승불교의 『유가사지론』에
서는 더욱 치밀해진다. 대번뇌지법은 일체의 오염심에서 일어나는
것으로 불선(不善)과 무기(無記)의 심, 삼계계(三界繫)의 심, 견소단
(見所斷)과 수소단(修所斷)의 심, 오식(五識)과 의식 그 어느 것에
있어서도 일어나는 번뇌심을 말한다. 10소번뇌지법은 약간의 오염

---

14 『雜阿毘曇心論』, 권2, 대정 28, 881쪽 하.

15 『入阿毘達磨論』, 권상, 대정 28, 984쪽 상.

16 『順正理論』, 권54, 대정 29, 646쪽 중.

17 『成實論』, 권9, 대정 32, 311쪽 하.

심에서 일어나는 것이기 때문에 한 등 7가지 법은 불선이라 하고 있다.

『유가사지론』에서는 오염법(汚染法)을 근본번뇌와 수번뇌로 나누고 있는데, 근본번뇌는 탐(貪), 진(瞋), 치(癡), 만(慢), 견(見), 의(疑)의 6심소이며, 수번뇌에는 분, 한 등 24번뇌가 있다. 53심소법 중 28법과 29법에 분과 한을 열거하고 있는데, 그것은 오직 오염법(不善 및 有覆無記)에 속해 삼성(三性)에 통하고, 삼계 일체지에도 생기지 않으며, 일체시에 일체심에 상응하는 것도 없다고 하고 있다.

『현양성교론』은『유가사지론』의 입장을 그대로 답습하고 있고, 『대승아비달마집론(大乘阿毘達磨集論)』에서는 심소법 55법 중에 한을 포함시키고 있다.『대승오온론』에서는 51심소법 중에 한을 24 수번뇌에 포함시키고 있으며,『전식론(轉識論)』에서는 24소혹(小惑) 중 분한(忿), 결원(恨)을 분류하고 있다.『정법염처경』에서는 십염지법(十染地法)에 진(분, 한)을 설명하고 있으며,『성유식론』에서는 번뇌를 소번뇌(小煩惱), 중수번뇌(中隨煩惱), 대수번뇌(大隨煩惱)로 나누어 한을 10소수번뇌로 분류하고 있다. 이것은 유부의 10소번뇌지법을 그대로 계승한 것이다. 대승 여러 경론에서의 한의 정의를 살펴보면 다음과 같다.

『유가사지론』: 內懷怨結故名爲恨.[18]
『대승아비달마집론』: 何等爲恨 謂自此已後卽瞋一分 懷怨不捨爲 體 不忍所依爲業.[19]

---

18 『瑜伽師地論』, 권89, 대정 30, 802쪽 중.
19 『大乘阿毘達磨集論』, 권1, 대정 31, 665쪽 상.

『현양성교론』: 恨者 謂於過去違緣 結怨不捨爲體 能障無瞋爲業
乃至增長恨爲業.20
『대승오온론』: 云何爲恨 謂結怨不捨爲性.21
『성유식론』: 云何爲恨 由忿爲先 懷惡不捨 結怨爲性 能障不恨 熱
惱爲業 謂結恨者 不能含忍 恒熱惱故 此亦瞋恚一分爲體 離瞋
無別恨相用故.22

이상과 같이 유가행파에서 한을 수번뇌(隨煩惱) 중의 소수혹심소
(小隨惑心所)라 하고, 욕계 제6 의식 중의 불선심(不善心)하고만 상
응한다고 하는 것은 유부와 동일하다. 유가행파에서는 유부처럼 한
을 실유(實有)의 심소로 보지 않고, 진의 일부분으로서 가유세속(假
有世俗)의 심소라 하고 있다.23

이같이 한은 번뇌에서 생겨난 부정적, 공격적 심적 표상이다. 그
것은 인간의 청정한 본성을 덮고 있는 번뇌에 불과하기 때문에 인
간의 궁극 목표인 해탈을 위해서는 반드시 제거해야 하는 것이다.
『금강반야경』에서는 한(瞋恨)이란 아상, 인상, 수자상, 중생상의
의식에서 벗어나지 못한 집착에서 연유되는 것으로 거기서 벗어날
때 한은 생겨나지 않는다고 보고 있다. 제법실상의 입장 즉 진여, 空
의 입장에서 볼 때 한은 그 주체나 대상이 없다. 원망할 대상도 없
고, 원망하는 주체도 없으며, 원망이란 행위 자체도 공일 뿐이다. 그
러므로 한의 문제는 범부 일상의 문제이다. 깨달은 자에게 있어 한

20 『顯揚聖敎論』, 권1, 대정 31, 482쪽 중.
21 『大乘五蘊論』, 대정 31, 482쪽 중.
22 『成唯識論』, 권6, 대정 31, 33쪽 중.
23 『瑜伽師地論』, 권55, 대정 30, 604쪽 중.

은 더 이상 문제되지 않는다.

한은 번뇌이기 때문에 그것을 벗어나고자 하는 강렬한 지향성이 요구된다. 원한을 초극하게 되면 보복의 악순환은 그치게 된다. 죄업의 악순환을 막기 위해서는 원한을 없애야 하며, 원한을 없애려면 마음의 집착에서 벗어나야 하며 더 나아가 원을 은(恩)으로 돌려야 한다. 원을 은으로 돌리는 것이 자비심에 근거한 보살행이다.

3. 한의 심리 구조

우리는 흔히 한 맺힌 사람, 한 맺힌 민족이란 표현을 사용한다. 이것은 우리 민족이 한의 정서를 기본 심리로 하고 있다는 의미이다. 이같이 한은 공동체의 정동(情動 emotion)체험[24] 가운데 한국 민중에게 가장 특유한 현상으로 말해지는 것이다. 이것은 한이 한국 민중의 삶에 가장 널리, 그리고 깊이 뿌리내려 있는 민중 감정이라는 의미이다.

한은 앞서 살펴 본 것처럼 원한과 한탄으로 설명된다. 원한은 원통한 생각, 한탄은 원통하고 그것에 대한 뉘우침이 있을 때 짓는 한숨을 말한다. 즉 한에는 정한(情恨), 원한(怨恨), 회한(悔恨), 유한(有限), 증오(憎惡), 비원(悲願)의 감정이 모두 포함되어 있다. 정한은 탄식과 체념, 적응을 거쳐 주어진 상황 안에서의 사랑 등으로 연결

---

24 한완상·김성기에 의하면 情動이란 개인의 일시적 심리적 반응을 가리키는 것이 아니라 집합적인 차원과 문화적인 차원에서 사용되는 개념이다. 그는 어떤 공동체 고유의 감정 또는 정동적 태도가 특정한 생활환경 내에서 생성하여, 그 후 계속해서 생활의 모든 영역에 걸쳐 그 성원들의 행동을 규정할 수 있다고 한다.(한완상·김성기, 「恨에 대한 민중사회학적 시론」, 『한의 이야기』, 64쪽).

되는 것이고, 원한은 원망과 복수, 정의 실현 등으로 이어지는 한이다. 의미상 한보다는 원, 원(怨)보다는 원(寃)이 더 강하다. 한이 정과 결합되었을 때에는 눈물이나 슬픔에 가까운 정서가 되고, 한탄이 되었을 때에는 체념과 한숨으로 약화된다. 또 한은 자학적이며, 원(怨)이나 원(寃)은 가학적인 의미를 가지고 있다. 원(怨)은 곧 주로 타자에 대한 것, 또는 자기 밖에 있는 무엇인가에 대한 감정이며, 한은 자기 자신에게 향한 마음, 자기 내부에 싸여 가는 정감이다.[25]

한이 자기 내면으로 향해질 때 자책이나 뉘우침에서 한탄이 일어나고, 체념하게 되는 과정을 거친다. 그러나 한이 다른 사람과의 관계에서 일어나게 되면 즉 타자와의 관계에서 부당한 일을 당하여 억울하고 분한 감정이 생겨나게 되면, 타자에 대한 원망이 일어나게 되고, 따라서 원한, 증오의 마음이 생기게 된다. 이러한 감정이 극한에 다다르게 되면 복수심이 생기게 된다.

한의 이러한 심리 구조는 이청준의 『서편제』에 매우 잘 나타나 있다. 『서편제』에서 노래하는 여인은 그의 아버지에 의해서 실명된다. 그런데 아버지가 딸의 눈을 앗아간 이유는 딸의 목청을 다스리기 위해 눈을 멀게 했을 거라는 것과 좋은 소리를 가꾸자면 소리를 지니는 사람 가슴에다 말 못할 한을 심어 줘야 하기 때문에 한을 심어 주기 위해서 아비가 자식 눈을 빼앗았다는 것이다. 그렇지만 한이란 그렇게 해서 생기는 것이 아니라고 한다. 『서편제』에서는 이어서 "사람의 한이라는 것이 그렇게 심어 주려 해서 심어 줄 수 있는 것은 아닌 걸세. 사람의 한이라는 건 그런 식으로 누구한테 받아 지

---

25 이어령, 「푸는 文化, 신바람의 文化」, 중앙일보, 1982, 9.23일자.(문순태, 「한이란 무엇인가」, 『한의 이야기』, 서광선 편, 보리 1988, 145쪽 재인용).

닐 수 있는 것이 아니라, 이 인생살이 한평생을 살아가면서 긴긴 세월 동안 먼지처럼 쌓여 생기는 것이라네. 어떤 사람들한테 외려 사는 것이 바로 한을 쌓는 일이고 한을 쌓는 것이 바로 사는 것이 되듯이 말이네"[26]라고 하고 있다.

소리하는 여인은 자기의 운명을 체념적으로 받아들이고 있다. 소리를 위해 자신의 눈을 멀게 한 아버지를 어찌 원망하지 않았을까? 그러나 소리하는 여인은 자신의 운명을 운명으로 받아들이고 아버지를 용서할 수밖에 없다. "여자가 제 아비를 용서하지 못했다면 그건 바로 원한이지 소리를 위한 한은 될 수가 없었을 거 아닌가. 아비를 용서했길래 그 여자에겐 비로소 한이 더욱 깊었을 것이고"[27]라고 하여, 한의 현실을 그대로 자기의 것으로 받아들이고 있음을 볼 수 있다.

그런데 소리하는 여인의 오라비인 사내는 자기 어미를 죽인 것이 바로 사내의 소리였고, 그리고 언젠가는 또 소리꾼 의붓아버지가 자기를 죽이게 될 지도 모른다는 두려움에 싸여있다. 그는 어미의 원한을 풀어 주고 싶었다. 의붓아버지가 자기를 해치기 전에 자신이 먼저 그를 없애 버려야만 했다. 사내는 어머니의 원수를 갚기 위해 복수를 결심했으나 결국 그것을 실천하지 못하자 원한을 품고 그들의 곁을 떠났지만, 이후 다시 누이를 찾아 남도를 헤매게 된다.

의붓아버지가 된 소리꾼 사내에게 어머니를 빼앗겼고, 어머니가 그 사내 때문에 죽었다는 감정이 어린 소년에게는 원망과 원한, 증오 저주가 되어 복수의 단계까지 이르게 된다. 이같이 남에게 피해

---

26 이청준, 『서편제』, 열림원 1993, 28쪽.
27 같은 책, 29쪽.

를 보았다는 것에서 한과 원망의 감정은 생겨난다. 恨은 자기 마음 속에 무엇인가를 희구하고, 성취하려는 욕망이 없이는 절대로 이루어질 수 없는 정감(情感)이다.

한은 소외 받고, 배고프고, 억울하고, 갖지 못하고, 사회적으로 대우받지 못하는 사람들의 원통한 심정이다. 또한 한은 불의와 부정의, 부자유와 불평등에 대한 의식이다. 불의와 부정의, 개인과 사회의 모순을 예리하게 인식하면서도 그 불의와 부정의를 만들어내고, 강요하는 사회와 체제와 이념에 봉착하여 아무 것도 할 수 없는 무력감에서 한은 생겨난다. 따라서 한의 마음에는 자신이 인간답게 살 수 없다는 의식이 깔려있다.

이같이 우리 민족의 역사에서 한은 항상 버림받고 소외 받은 민중의 것으로 나타난다. 한의 발생 원인에 대해서 고은은 첫째, 선사 및 고대의 터전인 북방대륙의 상실로부터 생긴 한, 둘째, 고구려·백제 패망 이후의 한, 셋째, 지배층에 의한 억압과 착취로 인한 한, 넷째, 빈번한 외세 침략 및 일제 식민지에서의 한, 다섯째, 빈곤 계층이 가진 한으로 분류하여 한은 영구적인 절망이 낳은 체념·비애의 정서라고 하고 있다.[28] 그리고 문순태는 한이 생기는 원인을 첫째, 불안과 위축의 역사. 둘째, 유교 중심의 사상이 빚은 계층의식. 셋째, 남존여비 사상에서 비롯된 여한(女恨). 넷째, 가학적 사대부와 피학적 민중의 관계에서 생겨난 한. 다섯째, 소외지역 민중들이 갖는 한. 여섯째, 사회제도, 유교의 폐습, 가학적 사대부나 관료들의 억압과 횡포, 나라를 잃은 망국한의 원과 한, 이외에도 계모와 의붓자식, 의

---

28 고은, 「한의 극복을 위하여」, 『恨의 이야기』, 보리 1988, 57쪽.

붓형제지간, 이웃과의 이해관계 싸움 등에서 비롯된 개인과 개인 사이의 원과 한을 말하고 있다.[29]

이들의 입장을 종합해 보면 한은 자신이 원래 살아왔던 고향을 잃어버린 감정으로 인해 그 원형을 영구히 되찾을 수 없다는 체념과 단념의 감정, 약소민족의 삶이 빚어내는 감정, 지역 차별과 소외의 감정, 권력의 지배와 착취, 남녀간의 불평등과 억압으로 인한 불행, 벗어날 수 없는 가난 등의 감정들이 무형화 된 것임을 알 수 있다. 특히 소외지역민들의 패배의식과 권력적 박탈감, 계급에 의한 철저한 착취, 외세의 억압과 식민지적 수난, 양반계급의 농민·노비에 대한 강탈 등은 가장 자연스럽게 민중으로 하여금 한이 생기게 하였다고 할 수 있다.

민중의 한은 이같이 억울하고 비참한 고통의 현실 속에서 형성되고 유지, 표출된 것이다. 한은 오랜 세월 동안 장기간의 절망과 실의들이 쌓여 이루어지는 감정이지만, 그것은 민중의 참담한 현실에서 민중이 아직껏 숨쉬고 있다는 증거라 할 수 있겠다. 이같이 한은 민중의 실존적 체험이면서 또한 역사적이고 사회적인 체험이다.

이상과 같이 한을 고찰하면 그것은 다음과 같이 말할 수 있다. 즉 한의 정서는 지배계층이 아닌 봉건사회 아래서 설움과 억압을 받았던 다수의 민중의 것이었다는 것, 한의 감정과 정서가 오랜 역사를 통하여 누적되어온 갈등의 변형이며, 그것은 오히려 억압받는 민중들의 삶의 한 원천이었던 것이다. 이러한 한은 풀이를 통해 해소 지향된다.

---

29 문순태, 「한이란 무엇인가」, 『恨의 이야기』, 보리 1988, 152쪽~156쪽 참조

4. 한의 해소와 화해

1) 삭임과 풀이

한은 개인적인 것 같으면서도 공동체적인 체험이요, 좌절된 욕구나 소망이면서도 새로운 구조를 탄생시키는 힘이기도 하며, 과거의 체험이면서도 미래의 삶을 열어주는 힘이기도 하다.[30] 한은 민중의 삶에 있어서 가장 구체적이고, 직접적인 체험, 그리고 궁극적으로는 민중 공동체 전체의 삶에 연결되어 있는 어떤 종류의 체험이기 때문에 그것은 도리어 우리들의 삶의 원천이 된다. 그래서 우리들은 때로는 자신이 한 덩어리를 짊어지고 그것을 소중하게 간직하면서 삶의 전개 과정에서 그것을 조금씩 갈아 마시면서 살아간다. 『서편제』에서 소리하는 여인은 한으로 해서 소리가 열리고, 한으로 인해서 소리가 깊어간다. 그 여인은 자신의 한을 소중히 여겨왔고, 그것이 그 여인의 삶의 원천이었다. 한이 삶의 원천이 될 수 있었던 것은 우리들이 그 한을 풀고 화해시키면서 살아왔기 때문이다. 『서편제』에서는 남도 소리는 한의 소리가 아니라 한풀이의 소리라고 하고 있다.

> 남도 소리를 한의 가락이라 말들 하지요. 하지만 그걸 좀더 옳게 말하자면 한풀이 가락이라고 말해야 할 거외다. 남도 소리는 우리의 마음속에 그 몹쓸 한을 쌓는 것이 아니라, 거꾸로 그 한으로 굳어진 아픈 매듭들을 소리로 달래고 풀어내는 것이란 말이외다.[31]

---

30 한완상·김성기, 「恨에 대한 민중 사회학적 시론」, 『恨의 이야기』, 보리 1988, 67쪽.

한을 우리 민족 특유의 것으로 보는 것은 우리 민족이 한을 초극해 가는 삶의 양식 자체가 다른 민족과는 다른 특이성을 가지고 있기 때문이다. 우리 민족은 한을 삭이고 화해시키면서 살아왔다. 삭임이란 한의 질적 변화를 가능케 하는 기능이다. 이같이 삭임의 기능이 한국적 한의 내재적 기능이지만 그것은 언제나 당사자의 주체적 지향성을 전제로 하고 있다. 삭임의 행위는 참고 견디는 행위이므로 끈기 있는 지향성을 내포한다. 이렇게 볼 때 삭임의 기능은 단순히 무력한 순응주의, 퇴영적 체념주의, 패배주의는 아니다.

우리 민족은 한을 삭이는 것만이 아니라 다른 한편으로는 이것을 적극적으로 해소하려고 하였다. 한 풀이가 그것이다. 민중의 좌절되거나 억압된 욕구가 가슴속에 맺히게 되면 그것은 응어리가 된다. 이것이 한 맺힘이다. 한의 응어리는 신명을 통해 풀어야 한다. 한이 맺힘이라면 신명은 풀림이다. 신명풀이는 맺힌 한, 곧 쉽게 풀어지지 않는 한을 집단의 신명으로 전화시키는 과정을 통해서 풀어보려는 것이다. 개인적인 한을 집단적인 한으로 전화시키면서 그 집단적 동질성을 계속 유지시켜 나가는 것이 신명풀이라 하겠다.

한을 푼다는 것은 상대적 요건으로서만이 아니라 스스로 풀 수도 있다. 이같이 한은 언제나 스스로 결한이 되고, 스스로 해체되는 것이다. 그러나 원한은 언제나 대상을 인식하고 있기 때문에 가학자에게 물리적 힘이 없이는 풀리지 않는다. 원한이 스스로 풀리는 것은 화해와 용서로서 가능하다. 해원(解冤)의 꿈은 그 원한을 안으로 심화할 뿐이며, 그 결과 한은 오히려 새로운 생명력의 모태로 모든 것

---

31 이청준, 같은 책, 174쪽.

을 포용한다. 가학자의 입장으로서도 원에 대한 속죄는 죄를 씻어내는 정죄로 나타나고 있다.

한을 푸는 방법에는 무속의 굿과 산조와 판소리, 가면극, 탈춤 등이 있다. 이외에도 농촌 보리 수확의 보리께질, 어선의 노젓기, 세시 풍속의 지신밟기도 여기에 해당된다고 할 수 있다.[32] 이중 가장 대표적인 것이 샤머니즘의 굿이다. 샤머니즘의 굿은 죽은 원령과 산원령이 만나서 풀고 또 푸는 행위이다. 풀이 굿의 가장 대표적인 것이 진혼의례인 오귀굿이다. 이것은 억울하게 죽어서 맺힌 한을 풀어주기 위한 것으로 좌절된 혼령을 인도하여 인간계의 밖으로 보내는 의식이다.

무당은 죽은 원령을 위무함으로써 살은 자와 죽은 자 사이 이루어진 적대 관계를 완화하여 이승에 평화와 안식을 베풀어주는 역할을 한다. 살아생전의 원한 관계를 죽은 다음의 무속의 세계로 돌림으로서 직접적인 복수를 피하게 된다. 다시 말하면 샤머니즘은 강한 복수심이나 원한을 주술이나 사후 세계로 돌림으로써 사회적 원한과 복수관계를 줄일 수 있는 사회적 기능을 한다. 그런데 맺힌 것을 푸는 의식은 생존한 사람의 응결된 한도 동시에 해소해 주는 구실을 한다. 억울하게 좌절된 소망인 맺힌 한을 풀어주는 의식은 무속에 있어서의 핵심적 기능이며, 그것은 화해 정신의 발로이다.

이같이 샤머니즘은 그 신명풀이의 방법에 있어 한의 문화에 많은 영향을 미치고 있다. 그것은 민중이 원한다면 누구에게나 해한(解恨)을 시도해 주었다. 구조적 억압과 소외, 그리고 궁핍 때문에 꺾여

---

32 고은, 같은 책, 55쪽 참조

질 수밖에 없는 민중들은 자신들의 소망을 접신과 신명에 의해 성취시켜 보려한다. 이것은 자기 구원의 행위와 유사하지만, 이러한 의식을 통해 비로소 타인을 위한 구원자의 자리에 설 수 있기 때문이다.

이같이 한 많은 민중들은 그들의 한을 숙명적인 것으로 받아들여 그것을 체념하거나 한숨으로 삭이고, 무당의 풀이굿이나 판소리, 탈춤에 의탁해서 풀려고 하였다. 삭임과 신명의 풀이에 의한 한의 해소 방법은 한을 버리는 것이 곧 한을 푸는 것이라는 불교적 영향으로 보인다. 그런데 진정한 한풀이는 민중의 창조력과 생명력, 그리고 민중 의식의 활성화를 통해서 이루어져야 한다.

2) 한의 불교적 해소와 화해

한국적 한은 원, 탄에서 시발하지만 그 내재적 기능인 삭임의 과정을 거치면서 원(怨)과 탄(嘆)은 점차로 정(情)과 원(願)으로 질적 변화를 이룩해 간다. 여기에 한의 화해원리 및 지향성을 발견할 수 있다. 한국불교에서는 한의 해소와 화해를 위한 방법으로 첫째, 죽은 자의 원한 해소를 위해 그 영혼을 정토에 추선하거나 불법의 위신력에 의해서 화해시키는 것과 같은 종교적인 방법, 둘째, 현실에서의 자비와 관용의 정신으로 화해 조화시키는 방법, 셋째, 한이 번뇌이기 때문에 수행에 의해서 한의 마음을 제어하거나 초극하는 방법이 있다.

먼저 마음 다스림 즉 수행에 의해서 한을 초극하는 방법을 살펴보자. 불교에서는 한을 번뇌의 일종으로 본다. 한이 번뇌에 불과하기 때문에 인생의 궁극 목표인 해탈을 이루기 위해 그것은 제거되어야 할 대상이다. 즉 한은 번뇌이기 때문에 번뇌를 없애기 위한 마음공부가 필요하다는 것이다.

불교의 업이론을 통해서 보면 개인의 한은 자신의 업보의 결과이다. 업은 자기 존재의 근거이고, 자기를 규정하는 것이며, 윤회의 주체이다. 그래서 중생은 그가 행한 업에 의해서 윤회의 세계를 전전상속(展轉相續)한다. 인간은 자신의 자유의지와 노력에 의해서 그의 삶이 규정된다. 즉 인간은 자신의 행위에 의해서 거기에 상응하는 현실적 신분이 결정된다는 것이다. 따라서 업과 업의 과보는 반드시 숙명적인 것은 아니다. 업 이론은 한, 원한 역시 자신의 행위의 결과에 따른 것이라 보고, 인간의 자유의지를 통한 노력에 의해서 한의 감정과 행위가 상속되는 것을 차단할 수 있다고 본다.

불교에서는 한의 해소와 승화를 위해 다른 사람에 대해 증오와 원망을 가지지 말아야 한다고 하고 있다. 왜냐하면 증오야말로 삼악(三惡)의 가장 근본적인 원인이며, 적의는 적의로서는 절대로 극복될 수 없고, 오직 비적대감으로서만 극복될 수 있기 때문이다. 원한은 원한으로서는 결코 해소되지 않는다. 그것은 용서와 화해로서만 풀릴 수 있다. 『법구경』에서는 "실로 이 세상에서, 원한으로서는 원한을 풀 수 없는 것, 오직 용기로서만 그것을 풀 수 있나니, 이것은 영원한 진리"[33]라고 하여 원망의 마음을 가져서도 안 되며, 남으로 하여금 원한이 생기게 해서도 안 된다고 한다.

---

33 『법구경』, 5게.

비구들이여, 남을 정복한 자에게는 증오와 원망이 뒤따르고, 남에게 패배한 자에게는 절망과 고통이 뒤따르니라.[34]

누구든 간에, 자기의 행복을 얻겠다고 남에게 고를 안겨준다면, 그는 원한심에 싸이고 얽매인 나머지, 결코 원한심으로부터 벗어나지 못한다.[35]

원한의 마음을 갖는 것은 자신에게 더 큰 피해를 가져온다. 죄업의 악순환을 막기 위해서는 원한을 없애야 하며, 원한을 없애려면 마음의 집착에서 벗어나야 한다. 적극적으로는 원(怨)을 은(恩)으로 돌려야 한다.

보은사상은 개인이 사회의 다른 많은 구성원들로부터 도움을 받고 있다는 것에 근거한 것으로 사은(四恩)사상이 대표적이다. 부모 중생 등 사회의 모든 구성원은 상호 의존해 있고, 상호 연대감을 가지고 있기 때문에 상호간에 책임과 의무가 있으므로 서로 협력해야 한다는 것이다.[36] 다시 말하면 우리들은 사회의 모든 구성원으로부터 많은 은혜를 받고 있기 때문에 그러한 은혜를 갚아야 된다는 것이다. 그러므로 우리들은 타인에게 원한을 가져서는 안 되며, 그들에게서 받고 있는 많은 은혜를 생각해야 된다는 것이다. 원을 은으로 돌리는 것은 자비정신에 입각한 보살행을 통해서 가능하다. 그런데 원을 은으로 돌리기 위해서 우선적으로 요구되는 것은 인내이다.

---

34 같은 책, 201게.

35 같은 책, 291게.

36 사은사상은 개인이 사회로부터 무한한 도움을 받고 있다는 사상이다. 『정법염처경』에서는 어머니의 은혜, 아버지의 은혜, 여래의 은혜, 법사의 은혜 네 가지를 말하고 있고, 『대승본생심지관경』에서는 부모의 은혜, 중생의 은혜, 국왕의 은혜, 삼보의 은혜를 말하고 있다.

너는 절대로 브라흐맛따 왕에게 원한을 품지 말 것이며 복수하려 하지 말라. 만일 이런 내 뜻을 저버린다면 너는 내 아들이 아니다. 비구들이여, 활과 창을 가지고 권력을 행사하는 왕들도 이같은 인욕과 용서로써 어려움을 견디어 좋은 결과를 얻었거늘 하물며 너희들은 출가 수행자로서 얼마나 더 인욕하고 용서해야 마땅한 일이겠느냐? 너희 비구들은 세상사를 다 버리고 계율과 담마에 의지하여 스스로 지혜롭게 하고 사려깊게 하고, 인욕과 용서를 닦아서 그 덕으로써 세상을 빛나게 하며, 세상에 알려져야 마땅하느니라.[37]

고통을 참고 견디는 데는 인욕심이 으뜸이다. 인내심은 바로 한의 삭임의 기능과 연결된다. 그것은 원, 탄 등과 같은 공격적, 퇴영적 속성을 초극하기 위하여 억울한 일을 참고, 분한 마음을 가라앉히는 것을 말하므로 불교 수행의 인욕바라밀과 목표 지향점은 다르더라도 수행의 과정에 있어서 유사성은 있다.

불교는 이같이 수행을 통해 원망, 한탄, 복수 등과 같은 증오의 번뇌를 초월하고, 생사를 초월할 것을 강조함으로써 한의 현실을 극복하여 해탈할 것을 말하고 있다. 즉 인간의 한 등과 같은 번뇌를 극복하고 그것을 승화시켜 해탈의 경지로 이끄는데 불교의 목적이 있다.

둘째, 자비와 관용의 정신의 실천에 의한 한의 해소이다. 이것은 자비심에 의해서 다른 사람에 대한 배려와 용서, 관용을 통해 원한 관계를 해소, 화해시키려는 것이다. 『서편제』에서 사내가 복수를 포기하고 의붓아비와 의부동생을 떠났다가 훗날 그들의 자취를 수소문해 가면서 찾아다녔던 까닭은 바로 화해와 용서에 있었다. 어머니

---

37 『법구경』, 6게.

를 그에게 빼앗기고 마침내는 죽어가게 한 의붓아비에 대한 증오와 복수를 지키기 위해서 그들을 떠났던 그는 중년에 이르러 용서의 마음을 갖게 되었다.

사내의 헤매임은 말할 것도 없이 자신의 삶에 대한 깊은 화해와 용서의 마음 때문이었다. 아비를 죽이고 싶어 한 부질없는 자신의 원망을 후회하고, 그 아비와 누이를 버리고 달아난 자신의 비정을 속죄하고 … 그러나 이제 와선 이미 서로를 용서하고 용서받을 길이나 사람이 없음을 덧없어하면서, 그 회한을 살아가고 있는 사내였다.[38]

『서편제』에서는 용서와 화해의 원리를 초의선사와 다도(茶道)에서 찾고 있다. 즉 한의 해소와 지향을 불교적 화해를 통해 찾고 있는 것이다.

초의 스님이 차를 마실 때의 그 마음은 무엇이었습니까? … 다름 아니라 그건 용서였습니다. … "그야 물론 예법을 따르고 지키는 일이 번거롭기는 하지만, 그것을 넘어서 버리는 일 또한 쉬운 노릇은 아닐 거외다. 형식적인 법도를 버리고 마음대로 차를 마실 수 있는 마음이 어디 그렇게 쉬운 것입니까." … "남을 용서하고 자신을 용서하고 그리고 세상사 모든 것을 용서하고 감사하는 그 일이 … 말은 누구나 할 수 있지만 그건 더욱 더 어려운 일이지요" 초의 스님과 사내에게 있어서 그 용서는 어떤 것이었던가. 스님은 여기서 당신이 살아온 긴 인생사의 덧없음을 생각하고 당신과 당신의 이웃들에 행한 수많은 인간사들에 후회와 속죄와 감사의 마음에 젖으셨을 거외다. 내가 누구에게 못할 짓을 하였나, 내가 누구를 원망하고 원한을 지닐 일은 해 오지 않았던가. 그

---

38 이청준, 같은 책, 172쪽.

런 일들을 후회하고 용서하고 속죄하며 비로소 그런 마음을 얻게 된 일을 감사하고 계셨을 거외다.[39]

초의스님의 마음은 다름 아닌 자신이 걸어온 길에 대한 반성과 용서라고 하고, 남을 용서하고 자신을 용서하고 그리고 세상사 모든 것을 용서하고 감사하는 그 일을 바로 차 마시는 마음과 대비시키고 있다. 그 마음은 바로 자비심이며, 또한 그것은 어디에도 집착하지 않는 초월의 마음이며, 우리가 본래 가지고 있는 마음(일심)이다.

불교에서 수행자는 항상 자비심으로 인욕을 지키고, 자신을 억제하여 참으며, 사랑으로 모든 존재를 대하고, 서로간 화합하며 존경해야 한다[40]고 하고 있다. 자비란 '자애로움', '불쌍히 여김'이다. 자(慈, mettɀ, maitri)란 진실한 우정, 순수한 친애의 마음이며 비(悲, karunɀ)는 애련, 동정을 의미한다. 일반적으로 자(慈)는 "사람들에게 이익과 안락을 주려고 바라는 것"이며, 비(悲)는 "사람들로부터 불이익과 고를 제거하려고 바라는 것"이라는 의미로 사용되고 있다. 예컨대 자비는 어머니의 자식에 대한 순수한 사랑과 같은 것이다. 그것은 다른 사람을 나와 같이 생각하고 다른 사람에 대해 항상 배려하고 봉사하는 마음을 갖는 정신을 말한다. 심지어는 자신을 미워하고 증오하는 자신의 적에게까지도 그를 동정하고, 그를 사랑할 것이 강조된다.

자비의 비(悲)는 원한에서 오는 슬픔이 아니라 사랑의 완전한 구현으로서의 슬픔이다. 그것은 번뇌에 빠져 헤어 나오지 못하고 있는

---

39 같은 책, 165-166쪽.
40 『법구경』, 221게.

중생에 대한 한없는 연민의 정이며, 사랑이다. 자비의 실천을 통해 미움과 증오가 사라지고 나와 남을 함께 배려하고 어우를 수 있는 완전한 평등이 실현될 수 있다. 즉 다른 사람에 대한 배려와 용서, 관용을 통해 원한 관계는 해소될 수 있다.

마지막으로 불교의 종교적 위신력에 의한 한의 해소 방법을 살펴보자. 샤머니즘에서 복수나 원한을 주술이나 사후세계로 돌리는 것같이 불교에서도 원한을 품고 죽은 자의 원한 해소를 위해 극락왕생사상이나 도솔천 왕생사상을 설한다. 그것은 한을 품고 죽은 영혼을 이승과 분리시켜 극락이나 저승으로 빨리 안주시켜 살아있는 사람의 심리적 안정을 도모하기 위함이다. 그래서 죽은 사람을 추선하기 위해서 무덤 앞에 미륵상이나 아미타상을 조성하거나 사찰을 세우기도 한다.

한을 품고 죽은 억울한 영혼을 위해 불상을 세우거나 사찰을 세워서 영혼을 화해시키는 예는 『삼국유사』의 여러 항목에 나타난다. 「미추왕과 죽엽군」조에 삼국 통일의 최대 공신인 김유신이 그의 자손이 죄 없이 죽음을 당한 것에 한을 품고 혜공왕을 원망하자, 혜공왕이 공신 김경신으로 하여금 김유신의 묘에 가서 사과하게 하고, 김유신을 위해 추선사를 세우라고 하고 있다.[41] 이와 유사한 이야기는 신충봉선사를 건립한 예에서도 볼 수 있다. 「혜통항룡」조에 의하면,

　　신문왕이 등창이 나서 혜통에게 치료해 주기를 청했으므로 혜통이
　　와서 주문을 외니 그 자리에서 병이 나았다. 혜통이 말하기를 "폐하께
　　서 전생에 재상의 몸으로써 장인(藏人) 신충이란 사람을 잘못 판결하여

---

41 『삼국유사』, 제1권, 紀異 제1, 「미추왕과 죽엽군」.

종으로 삼으셨으므로 신충이 원한을 품고 윤회 환생할 때마다 보복하
는 것입니다. 지금 이 등창도 역시 신충 때문이니 마땅히 신충을 위해
서 절을 세워 그 명복을 빌어서 원한을 풀게 하십시오."라고 하였다. 왕
은 옳다고 생각하여 절을 세워 이름을 신충봉성사라 했다.[42]

라고 하고 있는데, 이것은 개인의 억울한 원한을 해소시키기 위해
원찰을 세워 부처의 이름으로 한을 해소 화해시키는 내용이다.

그리고 「어산불영」조에서는 왕에게 원한을 품은 용이 독수룡이
되어 그 나라를 격파하고 왕을 해치기 위해 석벽에 몸을 던져 죽은
후 굴 안에 있는 용이 되어서 악심을 내었다. 부처님이 그것을 아시
고 신통력으로 변화하여 석굴에 나타나자 용의 악심이 없어지고 불
살계를 받았다고 하고 있다.[43] 이 이야기 역시 붓다의 위신력에 의
해서 용의 원한을 해소시킨다는 내용이다.

그런데 『삼국유사』에서 용은 대체로 전통신앙을 상징하는 경우가
많다. 용들은 그들과 대립 관계에 있는 천신(이주 민족)과 다투거나
또는 외래신앙인 불교가 수용되는 것에 강한 반발을 가진 세력을
상징하는 것으로 나타난다. 그들이 불교와의 대립, 갈등의 관계에
있을 경우 대체적으로 부처의 위신력과 자비에 의해서 용들은 불교
에 포섭 지향된다. 즉 전통신앙이 불교와의 갈등 대립 관계에서 불
교의 보편적 가르침과 자비정신에 의해 포섭된다는 것이다.

다시 「혜통항룡」조에 의하면 혜통이 중국에서 공주를 병들게 한
교룡을 쫓아내자 교룡은 혜통이 자기를 쫓은 것을 원망하여 신라

---

42 같은 책, 제5권, 神呪 제6, 「惠通降龍」.
43 같은 책, 제3권, 탑상 제4, 「어산불영」.

문잉림에 와서 인명을 몹시 해쳤다. 혜통은 이 사실을 알린 정공을 따라 다시 신라로 돌아와 용을 쫓아버렸다. 용은 이번에는 정공을 원망하여 그의 집 앞의 버드나무가 되었다. 이 버드나무를 매우 좋아한 정공은 효소왕이 산릉(山陵)을 닦고 장사지내는 길을 낼 때 버드나무를 베어내지 못하게 한 까닭으로 죽임을 당하게 된다. 용은 정공에게 품은 원수를 갚은 뒤 다시 기장산에 가서 웅신(熊神)이 되어 해독을 더욱 심하게 끼쳤는데, 혜통이 용을 달래어 불살생계를 주니 그 때서야 웅신의 해독이 그쳤다.[44]라고 하고 있다.

　교룡, 독룡, 웅신으로의 전개는 전통신앙의 불교에 대한 조직적이면서도 끈질긴 저항을 의미하며, 그 과정에서 많은 갈등과 원한 관계가 도출되었음을 상징한다. 혜통이 그들에게 계를 주어 끝내 불교에 귀의시켰다는 것은 불교가 그들을 축출하고 도태시킬 수도 있었지만 자비와 관용, 불교의 위신력에 의해서 그들을 불교에 포섭시켰다는 의미이다.

　그런데 내세에서 보다 현세에 있어 민중의 한을 가장 직접적이고 현실적으로 해소하려 한 것은 미륵신앙이다. 우리나라의 미륵신앙은 처음 도입될 때에는 내세적인 의미가 강했지만 점차 현실적인 경향을 강하게 나타내면서 억눌리고 소외 받는 계층의 희망의 상징으로 나타나게 된다. 귀족 관료의 부패와 정치 부재, 권력을 가진 자의 가렴주구, 빈번한 외세의 침략 등으로 점철된 우리나라의 역사 속에서 민중은 항상 고통 속에서 헤어나지 못하는 현실이었다. 이러한 민중들의 한과 원을 풀어 줄 수 있는 구세주가 바로 미륵이었다.

---

44 같은 책, 제5권, 신주 제6, 「惠通降龍」.

현실 속에서 이상세계가 이룩된다는 당래불 사상은 민중들에게 절대적으로 요망되었고, 또한 민중의 희망이기도 했다. 따라서 억압받고 고통받는 민중들은 이상세계의 도래를 기원하면서 당래불(當來佛)로서의 미륵신앙을 적극적으로 받아들였다. 특히 조선 중기 이후 정치·사회적 혼란이 가중되면서 이 혼란스러운 말법시대를 구제할 미륵의 출현을 고대하는 미륵신앙은 민중들을 중심으로 급속히 확산되었다. 이러한 미륵신앙은 민중의 한을 해소하려는 힘을 응집하는 계기가 되어 혁명적 사고를 나타내기도 하고, 또 주술적 성격을 띠면서 민간신앙으로 전개되어 한의 해소에 일익을 담당하였다고 할 수 있다.

이상과 같이 한을 해소하고 화해시키려는 불교의 원리는 상극의 원리가 아니라 종합 화해의 원리이며, 현세와 내세의 종합 지향이다. 그것은 또한 긍정성과 부정성의 종합 화해이며, 대립과 갈등의 화해이다.

5. 결론

한에는 정한(情恨)과 원한(怨恨)이 있다. 한이 자기 내면으로 향해질 때는 자책이나 뉘우침에서 한탄이 일어나고, 체념하게 되는 과정을 거친다. 그러나 한이 다른 사람과의 관계에서 일어나게 되면 즉 타자와의 관계에서 부당한 일을 당하여 억울하고 분한 감정이 생겨나게 되면, 그것이 원인이 되어 타자에 대한 원망이 일어나고, 따라서 원한, 증오의 마음이 생기게 된다. 이러한 감정이 극한에 다다르게 되면 복수심이 생기게 된다.

민중의 한은 이같이 억울하고 비참한 고통의 현실 속에서 형성되고 유지, 표출되는 것이다. 한은 민중의 실존적 체험이면서 또한 역사적이고 사회적인 체험이다. 한을 우리 민족의 특유한 것으로 볼 수 있는 이유는 한을 초극해 가는 삶의 양식 자체가 다른 민족과는 다른 특이성을 가지고 있기 때문이다. 즉 우리 민족은 한을 삭이고 풀며, 또한 화해시키면서 살아왔다.

한을 해소하는 방법을 살펴보면 그것은 두 가지 경우로 나타난다. 첫째는 한에 의한 원한이나 복수의 직접적 관계를 회피하여 주술이나 무속 등에 의지해서 그것을 해결하는 방법이다. 두 번째는 불교와 같은 고등 종교의 진리와 수행을 통한 화해의 길에 의해서 한을 해소하는 것이다.

불교에서 한이란 UpanＦha인데 그것은 번뇌의 일종으로 그 의미는 첫째, 원한, 앙심, 적의가 계속되는 것, 둘째 분노가 증상한 것이라 풀이할 수 있다. 그것은 분노의 대상을 언제까지나 계속 생각하여 원한을 갖는 마음의 작용이다.

팔리불교 경론에서는 한이나 분이란 개념 대신 진에심(瞋 dosa, 瞋恚, vyＦpＦda)을 말하고 있는데, 그것은 노해서 생물을 살상하거나 타척(打擲)하거나, 상하게 하거나 훤화(喧譁), 악구(惡口), 원한(怨恨), 질투하는 경우에 생기는 것이다. 부파불교의 유부에서는 한을 심소법에 포함하여 설명한다. 거기서 한은 10종의 소번뇌지법에 포함되며, 그것은 오염심에서 일어나는 것이기 때문에 불선이다. 대승불교의 유가행파에서는 한을 수번뇌(隨煩惱) 중의 소수혹심소(小隨惑心所)라 하고, 욕계 제6의식 중의 불선심(不善心)하고만 상응한다고 하고 있다. 그렇지만 유가행파에서는 유부처럼 한을 실유의 심소로 보지 않고, 진(眞)의 일부분으로서 假有世俗(假有世俗)의 심소라 하고 있다.

한은 인간의 청정한 본성을 덮고 있는 번뇌에 불과하기 때문에 인간의 궁극 목표인 해탈을 위해서는 반드시 제거해야 하는 것이다. 한을 극복함에 있어서는 불교에서는 원한이나 복수보다는 상대에 대한 적극적인 이해와 사랑을 가르치거나 또는 현세에서의 불만족을 정토신앙을 통해 해소시키거나, 개인의 점차적인 수행을 통해서 그것을 초극할 것을 가르친다.

한의 해소와 화해를 위한 방법으로 한국불교에서는 죽은 자의 원한 해소를 위해 그 영혼을 정토에 추선하거나 불법의 위신력에 의해서 화해시키는 것과 같은 종교적인 방법, 현실에서의 자비정신의 실천으로 화해 조화시키는 방법, 한이 번뇌이기 때문에 수행에 의해서 한의 마음을 초극하는 방법을 말하고 있다.

한의 철학을 통해서 우리는 우리 민족의 정서가 인내심이 있고, 끈기 있으며, 화해적이고 관용적인 심성을 가지고 있음을 발견할 수 있다. 즉 우리 민족의 내면적 심성에서 찾아낸 관용, 자비, 화해 등 민족의 긍정적인 정신적 요소는 민족정신의 우월함과 도덕성 함양을 높일 수 있는 계기가 될 수 있다.

참고문헌

『숫타니파타』
『법구경』

『금강반야경』

『아비달마구사론(阿毘達磨俱舍論)』

『유가사지론(瑜伽師地論)』

『정법염처경』

『대승본생심지관경』

『사리불아비담론』

『입아비달마론』

『대비파사론』

『유가사지론』

『삼국유사』

고은, 『문학과 민족』, 한길사 1988.

김동욱외, 『한국의 전통사상과 문학』, 서울대학교출판부 1987.

김동욱 · 최인학외, 『한국민속학』, 새문사 1998.

거해편역, 『법구경』, Ⅰ, Ⅱ, 고려원 1994.

전북대인문학연구소, 『동북아샤마니즘문화』, 소명 2000.

박진태, 『동아시아 사마니즘 연극과 탈』, 박이정 1999.

서광선편, 『恨의 이야기』, 보리 1988.

이어령, 『한국인의 마음』, 학생사 1985.

이청준, 『서편제』, 열림원 1993.

천이두, 『한의 구조 연구』, 문학과지성사 1994.

최길성, 『한국인의 한』, 예전 1991.

櫻部建, 『구사론의 연구』, 법장관 1979.

勝又俊敎, 『불교에 있어서의 심식설의 연구』, 산희방불서림 1974.

佐佐木現順, 『업사상』, 이태영외역, 대원정사 1990.

佐佐木現順, 『번뇌의 연구』, 청수홍문당 1975.

佐佐木現順, 『아비달마사상연구』, 청수홍문당 1958.

雲井紹善, 『업사상연구』, 평락사서점 1978.

하회주, 「전통의식과 한의 정서」, 『현대문학』, 72호, 1962.

제3장 | 한의 유교적 의미와 지향성

하창환

　유교는 한을 더욱 깊게 한 원인이었다는 것이 지금까지의 연구결과이다. 이러한 결과는 한이 약자의 정서이며, 유교는 그러한 약자에 대한 지배 이데올로기라는 시각에서 비롯된 것이다. 그러나 만약 한이 약자의 정서라면 그 해결책은 자명한 것이기 때문에 더 이상의 논의는 불필요하다. 또한 유교는 지배 이데올로기이기 이전에 삶의 보편적 이념이었다. 따라서 유교가 한에 미친 영향을 파악하기 위해서는 우선 보편적 삶의 이념으로서의 유교가 우리의 삶에 어떻게 작용하는지를 살펴보아야 한다. 그러기 위해서 본고에서는 조선조 유교가 가장 난숙했던 16·17세기를 살았던 퇴계 이황과 교산 허균의 삶을 살펴보았다.

　이 과정에서 우리는 퇴계로부터 유교적 삶의 전형을 볼 수 있었다. 퇴계는 형의 억울한 죽음에 대해 깊은 원한을 갖고 있었다. 그러나 실제로는 아무런 행동도 취하지 않았다. 그것은 퇴계가 형의 묘비에 새긴 글에서도 알 수 있는 것처럼 바로 유교의 가르침 때문이었다. 여기서 말하는 유교란 주희에 의해 체계화된 성리학으로, 그것은 끊임없는 자기반성을 통해 보다 높은 인격으로의 도야를 요구한다. 다시 말해서 성리학은 자신에게 직면한 부조리한 현실에 대해서 직접 맞서기보다는 먼저 스스로를 반성하고, 그래서 비록 잘못이 없다고 하더라도 자신의 덕을 닦는데 더욱 힘쓰라고 가르친다는 것이다. 이것은 유교에서의 한은 언제나 자기 자신을 향해 있다는 것을 의미한다. 장례식에서 부모에게 다하지 못한 효도 때문에 자책하는 자식이나 자식의 불행을 모두 자신의 책임으로 돌리는 어머니의 모습에서 우리는 이러한 사실을 발견할 수 있다.

　이처럼 유교에서 스스로를 반성하게 하는 것은 함께 더불어 살아가는 사회를 유지시켜주는 토대가 개인의 성숙된 인격에 있다고 보기 때문이다. 다시 말해서 인간은 누구나 타고난 선한 본성을 가지고 있기 때문에 자신의 욕망을 억제하여 그 본성을 발현할 수 있게 할 때 사회는 건전하게 발전할 수 있다는 것이다. 그리고 유교에서 본성의 선함을 전제로 한다는 것은 누구나 그 본성으로 인해 보다 높은 인격에 감화될 것이라는 신념을 내포하는 것이다. 따라서 우리가 자신에 대한 부당한 차별이나 업신여김에 적극적으로 맞서지 않고 감내하는 것은 결코 약자이기 때문에 취하는 행동이 아닌 것이다. 이러한 사실을 이해한다면 유교에서의 한은 단순히 타인에 대해 원망하거나 자신의 처지를 비관하는 설움의 감정적 정서가 아니라 인간적 격조를 지닌 정서라고 말할 수 있을 것이다.

1. 서론

유교가 한이라는 우리의 정서에 끼친 영향은 부정적이라는 것이 일반적인 평가이다. 이 말은 유교가 우리의 한을 더욱 깊게 한 원인이 되었다는 것이다. 이 주장에 따르면 먼저 유교 사상에서 비롯된 계층의식은 노비들을 인간 이하로 취급함으로써 그들에게 뿌리 깊은 한과 원(怨)을 남겼으며, 다음으로 남존여비의 사상으로 남성에 의해 가해진 여성에 대한 횡포는 여한(女恨)의 원인이 되었으며, 마지막으로 권력을 독점한 사대부들의 민중에 대한 경제적 수탈은 한을 품게 되는 계층의 범위를 한층 넓게 하는 계기가 되었다.[1]

이러한 주장은 우리의 지난 역사를 돌아보면 누구나 수긍할 수

---

1 문순태, 「恨이란 무엇인가」, 『한의 이야기』, 서광선 엮음(보리 1988), 152-156쪽. 한완상 · 김성기, 「恨에 대한 민중사회학적 시론」, 『한의 이야기』, 서광선 엮음(보리 1988). 79쪽. 한국정신문화연구원편, 『한국민족문화대백과사전』 23, 한국정신문화연구원 1996, 856-7쪽.

있는 것이다. 그럼에도 불구하고 우리는 이 주장이 갖고 있는 유교에 대한 시각이 한쪽으로 치우쳐 있다고 비판하지 않을 수 없다. 그것은 이 주장이 유교를 지배 이데올로기로만 보고 있다는 것이다. 물론 조선왕조는 유교가 국가의 지도이념이었고, 지배층은 유교로 무장한 지식인이었다. 하지만 유교는 지배 이데올로기이기 이전에 개인이 현실을 살아가는데 길을 제시하는 삶의 보편적 이념이었다. 그래서 그들, 즉 지배층인 유교의 지식인들에게는 지배자로서 권세를 누리기에 앞서 인간으로서 높은 도덕적 인격을 갖추기 위해 자신의 욕망을 억제하는 수양이 요구되었다.[2] 그리고 그들 스스로도 자신들을 도학자라 부르며 권력자가 되기보다는 인격자가 되는 것을 이상으로 여겼다.

그럼에도 불구하고 한의 정서와 관련해서는 왜 이런 삶의 보편적 이념으로서의 유교는 배제되고 지배 이데올로기로서의 유교만을 바라보게 되는가?

그것은 한이 약자의 정서라는 것을 전제하고 있기 때문이다. 다시 말해서 사회적으로 상대적인 약자, 즉 지배층에 대한 피지배층, 그리고 남성에 대한 여성들의 억압된 심정을 반영한 것이 한이라는 것이다.

그러나 한이 약자의 정서라고 전제한다면, 유교가 한의 정서를 더욱 깊게 한 원인이라는 비판은 정당화될 수 없다. 왜냐하면 어느 사회에서든 그 사회의 지배 이념이 있기 마련이고, 그리고 그것은 필연적으로 강자와 약자를 만들어낼 수밖에 없기 때문이다. 다시 말해

---

2 『論語』,「顏淵」: 克己復禮爲仁 一日克己復禮 天下歸仁焉 爲仁由己 而由人乎哉

서 인간의 역사에서 언제나 그리고 어느 곳에서나 그런 불평등은 있어 왔다는 것이다. 그래서 한을 약자의 정서라고 할 때, 한국적 한이란 것도 기박했던 이 겨레의 역사 속에서 오열하는 원망·하소·신세타령·팔자한탄과 같은 페이소스이며, 전통적 의미이기보다는 기질적인 의미를 내포하는 것이라는 비판[3] 앞에서 우리는 할 말을 잃게 된다.

유교가 한에 어떤 영향을 미쳤는가 하는데 대한 논의는 유교의 지배 이념의 측면이 아닌 삶의 보편적 이념의 측면에서 바라보아야 할 것이다. 그것은 적어도 인간이 인간다울 수 있는 것은 자의식을 가진 존재이기 때문이다. 다시 말해서 인간의 행동은 본능적인 것이기보다는 스스로의 이념에 따라 결정되어진다는 것이다. 우리가 비폭력 무저항주의를 약자의 비굴한 행동으로 보지 않는 것은 간디의 철학을 이해하기 때문이다. 이런 이유로 유교가 가지는 삶에 대한 보편적 이념의 측면에서 한을 이해하려고 하며, 이것은 한을 약자의 정서라는 선입견에서 벗어날 수 있는 방법이 될 것이다.

그래서 본 논문에서는 먼저 우리나라에서 유교가 가장 난숙했던 시기인 조선조 16·17세기를 살았던 두 인물, 즉 퇴계(退溪) 이황(李滉)과 교산(蛟山) 허균(許筠)의 삶을 살펴볼 것이다. 그리고 그들은 자신의 삶에서 맺어지는 한을 어떻게 풀어내는지 살펴볼 것이다. 이것은 우리가 과제로 하고 있는 것, 즉 삶의 보편적 이념으로서의 유교에서 한이 어떻게 형성되고, 그리고 그것이 지향하는 바가 무엇인지를 파악하는 과정이 될 것이다.

---

3 유종호, 「한국의 파세틱스」, 『현대문학』 72호(1962).

2. 유교 사회에서의 삶과 한

조선의 국가 이념인 유교는 14대 임금인 선조를 전후하여 가장 성숙한 단계에 이르렀다. 이러한 발전을 이끈 인물 중의 한 사람이 퇴계이다. 그리고 그는 유교사회인 조선에서 가장 성공적인 삶을 산 인물이라고 할 수 있다.

퇴계는 당시에 있었던 여러 번의 사화를 보고 겪으면서 벼슬에 대한 심한 염증을 느꼈다. 그래서 그는 모두 79번의 사퇴를 주청했다.[4] 그가 이렇게 많이 사퇴했다는 것은 거꾸로 그 만큼 임금의 신임이 두터웠다는 것을 의미한다. 왜냐하면 사퇴의 횟수가 많다는 것은 부름의 횟수 또한 많다는 것을 뜻하기 때문이다. 퇴계의 거듭되는 사퇴에도 불구하고 벼슬이 높아지자, 이를 시기해 그의 사퇴를 벼슬을 높이기 위한 술수라고 모함하는 사람까지 생겨났다.[5]

그러나 우리가 퇴계를 성공적인 삶을 산 사람이라고 말하는 것은 단순히 위로부터의 신임이 두터웠기 때문만은 아니다. 오히려 그보다는 아래로부터 그 이상의 존경을 받았기 때문이다. 퇴계가 물러날 뜻을 비치자 율곡은 만류하며, "선생께서 조정에 계셔주시기만 하면, 설사 아무른 일도 도모하시지 않으셔도 임금은 마음으로 의지가 되어 신중해집니다. 그리고 백성들은 진정으로 기뻐하며 조정의 일을 신뢰할 것입니다."[6]라고 말했다. 율곡의 이 말은 당시의 사람들

---

4 권오봉, 『예던길』(우신출판사 1988), 260쪽.
5 국제퇴계학회 경북지부편, 『退溪正傳』(한국출판사 1990), 78쪽. (이하 『正傳』으로 약함)
6 『退溪先生言行錄』卷之三,「出處」: 珥曰 先生在朝 假使無所猷爲 而上心倚重 人情悅賴

이 퇴계를 어떻게 생각했는지를 단적으로 말해주고 있다.

퇴계의 이런 외형적인 삶은 한과는 무관한 것처럼 보인다. 하지만 그에게도 하늘에 사무치는 원한이 있었다. 그것은 그의 형 이해(李瀣)의 억울한 죽음 때문이었다. 퇴계의 형이 사헌부에 있을 때, 당시 권력자였던 이기(李芑)가 정승이 되는 것이 합당하지 못하다고 탄핵을 한 일이 있었다. 이에 앙심을 먹은 이기가 퇴계의 형이 역적을 두둔했다는 고변이 들어오자 그 진위를 가리기 전에 혹독한 심문 뒤에 귀향을 보냈다. 그리고 퇴계의 형은 심문의 후유증으로 귀향길에서 세상을 떠나고 말았다.[7]

형의 이런 억울한 죽음은 퇴계로 하여금 묘갈에 다음과 같은 글을 새기게 하였다.

> 홀연히 음침한 무지개 밝은 해를 가렸도다.
> 어찌타 옥수는 미친바람의 침노를 당함이오.
> 요순을 잇고 그 뜻을 따르지 않았다면,
> 하늘을 치솟는 이 원한을 어찌 잠재우리오.
> 간을 쪼개 그 흘린 피로 영원토록 전했으니,
> 사무친 이 울분을 통쾌하게 풀어줄 이 반드시 사문(斯文)에 있으리.[8]

---

7 『正傳』, 300쪽, 권오봉, 위의 책, 126-8쪽.

8 위의 책, 131쪽.
　倏陰虹之干白日兮
　奈如玉樹値凶飈之衝也
　匪勛華繼而追志兮
　曷能鎖斗牛之寃氛
　刳肝血而告萬世兮
　其必有交憤快於斯文者矣

퇴계의 이런 삶과 극히 대비되는 삶을 산 사람이 교산 허균이다. 교산의 삶은 퇴계와 달리 파직과 복직으로 얼룩졌다. 그를 파직케 한 것은 그의 사생활에 대한 사람들의 비난이었고, 그를 복직케 한 것은 그의 천부적인 재능이었다.

교산은 21세에 생원시에 합격한 것을 시작으로 26세에는 정시 을 과, 29세에는 문과 중시에 장원으로 등제했다. 그의 재능은 단지 과 거시험에서만 발휘된 것이 아니었다. 교산이 종사관으로 명나라 사 신을 영접하는 자리에서 고서는 물론이고 유 불 도 삼가의 서책에 이르기까지 어느 것 하나 막힘이 없었다. 그 자리에 함께 배석했던 영위사 신흠(申欽)은 교산의 이런 박학다식함에 사람으로서는 이를 수 없는 경지라는 말로 놀라움을 감추지 못했다.[9] 그리고 명나라 사 신 주지번(朱之番)은 교산의 학식이라면 중국에서는 임금 가까이에 서 귀중하게 쓰였을 터인데도 그렇지 못한 그의 현실을 아쉬워했 다.[10]

교산은 이처럼 남다른 재능을 가졌음에도 불구하고 사람들로부터 비난의 대상이 되었다. 그것은 사람들이 그의 재능을 시기했기 때문 이 아니었다. 유교의 법도와 규범으로 인간의 모든 인격을 판단하던 시대에 교산의 행동은 너무도 파격적인 것이었다. 그는 모친의 상을 치르는 중에 고기를 먹고 기생을 희롱하며 논 인륜을 저버린 인간

---

9 『於于野談』卷三,「識鑑」: 筠爲從事官 隨遠接使柳根到義州 時迎慰使申欽日 與相會 聞其博誦古書 至如儒道釋三家書 無不觸處洒然 人莫能當也 欽退而 歎曰 此子非人也

10 『許筠全集』,「惺所覆瓿藁」卷 十八, 文部 十五, 丙午紀行(成均館大學校 大東 文化硏究院, 1972), 173쪽. (이하『全集』으로 약함): 上使日 否否 此子生中國 亦當久在承明之廬 金馬之門 非獲罪 則何以翶翶郎屠外郡也

이라는 비판을 받았다.[11] 그리고 교산은 삼척부사로 재직하던 중 사헌부의 탄핵을 받고 파직을 당했다. 그 이유는 평소에 불교를 신봉한 나머지 승복을 입고 불상에 절을 하며 승려들과 허물없이 지냈다는 것 때문이었다.[12]

교산은 그런 이유로 파직되었다는 소식을 듣고 자신의 심회를 다음과 같은 시로 토로했다.

예의 가르침이 어찌 가두고 내치는 것이랴?
인생의 부침은 인정에 맡길 뿐이라오
그대는 모름지기 그대의 법을 쓰시오,
나는 스스로 내 삶을 도모하리라.
벗이 와 위로하고,
처자의 마음이 편하지 못하네.
만약 깨달음을 얻어.

이백과 두보와 이름을 나란히 할 수만 있다면 기쁘지 않으랴!13

3. 유교의 이념과 한의 형성

---

11 『澤堂集』, 卷十五: 許筠聰明文才 以父兄子弟 皆亦有名 而專無行檢 居喪食肉狎妓
12 『宣祖實錄』, 四十年 五月: 三陟府使許筠 以儒家之子 反其父兄 所爲崇信佛敎 誦讀佛經 平居緇衣拜佛 爲守令時 設齊飯僧 衆目所見 恬不知恥.
13 『全集』, 「惺所覆瓿藁」, 卷二, 詩部二, 聞罷官作. 28쪽.
禮敎寧拘放 浮沉只任情
君須用君法 吾自達吾生
親友來相慰 妻孥意不平
歡然若有得 李杜幸齊名

퇴계가 세상을 떠나기 바로 전 해인 1596년에 교산이 태어났다.
두 사람은 바통을 주고받듯 그렇게 삶을 이어갔다. 퇴계가 교산에게
넘겨준 바통은 체계적으로 정립된 성리학이었다. 그러나 교산은 퇴
계가 넘겨준 그 바통에 대해 비판적이었다. 그리하여 두 사람이 삶
을 헤쳐나간 방식 또한 판이하게 달랐다.

교산은 삼척부사에서 파직당한 이후에도 공주목사와 전시(殿試)
대독원(對讀員)이 되었으나 파직과 정배(定配)를 당하고 말았다. 그
의 이러한 고초는 그가 이전에 보였던 반유교적 행동과 무관하지
않는 것이었다. 교산에 대한 이러한 선입견은 그 후로도 계속되었
다. 그래서 그가 예조참의에 제수되었을 때도 사간원에서 사람됨이
경박하고 행동에 절제가 없으며 이단을 받든다고 주청하여 다른 사
람으로 교체되고 말았다.[14]

교산은 이 사건이 있은 이후로 이전과는 전혀 다른 행동을 보였
다. 이전에는 위의 시에 나타난 것처럼 자신에 대한 비난이나 벼슬
에 대해 애써 초연한 태도를 취했다. 그러나 이때부터는 그의 편에
서 오히려 적극적으로 현실과 타협하는 모습을 보였다. 그러면서 교
산은 천추사(千秋使)로 두 번 중국을 다녀왔고, 이것을 계기로 광해
군의 두터운 신임을 얻게 되었다. 이를 기회로 그는 자신의 권력을
굳건히 하기 위해 애썼다. 그리하여 교산은 권신 이이첨(李爾瞻)과
결탁하여 폐모론을 주장하여 인목대비를 유폐시켰다. 그리고 나서
폐모론에 반대했던 기자헌(奇自獻)과 이항복(李恒福)까지도 앞장서

---

14 『光海君日記』, 五年 十二月 癸丑.
　　司諫院啓曰 禮曹參議許筠 爲人輕薄 素無行檢 崇奉異端 得罪無數 請兪罷職
　　不敍 答曰 遞差

서 유배지로 보냈다.

그러나 교산의 이러한 몸부림도 그의 보호막이 되어주지 못했다. 오히려 그것은 다른 정적을 만들게 되었다. 그래서 교산은 결국 이른바 칠서(七庶)사건이라는 역모의 혐의를 받고 참형을 당하고 말았다. 그리고 권력에 집착하는 것처럼 보이는 그의 일련의 행동들은 그에 대한 평가를 더욱 악화시켰다. 즉 그 행동들은 당시의 사람들로 하여금 교산을 "천지간에 둘도 없는 괴물"[15]이라고 평하게 했고, 오늘날에는 그가 과연 최초의 한글소설인『홍길동전』의 저자인지에 의문[16]을 제기하게 했다.

교산의 이런 행동에 비하면 퇴계는 너무도 조용한 사람이었다. 퇴계는 형의 묘비에 그토록 원한에 사무친 글을 새겼지만 그 원한을 갚기 위해서는 아무른 행동도 하지 않았다. 물론 그 당시는 그가 풍기군수라는 벼슬까지 버리고 고향인 예안에다 한서암(寒栖菴)이라는 작은 집을 짓고 후학을 기르기 시작한 때라 어떤 행동을 취할 만한 처지에 있지 않았다고 생각할 수도 있다. 그러나 그 후 퇴계는 자주 불려가 벼슬을 했다. 하지만 그는 그때마다 벼슬을 버리고 도망치듯 고향으로 돌아왔다. 퇴계가 어떤 사람이었는가를 잘 말해주는 것은 바로『自省錄』이라는 책이다. 이 책은 그가 제자들에게 보낸 편지들을 모은 것이다. 그렇게 한 까닭은 제자들에게 한 훈계를 자신이 잘 지키고 있는지를 반성하기 위해서였다.

형이 억울하게 세상을 떠난 후에 퇴계가 보인 행동은, 형제의 원

---

15 『光海君日記』, 十年 閏 四月 丁亥.
　　天地間一怪物也
16 李能雨,「許筠論」,『淑明女子大學校 論文集』5輯(1956).

수는 무기를 바로 세우고 항상 죽일 준비를 하고 있어야 한다[17]는
『예기(禮記)』의 가르침에도 반하는 것이었다. 그는 형의 죽음 이후
더욱 자신 속으로 침잠해 들어갔다. 그것은 마치 형의 죽음을 잊었
거나 잊고 싶어 하는 사람의 행동처럼 보이게 한다.

이처럼 퇴계와 교산은 타인으로부터 자신들에게 가해지는 상처
앞에 너무도 대조적인 행동을 보였다. 그러나 그들이 보인 그 행동
들을 단순히 본능적인 것이었다고 치부할 수는 없을 것 같다. 다시
말해서 교산의 행동은 자신을 비난하는 사람들에게 가한 보복이며,
퇴계의 그것은 자신에게 가해질지도 모를 것이라는 두려움 때문이
라고 말할 수 없다는 것이다. 왜냐하면 그들은 자신에 본능에 내맡
길 만큼 무모하거나 무지한 사람이 아니기 때문이다. 따라서 우리는
그들의 행동이 어떤 이념 아래에서 행해지게 되었는지 알아볼 필요
가 있다.

교산은 위자(僞者), 즉 위선자라는 말로 당시의 지배계층을 통박
했다.

> 지금 거짓된 자들은 헛된 말과 실없는 말만 지껄인다. 걸핏하면 이
> 윤·부열·주공·공자의 사업을 마음속으로 다짐한다. 그러나 정작 쓰이
> 게 되면 손발조차 둘 곳을 모르고, 일을 그르치고도 수습할 줄을 모른
> 다. 이것은 현세에서는 비웃음을 싸며, 후세에서는 비난을 받을 것이
> 다.[18]

---

17 『禮記』, 「曲禮」上.
　兄弟之讎 不反兵
18 『全集』, 「惺所覆瓿藁」, 卷 十一, 文部 八, 學論, 120쪽.
　今之僞者 則空言游談 動以伊傅周孔事業自期 及其用也則手足失措 憒而不
　能自收 當世笑之 後世議之

교산은 당시의 위정자들을 위선자라고 말하는 까닭은 말뿐이기 때문이었다. 그들은 누구보다 많은 성현의 가르침을 알고 있었다. 하지만 그들은 그것들을 현실 속에서 구체화시키지 못했다. 이것은 그들이 떠들어대는 성현의 말씀이라는 것은 그들의 학식을 자랑하는데 지나지 않는다는 것을 뜻하는 것이라고 교산은 생각했다. 그렇기 때문에 교산은 그들을 위선자라고 하고, 그들의 말을 공허하다고 한 것이다.

우리가 마지막에 교산이 보인 행동의 역사적 평가를 보류하고 그의 행동 자체만을 본다면, 그것이 단순히 자신의 비판에 대한 분풀이라고 할 수 없다. 교산에게 있어 당시의 위정자들은 공리공담을 일삼는 무능한 사람들이었다. 그의 행동은 그러한 사람들과의 투쟁의 결과였다. 이런 의미에서 본다면, 『홍길동전』은 자신을 비난하며 몰아냈던 사람들이 만들어내는 위선적이고 무력한 현실을 바라보며 그것을 혁파하고 싶다는 교산의 마음을 담은 것이었다고 우리는 추측할 수 있다.

교산의 이러한 적극성에 비추어 보면 퇴계의 행동은 너무도 무력했다는 생각마저 들게 한다. 그러나 퇴계 역시 형의 억울한 죽음에 대한 분노가 없었던 것은 아니었다. 형이 죽은 이듬해에 임금의 부름을 받아 벼슬길에 나가면서 조카에게 보낸 편지에서 퇴계의 마음을 읽을 수 있다.

하늘은 '안중정'[眼中釘: 남에게 심한 해독을 끼친 사람]을 뽑아내고 '여얼'[餘孽: 남은 재앙]은 인심을 멀리한다고 하였다. 온화한 기상이 옛날과 다르겠지만, 우리 집의 환란은 세상 사람들이 모두 원통하게 알

고 있거늘, 혹 공석에서 원통하다는 말이 나온다면 지하에 계신 혼령에
게 무슨 유익함이 있겠으며 이미 지나간 일에 무슨 도움이 되겠느냐?
나의 소치로서는 이것으로써 달래나, 언어와 행동 간에 매우 어려운 일
이다.[19]

　　퇴계가 조정에 다시 나가게 되면서 마음에 가정 먼저 떠오른 것
이 형님의 억울한 죽음이었다. 그러나 그는 애써 그 죽음을 잊고자
했다. 하지만 그러한 마음과는 달리 어떤 행동을 보일지 퇴계 자신
도 장담할 수 없다고 토로하고 있다. 이것을 보면 원한을 갚고 싶은
마음과 그것을 억눌러야 한다는 마음 사이에서 퇴계가 얼마나 심한
갈등을 겪고 있었는지를 엿볼 수 있다.
　　퇴계의 갈등하는 두 마음 중에서 결국 이긴 것은 원한을 억눌러
야 한다는 마음이었다. 그것은 그가 조정에 있는 동안 한번도 형의
죽음을 공론화하지 않았다는 것으로도 잘 알 수 있다.
　　퇴계로 하여금 원한을 억눌러야 한다는 그 마음을 이기게 한 것
은 무엇일까?
　　우리는 그가 형의 묘비에 새긴 글귀에서 그 단서를 찾을 수 있다.
퇴계는 "요순을 잇고 그 뜻을 따르지 않았다면, 하늘을 치솟는 이
원한을 어찌 잠재우리오."라고 새겼었다. 이것은 요순의 도, 즉 유교
의 이념이 형을 억울한 죽음으로 몰아간 자들에 대한 원한을 퇴계
의 가슴 속에 묻게 했다는 것이다.

4. 유교에서 한의 지향성

---

19 『正傳』, 430쪽.

퇴계로 하여금 원한을 가슴 속에 묻게 한 유교는 공자와 맹자로 대표되는 선진 유학보다는 송대의 신유학, 즉 주희(朱熹)에 의해 체계화된 성리학이다. 이 성리학은 바로 조선의 개국의 이념으로 5백년 동안 줄곧 절대적 지위를 차지했다. 그 결과 지금도 우리의 의식 깊숙한 곳에 자리하면서 우리의 행위에 강력한 영향력을 행사하고 있는 것이 사실이다. 그래서 퇴계로 하여금 원한을 가슴에 묻게 한 것처럼 유교가 우리의 사고를 무엇으로 향하게 하여 한이라는 정서를 낳게 하는지 살펴볼 필요가 있다.

　　성리학이 선진 유학과 구별되고 그 이념을 확연히 들러 내어줄 수 있는 결정적인 개념 중의 하나가 '성인(聖人)'이라는 개념이다. 우리가 흔히 말하는 성인, 즉 요순으로부터 시작해서 공자에까지 이어지는 성인은 새로운 문명을 계발하여 인간의 삶을 진일보시킨 존재들이었다. 이 말은 성인이라는 것이 보통의 사람으로는 감히 이를 수 있다고 생각조차 할 수 없는 가장 완벽한 인간의 모습이라는 것이다. 그렇기 때문에 공자도 제자인 자공이 "성인이십니까?"하고 물었을 때, 자신으로서는 이를 수 없는 불가능한 경지이며, 자신은 단지 성인의 사업을 배우는데 싫증내지 않고 그것을 가르치는데 게으르지 않을 뿐이라고 답했던 것이다.[20]

　　그러나 성리학에 이르게 되면 선진 유학의 이런 성인의 개념은 상당한 변화를 보이게 된다. 성리학의 문을 처음 열어준 주돈이(周敦頤)는 성인과 그에 이르는 길을 다음과 같이 말했다.

---

20 『孟子』, 「公孫丑」 上.
　　子貢問於孔子曰 夫子聖矣乎 孔子曰 聖則吾不能 我學不厭而教不倦也

"聖人은 배울 수 있는 것입니까?"

"그렇다."

"요령이 있습니까?"

"있다."

"듣기를 청합니다."

"한 가지를 요령으로 삼는다. 그 한 가지는 곧 무욕(無欲)이다."[21]

성리학에서는 성인이 보통 사람으로서 결코 이를 수 없는 경지가 아니다. 누구나 배우기만 하면 성인이 될 수 있다고 성리학에서는 말한다. 성인이 이런 것이라면 그것은 단지 우르르 볼 대상이 아니라 모두가 이르지 않으면 안 될 당위의 목표가 된다. 그렇기 때문에 주돈이의 제자 정이(程頤)는 사람들이 자신을 보잘 것 없이 여기며 스스로를 믿지 못하기 때문에 성인이 될 수 없다고 주장했다.[22] 성리학의 이러한 성인관은 우리의 높은 교육열과 무관하지 않는 것으로 보인다. 다시 말해서 사람은 배워야 하고 배우지 않으면 사람으로서의 덕목을 갖추지 못한다는 의미를 성리학의 성인관은 내포하고 있다는 것이다.

그런데 성리학의 성인관이 가지는 또 다른 특색은 그에 이르는 방법으로 무욕, 즉 인간의 욕망을 없애는 것이라고 하는데 있다. 그러나 이 방법은 뒷날 자연스러운 인정마저도 무시하는 가혹한 학설

---

21 周敦頤,『通書』,『北京圖書館古籍珍本叢刊』88,『元公周先生濂溪集』(北京 : 書目文獻出版社, 1999), 100쪽.
   聖可學乎? 曰 : 可. 有要乎? 曰 : 有. 請聞焉. 曰 : 一爲要, 無欲也

22 程顥·程頤,『二程集』第一册(北京 : 中華書局, 1984), 318쪽.
   噫! 人之自小者, 亦可哀也已. 人之性一也, 而世之人皆曰吾何能爲聖人, 是不自信也.

이라는 비판을 받았다. 그것은 인간의 욕망이란 아름답거나 추함을 떠나서 삶을 이끌어가는 에너지이며, 그러한 것이 또한 우리의 일상적인 삶의 모습이기 때문이다. 따라서 인간의 욕망을 부정하는 것은 곧 삶 자체를 부정하는 것이라고 말할 수도 있다. 교산이 성리학으로 무장한 당시의 지배계층을 위선자라고 몰아붙인 것도 이러한 이유 때문이다.

그러나 성리학에서 인욕을 없애야 한다고 말하는 것은 삶을 부정하거나 자신의 도덕적 우월성을 과시하기 위한 것이 아니다. 성리학에서의 그러한 요구는 타고난 선한 본성을 회복하고자 하는데 있다. 우리가 삶을 반성해 보면 언제나 욕망에 휩쓸려 흐트러진 자신의 모습을 발견하게 된다. 이것은 우리가 욕망을 발산하지 못해서 삶을 그르친 것이 아니라 욕망을 억제하지 못해서 삶을 그르쳤다는 것을 뜻한다. 따라서 우리가 비록 성인이 되지는 못한다고 하더라도 보다 성숙된 인간으로 나아가기 위해서는 먼저 자신의 욕망을 자제하는 것을 배우지 않으면 안 된다. 주돈이가 무욕이라고 말한 것 속에는 이러한 삶에 대한 기본적이 지침을 담고 있으며, 그것이 무욕을 제시한 근본적인 의도였다.

우리가 익히 알고 있는 알인욕 존천리(遏人欲 存天理), 즉 인욕을 억눌러 하늘로부터 타고난 본성을 보존하여 성인이 되어야 한다는 성리학의 근본명제는 끊임없는 자기반성을 요구한다. 왜냐하면 이것은 치열한 자신과의 싸움이기 때문이다. 다시 말해서 욕망은 다른 누구의 것이 아니라 바로 자기 자신의 것이라는 것이다. 비록 외부의 유혹에 의해 욕망이 일어난다고 하더라도 그 욕망이 일어나는 곳은 자기의 내면이며, 그것을 억제할 수 있는 것도 다른 누가 아닌 바로 자신이다. 그래서 욕망의 억제가 자기완성의 길이라고 할 때 삶의 모든 책임은 곧 자기 자신에게 있게 된다.

이렇게 삶의 모든 책임을 자신에 두게 되면 외부로부터 주어지는 고난을 당했을 때조차도 먼저 자신을 반성하게 된다. 왜냐하면 그 고난이 자신의 잘못에서부터 기인한 것일지도 모른다는 생각을 먼저 들게 하기 때문이다. 이러한 태도는 자신의 성숙은 자신을 얼마나 철저하게 반성하느냐에 달려 있다는 생각에서 비롯된 것이다. 그렇기 때문에 성리학에서는 비록 어떤 일에서 자신에게는 잘못이 없다고 하더라도 그 사태에 맞서기보다는 자신의 덕을 닦는데 더욱 노력하라고 가르친다.[23] 퇴계가 형의 원한을 가슴에 묻고『자성록』이라는 책을 지은 것도 이러한 관점에서 이해될 수 있다.

그리고 이것은 한의 정서와 그 맥을 같이하는 것이라고 할 수 있다. 그것은 한의 정서가 부당한 차별이나 업신여김과 같이 외부로부터 주어지는 억울함이나 고통에 대해 저항하거나 맞서기보다는 스스로 감내(tolerance)하거나 수용하는 것을 본질적 특성으로 하기 때문이다.[24] 그리고 이러한 것에서 비롯되는 한의 정서는 우리로 하여금 특이한 행동 양식을 갖게 한다.

우리는 부모의 장례식에서 그 자식들이 통곡하는 장면을 목격한다. 아마도 이것은 동서고금을 막론하고 공통된 모습일 것이다. 그러나 우리의 장례식장에 가서 그 자식들이 통곡하면서 울부짖는 소

---

23 程顥・程頤,『二程集』第三册(北京: 中華書局 1984), 896쪽.
　君子之遇艱阻, 必反求諸己而益自修. 孟子曰 :「行有不得者, 皆反求諸己」. 故遇艱蹇, 必自省於身, 有失而致之乎? 是反身也. 有所未善則改之, 无歉於心則加勉, 乃自修其德也.
24 최상진,「'恨'의 심리학적 분석」,『중대논문』제34집(인문과학편, 1991), 268쪽.

리를 들어보면 그들이 통곡하는 까닭이 단지 사랑하는 부모님을 잃었다는 슬픔 때문만이 아니라는 것을 알 수 있다. 그들은 부모님의 생전에 자신이 잘못했던 일들을 가슴을 치며 외친다. 그들의 눈물에는 자식으로서 도리를 다하지 못했다는 자책과 그것이 더 오래 사실 수 있는 부모님을 일찍 돌아가시게 했다는 회한의 마음이 담겨져 있다.

우리의 이러한 행동 양식은 비단 장례식에서만 볼 수 있는 것이 아니다. 그것은 행복한 결혼식에서도 마찬가지로 나타난다. 딸을 시집보내는 어머니는 남이 볼까 몰래 돌아서서 눈물을 훔쳐낸다. 어머니가 흘리는 눈물의 까닭은 딸을 품안에서 떠나보내야 하는 안타까움이나 그 장래가 염려스럽기 때문만은 아니다. 딸에게 그 동안 못다 베푼 사랑이 가슴에 맺혀 어머니는 눈물을 흘리는 것이다. 그래서 그 어머니는 사위의 손을 잡고 자신이 못다 베푼 사랑을 베풀어 달라고 간곡히 부탁한다. 그리고 그런 어머니를 보며 딸은 또 어머니의 속을 썩였던 일을 떠올리며 눈물을 흘린다.

우리의 이러한 행동 양식은 외국인들에게는 쉽게 이해되지 않는 것이다. 얼마 전 미국으로 이민을 간 한국의 여성이 자식이 죽자, 눈물을 흘리며 그 아이는 자신이 죽였다고 말했다. 이 말을 들은 미국인들은 그녀를 살인 혐의로 기소를 했다. 그러나 만약 우리였다면 그녀의 처지를 동정하여 같이 눈물을 흘렸을 것이다. 그것은 그녀가 우리의 동족이기 때문이 아니다. 우리가 그녀를 동정하는 것은 그녀의 말이 말 그대로 자식을 죽였다는 뜻이 아니라, 어머니로서 자식의 죽음을 막지 못한 것을 자책하는 뜻임을 알기 때문이다.

이처럼 유교의 이념으로부터 비롯되는 한은 우리들로 하여금 언제나 시선을 자기 자신으로 향하게 한다. 그러나 자신으로 향해진 시선은 자폐증처럼 자신 속에 갇혀 있는 것이 아니다. 그것은 모든 것을 자신 속으로 끌어들여 그 자신을 반성하고, 그것을 통해 그 몸을 바르게 하고자 하기 위한 것이다. 온순하고 다정하며 인자할수록 한이 많은 사람으로 조사되었다는 것[25]은 바로 이러한 사실을 말해 주는 실증적 증거라고 할 수 있을 것이다.

5. 유교의 관점에서 본 한의 의미

퇴계에 의해 우리나라에서도 만개하게 된 성리학에서는 누구나 성인이 될 수 있고, 그렇기 때문에 모두 성인이 되지 않으면 안 된다고 말한다. 그렇다면 우리가 성인이 된다는 것은 무엇을 뜻하는 것일까? 이 물음에 대한 답은 모든 고통과 억울함을 감내하고자 하는 한의 정서를 지닌 우리의 삶이 어떤 의미를 가지게 되는지에 대한 답을 해 줄 것이다.

성리학을 체계화한 주희가 세운 도통론에 열거된 성인 가운데 가장 이상적인 전형이 공자이다. 공자는 우리가 잘 아는 것처럼 50세를 전후로 노나라의 대사구(大司寇)가 되어 잠시 정치를 했을 뿐이다. 그 후 공자는 자신의 도를 펼칠 나라를 찾아 천하를 주유했다. 공자가 온갖 고난을 무릅쓰고 천하를 주유한 까닭을 『논어』에 나오는 다음과 같은 일화가 잘 말해준다.

공자의 일행이 밭을 갈고 있는 농부에게 길을 묻자 은자를 자칭

---

25 위의 논문, 272쪽.

하는 걸익(桀溺)이 자로에게 스승인 공자를 비판하여, "도도한 것이 천하에 다 이러하니, 누구와 더불어 고칠 수 있겠는가? 또한 네가 사람을 피하는 선비와 더불어 하는 것이 어찌 세상을 피하는 선비와 더불어 하는 것만 같겠는가?"[26]라고 말했다. 이 말은 이미 피폐해질 대로 피폐해진 세상의 흐름이 마치 도도히 흐르는 강물과 같아서 아무도 막을 수 없으니, 힘겹게 도를 이룰 군주를 찾아다니는 사람을 따르는 것보다는 세상을 피해 몸을 깨끗이 하는 걸익 자신과 같은 사람을 따르는 것이 더 좋지 않겠는가라는 뜻이다. 이 말을 전해들은 공자는 "조수는 함께 무리를 같이 할 수 있는 것이 아니다. 내가 이 사람의 무리와 함께하지 않고 누구와 함께하겠는가? 천하에 도가 있다면 나는 굳이 바꾸려하지 않을 것이다."[27]라고 말했다. 이것은 공자가, 사람으로서 사람과 함께 사는 것은 너무도 당연한 이치이며, 그런 까닭에 어지러운 세상을 바로잡기 위해 노력하는 것은 인간으로서의 당연한 도리라는 주장을 편 것이다.

　공자의 말처럼 유교의 성인이 도를 얻고자 하는 것은 현실을 초월하여 일신의 안존을 구하고자 해서가 아니다. 오히려 그 반대로 온갖 고난을 무릅쓰고 그 도를 현실 속에서 구현하고자 하기 위해서이다. 이것은 인간이 함께 더불어 살아갈 수 있는 사회를 만드는 것이 성인의 사업이라는 것을 뜻한다.

　그런데 성인이 이런 사회를 만들어 간다는 것은 자신의 이념에

---

26 『論語』, 「微子」.
　　滔滔者天下皆是也　而誰以易之　且而與其從辟人之士也　豈若從辟世之士哉
27 『論語』, 「微子」.
　　鳥獸不可與同羣　吾非斯人之徒與　而誰與　天下有道　丘不與易也

따라 사회를 만들어간다는 의미가 아니다. 그것은 성인이 그 사회를 유지시켜줄 수 있는 도덕적 중추가 된다는 것이다. 다시 말해서 그 자신이 정당하면 다른 사람들도 그를 본받아 바르게 된다는 것이다. 그렇기 때문에 공자는 "진실로 그 몸을 바르게 하면 정치를 하는데 무슨 어려움이 있으며, 그 몸을 바르게 할 수 없으면 무엇으로 다른 사람을 바르게 할 것인가?"[28]라고 말한 것이다.

우리는 유교의 정치를 인치나 법치가 아닌 덕치라고 말한다. 이것은 공자의 말처럼 유교의 정치는 이를 담당하는 자의 도덕적 정당성에 기초하기 때문이다. 그런데 성리학에 오면 이러한 도덕적 정당성은 단지 위정자에게만 요구되어지는 것이 아니라 모든 사람에게 요구되어진다. 왜냐하면 모든 사람은 하늘로부터 타고난 동일한 본성을 갖고 있다고 성리학에서는 말하기 때문이다.[29] 따라서 유교가 추구하는 함께 더불어 사는 사회라는 목표는 다른 무엇에 의해서가 아닌 바로 각 개인의 성숙된 도덕적 인격에 기초해서 이루어질 수 있다.

이러한 사실은 유교의 공부목적에서도 드러난다. 유교에서의 공부는 남을 위한 공부가 아닌 자신을 위한 공부이다.[30] 다시 말해서 남에게 보여주기 위해 공부를 하는 것이 아니라 자신의 인격적 도

---

28 『論語』, 「子路」.
　　子曰 苟正其身矣 於從政乎 何有 不能正其身 如正人何
29 『藍田呂氏遺著輯校』, 「中庸解」(北京: 中華書局, 1993), 481쪽.
　　天命之謂性, 率性之謂道, 修道之謂教.
　　此章先明性道教三者所以名. 性與天道, 一也. 天道降而在人, 故謂之性.
30 『論語』, 「憲問」.
　　子曰 古之學者爲己 今之學者爲人

야를 위해 공부한다는 것이다. 이런 까닭에 타인으로부터 주어지는 부당한 대우나 평가는 그다지 중요하지 않다.[31] 유교에서는 스스로 정당하다면 그 자체로 만족스러운 것이기도 하지만, 다른 사람들도 그 정당성에 언젠가는 감화될 것이라는 신념을 갖고 있다. 왜냐하면 모든 사람은 타고난 선한 본성을 갖고 있다고 전제하기 때문이다.

우리가 한을 지닌다는 것은 결코 마음의 병을 갖는다는 것이 아니다. 다시 말해서 한이란 타인으로부터 가해지는 부당한 처사에 대해 원망하거나 그 부당한 처사를 초래한 자신의 처지에 대해 비관하는 것과 같은 저급한 감정적 차원의 정서가 아니라는 것이다. 우리에게 있어 진정한 의미의 한은 인간이기에 어쩔 수 없이 휩쓸린 욕망 때문에 자신의 본성을 다하지 못한 것에 대한 내적 반성으로부터 우러나오는 자기 정화의 정서이다. 그래서 우리의 한은 그 자신에게 있어서는 스스로를 성장시키는 내재적 힘으로 작용하고, 사회적으로는 그 사회를 건전하게 유지시켜주는 도덕적 원동력이 된다.

1970·80년대에 한국을 비롯한 아시아 각국의 놀라운 경제적 성장을 미국과 유럽에서는 기적이라고 평가했다. 그리고 그 기적은 아시아적 가치, 즉 유교적 가치에서 비롯된 것이라고 지적했다. 그러나 불과 10여년 뒤 금융위기로 아시아 경제가 몰락하자 그들은 그 또한 가족주의나 온정주의와 같은 유교적 가치에서 비롯된 것이라고 비판했다. 하지만 그들의 이런 지적과 평가는 하나의 대상을 전체적으로 보지 않고 편의에 따라 부분을 떼어낸 지적과 평가이기에

---

31 『論語』, 「學而」.
　　人不知而不慍 不亦君子乎

무책임한 행위라고 하지 않을 수 없다. 이것은 결국 그들이 유교의 본질에 대한 이해를 결여하고 있다는 것을 말하는 것일 뿐이다.

한의 수용성이란 관점에서 유교의 본질은 앞서 지적한 것처럼 가혹하다고 할 만큼 끊임없는 자기반성이다. 이것은 자기 성찰과 함께 그 사회를 유지시켜주는 강력한 도덕적 힘이 된다. 아시아의 경제적 성장은 바로 이러한 힘이 발휘되었기 때문에 가능한 것이었다. 그와 마찬가지로 아시아 경제의 몰락은 경제적 성장과 함께 그러한 힘이 약화되었기 때문에 초래한 것일 뿐이다.

유교로부터 비롯된 한의 진정한 의미는 전통적인 우리의 어머니 모습에서 찾을 수 있다. 남성본위의 유교사회에서 여성은 가장 많은 제약과 간난 속에서 살아야 했다. 그네들에게는 교육의 기회도 그다지 주어지지 않았고, 그래서 자신의 능력과 소질에 따른 자아실현이라는 것은 한낱 사치스런 말에 지나지 않았다. 그럼에도 불구하고 퇴계이나 율곡과 같은 우리의 선인들은 한결같이 그 어머니들로부터 가장 깊은 감화를 받았다고 말한다.

우리 어머니들의 그 무엇이 우리에게 그런 감화를 준 것일까?

그것은 역설적이게도 그네들을 그런 불행한 처지로 몰아넣었던 유교의 이념이었다. 왜냐하면 우리가 잘 알고 있는 것처럼 조선시대 이래 불과 수십 년 전까지만 해도 그네들이 받은 교육이란 유교의 이념이 제시하는 부덕(婦德)뿐이었기 때문이었다. 그 부덕 때문에 우리의 어머니들은 희생과 고통의 세월을 살아야 했고, 그래서 많은 눈물을 흘려야 했다. 그러나 그 눈물은 혼자 돌아서서 몰래 흘린 눈물이었기에 우리는 거의 볼 수 없었다. 우리가 보았던 어머니의 눈물은 자식을 위해 자신의 모든 것을 받쳤으면서도 자식이 불행해질

때 그 모든 것을 자신의 책임으로 돌리며 흘리던 눈물이었다. 우리
는 이런 어머니로부터 강인함과 함께 인간이 베풀 수 있는 사랑이
얼마나 크고 무한한지를 배웠다. 이것은 우리의 한이 단순한 원망과
설움의 감정적 정서가 아니라 인간적 격조를 지닌 정서라는 것을
말해 준다.

6. 결론

우리는 지금까지 우리의 고유한 정서라고 하는 한을 약자의 정서
라는 시각에서 바라보았다. 그래서 우리는 그것으로부터 힘이 없어
불행했던 과거의 역사를 떠올리며 하루 빨리 극복해야 할 대상으로
여겼다. 우리가 한에 대해 이런 시각을 갖는 것은 한의 정서가 지닌
진정한 의미를 몰랐기 때문이 아니었다. 그것은 인간의 역사가 보여
주는 냉혹한 현실이 우리로 하여금 무의식적으로 그런 시각을 갖게
했다. 다시 말해서 언제나 강자에 의해 주도되어 왔고, 그리고 그 앞
에서 인간적 가치는 그다지 힘을 발휘할 수 없었던 인간의 역사가
한의 정서를 바라보는 우리의 시각을 흐리게 했다는 것이다.

이러한 인간세계의 흐름은 지금에도 별로 달라지지 않았다. 지금
우리는 세계화라는 시대의 조류 속에 있다. 세계화란 다른 말로 하
면 자유경쟁 속에서 엄격한 시장원리의 적용이다. 우리 시대의 이러
한 조류는 우리로 하여금 스스로 자신의 가치를 증명하도록 강요하
고 있다. 그래서 부당한 차별이나 업신여김 또는 외부로부터 주어지
는 억울함이나 고통을 감내하는 태도는 약자의 전형적인 모습으로
밖에 보이지 않는다.

그러나 우리는 한에 매몰된 민족이 아니다. 이 말은 우리가 누구와도 맞서 싸워 이길 수 있는 힘을 갖게 되어 약자의 정서인 한을 떨쳐낼 수 있게 되었다는 의미가 아니다. 그것은 오히려 그 반대의 의미라고 할 수 있다. 다시 말해서 우리는 한을 떨쳐내기보다는 한을 지고 살면서도 그 삶이 비굴하지 않았다는 것이다.

이것은 한의 정서 속에 우리가 알지 못하는 힘이 있었다는 것을 의미한다. 그 힘은 우리가 앞에서 살펴본 것처럼 스스로를 바르게 세우고자 하는 태도에서 비롯된다. 우리가 모든 것을 자신 속으로 수렴하는 것은 힘이 없어서가 아니었다. 그것을 통해 스스로를 반성하여 더욱 자신을 바르게 하고자 함이었다. 이처럼 자신을 모질게 다그치는 것은 자신이 바를 때 비로소 남을 바르게 할 수 있을 뿐만 아니라 동화시켜나갈 수 있다는 신념 때문이었다.

우리는 아직도 우리의 힘이 미약하여 고난을 겪어야 했던 지난 역사의 아픔을 잊지 못하고 있다. 이러한 경험은 우리에게 과거 삶의 태도에 대해 부정적인 시각을 갖게 했다. 그러나 역사는 또한 우리가 힘에 의존할수록 삶이 피폐해진다는 것을 보여주고 있다. 우리가 유교의 관점에서 한의 지향점과 의미에 대한 논의는 이러한 문제, 즉 함께 더불어 살아가야 할 인간의 사회를 지탱시켜줄 진정한 힘이 어디에서부터 생겨나는지를 다시 한번 생각하게 한다.

참고문헌

『論語』

『孟子』

『禮記』

『光海君日記』

『宣祖實錄』

『於于野談』

『澤堂集』

『退溪先生言行錄』

『藍田呂氏遺著輯校』, 北京, 中華書局 1993.

『許筠全集』, 서울, 成均館大學校 大東文化硏究院 1972.

程顥·程頤, 『二程集』, 北京, 中華書局 1984.

周敦頤, 『通書』, 『北京圖書館古籍珍本叢刊』 88, 『元公周先生濂溪集』, 北京, 書目文獻出版社 1999.

朱熹, 『近思錄』, 『漢文大系』 二十二, 東京, 富山房 1984.

국제퇴계학회 경북지부편, 『退溪正傳』, 대구, 한국출판사 1990.

권오봉, 『예던길』, 대구, 우신출판사 1988.

금장태 , 『유교사상의 문제들』, 서울, 여강출판사 1991.

김용운 , 『한국의 기층문화』, 서울, 한길사 1987.

서광선 엮음, 『한의 이야기』, 서울, 보리 1988.

정대현 , 『한국어와 철학적 분석』, 서울, 이화여자대학교출판부 1987.

천이두, 『한의 구조 연구』, 서울, 문학과지성사 1994.

최길성 , 『한국인의 한』, 서울, 도서출판 예진 1991.

최상진 외 4인 , 『동양심리학』, 서울, (주)지식산업사 1999.

한국정신문화연구원 편, 『한국민족문화대백과사전』, 성남, 한국정신문화연구원 1996.

유종호, 「한국의 파세틱스」, 『현대문학』 72호, 1962.

李能雨, 「許筠論」, 『淑明女子大學校 論文集』 5輯, 1956.

최상진, 「‘恨’의 심리학적 분석」, 『중대논문』 제34집, 인문과학편, 1991.

제4장 │ 한국 천주교 수난사에서의 한

이명곤

　본 논문은 "한국의 초기 가톨릭교회의 수난사"에서 나타나고 있는 '종교적 한'의 개념을 철학적으로 정립함으로서 이를 한 민족 고유의 종교적 심성의 한 특성으로 파악하고 보다 탁월한 보편윤리를 형성하는 한 기초로 이해하고자 하는 것을 목적으로 하고 있다. 이를 위해 제 1 장에서 역사적 사료들을 통한 '종교적 한'의 발생 배경과 과정에 대한 연대기적 고찰을 시도하며 ① 유교와 천주교의 정신적 대립을 통한 수난 ② 당쟁의 한 희생물로서의 수난 ③ 외세배척 감정의 주된 표적으로서의 수난이라는 세 가지 과정에 대해서 살펴보고 있다. 이를 통해서 종교적 한이 발생하는 조건과 과정이 일반적인 한이 발생하는 조건과 과정과는 다름을 고찰하고 있다. 그리고 종교적 한의 발생 과정에서 보이는 '내면성'과 '역동성'을 철학적으로 개념규정하면서 '종교적 한'의 긍정적인 측면을 부각시키고 있다. 제2장에서는 종교적 한이 지니고 있는 보편적인 특성을 가톨릭의 전통적인 영성을 통해서 고찰하며(성 이나시오의 '영신수련'에 나타나는 '도덕적 보편주의'와 '초월적인 능력'을 통해) 초기 순교자들이 지녔던 보편주의적인 정신을 불교의 '행위와 업'에 관한 사상과 비교검토하고 있다. 이러한 비교를 통해서 '종교적 한'의 개념은 다른 종교에서 발생하는 '내면성'의 특징과 근본적으로 차이가 없음을 밝히면서 이 '종교적 한의 개념'이 '보편윤리의 한 초석'이 될 수 있음을 시사하고 있다. 제3 장에서는 "종교적 심성과 보편윤리라는 제목으로 이상 고찰한 '종교적 한'의 개념을 '삶에 대한 긍정적 의지'로 이해하면서 그 중심 원리인 '자기초월성'에 대한 개념을 현대철학자들의 사상을 통해 심화시키고 있다. 이 과정에서 그리스도교나 불교의 선사상에서 보이는 '비움'의 정신이 이 보편윤리에 근간이 되고 있음을 설명하며 이는 전통적으로 천의 사상을 실존 깊숙이 간직해온 한민족의 한 종교적 심성임을 말하면서 결론짓고 있다.

1. 서론

한국민족의 전통적인 슬픔의 정서로서의 한에 대한 이해는 중요한 것으로, 끊임없는 외침과 내분 그리고 분단 속에서 삶을 살아온 우리민족의 정체성을 이해하고, 또 산업화와 경제성장의 화려함 속에서 조금씩 도외시되는 윤리·도덕의 문제를 해결하는데 빼놓을 수 없는 하나의 민족정서이다. 정신과 마음의 건강이 육체의 건강과 불가분의 관계에 있다고 볼 때, 억눌리고 응어리진 가슴속의 '한'의 본질을 파악하고 이를 어떤 식으로든지 보다 밝고 희망찬 '건전한 민족정서'로서 승화시킨다는 것은 사회와 국가전체의 전 인격적인 밝은 앞날을 위해 중요한 문제가 아닐 수 없다. 일반적으로 한에 관한 연구는 한을 가슴에 응어리진 일종의 심적인 병으로 이해하고, 이를 어떻게 해소할 수 있는가 하는 '치유'의 측면에서 많이 연구되고 있는 것이 사실이다. 가령 예술을 통한 한풀이, 혹은 여성해방운동의 개념을 통한 한의 해소 등. 그러나 이러한 '한풀이'의 개념 이면에는 한이 다만 "수용하기 힘겨운 삶의 결과", "부정적인 가치개념"으로 존재하고 있다.[1]

본 연구의 중심 과제는 이러한 부정적 가치개념 아래 가려져 있

---

1 김현정, 「한국여성의 한의 실상과 한풀이에 대한 여성신학적 고찰」, 목원대학 신학대학원, 1996년 12월, II, I 참조

는 한의 긍정적인 가치 개념을 모색하며, 또 이러한 긍정적인 개념, 예를 들면 동일한 한의 매개체를 통한 '놀라운 단결력과 일치' 그리고 한의 깊이개념과 지속성 등을 통한 내적인 역동성 등을, 우리민족의 차원 높은 보편적인 윤리가치 중의 하나로 정착시킬 수는 없을 것인가 하는 점을 중점적으로 연구하는 데에 있다.[2] 이러한 목적에 이르기 위한 한 방법론으로서 "한국 초기 가톨릭교회의 수난사에서 보여 지는 한의 개념"을 선택한 이유는 수난사에서 보여 지는 종교적 의미의 한은 우리 민족의 일반적인 슬픔의 정서로서의 한과는 다른, '스스로 선택한 고통', 종교적 신념에 기초한 '능동성', 나아가 하나의 '간절한 소망', '이상향' 등을 지향하기 위한 '의지의 전환'이라는 '자기승화' 과정이 엿보인다는 점이다. 다시 말해서 종교적 수난과정에서 보여 지는 한의 개념에는 보다 분명하게 한의 긍정적인 측면이 부각되고 있기 때문이다. 따라서 가톨릭교회의 수난사에 보이는 '한의 발생과정'과 '승화과정'을 고찰한다는 것은 전통적인 '슬픔의 정서인 한'의 개념을 희망찬 '미래지향적인' 보편적인 민족의 도덕적 가치로 확립하는 데에 하나의 중요한 초석이 될 수 있을 것이다.

2. 전통적인 한의 개념과 종교적인 한의 개념

본 장에서 우리는 우리 민족의 슬픔의 정서로서의 恨과 종교적

---

2 "한의 문제도 마찬가지이다. 한도 그 주체자에 의하여 잘 삭이어야, 비로소 슬기에로 긍정적인 질적 변화를 하게 되는 것이지, 그렇지 않을 경우, 그것은 보복의 악순환을 불러들이는 요인으로 된다." 천이두, 『한의 구조 연구』, 문학과지성사 1994, 113쪽.

수난사에서 보여 지는 恨의 개념을 기존에 연구되어진 자료나, 객관적인 실례 등을 통해서 비교 분석하고자한다. 우리민족의 슬픔의 정서로서의 한은 주로 민중 감정이라는 차원에서 고찰되고 있다. 비록 한이 모든 계층 모든 분야에서 발생할 수 있는 독특한 국민의 내적 정서이겠지만, 즉 한국민족의 보편적인 생활구조, 의식의 구조, 혹은 윤리적인 분위기 속에서는 어디서나 발생할 수 있는 것이지만, 부당하고 억눌린 상황 속에서 육체적 정신적 고통으로 인해 발생하는 내적인 정서라고 볼 때, 한은 일차적으로 민중의 정서에 보다 직접적으로 연류되어 있다.

　　(한은) 비록 개념적으로 잘 정리 된 적이 없는 말이지만, 흔히 민중의 삶에 가장 널리, 그리고 깊이 뿌리내려있는 민중 감정을 가리킨다".[3]

그리고 종교적인 한이란, 천주교 수난사가 발생한 당시의 한국적 시대상과 사회상 안에서 발생되는 수난자들의 '고통과 고뇌'로 인해 발생되는 한으로서, 그 발생의 원인이나 배경, 그리고 '수난자'나 '신앙인'들의 삶 속에 받아들여지는 의미나 가치가, 일반적인 한국민족의 슬픔의 정서로서의 한과는 다른 독특한 점이 있다는 의미에서 종교적인 한으로 규정하며, 일장에서는 이러한 두 가지 차원의 한의 개념정리를 하나의 구체적이고 경험적인 방식으로 연구되고 있다.

1) 종교적 한의 발생 배경과 과정

---

3 천이두, 『한의 구조 연구』, 문학과지성사 1994, 65쪽.

(1) 새로운 세계관 새로운 도덕에 대한 갈망

우선 천주교가 조선에 전해질 무렵의 조선시대의 사회상은 세도 정치와 당쟁 그리고 외세의 위협 등으로 경제적 정치적으로 상당히 어려움을 겪고 있던 시기였고, 일부 지식층에서는 이러한 암울한 사회상에 빛을 가져다줄 새로운 도덕이나 새로운 세계관에 대한 강한 갈증을 느끼고 있었다. 이러한 지식층의 대표적인 인물들은 다산 정약용, 이벽 등이었다. 전자가 天의 개념에 근거한 자연발생적인 종교, 즉 자연종교를 생각하였다면, 이벽은 직접적으로 천주학에 대한 관심과 연구에 심취한 사람이었다.

> 다산이 저술한 육경사서의 주석서를 종합해 보았을 때, "道의 大本이 천에서 나온다."(논어 헌문, 37) "성인의 도는 천의 근본을 둔다." (中庸自箴), 知天이 수신의 근본이다. (中庸自箴) 등에서 보이는 바와 같이 다산은 천을 인도와 수신을 근본으로 하였다. … 여기서 주목할 것은 다산이 신유학에서 중시되던 理로서의 개념을 天과 분리시켰다는 점이다. 理를 글자그대로의 뜻으로 환원시켜, 사물의 이치라는 뜻으로만 쓰고 천을 도덕적이고 주재적인 유일지고의 신으로 확립시켰다.[4]

> 누구보다도 사신들을 초조하게 기다리던 이벽은 친구들이 보내준 서적을 가지고 외딴집에 들어가서 독서와 묵상에 전념했다. 이제는 진리의 더 많은 증거와 중국과 조선의 여러 가지 미신에 대한 철저한 반박과 칠성사의 해설과 교리문답과 복음서의 주해와 그날 그날의 성인행적과 기도서 등을 통해 천주교가 어떤 종교라는 것을 파악할 수 있었다. 이 벽이 그의 은둔처에서 나와 이승훈과 정 약전 형제들을 찾아가

---

4 김승혜, 「한국인의 하느님 개념과 그리스도교의 하느님 사상」, 한국 가톨릭 문화연구원 논문집, 제1집;『한국 전통사상과 천주교』, 탐구당 1995, 399쪽.

이렇게 말하였다. '이것은 참으로 훌륭한 도리고 참된 길이오'.5

이상의 두 가지 경우 하나의 공통되는 점이 있다면, 그것은 천의 개념, 즉 다산의 천(天)과 천주교의 천주(天主)라는 개념이다. 천이나, 천주는 모두 유일신 혹은 절대의 신으로서 종교적, 사회적, 정치적 모든 지평에 걸쳐서 '판단'과 '행위'의 기준이 될 '유일자'이다. 이는 당시의 지성인들이 '왕'이라는 동일한 한 인간에게 자신들의 모든 권리와 주권을 양도하는 전 근대적인 관습으로 탈피하고자 하는 도덕의식의 성숙 혹은 시민정신의 싹틈을 의미하는 것이다. 바로 이러한 사회적 요청이 천주교라는 서양종교에 대한 자발적인 관심을 가지게 한 것이다.6

5 이충우 저, 『천주학이 무어길래』, 가톨릭출판사 1985, 24쪽.
6 "현조선 사회는 오래전부터 중국 철학인 유교와 석가의 불교, 또 잡다한 미신에 뿌리박혀 있습니다. … 그리고 이러한 미신을 행사하는 여승, 무당 등은 헤아릴 수가 없습니다. 양심의 지배자가 없는 이렇듯 많은 모순 속에서 어떻게 참 천주님과 성 교회에로 이끌 수가 있겠습니까 ? 이때 홍유한 (洪儒漢, 1936-?, 영조대의 문인, 이승훈보다 10년 앞서 천주교 인정)이란 선비는 이미 만물의 창조자이신 천주님이 계시다는 것을 믿고 가톨릭 교회의 서적과 행적을 연구하여 (비록 세례는 받지 않았지만) 천주교 신자의 예대로 천주님을 공경하기 시작했습니다 … 그 이후로 다른 많은 선비들도 결국은 모든 만물의 창조자를 에건하기에 이르렀던 것입니다. 그 중에서도 유명한 사람이 이벽(李檗: 세례명은 요안, 경학에 밝은 학자, 최철신, 정약용등과 서학에 대해 토론, 조선천주교회 운동의 선구자) 이라는 분이었습니다." 이원순, 허인 편저, 『김대건의 편지』, (1842년 12월 21일자 서간문), 정음사 1983, 212-213쪽.
천주교의 전례가 순수한 종교적 사건으로서가 아니라, 일종의 사회 정치적 문제와 연류되어 수용된다는 사실은 지극히 당연한 현상이다. 구약의 이스라엘 민족에게 있어서 하느님의 출현은 신앙인들로 하여금 역사적 상황에 참여 받기를 촉구하고 있다. "모세는 하느님과 만남으로써 자기개성을 더욱 뚜렷하게 인식하고, 역사적 상황에서 요구되는 것들을 보다 예리하게 인식한다. 모세는 '너와 나'의 대화에서 사명을 부여받고, 역사적 사명에 참여하도록 촉구 받는다." B.W. 앤더슨, 『구약성서의 이해 Ⅰ』, 재석봉 역, 성바오로출판사 1989, 67쪽.

(2) 유교와 천주교의 충돌

유교와 천주교가 서로 대립하게 되고, 이에 따라 지속적인 박해가 일어나게 되는 원인은 크게 세 가지로 볼 수가 있는데, 첫째는 서로 다른 세계관과 사상의 대립이라는 측면이고, 두 번째가 당신의 복잡한 정치적 상황 속에서 천주교라는 종교가 어떤 정치세력들로부터는 정신적 지주가 되기도 하고 또 어떤 정치세력으로부터는 박해의 명분이 되기도 하였기 때문이다. 그리고 세 번째는 대원군 집정 이후 팽배해진 외세배척감정의 직접적인 표적이 되었기 때문이다. 물론 유교와 천주교가 충돌하게 되는 근본적인 이유는 서로 근본적으로 다른 사상과 세계관의 차이에 있다. 중국의 유학자 신후담이 천주교를 이해하는 입장을 보면 천주교는 단지 불교와 유사한 하나의 이교집단에 불과했다.

> 저들이 저렇게 망령될 수 있는가? 저 천당, 지옥이라든가 영혼이 불멸하다는 설은 분명히 불교의 설로서 우리 유학의 글에서는 전혀 볼 수가 없는 것이다. 따라서 나는 불교와 다른 것이 무엇이고, 우리 유학과 같은 것이 무엇인지 알지 못하겠다. 구구하게 불교의 일부분의 말들을 주워 모아 가지고 불교를 배척한다고 하니, 저들은 유학의 조인일 뿐 아니라 불교의 반적이기도 하다.[7]

이러한 다른 세계관과 사상은 특히 도덕적 측면에서 두드러진다. 인간의 타고난 도덕적 충동(성선설)을 따르는 것이 '선한 것'이라고 본 유교의 입장이 '인간의 본성적 충동'이란 교정되어야만 할 '죄스

---

7 Feng Yu-lan, *A History of Chinese Philosophy*, trans. Derk Bodde, Princeton, Princeton University Press, 1953, p. 74.

러운 것'으로 보고 있는 천주교의 입장을 수용할 수가 없다. 즉 인간이란 근본적으로 구원되어야 할 '죄인'으로 생각하는 것이 유교의 입장에서는 용납할 수가 없는 것이다.

　　선교사들은 도덕선에 대한 인간의 이성적 욕구를 분명히 인간성의 한 단면으로 간주하지만, 자신들의 저술에서 천주의 도움이 없다면 인간은 도덕적으로 나약하며, 감정에 이끌리는 것을 지속적으로 통제하는 이성적 의지가 결여될 수밖에 없다는 점을 강조한다.[8]

이러한 점은 박해가 일어나면서 그 박해의 원인이 되었던 이유들과 최초의 박해가 오히려 천주교를 수용하고자 했던 '남인'들 사이에서 건의되었다는 점에서도 명백하다. 박해의 원인이 되었던 사건은 일반적으로 '조상'에 대한 모독이었는데, 그 중 하나가 유교에서 중요시하는 '신주'를 미신이라 하여 '훼손'하는 일이었다.

　　홍낙안은 윤지충이 신주를 훼손하였다는 소식을 듣고 곧 조정의 관리들에게 서신을 보내기 시작하여, 천주교의 전염이 더 이상 확산되지 않도록 하기 위하여 윤지충의 처형을 요구하면서, 만일 그렇지 않을 경우에 천주교라는 저 '지독한' 교의가 통제할 수 없을 정도로 성장하여 유교 사회와 국가의 토대를 위협할 것이라고 경고하였다.[9]
　　천주교의 처단을 요구하는 최초의 목소리 역시 이익의 남인 제자들 사이에서 나왔다. 전통에서 이탈한 사람들과 가장 가까운 사람들이 먼저 천주교의 실체를 점차 알게 되고, 유교적 정통에 맞서는 천주교의 도전에 처음으로 위협을 느낀 사람들이 되었다.[10]

---

8 도날드 베이커, 『조선후기 유교와 천주교의 대립』, 김세윤 역, 일조각 1997, 261쪽.
9 위의 책, 1997, 96쪽.

그러나 조선시대에서 유교와 천주교의 만남은 단순히 사상이나 신념체계 만의 충돌은 아니다. 이는 복잡한 당시의 정치적인 상황이 깊이 연루되어 있는 것이 또한 사실이다. 이 배경을 단순화시켜보면 명분과 권위를 앞세우던 '노론세력의 정치권'과 '현실의 당면문제와 실제적인 사고'를 중시하며 '실학'을 주장하던 '남인시파'간의 갈등에서 비교적 서구문물 즉 '서학'에 조예가 깊었던 '남인시파' 사람들은 천주교적인 사상을 자신들의 정신적인 지지사상으로 적극 수용하고자 하였고, 그 반대인 '노론세력'은 이러한 천주교의 수용을 '남인들의 축출'을 위한 명분으로 삼고자 하였다. '실학'을 숭상하며 천주교를 서학 차원에서 수용하고자 한 인물 중 대표적인 인물로는 유형원과 이익이다.

기호남인 시파에서 주로 속하는 성호학파의 터를 닦은 이익(1681~1762)은 서학에 깊은 조예를 지녔던 실학파의 종장이다. 그는 반계 유형원의 실학적 학풍을 계승한 인물로서 제도의 개혁에 치밀한 지식을 지녔고, 방법적 탐색을 추구해 왔다. 또한 기호남인 시파는 정조 때, 권력의 중심에 진출하였지만 극소수에 불과하였으며, 절대다수의 노론세력이 유지해오던 정치제도의 문제점에 대해 비판적 인식과 개혁안이 개발될 필요가 있었다. 실제로 남인 시파 안에서 천주교 신앙이 발생하였던 것은 이런 개혁론의 탐색 과정에서 발생한 예기치 않던 부산물이라 할 수도 있을 것이다. 또한 노론 집권층이 남인 시파를 완전히 축출하는 과정에서 천주교 신앙의 사건은 기본적인 명분으로 활용되었던 것이 사실이다.[11]

---

10 위의 책, 95-96쪽.
11 금장태, 「조선 후기의 유학과 천주교의 문제」, 한국 가톨릭 문화연구원 논문집, 제1집, 『한국 전통사상과 천주교』, 탐구당 1995, 73쪽.

이처럼 천주교의 도래는 조선사회에 있어서 한편으로는 기존의 전통적인 사상과 세계관으로부터의 외면과 다른 한편으로는 '정치세력'들의 정치적 도구로 사용되면서 피할 수 없는 시련을 겪지 않을 수 없었다. 전통적인 가치질서의 파괴라는 명분으로 그리고 정치적인 희생양으로서의 박해는 정부주도의 관군에 의해 체계적이고 조직적으로 박해를 받게 된다.

그러나 이러한 정부차원의 박해 이외 일정한 목적을 가지고 조직된 사회단체나 다른 민간단체에 의해서 가해진 천주교 박해가 있는데, 이 경우 이는 박해라기보다는 '마찰', '충돌'의 의미가 보다 적합할 수가 있다. 이러한 경우는 박해시기가 끝나고 외국정부의 외교적 힘을 통한 교회의 보호라는 '교안(教案)시대'[12]에 발생한 것인데, 지극히 피폐해진 백성들의 삶으로 전국적으로 민란이 끊이지 않던 '민란시대'와 동일한 시기이다. 따라서 이 경우 박해는 '외국인에 대한 배척의 감정'이 심했던 농민과 서민들의 정서가 외교적인 수단으로 그 위치가 격상해 있던 선교사 및 천주교인들에 대한 탄압으로 이어진 것이다.[13] 즉 당쟁과 외세에 억눌리고 핍박받은 백성들의 한이

---

12 "1886년 한불조약의 체결 이후에도 선교사나 교인에 대해 뿌리깊게 깔려있는 곱지 않은 시선이 쉽사리 거두어 지지는 않았습니다. 더욱이 정부가 금압정책의 종식을 선명하게 대 국민 앞에 선포한 것도 아니었으니 더 그랬습니다. 그래서 개인이나 사회집단, 지방 관리에 의한 천주교에 대한 공격이 끊이지 않았습니다. 또 '치외법권' 지대의 '양대인'으로 지위가 격상한 선교사와 이들의 힘을 배경으로 한 교인들의 월권행위와 오만함이 갖가지 분쟁을 만들어 내기도 합니다. 이런 사건들이 외교적 절충을 거쳐 해결된 것을 '교안(教案)'이라고 합니다." 문규현, 『민족과 함께 쓰는 한국 천주교회사 I』, 빛두레 1999, 92쪽.

13 서양인에 대한 배척감정이 천주교박해에 대한 직접적인 원인이 되었다는 사실은 유홍렬의 『한국천주교회역사』에 잘 나타나고 있다. "4명의 시임·원임 대신인 정원용, 김좌근, 조두순, 김병학 등이 글로써 대원군을 꾸짖으며 말하길 '서양인을 물리치시오 그들과 친하게 되면 나라가 망할 것이니, 서양 오랑캐를 모두 죽이고

또 다른 한, 즉 천주교인들의 한을 가중시켰던 경우이다. 그 대표적인 예로서는 동학운동을 주도한 동학인들에 의한 천주교 탄압이 있는데, 1894년 갑오년 농민항쟁 당시 6월 9일자 뮈텔주교의 일기는 다음과 같이 증언하고 있다.

> 빌모 신부는 이틀 간 종적을 감추었다가 집으로 다시 돌아왔다고… 교인들이고 외교인들이고 문란하기 이를 데 없으며, 농사는 버려진 채라 한다. 얼마 전에는 그의 본당 예비자 7명과 신입교우 1명이 석유 불에 머리털을 그을리고 동학도들에게 머리털이 잘렸다고.[14]

비록 외교적인 힘을 입고 특권을 누리던 선교사들을 겨냥해서 발생한 외세배척의 형식을 띠고 있다 하더라도, <교안시대>의 천주교 박해 역시도, 그 대상자가 힘없고 가난한 교우들이라는 점을 든다면 천주교인들이 감수해야했던 박해는, 그 시작부터 일제시대이전까지 (1890년대 말까지) 전시기에 걸쳐 지속적으로 실시되었다고 볼 수가 있다.

서학꾼을 모두 죽이시오.'라 하니, 원래 변덕스러운 대원군은 마음을 돌려 천주교를 박해하게 되었다." 류홍렬, 『한국천주교역사』, 성요셉출판사 1992, 105쪽.
14 『뮈텔 주교 일기』, I, 천주교 명동교회편, 한국교회사연구소 역주, 1986, 238쪽: "'서양사람을 소개 영접하여 조선에 들이기는 성교인(聖敎人)이니, 성교인을 먼저 멸종시킨다하여 곳곳의 가산을 몰수하고, 만나는 대로 주리를 틀고, 또 탄알받이 한다고 잡아가기도 한다더라'는 말이 나돌 정도로 농민군의 봉기는 천주교에 대한 즉각적인 위협으로 다가갑니다." 문규현, 『민족과 함께 쓰는 한국천주교회사 I』, 빛두레 1999, 103쪽. 이 주제에 대해서는 「한국교회사화 - 제2장 동학과 전라도 교회」, 『교회와 역사』, 1993년 8월호, 한국교회사연구소 5쪽을 참조하라.

천주교 전래와 박해의 발생:

1. 새로운 세계관 혹은 가치관의 갈망
2. '서학'이라는 학문적 차원에서 도입
3. 정신적 도덕적 기존 가치관과의 대립
4. 정치적인 도구로 이용 (정신적 지주로 혹은 배척의 근거로)
5. 외국인에 대한 배척감정의 표적으로
6. 필연적으로 박해가 발생.

(3) 천주교 박해와 천주교인들의 한

사상적 대립과 정치적인 갈등사이에서 시작된 이러한 천주교에 대한 박해는 반세기가 넘는 76년간이나 계속된다. 그 과정은 다음과 같이 요약된다.[15]

> 신해(辛亥)박해 : 1791~ / 제사때 부모의 神主를 모시지 않았다는 이유로, 윤지충(尹持忠)과 권상연(權尙然)의 순교
>
> 신유(辛酉)박해 : 1801~ / 당파싸움에 연류 되면서 최초의 전국적 규모의 박해. 황사영 백서사건을 계기로 주문모 신부의 새남터에서의 순교를 비롯하여 분명히 알려진 순교자만도 85명에 이른다.[16]

---

15 여기 제시되는 박해시대의 시기 별 나눔, 그 주된 이유와 상황 등에 대한 전반적인 참고문헌은『김대건의 편지』(이원순, 허인 편저, 정음사),『뮈텔주교의 일기 I, 권, 한국교회사 연구소 역 주 및 출판)』,『한국 천주교회사 (상, 하, 柳共烈 저, 가톨릭 출판사)』,『민족과 함께 쓰는 한국천주교회사 I (문규현 신부 저, 빛두레)』등 이다. 뮈텔 주교의 일기를 보면 조선에서의 박해상황이 1890년 말(보다 구체적으론 1896년)에는 끝나며, 포교의 자유와 오히려 천주교가 정치적인 영향력을 발휘하고 있음을 알 수가 있다. "… 우리 신자 수가 이 나라의 전체 인구에 비해 극소수에 불과할지라도 그러나 그들의 영향력은 그들의 수로는 믿을 수 없을 정도로 큰 것임에는 이론의 여지가 없다." 뮈텔,『뮈텔 주교 일기 II』, 1896년1월 27일 일기 중에서, 천주교 명동교회 역, 한국교회사연구소, 1993, 30쪽.

기해(己亥)박해 : 1838~1841년 4년 간, 1839년으로 보는 이도 있으나, 1838년 11월에 79 명의 순교자 중 한사람인 이호영 (李鎬永)을 감안하면 1838년이 맞음.

병오(丙午)박해 : 1846~ 김대건 신부 등, 새남터에서 순교

병인(丙寅)박해 : 1866~ 약 6 년간, 전국적인 박해, 뮈텔 주교의 '치명 일기'에는 876명의 순교자들의 행적이 기록.

박해시대의 상황들을 세 가지로 크게 나누어 고찰해보면, ① 박해 에 대한 이유의 심각성, 그리고 ② 박해의 처참함, 그리고 이에 대한 ③ 천주교인들의 반응을 요약할 수 있을 것이다. 이유의 심각성은 조정과 나라기강 흔드는 것이었는데, 당시의 반역죄에 해당하는 심 각한 것이었다. 그 중 신유박해의 원인이 되었던 황사영 백서사건은 가장 심각한 것이었다. 이충우는 이에 대해서 다음과 같이 묘사하고 있다.

이 백서는 고금 미증유의 대흉사라 하여 조야를 발끈 뒤흔들어 놓았 고, 황사영은 11월 5일 대역무도 죄인으로 능지처참의 극형에 처해진

---

16 신유박해는 당쟁에 의한 한 참사로 천주교 박해의 이유들 중 두 번째에 해당된 다고 볼 수 있다. 최초의 박해가 순수한 정신적 사상적 갈등 (조상숭배 거부)에 서 비롯되었다면 두 번째는 당쟁에 의한 희생 그리고 세 번째가 외세배척사상 (병오·병인박해)으로 인한 박해라고 볼 수가 있다. 따라서 천주교박해에 대한 중 심 되는 이유의 변이는 ① 유교와의 정신적 갈등, ② 당쟁에 의한 희생물, ③ 외 세배척 사상에 대한 표적으로 변화하였다고 볼 수 있다. 참조: "1799년 1월 천주 교를 뒤에서 가만히 묵인하였던 남인 시파의 영수이며 영의정이었던 채제공(蔡 濟恭)이 사망하고, 설상가상으로 이듬해 6월 28일에는 남인학자를 애호하던 정 조가 49세의 젊은 나이로 갑자기 창덕궁에서 승하하였다. 이에 남인들은 노론의 김대왕대비에 의해 정계에서 축출 당하고, 대부분의 남인들이 믿거나 받들던 천 주교에 대해 최초의 대 박해가 가해지게 되었는데, 이것이 바로 신유박해의 시 작이다." 김옥희 수녀, 『신유박해의 순교자들』, 한국순교복자 수녀회 2001, 14쪽.

다. … 그는 오직 조선교회를 태두에 올려놓겠다는 일편단심과 이 나라 이 겨레를 평화와 발전의 반석 위에 앉히겠다는 허심탄회한 정신으로써 그 당시 조선인으로는 가장 달관한 세계 지식을 가지고 웅장한 설계도를 '백서'라는 청사진에 그려놓았던 것이다.[17]

그런데 박해를 더욱 부추긴 또 다른 심리적 요인은 조선사회의 외국인에 대한 배척이었다. 전통적으로 외세의 침략을 수없이 받아왔었고, 특히 당시 중국에 대한 시달림의 감정도 컸다. 이러한 상황에서 천주교는 일종의 한풀이의 대상이 되었다고도 할 수가 있다. 즉 하나의 한이 다른 한을 야기하는 것이다. 조선의 최초의 천주교 사제였던 김대건 신부는 당신의 심경을 다음과 같이 말하고 있다.

두 민족은 서로 대단히 미워하며 더욱 그년에 중국인이 조선 반도에 들어가 여자와 아이들을 약탈해 간 뒤로는 훨씬 더 심하다고 합니다. … 그리하여 저는 마음속으로 '슬프다! 우리민족이 아직도 야만 상태에 있어 외국인이라면 상종을 않고 원수로 인정하여 국경 밖으로 내쫓을 줄만 하는구나' 하고 생각하였습니다.[18]

이러한 어려운 상황 속에서 진행된 박해의 내용은 참으로 처참하였다. 우선 천주교의 사제들은 무조건 사형에 처해졌고, 일반 신도들도 배교를 부정하면 사형이었다. 을해박해 때의 이러한 사정을 김대건 신부는 서한에서 다음과 같이 기록하고 있다.

---

17 이충우, 『천주학이 무어길래』, 가톨릭출판사 1985, 121쪽. 백서사건 공범으로 사형 당한 사람만이 16명이나 된다. 같은 책, 123쪽 참조.
18 『김대건의 신부의 편지』, 1844년 2월 4일자, 131-132쪽.

외국인들이(Imbert주교, Maubant신부, Chastan신부) 조선인 300명과 함께 잡혀 다 같이 사형을 받았고(1839, 乙亥박해), 왕의 통역관 유 아우스딩은 이 불행한 사건의 주모자로 인정되어 참수된 후, 그의 시체는 여섯 갈래로 찢겨 새들의 밥이 되었고, 그의 전 가족은 몰살되었다는 것이었습니다. 어째서 외국인들과 조선인들이 학살되었느냐고 연락인이 다시 물으니까 대답하기를, 그 외국인들은 3국어, 즉 조선, 중국, 서양말과 글에 정통한 자들로서 사학으로 조선 사람들을 부패시켰기 때문에 학살되었고, 조선인들은 사학을 받아들여 그 서양인들을 추종하였기에 그런 환을 당하였다고 말하더랍니다.[19]

얼마나 불행한 조선 땅 입니까 ! 그렇게나 여러 해 동안 목자 없이 외로이 지내다가, 갖은 노력을 들여가며 신부님들을 맞이하였다가, 일시에 모든 목자를 잃은 것입니다. 오! 불행하고 가증스러운 조선이여, 적어도 한 분만이라도 남겨 두셨더라면! 그러나 모두 다 삼켜 버렸도다.[20]

이러한 불행은 구체적인 피박해자들, 즉 천주교인들에게 참으로 크고 실제적인 것이었다. 그 중 가장 일반적인 정신적인 고통은 사랑하는 이들과의 단절 즉 생이별을 해야만 하는 고통이었다. 조선시대의 사회적 관습이 그러하듯 국가적 반역죄[21]는 전 가족을 함께 벌

---

19 1842년 12월 9일자 서신, 77쪽. 참조: 유 아오스딩, 본명은 劉進吉, 중국어 역관, 불교신자였으나, 천주실의를 보고 1823년 북경천주당에서 Augustinus라는 세례명으로 입교하였다.
20 1843년 1월 15일 서간 중에서, 95쪽.
21 초기천주교신자들을 반역 죄인으로 취급한 것은 당시의 국가 관리들의 일반적인 통념이었다. 이만채의 '토사주문'은 주문모를 처형한 후 황제에게 보고하는 글을 적은 것인데 다음과 같은 구절이 나온다. "이 역적의 무리들은 인류와 법을 말살시키고 나라에 반기를 들려고 하였던 것입니다. … 겉으로는 사악한 학문(천주학)을 하는 척하면서 사실상 속으로는 엉뚱한 생각을 품고서 호시탐탐 변란을

하는 것으로, 가장이 천주교인일 경우 가족 전체가 박해의 대상이 되며, 이로 인해 천주교인들은 가족의 피해를 줄이기 위해 가족들로부터 벗어나야 했고, 생이별을 해야만 했던 것이다. 신유박해 때의 한 순교자의 대화내용은 이를 잘 말해 주고 있으며, 조선의 최초의 사제였던 김대건 신부 역시 이를 아주 잘 드러내어준다.

너는 천주교인들이 부모를 공경한다고 주장하지만 네 자식놈 넷이 네가 옥에 갇힌 뒤로 한번도 보러온 일이 없으니 그렇게 악독한 마음이 또 어디 있느냐." (이도기)바오로는 대답하였다. "자기 부모에게 순종하는 것이 그들을 공경하는 것이 아닙니까. 그런데 저는 제 자식놈들에게 나를 보러오는 것이 피차간에 이롭기보다는 해가 될까 무서우니 내게 오지 말라고 여러 번 부탁했습니다. 이렇게 했기 때문에 그들이 오지 못합니다.[22]

저의 어머니는 10년 동안 못 본 아들을 불과 며칠동안 만나 보았을 뿐, 또다시 홀연 잃고 말았으니...[23]

여기서 우리는 가장 전통적이고 일상적인 한의 발생을 볼 수가 있다. 이중 두 가지 핵심적인 요소가 '억울하게 당한다'는 피해자의 의식이며, 두 번째로는 사랑하는 이들과의 생이별을 요구하는 마음의 아픔이다. 이 두 가지 요소는 한의 발생과정에서 가장 큰 요소인데, 그것은 억울한 사정을 말로서 표현할 가장 가까운 이들과의

일으킬 기회만 엿보고 있었던 것입니다." 윤민구 역주, 『한국 초기 교회에 관한 교황청 자료 모음집』, 가톨릭출판사 2000, 167쪽.
22 『순교자들의 전기』, 대전교구사 자료 제3집, 한국교회사연구소 1991, 22쪽.
23 1846, 4월 26일 옥중 서간에서, 261쪽.

단절이 이 말로써 표현되어야할 억울함이 가슴속에 앙금이 되어 남아있다는 것이다, 즉 恨이되어 남아있게 되는 것이다. 이러한 '한'의 감정을 더욱더 심화시키는 것은 육체적으로 참기 힘겨운 고통 그것이다. 이러한 고통은 배교를 강요당하면서 당하는 고문에서 주어졌는데, 그 방법이나 고통의 크기가 참으로 큰 것이었다. 김대건 신부의 서한에서 보이는 그 실례를 몇 가지 들어보면 다음과 같다.

치도곤은 참나무로 만든 형벌 도구인데, 길이는 5자 손가락 세 개 정도를 합친 굵기로서 넓적다리를 뒤에서 때리면 뼈까지 부러지게 됩니다. 유모매질은 팔과 머리털을 뒤에서 엇갈리게 묶고 사금파리 위에 무릎을 꿇게 하고 양쪽에서 사령들이 다리를 두들겨 패는 형벌입니다. … 사모창은 나무로 만든 칼이나 도끼 (곡괭이)로서 다리부분의 살점을 떼어 내는 것입니다. 톱질은 털로 꼰 실(줄)로 다리를 돌려 감고 양쪽에서 당겼다 놓았다(톱질)하는 형벌인데, 살이 찢어지게 됩니다.[24]

이러한 처참한 박해의 상황은 결국 피박해자로 하여금 인간성의

---

24 이원순, 허인 편저, 『김대건의 편지』, (1842년 12월 21일자 서간문), 정음사 1983, 상사 리브와 신부에게 박해상황을 알리기 위해 작성된 보고서, 288-230쪽. 직접적인 고문 이외에 옥중에서의 천주교 신도들의 삶 그 자체가 참으로 비참했음을 볼 수가 있다. 다음은 1877년 서울에서 옥 생활을 한 리델(李德兒)주교와 기해년에 옥중 생활을 한 다블뤼(Daveluy) 신부의 증언들이다. "나는 기아와 희생으로 된 그들을 보고 너무나 놀라 뒷걸음질을 쳤다. 그들은 사람이기 보다 전혀 해골만이 걸어 다니고 있는 것이라고 밖에 여겨지지 않았다. 괴로움과 굶주림과 가려움과 곪아 썩어감이 그들을 볼 수 없을 만큼 흉악한 모양으로 바꿔 놓았다." "교우들은 이러한 감옥 속에 빽빽이 처넣어져 있었으므로, 발을 뻗고 누울 수가 없을 정도이다. 그들이 소리를 같이하여 말하는 바에 의하면, 이 지긋지긋한 옥중의 괴로움에 비하면 고문의 그것은 문제도 안 된다. … 심한 때에는 옥 안에 들끓고 있는 이를 움켜 먹기도 하였다." 류홍렬, 『증보 한국천주교회사』, 상권, 가톨릭출판사 2001, 318-319쪽.

파괴, 짐승보다 못한 취급을 받는 그러한 심리적인 절망감을 낳게 한다. 이러한 심리적인 절망감은 일종의 자신에 대한 포기 즉 무방비의 상태가 되게 하고, 결국 이러한 자기포기는 한의 형태로 자신의 실존 속에 자리잡는 것이다. 결국 조선시대의 천주교박해는 한이 발생할 가장 이상적인 상황 속에 있었다고 볼 수가 있다. 그 과정을 간단히 요약하면 다음과 같다.

① 정신적 사상적인 배척과 정치적인 당쟁의 희생양이 되는
② 억울한 사정을 털어놓아야 할 사랑하는 이들로부터의 단절
③ 극심한 고문으로부터의 절망감과 자기포기
④ 한의 형태로 마음속에 남아있음.

그러나 외면상 일반적인 전통적인 한에 대한 발생과정과 형태가 동일한 이러한 조선시대의 천주교인들의 한은 하나의 다른 점을 지니고 있는데, 그것은 이러한 천주교인들의 한이 전통적인 정서로서의 한과는 달리 개인적인 차원이 아니라, 전체 천주교인이라는 어떤 특정한 단체나 집단 즉 공동체 전체의 한이었다는 점이며, 나아가 단순한 이해 받지 못함이나 부정당한 처우의 억울함이 아니라, 그들이 올바른 일, 정의로운 일, 어떤 사명감을 가진 의로운 일을 행하기에 받는 일종의 예언자적 고난이라는 적극적인 점이 있다는 것이다. 김대건 신부의 편지에는 이러한 적극적인 면을 증언하는 글이 분명히 나타나고 있다.

포졸들 자신도 서로 이런 이야기를 합니다. '만일 박해가 없었더라

면 송아지 새끼가 아닌 한 교우되기를 마다할 사람은 없었을거야.' 참으로 훌륭한 종교입니다. 저희가 참다운 신도가 되려면 저희 마음대로 행동해서는 안 됩니다. 저희는 능욕을 참아내고 언제나 어디서나 겸손하고 자기 자신과 세상 사물을 업수이 여겨야 하며, 저희가 받은 능욕을 보복해서는 안 됩니다. 이런 보복은 불행이요 이 세상에서 조금도 유익한 것이 못됩니다. 그러므로 결코 세속처럼 행동할 수는 없습니다. 흔히 외교인들은 교우들이 정직하다는 것을 알고 있고, 교우들의 불행을 동정합니다. 그리고 박해 때에는 교우들에게 여러 가지 도움을 주었습니다. 외교인들은 어떤 좋은 것을 발견하면 교우를 생각하고, 그들 간에도 올바른 행실을 하면 이런 말을 합니다. '당신은 교우입니까? 왜 그렇게 올바른 일을 하려고 합니까?[25]

따라서 천주교의 박해상황에서 보이는 한은 '어쩔 수 없이 당함'이라는 수동적인 측면보다는 어떤 윤리적인 혹은 도덕적인 차원에서의 당위개념을 통한 수용의 측면이 보다 부각된다. 이러한 수용이 가능했던 이유는 두 가지이다. 첫째 천주교인이라는 정신적인 유대감으로 인하여 박해나 고난을 수용하는 힘이 커진다. 고난이 나만 겪는 것이 아니고, 자신과 동일한 신념이나 종교를 지닌 모든 이가 당하는 것이라고 생각될 때, 일종의 동반자라는 의식으로 고난이 수월해 지는 것이다. 둘째, 도덕적 종교적 신념 위에 기초한 자부심이나 다른 형식의 보상에 대한 확신이 이러한 박해에 저항 없는 수용을 가능하게 하는 것이다. 병인박해 때의 사제 순교자들 중 위엥 신부는 입국 8개월 만에, 그리고 오메르트 신부는 입국 2년 만에 죽음을 맞이하지만 죽음 그 자체에 대한 억울함보다는 "해야 할 의로운

<hr>

25 『김대건 신부의 편지』, 1845, 4월, 6일자 서신, 169쪽.

일을 하지 못하고 죽어 괴롭다"고 말하고 있다.

　　오매르트 신부는 포교지에 온지가 2년 밖에 되지 않았고, 위앵 신부
는 8개월에 지나지 않았었다. … 위앵 신부는 형장으로 가며 이렇게 말
하였다. "나는 젊어서 죽는 것도, 칼을 받아 죽는 것도 고통스럽지 않
다. 그러나 저 불쌍한 영혼들의 구원을 위해 아무 일도 하지 못하고 죽
는 것이 괴롭다.[26]

　그리고 김대건 신부의 서간 중에는 사후의 천국에서의 자신들의
순교에 대해서 받게 될 보상에 대한 글들이 여기저기서 눈에 뜨인
다.

　　… 다같이 한날에 순교의 화관을 받으셨다합니다. 오! 얼마나 이분
들은 찬란한 영광을 받은 것인가요.[27]

---

26 『순교자들의 전기』, 대전교구사 자료 제3집, 한국교회사연구소 1991, 168쪽: 외
　국인 선교사들은 한편으로는 유교적인 사상적 대립으로 다른 한편으로는 외국
　인 배척사상으로 인하여 특히 박해대상의 표적이 되었는데 이는 조선뿐 아니라
　중국에서 역시 마찬가지였다. 다음의 두 실례는 이를 잘 보여주고 있다. "마리아
　노(Mariano Zariano, 중국명 매신보(梅神甫), 1726-1790)는 이탈리아 출신으로
　프란치스코회 소속이었다. 1763년에 마카오를 거쳐 산동에 도착하여 중국에서
　의 생활을 시작하였다. … 그러나 대목구에 도착한 직후인 1790년 4월 6-7일 밤
　에 비참하게 세상을 떠났다." 『한국 초기 교회에 관한 교황청 자료 모음집』,
　윤민구 역주, 가톨릭출판사 2000, 82-83쪽. "크레센시아노(Crescenziano Cavalli,
　중국명 이(伊), 1754-1791)는 이탈리아 출신으로 프란치스코회 소속이었다.
　1783년 마카오에 도착하였고 1784년에는 공동을 거쳐 산동으로 갔었는데, 1785
　년 체포되어 갇히게 되었다. 풀려나서는 북경의 남당에서 일하였으며 마리아노
　주교의 후임으로 섬서 대목구의 주교로 선출되었으나 주교품을 받기 전인 1791
　년 12월 24일에 세상을 떠났다." 위의 책, 83쪽.
27 김대건 신부의 편지, 1843년 1월 15일자 서신 중에서, 95쪽.

모든 신자들은 천국에 만난 영원히 누리기를 간절히 바란다.[28]

나의 극히 사랑하는 도마 (최양업신부)여, 이후천당에서 서로 만나기
로 하세.[29]

이와 같은 고난의 보상에 대한 확신은 고난을 받는 이로 하여금,
고난에 대한 회피의 마음이나, '억울하다'는 심리적 피해의식을 없
이하며, 일종의 자유로이 선택한 고난이라는 적극성을 띄게 된다.[30]

---

28 회유문 중에서, 275쪽.
29 1846년 6월 8일자 서신, 245쪽.
   천국이나 초월적인 것에 대한 이러한 확신과 기대는 철학적으로 보자면 가장 비
   현실적이고 비합리적인 신앙행위처럼 보일 수 있다. 그러나 최소한 기독교 영성
   의 역사에서는 이러한 천국에 대한 확신은 그 무엇보다도 큰 동기와 열정을 가
   져다주는 현실적이고 실제적인 것이 분명하다. 이는 20세기를 살다간 프랑스의
   여성 영성가 마르뜨 로벵에게서도 분명한 진실이었다. 다음의 인용구는 극심한
   고통 중에 있던 그녀의 증언들이다. "싸움과 고통에서 벗어나려고 죽기를 원하
   는 것은 아닙니다. 절대로 그렇지 않습니다. 영원이 나를 끌어당기고, 예수님이
   내게로 팔을 벌립니다. 언뜻 본 고향을 내가 원하는 것입니다. … 모든 것이 나
   를 피투성이로 만듭니다. … 나는 내 고통을 세상의 모든 기쁨과 이 땅의 모든
   재물과도 바꾸고 싶지 않습니다." 레이몽 뻬레, 『마르뜨 로벵의 생애 - 십자가와
   기쁨』, 안응렬 역, 성요셉출판사 1983, 98쪽. 또한 우리시대에 가장 가까이 있으
   며, 여성철학자로 인정받고 있는 가톨릭의 선녀 에딧트 슈타인은 나치의 아우슈
   비치 수용소에서 마지막 시간을 보내면서 다음과 같이 증언하고 있다. "나는 나
   의 하느님을 찬미하며 오직 하느님께만 봉사할 따름입니다. 바로 이 때문에 나
   는 당신들의 고문들을 전혀 두려워하지 않습니다. 나의 밤은 모호하지 않았습니
   다. 여기엔 빛이 찬란히 빛나고 있었습니다." Elisabeth de Miribel, *Edith Stein*,
   Perrin 1998, p. 220.
30 죽음을 앞둔, 그것도 아주 끔직한 참수형을 앞둔 사람이 지극히 태연하고 평화
   로운 내적인 평정을 가진다는 것은 쉽지 않다. 참수형을 앞두고 형장과 김대건
   신부의 대화는 아주 잘 알려진 일화이다. 그 대화는 다음과 같다. "몸가짐이 이
   러하면 좋으냐 ? 이러면 쉽게 자르겠느냐 ?" "무어 똑바로 하여라, 아 그만하면
   되었다." "자 나의 목을 잘라라, 준비는 다 되었다." 김옥희, 『순교자들의 삶』,
   학문사 1983, 154쪽.
   여기서 우리는 고통과 고난을 수용하는 순교자들의 심리적인 자세를 하나의 형

결국 우리는 천주교박해상황에서 드러나는 한의 개념을 일반적인 한의 개념과는 달리 종교적인 한으로 말할 수 있겠는데, 이는 외면상 한이 발생하는 과정이나 상황이 동일하다고 하더라도, 내면적인 수용 원인이나 자세 등이 근본적으로 다르며, 그리하여 응어리지고 치유되어야 할 마음속의 병적인 한이 아니라, 삶의 인고를 견디어내게 하는 일종의 원동력으로서의 한이다. 즉 전통적인 한의 개념이 심리적, 정신 병리학적인 내면적 감정의 응어리진 어떤 것이라면 종교적인 한에서는 이러한 응어리진 어떤 것이 동시에 하나의 정신적인 승화를 가지며 에너지화된 삶의 힘처럼 나타나는 것이다. 종교적인 한에는 정신병리학적인 것 이상의 어떤 요소, 즉 초월적인 요소 또는 저편세계에 관한 혹은 절대적인 요소를 가진다. 바로 이 초월적인 요소가 종교적이라는 의미를 가지면서, 한의 생성과정에서 스스로 치유되는 결과 그리고 다시 삶의 에너지화 과정에서 중요한 역할을 하는 것이다. 현대 한국 천주교 사회에서 나타나는 유래 없는 성장은 바로 이러한 종교적인 한이 삶의 에너지가 되어서 나타나기에 가능했으리라고 본다.

이상학적 차원에서 해석해 볼 수가 있다. 즉 이러한 고통을 정화를 위해 하느님이 허락하시는 고통으로 이해할 수 있다. 보다 큰 고통을 통해서 모든 불순함이 제거되고 종교적 의미의 순수하고 정의로운 자의 정신을 가지게 하는 신의 섭리로서 이해해 볼 수가 있다. 이는 구약의 예언자들이 이스라엘 민족의 고통을 해석하는 전형적인 방식 중의 하나이다.
참조: "야훼께서는 이사야를 용서함으로써 정화시켰듯이 - 예언자의 해설에 의하면 - 당신백성을 불로써 정화시키려고 했다. 다시 말해 야훼께서는 당시 혹독한 고통을 통해 찌꺼기와 불순물을 제거하여 예루살렘을 보다 정의로운 도시로 만들고자 했던 것이(I, 24-26)." B. W. 앤더슨, 『구약성서의 이해 II』, 제석봉 역, 성바오로출판사 1989, 188쪽.

2) 종교적 한의 특수성으로서의 내면성과 역동성

(1) 종교적 삶의 고유함으로서의 내면성

우리는 앞서 종교적인 한이 가지는 특수한 점을 다른 많은 이와 '동시에 함께 겪고 있다'는 공동체 의식과 윤리적으로 선한 혹은 신성한 사명감을 통한 자발적 선택이라는 적극성, 그리고 고난과 고통에 대한 초월적인 보상을 확신하는 초월성 등을 꼽았다. 그리고 이러한 세 가지 중요한 계기는 철학적 혹은 형이상학적인 지평에서 모두 내면성의 개념과 긴밀한 연관을 가지고 있다.

첫째, 공동체의 의식이 존재하기 위해서는 최소한의 내면성을 전제로 한다. 단순한 집단 혹은 단체로부터 공동체가 구별되는 점은 공동체는 구성원 상호간의 어떤 내적인 이유와 유대를 형성하고 있다는 것이다. 가령 집단이나 단체가 형성되기 위해서는 외적인 이유나 연결요소 만으로 가능하다. 교통수단의 편의를 위한 하나의 이익단체는 구성원 사이의 정신적인 유대(세계관의 일치)나 가치관의 동일성을 필요로 하지 않으며, 다만 동일한 교통수단의 이익을 공동조건으로 하는 모든 이에게 열려있는 것이다. 반면 기독교 학생회나 불교 수양회와 같은 공동체의 면모를 갖춘 단체에서는 이러한 내적인 요소들(세계관이나 가치관의 동일성)의 최소한의 일치가 확보되지 않으면 불가능하다. 이처럼 초기 가톨릭 공동체에 있어서 박해에 맞서 견디어 낼 수 있었던 공동체적 유대감은 그들의 내면성에 기인하는 것이다.

둘째, 윤리적으로 어떤 선한 일 혹은 정당한 일을 행한다는 의인의 감정은 전적으로 내면적인 이유이다. 이러한 내면적인 이유들이 단순히 철학적 신념과 다른 점은 이들(종교인들)의 내면적인 동기는 이 지상의 삶이 필연적으로 죄와 결부된 헛된 것이라는 이원론적인 세계관과 긴밀히 결부되어있다. 즉 이들은 "하느님으로부터 멀어진 인간의 죄 때문에 고통의 상황에 처하게 되었음을 고백하고 있으며 … 고통에 대한 주관적인 체험들을 악이라는 개념으로 설명하고 있다."[31] 여기서 악으로부터 벗어나 참으로 올바른 삶을 살기 위해서는, 악이라는 개념과 어떤 식으로든 결부되어있는 현실적 삶과 사회의 구조에서 해방되어야하는 즉 현실에 얽혀있는 육체적인 혹은 본능적인 삶으로부터 해방되어야 한다는 것이다. 즉 이들(순교자들)은 "죽어야 산다, 라는 진리를 터득한 자들이다! … 그리하여 진정 높고 깊은 삶과 희망과 행복과 사랑을 송두리째 차지한 순교자들"[32]이 된 것이다. 우리는 이러한 종교적인 삶의 자세를 종교적 순수성이라고 말할 수 있다. 모든 종교인이 순교자가 될 수 없으며, 또 어떠한 종교도 종교인으로 하여금 순교자가 될 것을 명하지 않는다. 순교란 피치 못할 상황에서 완전히 자신의 자유의지에 의해 자신의 올바른 삶과 궁극적인 행복을 위해서 자유롭게 선택하는 삶이다. 그러기에 순교자들의 순교 이유는 전적으로 내면적인 즉 현세에서의 삶의 영달을 위한 이유에서가 아닌, 인생의 궁극적인 진리에 대한 통찰과 신념 그리고 이러한 궁극적인 진리를 진정으로 그리고 실제적으로 지금 여기서 선택한 이유뿐이다. 이는 다시 말해, 선행은 언젠가 선으로 보상을 받게 되리라는 권선징악적인 민간신앙이 천주라는 우주만사를 주관하는 유일신의 사상과 결부되어 더욱 굳세어진 신앙

---

31 강영옥, 『고통, 신앙의 단초』, 우리신학연구소 신학총서 제1권, 1999, p. 24.
32 박도식, 『순교자들의 신앙』, 바오로의 딸 2000, p. 76.

의 결과라고 볼 수가 있다. 따라서 이러한 이유는 오직 그들의 내면적인 이유이며, 절대적인 진리를 염두에 의식과 모든 상대적인 지평을 초월한 종교적 순수성의 이유 인 것이다.[33] 보다 철학적으로 발하자면 절대자 앞에 선 한 신앙인의 윤리적 결백성의 주장이 죽음을 당함이라는 극한적 상황을 통해서 표현된 것이라 할 수 있다.

셋째, 순교자들이 지니고 있는 초월성에 관한 부분은 이러한 윤리적 결백성과 매우 밀접히 연관이 있지만 동시에 윤리적인 것과는 다른 측면을 지니고 있다. 우선 위에서 언급했듯이 순교자들이 의식에는 시간적이고 상대적인 세속의 진리들을 넘어서는 하나의 '절대적인 진리' 인생의 궁극적인 목적에 대한 추구가 내재하고 있었다는 점에서 윤리적 초월성 즉 절대적인 선함, 절대적인 의로움의 개념이 자리잡고 있다. 여기서 천주의 개념은 자신의 윤리적인 결백성을 보장해 주는 유일한 지지자인 셈이다. 즉 신 앞에서의 결백성이란 만인 앞에서의 결백성을 의미하는 것이다.

그러나 우리는 여기서 하나의 다른 측면에서 초월성의 개념을 생각해 볼 수가 있다. 그것은 의존하는 존재로부터 독립하는 존재로서의 초월성이다. 인간이 사회적인 존재라고 할 때, 여기서 사회라는 것은 어떤 식으로든 인간이 그 속에 관여되고 포함되는 하나의 구조라고 볼 수 있다. 이 구조는 사회구성원들의 행동의 동기와 가치

---

33 이러한 순교자들의 순교이유를 우리는 모든 외적인 이유를 초월한 '내적인 이유' 즉 '영혼에 대한 사랑'이라고 말할 수가 있을 것이다. "영혼에 대한 사랑으로 불타고 있는 사람은 자식을 가진 어머니와 같이 된다. 나는 그 무엇에도 개의치 않고 또 그 어떤 희생도 감수하려고 한다. 순교는 사랑의 영웅적 행동이다. … 영혼의 사랑은 우리에게 불 속의 돌들과 같이 뜨거워지기를 바라고 있다. 이것은 엄연한 하나의 사상이다." 제임스 앤터니 월시, 『근대 순교자의 사랑』, 김중보 역, 가톨릭출판사 1994, 19쪽.

규정을 어떤 식으로든 제한하고 규제하는 그러한 구조인 것이다. 그런데 모든 진정한 종교인들이 그러하듯이 초기 가톨릭인들의 정신 안에는 이러한 구조로서의 사회를 넘어서 하나의 자기설정이 있다. 프랑스의 철학자 프라딘느(Maurice Pradines)가 말한 바 있듯이 "아무리 비천한 정신일지라도, 그것이 정신인 이상 세계를 창조할 수 있다." 종교인들의 이 자기설정은 자신의 동일성을 민족이나 사회의 구성원으로서가 아니라, 신의 존재로부터의 자기동일성을 가지는 것을 의미하며, 이로서 하나의 자신만의 내면세계를 창조하는 것을 의미한다. 물론 이러한 내면세계의 중심에는 절대자이자 창조주로서의 신의 존재가 있다. 이 세계는 어떤 의미에 있어 죽음 뒤에 그들이 진입하게 될 천국과 유사할 것이며, 지상의 모든 가치들이 가장 집약된 성서적 사랑의 세계일 것이다. 이러한 내면세계는 이들(순교자들)이 상상할 수 없는 극도의 고난과 고통 속에서도 그들의 신앙과 신념을 굳게 지킬 수 있었던 원동력이며, 그들의 육체적 생명과 바꿀 수 없을 만큼 현실적이었고 소중한 것이었다. 이 세계는 일반적인 지성, 합리적인 이성에 있어서는 확실히 하나의 초월적인 것이며, 내면적인 것이다. 만일 이러한 순교자들의 내면세계와 초월성이 철학적 입장에서 일종의 이데올로기가 아닌가라고 누군가 질문한다면, 우리는 "철학은 신앙의 표현을 분석하지만, 신덕(信德)에 관해서 의사를 표현하는 것은 금물이다"[34]는 종교철학자 앙리 뒤메리의 말을 대답대신 제시할 수 있을 것이다.

---

34 쟌 라크르와, 『현대 프랑스 사상의 파노라마』, 탐구당 1985, 102쪽.

(2) 한의 외적 표현으로서의 역동성과 철학적 의미

'역동적(力動的)이다'라는 말은 여러 가지 의미로 쓰이겠지만, 우리는 여기서 두 가지로 나누어 고찰해 볼 수가 있다. 첫째, 정적이지 않고, 움직인다, 변화한다는 의미이다. 이러한 의미에서 조선시대의 천주교인들은 세계에서 그 유래를 찾아보기 힘들 정도로 역동적이었다. 우선 우리가 너무나 잘 알고 있듯이 그들은 전해주는 것을 받아들인 경우가 아니라, 스스로 이상과 철학을 찾아 나선 유일한 민족이었다. 그리고 박해를 피해 산 속으로 피신하여 교우촌을 형성하였고, 스스로 조직을 구성하여 종교지도자(신부나 주교)가 없이 종교적 행사를 주관하였고, 지도자(신부)를 모셔오기 위해서 외국으로 사람을 보내고, 정부의 탄압을 고발하고 교황청에 도움을 청하는 백서를 작성하는가 하면, 동료들과 함께 하기 위해 스스로 참수형을 자청하는 등 그들의 놀라운 행업은 반세기가 넘는 박해의 기간동안 끊이지 않는다.[35] 이러한 초창기 조선교회의 역동성은 그 원인이 여러 가지로 분석될 수 있겠지만, 끊임없는 외세의 침입에 맞서 은근과 끈기를 길러온 민족성과 무관하지 않을 것이다. 이러한 끈기가 종교라는 하나의 절대적인 지평과 접목되면서 보다 큰 힘을 발휘하

---

35 스스로 참수형을 당하기를 원하는 이러한 행위는 어떤 관점에서 보자면 하나의 광적인 것이며 정신병리학적인 현상으로 보일 수도 있을 것이다. 그러나 어느 정도의 관상의 경지에 오른 수도승들에게 있어서는 죽음이란 오히려 진리의 세계에로 인도해주는 관문으로 여겨지기 때문에 두려워하기보다는 죽음을 갈망하게 되는 것이다. 관상 수도자들의 정신을 보여주는 다음 책의 인용구는 이를 잘 보여주고 있다. "죽음에 대한 생각은 우리가 세상과 건강과 생에 대한 집착에서 벗어나게 하기 때문에 공포를 없앤다. … 우리는 많은 말씀들에서 수도승들이 죽음을 깊이 갈망하고 있었음을 느낄 수 있다. … 그러므로 매일 죽음을 눈앞에 두는 훈련은 주님과 함께 낙원에 있기를 희망하는 것이다." 안셀름 그륀,『하늘은 네 안에서부터』, 정하돈 역, 분도출판사 1999, 111-112쪽.

였고, 박해라는 현실은 오히려 솟아나는 새싹을 단련시키는 담금질의 역할을 했다고 볼 수가 있다. 한마디로 초기 가톨릭 신앙인들의 종교적 한은 그들의 역동성을 통해서 끊임없이 외부로 표출됨으로서 가슴속에 앙금으로 남아있지 않고, 삶의 에너지로 승화된 것이다.

역동성의 두 번째 의미는 철학적 역설에 해당하는 것인데, 이는 고통을 피해야할 해로운 것으로 생각하지 않고 죄의 정화로, 박해받음을 의인의 징표로 생각하는 적극적인 사고방식을 말하는 것이다. 우선 박해시대의 상황에서 드러나듯이, 물리적인 박해는 정신의 단련을 가져다준다. 단순히 평화롭게 신앙생활을 할 수 있었다면, 그들은 순교자라는 일종의 영웅적인 마음을 가질 수 없었겠지만 박해와 참형이 그들로 하여금 의로운 자라는 심리적인 위안을 가지게 되고 이는 일종의 긍정적인 영웅적 의식이라고 할 수가 있다. 종교적인 이유로 박해를 받는 이들에게 있어서는 고통은 영원히 지속될 기쁨의 전조에 지나지 않으며, 죽음(순교)은 바로 그 새로운 기쁨의 삶의 시작에 불과한 것이다. 이러한 역설적인 국면은 그들로 하여금 온갖 박해와 장애들에도 불구하고 그들의 신앙이 상상외로 빠르게 퍼져나가고 깊이 있게 뿌리를 내리게 된 원인이다. 제임스 엔터니의 "근대 순교자들의 신앙"[36]에는 이러한 순교자들의 역설적인 사고방식이 가득 적혀있다. 그 몇 가지 예를 보면 다음과 같다:

사랑하지 않고 사랑을 모르는 사람이 어찌 순교할 수 있겠는가?
영혼을 진정으로 사랑할 줄 모르는 사람은 그가 아직 고뇌하고 있지

---

36 제임스 엔터니 윌시, 『근대 순교자의 사상』, 김중보 옮김, 가톨릭출판사 1994.

않다는 것을 말한다.

영혼의 사랑은 우리에게 불 속의 돌과 같이 뜨거워지기를 바라고 있다. 이것은 엄연한 하나의 사상이다.

나는 가난한 생활을 감성적일 뿐만 아니라 값있게 보낼 수 있다는 것 외에 그 어떤 생각도 해 본 적이 없다.

고통은 천국을 살 수 있는 돈과도 같다.

그릇이 빈약하면 할수록, 신의 영광은 보다 큰 것이 된다.

이처럼 순교자들의 정신에는 근본적으로 세상을 거꾸로 보는 혹은 일상인과는 반대로 보는 하나의 역설이 있다. 이 역설은 절대자와 초월적인 세계가 자신들의 행위의 효과적인 규범으로 취해지는 곳에서 현실로 드러나고, 이로서 이들은 자신들이 믿고 있는 이 세계의 부조리함, 죄악들로부터 자유로움을 체험하는 것이다. 이들은 모든 지배욕 소유욕으로부터 벗어나면서 세계로부터 자유로워지는 종교적 자유를 체험하는데, 이러한 체험의 극단적인 경우가 순교이다. 순교는 이 지상의 삶에 대한 회의, 부조리로부터 초월적인 희망, 초월적인 정의로움에로 도약하는 역동적인 사건인 것이다.

이상의 조선시대 초기 가톨릭 신앙인들의 내면성과 역동성에서 드러나는 것은, 종교적인 삶에서 보이는 인간의 특수함이며, 이는 인간의 정신이 가지는 신비로운 모습중의 하나이다. 아무리 미천한 정신일지라도, 정신인 한, 자신의 세계를 창조하고, 창조된 자신의 내면세계는 그것이 윤리적, 도덕적 선의(善義)를 중심으로 할 때, 거의 불멸적인 것이 된다. 이 지상의 세계가 낙원이 아닌 한, 한의 발생은 사회구조와 인간의 본성적 경향으로 인해 필연적인 것이다. 인간사회가 지속하는 한, 한은 어떠한 형식으로든 발생할 것이며, 발생된 한을 어떻게 다스리며 이용할 것인가 하는 것 역시, 인간의 자유에 달린 것이다. 한국의 초기 가톨릭 교회사에서 보이는 종교적 한은 한의 승화의 한 보기를 제시한다고 볼 수가 있다. 이 보기에서 중요한 두 요소가 내면성과 역동성이었고, 이 두 요소는 한을 자기 발전과 자기 승화를 위한 큰 에너지로 바꾸는데 결정적인 역할을 한 것이었다. 고통과 시련을 기회로 삼아 존재의 변화를 꾀하는 것은 모든 생명체에 공통되는 것이지만, 다가오는 고통과 시련을 적극적으로 수용하고자 하는 이러한 종교적 한의 측면은 오직 인간에게서만 볼 수 있는 것이다. 즉 종교적 한에서 보이는 내면성과 역동성은 정신적 존재로서의 인간존재의 특수함을 잘 보여준다고 할 수가 있다.

전통적인 한국 민족의 정서를 한과 결부시켜서 이해하고자 한다면, 우리는 이러한 종교적 한의 개념을 민족적 정서로서의 한의 개념을 이해하는 한 원리로 삼아, 한의 개념을 민족의 도약을 위한 에너지로 변화시키는 데에 기여하여야만 할 것이다.

3. 종교적 한의 보편주의로서의 사상적 배경과 불교의 근본정신과의 비교

1) 이냐시오의 영신수련에 나타난 도덕적 보편주의와 초월적인 능력

앞서 살펴본 종교적 의미의 한은 그 근원에 현실적인 삶을 완전히 긍정하지 못하는 일종의 이원론적인 세계관을 그 사유의 구조로 지니고 있다. 플라톤의 동굴의 우화나 상기설에서 볼 수 있듯이, 우리가 살아가고 있는 지상의 삶을 영혼의 입장에서 보자면 참된 삶 혹은 원래의 삶으로부터 추락된 삶으로 보며, 구원되어야 할 삶으로 보는 것이 이들의 이원론적인 세계관이며, 이는 보다 보편적인 입장에서 보자면, 인간의 실존을 그 자체 문제의 실존으로 보는 실존주의자나 부조리 철학자들의 입장과 유사하다고 할 수가 있을 것이다. 따라서 종교적 한에서 보이는 세계관의 문제는 지엽적이고 제도적인 문제가 아니라 근본적으로 모든 인간 혹은 인류에게 적용되는 인간성의 문제이며, 이는 일종의 보편주의적인 윤리관에 바탕을 두고 있다고 볼 수가이다. 한국의 초기 순교자들에게서 보이는 종교적 한은 이러한 보편주의적인 윤리관을 하나의 특정한 '종교적 교의'를 통해 실현하고자 했으며, 한의 발생은 이러한 특정한 종교적 교의가 지닌 세계관 혹은 세계관의 구조가 다른 세계관의 구조와 상충하는 데서 발생 한 것이다. 그렇다면 초기 순교자들이 지녔던 이 보편주의적 윤리관은 어떠한 것이며, 그 실현의 방법론은 구체적으로 어떠한 것인가?

우리는 비교적 전통적인 그리스도교적(특히 가톨릭적)세계관을 잘 수용하고 있는 성 이냐시오의 정신에서 이러한 초기 순교자들이 지녔던 보편주의적인 정신을 볼 수가 있는데, 그 예로는 그의 영신수련의 목적과 방법에서이다. 영신수련의 목적을 말하고 있는 대목에서 그는 시적인 표현을 빌려 다음과 같이 말하고 있다.

아버지의 슬하를 떠나 외로이 헤매고 있는 인류를 가르쳐서 다시 아버지의 집으로 데려가기 위해서 … 인간성을 통해서 표현되는 초자연적인 그리스도의 정신을 한편에서는 우리의 인간적 기능들을 이용해서 할 수 있는 모든 노력과 희생을 다하는 동시에 … 37

여기서 두기지 중요한 점은 그의 영신수련의 목적이 인류를 올바른 길로 인도한다는 하나의 보편주의적인 관점과 인간성을 통해서 표현되는 그리스도의 초자연적인 정신이다. 모든 이에게 적용되는 윤리적인 선함 혹은 도덕적인 올바름의 길을 보편적인 윤리라고 한다면, 이러한 윤리적인 보편주의가 하나의 초자연적인 정신을 필요로 하며, 이러한 초자연적인 정신을 가지는 것이 궁극적으로 영신수련의 목적이며 이는 그리스도교가 지향하는 핵심이라고 할 수가 있다. 이러한 이냐시오의 보편주의적인 정신은 그의 방법론에 있어서 여전히 잘 드러나고 있다. 그는 영신수련에 있어 묵상의 대상을 탄생의 목적이라는 가장 근본적이고 보편적인 것으로 삼고 있으며, 나아가 이러한 근본 목적을 위한 구체적인 선택 행위에 있어서 역시 가장 객관적이고 이성의 사유에 적합한 보편적인 올바름을 지향하고 있다.

내가 피조물로 태어난 목적을 선택의 대상으로 해야 한다. … 나는 사욕 편정에 좌우됨이 없는 불편심(不偏心)을 가져야 한다. 그러므로 나는 선택할 대상에 대해서는 그것을 버리거나 취하거나 간에 어느 한 편으로 더 기울어지거나 애착되지 않고 38

그런데 우리는 여기서 "어찌하여 보편주의적인 윤리관의 실현이

_____
37 성 이냐시오, 『영신수련』, 윤양석 역, 한국천주교중앙협의회 1985, 13쪽.
38 앞의 책, 80쪽.

초자연적인 정신을 요청하는가?"라는 하나의 질문을 제기 할 수가 있는데, 이는 지상의 인간의 윤리적 삶에 영향을 끼치는 외부적이고 초자연적인 힘의 영향(善神과 惡神)을 인정하는 독특한 그리스도적 세계관 때문이다. 악신으로 대변되는 사탄과 선신으로 대변되는 그리스도의 정신이라는 이원론적인 외부적인 힘, 초월적인 힘이 인간의 윤라·도덕적인 삶에 결정적인 영향을 미치고, 이는 이들의 윤리적 덕목을 형성하는 전 과정을 통해서 그대로 적용이 된다. 몇 가지 예를 보자.

사탄은 사람에게 먼저 부귀와 영예와 오만의 정신을 불어넣어, 거기서 모든 다른 악덕에로 유인하나, 그리스도는 그와 반대로 청빈과 굴욕과 겸손을 권유하여, 거기서 모든 다른 덕행에로 인도한다.[39]

선량한 그리스도 신자는 누구나 다 남의 의견을 처단하기보다는 그것을 살리는 데로 마음을 기울려야 할 것이고, 또 그것을 살릴 수 없는 경우에는 그의 생각을 고찰해 보아서 그의 생각이 그릇된 것이면 애덕(愛德)으로 그를 고쳐 주어야 할 것이다.[40]

고행은 주로 세 가지 목적을 위해서 하는 것이니, 첫째로는, 과거에 범한 죄를 보속하기 위해서 하고, 둘째로는 자기를 이기기 위함이니, 즉 감각적인 모든 하급 기능이 지성적인 상급기능에 더욱 복종케 하기 위함이고, 셋째로는 자기가 원하는 어떤 은혜를 구하여 얻기 위함이니.[41]

---

39 앞의 책, 14쪽. "사람에게는 세 가지 종류의 생각함이 있다고 하면, 그 하나는 나의 자유의사에서 오는 나 자신의 생각이고, 나머지 두 가지는 외부로부터 오는 것인데 그 중 하나는 하느님께로부터 오는 것이고, 또 하나는 마귀로부터 오는 것이라 하겠다." 같은 책, 32쪽.
40 위의 책, 28쪽.

여기서 그리스도인의 도덕적인 특성 즉 선함은 마치 이들의 영혼의 특성(善神과의 교감 혹은 일치)의 한 결과이자 증거처럼 나타나고, 이 선함은 또한 타인의 선량한 생각을 산출하고자 하며, 나아가 육체적인 혹은 감각적인 기능의 절제를 의미하는 고행은 또한 정신의 선량한 생각을 위한 방법론적인 것으로 취해진다. 이처럼 보편적인 윤리적 선을 실현하기 위한 종교적인 노력은 어떤 초자연적인 외부적인 능력의 도움을 전제로 하는 것이다. 그런데 여기서 외부적이란 용어의 의미는 안과 바깥이라는 공간적 의미의 외부가 아니라, 고유한 나의 것이 아닌 다른 어떤 것이란 의미의 외부적이며, 이러한 나 이외의 어떤 능력은 사실상 나의 바깥에서 발견되는 것이 아니라 나 자신의 내면에서 발견되고 있다. 왜냐하면 선신과 악신이 미치는 영향의 결과는 영혼의 심리적 상황 즉 내면적인 마음의 상태를 말하기 때문이다.

> 영혼이 선행에 있어서 진보하는 것을 막기 위하여 공포와 슬픔을 일으키고, 장애물을 마련하고 거짓 이유로서 영혼을 불안하게 만드는 것이 악신들의 상투적인 수단 방법이며, 착한 신은 언제나 영혼에게 용기와 힘과 위안을 주고 눈물과 좋은 느낌과 평화를 주어서 모든 것을 쉽게 해주고 모든 장애물을 치워 줌으로써, 영혼을 선행에 있어서 더욱 향상케 한다.[42]

크리스챤적인 관점에서 보자면 세상의 평화와 선을 위한 우리의 사고와 의지 이외에 보다 중요한 도덕적 덕은 없으며, 모든 종교적

---

41 같은 책, 51쪽.
42 위의 책, 129쪽.

인 덕목 역시 이러한 보편적인 도덕적 선과 불가분의 관계를 가지고 있다. 그러기에 가르멜 정신을 대표하는 '십자가의 성 요한'의 정신은 "단 하나의 인간의 (선한) 사유는 우주보다도 더 가치 있는 것이다."[43]고 까지 말하고 있다. 근본적으로 자신의 이익을 위해 행위 하는 인간의 본능적인 성향에 거슬러 세상과 인간의 보편적인 선을 위해 행위 하게 되는 이러한 내적인 성향을 선량함이라고 말하고 영혼의 진보란 이러한 선함으로 가득 차고 선함으로 변화되는 것 외 다른 것이 아니다. 이러한 영혼의 진보는 근본적으로 자신의 이익이라는 본성적 경향을 가지고 있는 인간자신의 의지만으로는 사실상 불가능하며, 이를 위해서 영혼은 신으로부터 오는 초월적인 힘을 필요로 하는 것이다. 만일 종교적 의미의 영신수련이 세상사로부터 물러나는 고독을 요청한다면 이는 자신의 내면에로 정신을 집중하므로 신의 실존에 보다 가까이 다가가고, 자신의 내면에서 활동하는 선신의 행위를 보다 잘 감지하기 위한 것이다.

> 자기 영혼의 향상이라는 한 가지 일에만 정신을 집중시켜 자기가 열렬히 원하는 것을 부지런히 찾기 위하여 … 우리 영혼이 혼자 격리되어 있으면 있을수록 더욱 자기의 창조주께 가까이 하고, 또 그에게 도달하기 위하여 자기를 순응시킬 수 있으며, 또한 그렇게 하느님과 결합하면 할수록, 더욱 지선하신 하느님께로부터 은총과 은혜를 받을 수 있도록 대비하는 것이다.[44]

---

43 "Une seule pensée de l'homme vaut mieux que l'univers." Dom Chevallier, *Les Mots d'Ordre de saint Jean de la Croix*, Solesmis 1961, p. 62.

44 위의 책, 27쪽.

결국 이냐시오적 정신의 구도에서는 종교적 삶의 궁극적인 목적은 '보편적 선의 실현'이라는 하나의 보편주의적인 윤리관에 기초하고 있으며, 이러한 보편적인 선은 본성적으로 이기적인 인간성에 있어서는 스스로의 힘만으로는 성취될 수 없는 것이다. 따라서 인간은 선한 마음과 과 악한 마음을 유발하는 (고유하게 인간의 것이 아닌) 외부적인 초월적인 힘을 요청하게 되고 이러한 초월적인 능력은 인간의 마음속에 선한 의지를 유발하고 선을 실현할 수 있는 심리적인, 실존적인 제 조건들을 형성하는 것이다. 일종의 윤리·도덕적인 노력을 의미하는 고행은 초월적인 선신의 능력을 보다 잘 감지하고 이를 보다 잘 수용하기 위한 방법론적인 것이다.

우리가 필요이상의 것을 취하지 않는 것은 고행이 아니고 절제이다. 고행이란 내가 유익하게 취할 수 있는 물건 중에서 몇 가지를 줄이는 것을 말하는데, 몸을 해하거나 병이 나지 않는다면 더 많이 줄일수록 더 좋은 고행이 되는 것이다.[45]

우리는 여기서 이러한 이냐시오의 영신수련의 정신을 통해서 한국의 초기 순교자들의 의식과 실존의 구조를 잘 이해할 수가 있다. 한이 발생하는 실존적인 구조가 억눌림 혹은 억울함으로 인한 정의의 박탈, 그리고 이로 인한 올바른 인간관계 및 사회관계의 박탈이라고 한다면, 이러한 이중의 박탈, 정의의 박탈과 관계성의 박탈은 종교적 실존의 구조 속에서 "신의 실존에로의 밀착"이라는 하나의 긍정적인 상황으로 받아들여지고, "영혼이 혼자 격리되어 있으면 있

---

45 같은 책, 50쪽.

을수록 더욱 자기의 창조주께 가까이 하고", 나아가 박해나 고문 등을 통한 고통은 일종의 고행의 의미로 받아들여지는 것이다. 즉 외부에서 주어지는 한의 발생구조는 종교적인 삶 안에서 영혼의 진보 위해 주어진 상황으로 전환시키는 것이다.

이를 초기순교자들의 한스런 상황에 적용시켜 요약하면 다음과 같다.

유교정신에 기초한 조선시대의 사회제도적 구조 속에서의 배척과 박해는 그들로 하여금 보편적인 선의 지향이라는 의인의식의 정신적인 명분을 통해서 수용 또는 감수 할 수 있게 한다. 정치적 시각에서 보자면 이들은 왕정체제와 반상제도를 부인하면서 국가체제의 근본적인 질서를 부인하는 위험인물들로 간주되고, 나아가 당쟁의 희생양으로 주목되었지만, 이념이나 사상적으로 보자면 최초로 윤리적 행위규범을 초월적인 것 혹은 절대적인 것으로부터 근거 지우고자 하면서 만인평등사상을 실현하고자 했던 보편주의의 윤리관을 실천한 사람들이라고 볼 수가 있다. 모든 정신적 혁명가들이 그러했던 것처럼 초기 기독교 순교자들 역시도 이러한 자신들의 정신이 배척과 박해를 피할 수 없는 사실임을 인정하였고, 배척과 박해에 저항하지 않고 하나의 종교적인 신념으로 수용하였다. 이는 이들의 순수한 윤리정신을 증거하는데 매우 긍정적인 사실이다. 반세기동안의 박해에서 피박해자인 기독교인들이 무력적 항거를 감행하지 않았다는 사실은 이를 잘 보여준다고 할 수가 있다. 사회적 단절과 사랑하는 가족과의 단절 게다가 여기에 부과되는 극심한 육체적인 고통(형벌과 고문 등) 나아가 자신의 생명을 포기하는 행위는 이들의 종교적 믿음이나 신념의 깊이를 보여주면서 육체적 조건이나, 혈연,

지연의 사회적 소여들을 초극하는 하나의 보편적인 가치에 대한 절대적 의지를 잘 보여주고 있다.

2) 초기순교자들의 보편주의적 정신과 불교의 행위와 업에 관한 사상

(1) 불교윤리의 사상적 배경으로서의 苦와 業

종교적 한의 개념이 일반적인 한의 개념과 다른 점이, 한이 발생되는 힘겨운 상황의 조건을 자신의 승화를 위한 조건 혹은 계기로 전환한다는 데에 있다는 점에서, 이 종교적 한의 근본정신은 모든 종교에서 유사하게 발견 될 수 있을 것이다. 그 중 앞서 고찰한 한국의 초기 가톨릭 역사의 종교적 한의 정신적 바탕은 불교의 근본정신과 매우 흡사하게 나타나고 있다. 근본적인 세계관이나 교리 상의 구조에 있어서 서로 확연히 다른 두 종교가, 종교적인 한의 개념에 있어서 즉 인생의 현실적인 문제들을 수용하고 대처하는 정신적인 자세에 있어서 유사하고 나타나고 있음을 발견한다는 것은, 종교에 관한 보편주의적인 이해와 종교간의 일치 등 실천적인 문제에 큰 유익함을 가져다 줄 수가 있을 것이다.

불교에서 인간 현실을 바라보는 관점은 고통이라는 부정적인 면을 통해서 이며, 이는 '인생은 苦이다'는 단순한 사실 확인보다는, 이러한 전제를 통해 자기승화 즉 해탈을 위한 효과적인 방편을 취하고 있음을 알 수 있다. 다음의 두 가지 불교교의는 고통을 초월하면서 진리에 이르게 되는 불교교의를 보여주고 있다.

비구들아, 괴로움이라는 거룩한 진리는 무엇인가, 태어남도 괴로움이고, 늙음도 괴로움이고, … 원하는 것을 얻지 못하는 것도 괴로움이다. … 여섯 포섭체가 멸하면 부딪힘이 멸한다. 부딪힘이 멸하면 느낌이 멸한다. 느낌이 멸하면 갈애가 멸한다. … 이와 같이 하여 온통 괴롭기만 한 괴로움의 근간이 멸하게 된다. 비구들아, 이것이 괴로움의 멸진 이라는 거룩한 진리이다"[46]

이것이 괴로움이라 알고, 이것이 괴로움의 원인이라 알며 이것이 괴로움이 멸한 것이라 알고, 이것이 괴로움이 멸하는데 이르는 길이라 안다. … 괴로움을 완전히 알았다. 원인은 끊어버렸다. 멸은 완전히 실증하였다. 길(道)은 완전히 수습하였다.[47]

위의 두 교의의 가르침은 세속적인 삶 속의 다양한 인간현상을 고통의 원인이 된다는 측면에서 바라보면서, 이러한 세속적인 인간 현상에 대한 집착을 끊어버림으로서 고통으로부터 벗어나게 되며, 일종의 고차적인 자유를 획득하는 데에 진리가 있다고 보는 불교적 관점이다.

그러나 이와는 매우 다른 차원에서 고통을 이해하는 불교적 관점도 있다. 고통의 원인을 끊어버림으로서 해탈에 도달하는 것이 아니라, 오히려 고통을 적극적으로 수용하면서 이 고통을 통하여 자신을 정화하면서 보다 고차원적인 가치에로 비상하는 그러한 진리추구의 방식이다. 다음의 두 인용구들은 이를 잘 보여주고 있다.

이러한 스승들 중의 일단은 고행자들 이었는데, 자기학대를 해탈의

---

46 김정빈, 『불교란 무엇인가』, 책이 있는 마을 2001, 186-187쪽.
47 水野弘元 저, 『원시불교』, 전동봉 옮김, 진영총서 7, 법준경에서 1988, 200쪽.

수단이라고 믿었다. 그래서 가능한데 까지 음식을 절제함으로써 자신의 육체를 괴롭히거나 계속 서 있거나 가시방석 위에 앉기도 하였다.[48]

　　고행의 삶을 살기 위하여 그는 모든 재산을 버리고 스스로 구축한 명상의 세계에 자신을 몰입시키는 은수자나 걸식 수행자가 되는 것이다. 그러한 삶 속에서 그는 세속적 가치들을 멀리 초탈하여 추상적 사색의 영역으로 비약하는 공상의 나래를 펼친다.[49]

인간사의 다양한 현상을 그 자체 고통으로 보면서 이러한 고통으로부터 초월해 버리는 것이건, 혹은 세속적인 가치들을 초월하여 명상의 단계에로 나아가는 수단으로서 보다 적극적인 고통의 수용을 가정하든, 이 둘 모두가 고통이라는 매개체를 이용하여 현재의 지상의 삶 보다 고차원적인 명상의 삶이나 진리의 삶에로 나아간다는데 있어서는 동일하다. 불교의 정신적 지반이 되는 근본 교의에는 고통 외에 업의 개념이 있다. 불교의 근본교리 중 윤회의 법칙이란 현세를 살면서 각자가 지은 죄의 크기에 비례하여 후세에 있어서의 개인의 삶의 조건이 결정된다는 인과의 법칙을 말하는데, 여기서 다음 생의 삶의 조건을 결정하는 죄 혹은 허물을 업이라고 한다. 물론 여기서 이러한 근본적인 윤회에 관한 교의를 전생이나 내세 즉 '음 이후의 또 다른 삶과 연관시키는 것이 아닌 현세에 있어서의 인간적 삶의 법칙을 설명하는 상징 혹은 비유로 이해할 수도 있을 것이다.

48 케네스 첸, 『불교의 이해』, 길희성, 윤영해 옮김, 분도출판사 1994, 20쪽.
49 위의 책, 24쪽.

갈마(業)의 법칙에 의하면 사람은 생애를 통해서 여러 업을 축적한
다. 그 업은 인간의 욕망, 본능, 물욕, 노여움, 시기질투 등의 삼악(三惡)
에서 발생한다. 인간은 사후 곧바로 다른 생명으로 태어나는데 이때 전
생에서 축적한 업이 클수록 천하고, 고통이 많은 것으로 태어난다. 이
승에서 얕은 계급으로 태어난 것은 전생의 업의 결과임, 그 속에서 반
항하거나 벗어나려고 애쓰지 않고 자신을 억제하면 보다 나은 내세를
맞이할 수 있다는 것이다. 동물이나 벌레도 전생은 인간일 수 있다. 노
예도 귀족도 전생의 업으로 태어났다는 것이다. … 아(我·본질)의 존재
를 인정하는 종교인 힌두에는 윤회사상은 명확한 논리적 근거가 있다.
그러나 무아(無我·본질이 없다)의 불교에 있어서는 무엇이 윤회하는가
라는 물음에는 명쾌한 답이 없다. 이 물음에 대해 어느 학자는 벌레가
식물을 먹고, 그 생명이 벌레의 생명 속에 재생하고, 벌레가 새의 먹이
가 됨으로써 그 생명이 생의 생명에 재생되고 … 인간의 생명 역시 여
타의 생명체에서 얻는다. … 필자는 윤회사상을 그대로 받아들이는 것
은 비현실적이라는 상징적 의미로 여긴다. 업은 전생, 내세에 있는 것
이 아니라 이승에 있다고 믿는다.[50]

윤회와 업에 관한 불교의 교의를 잘 요약해 주고 있는 위의 진술
에서 우리가 알 수 있는 것은 불교의 윤회사상이 말하고 있는 것은
인과의 법칙을 말하는 것이며 모든 인간의 고통과 행복은 그가 행
한 행위에 대한 업의 결과라고 본다는 점이다. 따라서 인간의 삶이
마치 고통처럼 다가온다는 것은 최소한 논리적으로는 인간의 삶 그
자체가 서로가 서로에게 고통을 유발하는 일종의 악한 삶 혹은 죄
많은 삶이기 때문이다. 따라서 불교식의 세계관에 있어서 인생은 그
자체 한을 유발할 수밖에 없는 것이다. 서로가 서로에게 고통을 유

---

50 출처 / *www.buddhapia.com*, - 무아론 불교 '무엇이 윤회하는가' -, 김용운(한양
   대 명예교수).

발하는 업을 쌓아가고, 그리하여 생로병사 중의 모든 인간 현상이 고통 그 자체인 것으로 보이는 삶 속에서는 약자와 강자, 한을 주는 이와 가지게 되는 이의 구별 자체가 무의미할 정도로 모든 인간은 저마다의 한 많은 인생을 살 수밖에 없을 것이기 때문이다. 불교적인 세계관에서 인생이 한 많은 인생으로 나타날 수밖에 없는 것은 바로 이러한 업과 윤회에 대한 사상으로 세계를 바라보기 때문이다.

(2) 불교에 있어서 종교적 한과 내면성

그런데 불교에 있어서 종교적 한>의 의미는 바로 이러한 인과의 법칙을 절대적인 관점으로 끌어가는데서 성립이 된다. 이를 이해하기 위해 윤회사상의 긍정적인 점을 부각시키는 것으로 충분할 것이다.

업과 윤회의 사상에서 하나의 긍정적인 점은 윤리적 정의에 대한 필연성을 역설하고 있는 점이다. 주어진 삶의 조건이 행위에 대한 업의 결과라는 인과법칙은 선과 악에 관한 개인의 행위에 대한 심판이라는 윤리적 의미를 가지고 있다. 윤회가 전생과 현세 그리고 내세에 관한 인과의 업보를 의미하는 것이든 아니면 현세 내에서의 삶의 법칙을 상징하는 것이든 중요한 것은 행위에 대한 필연적인 보답이라는 윤리적 정의를 절대적으로 신뢰한다는 것을 의미한다. 즉 각자는 자신이 행한 선악에 대한 보답을 어떤 방식으로든지 되돌려 받게 되어 있으며, 이는 선행의 결과는 마침내는 평화와 기쁨을 가져오며, 악행의 결과는 고통과 괴로움을 가져온다 것을 의미한다. 불교인들의 삶의 목적이 고통 그 자체인 삶에서 어떻게 이 고통을 벗어나 자유롭게 되는가 하는 것이라며, 이는 이 고통 가득한 삶이 유발하는 한을 어떻게 극복하는가 하는 것이며, 이는 한의 발생 근거가 되는 고통 그 자체를 극복하는 것뿐이다. 그 방법은 종교적으로 보자면 인과의 사슬에서 물러나는 것이겠지만 윤리적 의미에서 보자면 끊임없이 선한 업을 쌓아가는 것이다. 여기서 종교적인 한의 의미를 보자면 한을 그 자체 부정적인 것도 긍정적인 것으로도 보지 않고 다만 고통 가득한 삶의 한 결과로서 이해하며 여기서 이를 극복하기 위해 끊임없이 선한 업을 쌓아가는 즉 어떤 의미로는 끊임없이 고통을 수용하며, 왜냐하면 선하게 사는 것이 그 자체는 곧 고통을 의미하니까, 마침내 선업을 통해 고통을 극복하는 것이다. 이는 불교적인 역동성이라고 할 수가 있다.

여기서 우리는 초기 한국 가톨릭 교회의 순교자들에게서 볼 수 있는 것과 동일한 일종의 윤리적 보편주의를 발견할 수가 있다. 그것은 현금의 고통이 아무리 크다 할지라도 그것이 선한 의지 혹은 정의로운 행위의 결과라고 한다면 보다 큰 선에 대한 보답이 그들을 기다리고 있다는 확신이다. 기독교적 입장에서 보자면 이러한 선행의 보답은 내세에 있어서의 신의 심판에 의해서 주어질 것이지만, 불교적 입장에서 보자면 이는 일종의 우주의 자연적인 법칙처럼 주어지는 것이다.

이제 종교적 한의 한 특징인 내면성에 관해서 살펴보자. 초기 가톨릭 신앙인들에게 있어서 내면성의 중심에는 절대자가 있었다. 성 이냐시오의 영신수련에서 잘 나타났듯이 세속으로부터 물러남으로서 보다 더 신에게로 가까이 나아가는 것이며, 이러한 신 앞에선 개인은 그의 모든 의지와 행위를 주시하는 심판자로서의 신이었다. 즉 박해를 당하던 가톨릭 신앙인들의 모든 힘의 원천은 그들의 내면 즉 양심의 증거자인 신이었다. 때문에 그들의 놀라운 용기와 의지의 원천은 바로 그들의 내면에 있었다. 마찬가지로 불교에서 발견되는 종교적 한의 역동성은 그들의 내면에서 기인된다. 그러나 이 내면성은 천주교인들과는 달리 절대자에 대한 신뢰가 아니라 자신의 의도, 즉 윤리적 결백성에 있다. 왜냐하면 업은 행위 그 자체에서 발생하는 것이 아니라, 행위의 이면에서 행위의 원인이 된 그들의 의도이기 때문이다.

> 붓다는 행위만이 아니라 그 행위의 배후에 있는 의도나 결단이 중요하며, 의도가 있을 때에만 업이 발생한다고 가르쳤다.[51]

삶의 조건이 되는 업의 형성이 의도가 있을 때에만 발생한다는 것은, 행위판단의 기준이 오직 자신의 양심이며 이 양심에 의해 선한 의지를 유발하는 것 외에 다른 것을 염두에 두고 있지 않다는 것을 의미한다. 따라서 만일 행위함에 있어서 오직 선한 의도만으로 실행된다면, 바로 이것이 진리를 사는 것이며, 궁극적으로 업으로 인한 고통의 삶을 극복하는 것이 된다. 그렇다면 우리의 행위에 있어서 불순한 의도가 첨가되는 것이 어디에 있는가? 그것은 악업을 유발하고 나아가 고통을 유발하는 제 세속적인 가치들에 대한 집착이다. 이러한 집착을 벗어 날수 있는 힘이 바로 불교에서의 종교적 한의 내면성에 있으며, 이는 또한 기독교적 관점에 있어서의 종교적 한의 내면성과 거의 동일한 것이다. 윌리암 존스톤이 불교의 선과

---

51 케네스 첸, 『불교의 이해』, 길희성, 윤영해 옮김, 분도출판사 1994, 48쪽.

기독교의 신비주의를 비교하고 있는 다음의 진술은 이를 잘 보여주고 있다.

　　자신의 마음속으로 점점 깊이 들어감에 따라 탈 집착의 상태도 점점 강화되어 외부의 자극에 대해 초연하게 된다. 이것이 선 수행을 마친 승려들의 훌륭한 인품이 나타내는 특징이기도 하다. … 십자가의 성 요한이 말하는 '무, 무, 무' 역시 탈 집착을 의미한다. 이것은 자연적인 것이건 초자연적인 것이건 일체의 모든 사물들로부터 초탈하여 영혼의 자유를 누리도록 종용하는 말이다.[52]

　우리는 여기서 내면성의 형성은 탈 집착으로부터 이루어진다고 말할 수 있다. 이러한 탈 집착은 존재론적인 의미에서는 외부세계에 대한 소유욕으로부터 벗어나 자기존재의 가치와 삶의 궁극적인 의미를 획득하는 것이겠지만 윤리·도덕적으로 보자면 모호하고 복잡한 현실의 가치관들로부터 초월하여 자신의 행위 기준과 판단 근거가 되는 양심의 순수성을 회복하는 것을 말한다. 즉 존재론적으로는 존재의 충만함에 대한 자족을 그리고 도덕적으로는 모든 정신적 심리적 방해요인을 제거하고 의롭고 선한 행위만을 행할 수 있는 자유를 가지는 것이다. 결국 우리는 종교적 한의 역동성과 내면성을 통하여 종교와 도덕이 하나의 일치를 이루는 이상적인 인간의 상태를 생각해 볼 수가 있는 것이다.[53] 이러한 인간의 이상적인 상태는

---

52 윌리암 존스톤, 『선과 기독교의 신비주의』, 이원석 옮김, 대원정사 1993, 212쪽.
53 "최상의 도덕성은 참다운 신비주의에 의해서 충분히 발견된다. 왜냐하면 내적인 빛이 환영일수 있는 것과 마찬가지로 추론적 사유에 의해 자신을 더 잘 속일 수 있기 때문이다." 위의 책, 231쪽.

만인에 대한 만인의 투쟁을 마치 진실처럼 살아가고 있는 현대인의 경쟁적 삶에 만인에 대한 만인의 선의 배려라는 완전히 역전된 하나의 보편주의적 윤리관을 가능하게 하는 것이다.

4. 종교적 심성과 보편윤리

1) 종교적 한의 승화과정에서 보이는 '삶에 대한 긍정의 의지'

앞에서 살펴본 종교적 한의 개념은 철학적으로 중요한 의미를 지니고 있다. 그것은 삶에 대한 긍정의 의지이다. 삶에 대한 긍정 혹은 부정의 정신은 삶의 힘겨움 혹은 고통의 크기에 따라 하나에서 다른 하나에로 쉽게 바뀔 수 있는 것으로 윤리적 삶의 형식이나 질에 직접적으로 영향을 미치는 것이다. 삶을 증정한다는 것은 주어진 삶을 최대한 잘살려고 하는 것이다. 밝고 맑은 마음으로 공동의 선과 정의로운 삶을 살고자 하는 의지이다. 이 의지는 모든 분야에서 자신의 능력을 최대한 발휘하여 사회와 국가에 도움이 되고 타인의 행복을 고려하는 일종의 모범주의를 형성한다. 한마디로 생명과 빛의 삶을 가져다준다. 반면 삶에 대한 부정의 정신은 주어진 삶을 부정적인 것으로 보고 회피하는 것이다. 올바른 도덕적 의지 그 자체에 회의를 가지며 공동의 선을 의심한다. 이 정신은 삶을 그 자체 모순 되고 부조리한 것으로 이해하며, 사회와 국가 혹은 이웃에 대한 배려나 기여를 부정한다. 그리하여 생명과 시간을 허비하며 무의미하고 쾌락적이거나 퇴폐적인 삶을 영위하는 것을 말한다. 삶을 부정하는 극단 적인 경우는 자신의 삶을 전체적으로 부정해버리는 것인데 자살의 경우이다. 원인이나 이유가 어떠하던 자살은 삶을 부정하는 의지를 단적으로 대변해주는 경우이다. 따라서 자살의 빈도와 계층이 유래 없이 증가해 가는 현금의 한국의 사회상은 삶에 대한 부정의 의지가 그 어느 때 보다 고조되어 있다고 할 수 있을 것이다. 삶에 대한 부정의 의지는 자살과 같은 극단적인 경우가 아닌 경우라 할지라도 폭력 범죄 부패 등, 건강한 윤리적 삶을 파괴하는 심각한 사회적 문제를 가중할 수 있다. 이러한 삶을 부정하는 의지는 여러 가지 이유와 원인이 있을 수 있겠으나, 가장 보편적인 이유는 고통스런 삶에 대한 부정적 반응이다. 자신의 삶이 가져다주는 고통의 무게가 너무 클 때 사람들은 이 삶을 부정해버리고 싶은 충동을 느끼고, 더 이상 건강하고 건전한 윤리·도덕적 삶을 영위할 용기를 상실하고 마는 것이다. 여기서 중요한 것은 삶은 반드시 고통을 수반한다는 사실을 인정하는 것이며, 이 고통을 수용하고 극복하고자 하는 의지이다. 토마스 머튼의 다음과 같은 이를 잘 말해주고 있다.

　　인간의 삶의 가치는 고통이 존재한다는 사실에 놓여있다. … 우리가 고통받기에 동의하지 않는다면 우리는 고통으로부터 자유로울 수 없다."[54]

그 크기와 형태를 달리하여 모든 인간은 자신의 인생이 부과하는 고통을 견디어 내어야 한다. 고통을 견디어 내고 극복하는 가운데 인생의 참된 의미를 가질 수 있으며, 이러한 삶의 유형의 가장 적절한 본보기가 되는 것이 자신의 고통을 종교적 한으로 승화시켰던

---

54 토마스 머튼, 『선과 맹금』, 장은명 역, 성바오로 1998, 117쪽.

초기 그리스도교의 순교자들의 삶이다. 그런데 고통을 승화시킨다는 것은 무엇을 의미하는가? 이는 단적으로 소유(의 집착)에 대한 포기를 통해서 존재의 선택을 감행한다는 것이다. 고통에 대한 정의와 해명은 다양하겠으나, 이를 철학적으로 말하자면 고통이란 어떤 것의 상실에 대한 물리적 심적 혹은 육체적 정신적 반응을 말한다. 건강이든 부든 사랑하는 사람이든, 우리는 원하는 것의 소유가 이루어지는 곳에서 쾌락과 기쁨을 느끼며, 그것에 대한 상실이 이루어지는 곳에서 괴로움과 고통을 느낀다.[55] 그런데 소유한 것의 상실을 통해서 소유보다 더 큰 가치를 획득한다면 고통은 경감되거나, 아니면 고통 중에 새로운 기쁨을 획득 할 수가 있는 것이다. 바로 이 새로운 가치가 존재의 선택, 즉 선한 자 혹은 의로운 자로 되어지는 것이며 이는 선하게 혹은 의롭게 존재하는 것이다. 단순한 고통을 종교적 한으로 승화한다는 것은 단순한 고통에서 의미를 가진 고통, 수동적으로 주어진 고통에서 적극적으로 수용되는 고통, 나아가 힘겨운 고통에서 기쁨을 동반하는 고통이 되는 것이다. 소유의 형식에서 존재의 형식에로 나아가는 삶의 변이과정에는 반드시 고통이 주어지고 이 고통을 어떻게 받아들일 것인가? 하는 것은 각자가 지닌 삶에 대한 의지에 달린 것이다. 삶에 대한 긍정적인 의지, 이는 인생의 여정에서 필연적으로 발생하는 고통을 통해서 종교적 한으로 승화시키는, 즉 존재의 선택을 가능하게 하는 매개체이며, 이는 모든

---

55 참조: "가브리엘 마르셀은 이런 관점을 정리하면서 '고통의 자리는 소유가 존재에로 이어지는 지대'라고 말하였다. … 고통은 소유와 존재가 함께 출몰하는 지대이다. 그렇기 때문에 쾌락은 소유의 동화가 이루어지는 척도에서 가능하고, 고통은 존재가 해체되는 한에서 가능하다." 김형효, 『가브리엘 마르셀의 구체철학과 형이상학』, 인간사랑 1990, 222-223쪽.

문화 모든 종교에 있어서 요청되어지는 하나의 윤리적 가치, 보편적 윤리 가치가 되는 것이다.

2) 비움의 정신을 통한 도약

이러한 종교적 한의 형성 과정에서 중요한 하나의 요소가 자기포기와 비움의 정신이다. 세속적 의미에 있어서 행복을 가져다 줄 모든 조건이나 상황으로부터의 박탈이 그들에게 이루 말할 수 없는 고통을 유발하였지만, 그들은 이를 절대적인 선, 혹은 순수한 선에 대한 갈망이라는 새로운 의지를 통해서 삶에 대한 긍정의 의지를 보존하였고 이를 보다 더욱 강하게 하는 원동력으로 삼았다. 이는 모든 종교적 삶에서 발견되는 원초적 도덕 감정이다. 프랑스 여류 철학자 시몬느 베이유는 이를 '신비주의로부터 직접 흘러나온 도덕'이라고 부르면서 '순수하고 초월적인 선의 실재에 대한 경험적인 증거'라고 보고 있다.

시간의 흐름과 제 민족들에 따라서 도덕의 변동이 분명한 만큼, 역시 '(종교적) 신비주의로부터 직접 흘러나오는 도덕'은 하나이고 동일하며, 변질되지 않는 것이라는 사실은 분명하다. 우리는 이를 이집트, 그리스, 인도, 중국, 불교, 이슬람의 전통, 기독교, 그리고 모든 민족들의 민속을 통하여 확인할 수가 있다. 이러한 도덕은 변질될 수 없는 것이다. 왜냐하면, 이는 이 세계의 저편에 존재하는 절대적인 선의 한 반영이기 때문이다. 예외 없이 모든 종교들은 이러한 도덕(신비주의로부터 직접 흘러나온 도덕)과 사회도덕의 조합 그리고 다른 다양한 요소들의 조합으로 이루어졌다. 이 도덕(신비주의에서 직접 흘러나온 도덕)은 제 종교들 안에서, 순수하고 초월적인 선이 실재이라는 것에 대한 이 지상에서의 경험적인 증거를 형성하고 있다, 다시 말하자면, 신의 실존에 대한 경험적인 증거를 … 56

비록 그 형태나 형성 방식이 신비주의라고 불려질 수 없는 것이라 하더라도, 한국의 초기 그리스도교인들의 종교적 한은 신비주의에서 보이는 원초적 도덕감정과 동일한 것이며, 이는 개별종교나 종교내의 종파를 초월하여 보편적으로 긍정될 수 있는 하나의 탁월한 윤리감정이다. 이 탁월한 윤리감정에서 핵심이 되는 것은 세속적 의미의 모든 좋은 것, 가치로운 것에 대한 집착을 완전히 벗어버리고 순수한 인간, 되어져야할 인간성을 지향하는 유일한 목적을 가지고 있다. 왜냐하면 초월적인 선을 경험한 이들에게 유일하게 실재적인 것은 이러한 초월적인 선을 소유할 수 있는 존재가 되어지는 것이기 때문이다. 우리는 이를 일반적인 종교적 용어로 가난 혹은 비움이라고 부를 수 있을 것이다.

불교인이든 그리스도인이든 수도승이 추구해야할 여러 가지 미덕, 즉 가난 고난, 사려, 순종, 겸손, 남을 판단하지 않음, 명상, 침묵, 단순함과 그 밖의 다른 성질들을 우리는 열거할 수 있지만 나의 의견으로는 가장 근원적인 미덕은 가난이다. 가난은 존재론적으로는 공에, 심리학적으로는 무아 또는 천진에 상응한다. 우리가 에덴동산에서 누렸던 삶은 천진을 상징한다.57

---

56 Weil, Simone, *Oppression et liberté*, Gallimard 1955, p. 211.
57 토마스 머튼, 『선과 맹금』, 142쪽.

이러한 가난 혹은 비움의 덕은 다른 모든 도덕적·종교적 덕목의 기초가 되는 것이다. 왜냐하면 이 가난이 추구하는 궁극적인 목적은 인간의 원초적 도덕감정이 지향하고 있는 절대적 혹은 초월적인 선이기에 이는 다른 모든 상대적이고 개별적인 선의 궁극적 목적이기도 한 것이기 때문이다. 즉 하나의 진정한 개별적인 선이 실행되기 위해서는 세속적인 가치들에 대한 집착을 벗어나는 가난의 정신을 이미 요청하고 있는 것이다.[58] 종교적 한의 형성은 이러한 가난의 정신을 필연적으로 전제된다. 왜냐하면 한이 발생되는 상황에서 보이는 부당함, 억울함, 그리고 이로 인한 박탈상태는 세속적 의미의 행복추구에 대한 포기와 이를 통한 보다 궁극적이고 절대적인 선의 추구라는 역동성을 통해서만 가능하기 때문이다. 여기서 우리는 종교적 한에서 보이는 가난의 정신을 세 가지 이유에서 탁월한 윤리감정이라고 말할 수가 있는 것이다. 첫째, 모든 개별적이고 세속적인 의미의 행복추구에 대한 집착에서 벗어나면서, 보다 보편적인 세상의 구원, 그리고 보다 궁극적인 절대적인 선을 추구한다는 점에서 탁월한 것이다. 세속적인 가치들 혹은 외적인 가치들로부터 물러나는 것을 비움이라고 한다면, 이 비움을 통하여 비움의 주체가 자기 자신의 내면으로 귀환하는 것이 종교적 한의 내면성이라는 것을 우리는 2장 2-1에서 살펴본바 있다. 그리고 이 내면성에서 비움의 주

---

58 이 가난 혹은 비움은 그리스도교에 있어서는 성덕의 기초가 되는 것으로 가난에 기초해서만 성덕을 이룰 수가 있다. 그리고 이 성덕은 모든 다른 현실적인 선들에 참된 의미를 부여하는 것이다. 즉 성덕을 지향할 때 제 개별적 선들이 진정한 존재 이유를 획득하는 것이다. "사람들은 성덕의 길을 거부함으로서 모든 현시적 선(les biens apparents)에 항구함과 맛을 주는 참된 선을 희생시킨다." 루이라벨, 『성인들의 세계』, 최창성 역, 1997, 33쪽.

체는 비로소 절대적인 선 혹은 절대자에 대한 관계를 회복하는 것
이기에 자신에 대한 초월이 이루어지는 것이다. 따라서 탁월하다는
것은 모든 상대적인 지평을 초월하는 것이란 의미를 가지는 것이
다.[59] 둘째는 종교적 한에서 보이는 원초적 윤리감정은 극도로 열악
한 상황과 조건 속에서 발생한 것이며, 나아가 자신의 생명을 초월
하는 것이기에 그 어떤 윤리적 덕목들 보다 더욱 탁월한 것이다. 셋
째는 이들의 종교적 한이 학문적인 이론화를 통해서 보이는 것이
아니라 자신의 삶의 원리로서 내면화된 것으로 보이면서 이론과 행
위, 사상과 실천의 완전한 일치를 이루었다는 데에 있어서 탁월한
것이다. 이러한 종교적 한의 내면성이 궁극적으로 말하고자 하는 것
은 가능한 것은 내면적인 결국 종교적 한의 승화과정에서 보이는
인간의 원초적인 도덕 감정은 우리가 실제로 그리고 보편적으로 경
험할 수 있는 종교의 근원이고 지반이 된다. 최소한 경험적인 지평
에 있어서, 종교의 문제 혹은 신의 문제(형이상학적 문제)는 곧 도덕
(윤리학)의 문제이며, 이러한 인간의 보편적이고 근원적인 도덕감정
이 부정되는 곳에서는 종교는 불가능할 것이다. 결론적으로 한국의
초기 그리스도교인들에게서 보이는 종교적 한은 그 역동성과 내면
성을 통하여 지정학적으로 열악한 상황 중에 있는 한민족이 이러한
열악한 상황을 극복하면서 차원 높은 윤리의식을 형성할 수 있게 하
는 한 모범주의를 제공하고 있다고 볼 수 있는 것이다.

---

59 우리는 이러한 자기 초월에 대한 사고를 가브리엘 마르셀의 사상에서도 볼
   수가 있다. "'내적 평정은 첫 번째의 경우에서와 같이 자기회귀(la rentrée
   de soi)이지만, 이 자기회귀는 자기 폐쇄적 경련현상을 뜻하는 것이 아니기
   때문에 결국 자기초월(la sortie de soi)을 의미하게 된다." 김형효, 『가브리
   엘 마르셀의 구체철학과 형이상학』, 인간사랑 1990, 160쪽.

5. 결론

우리는 본 논문에서 한국 초기 그리스도교의 박해과정에서 드러나는 종교적 한의 개념을 구체적 증거 자료들과 이론적인 정립을 통해서 알아보았다. 그리고 여기서 핵심이 되는 두 개념을 내면성과 역동성이란 용어를 통해서 밝혔다. 사람들의 마음에 한을 유발하는 외부에서 주어지는 부당한 고통들을 절대적인 선을 향한 내적인 삶의 원리를 형성하게 하는 계기로 받아들임으로서 내면성과 역동성을 동시에 가지게 하는 이 종교적인 한은 자신의 삶의 의미를 외부세계에서 내면세계로 이행하면서 끊임없는 자기 초월을 감행한다. 이러한 자기 초월은 종교적 의미에 있어서 가난 혹은 비움을 가져다주면서 일종의 수양의 행위로 변모된다. 바로 이러한 비움의 행위에서 우리는 종교적 한이 선을 창출하는 모든 윤리적 행위의 보편적인 지반이 되는 가능성을 본 것이다.

보편적 윤리의 한 정초의 출발점이 되는 이러한 자기초월이 궁극적으로 지향하는 것이 무엇인가? 하는 물음에는 여러 가지 해명이 있을 수 있겠으나 종교적 한의 개념에서는 말할 것도 없이 하느님, 신, 천으로 대변되는 절대적 존재이다. 이러한 절대적인 존재에 대한 실재적인 의식이야말로 모든 상황과 조건을 넘어 진리와 선을 선택할 수 있게 하는 역동성을 가능하게 함을 앞서 우리는 보았다. 한국인의 종교적 심성에는 이러한 절대적인 존재에 대한 의식이 한번도 사라진 적이 없는데 이는 천의 개념으로 깊이 자리잡고 있다. 단군신화에서 비롯하여, 삼국유사의 건국신화들, 고려시대의 천제, 조선시대의 유학자들에게서 한결같이 보이는 천의 개념[60]은 한국인의 종교적 심성이 근본적으로 유일한 절대자를 인정하는 것에서 잘 드러나고 이러한 절대자에 대한 민족적 의식은 또한 초기 그리스도 교인들의 종교적 한을 가능하게 한 밑거름이 되었다고 역설적으로 말할 수가 있을 것이다.

참고문헌

B.W. 앤더슨, 『구약성서의 이해 Ⅱ』, 제석봉 역, 성바오로출판사 1989.
B.W. 앤더슨, 『구약성서의 이해 Ⅰ』, 제석봉 역, 성바오로출판사 1989.
가톨릭출판사 편, 『기해일기』, 가톨릭출판사 1984.
강남순, 「이데올로기와 유토피아: 기독교, 유교, 그리고 도교에 대한 여성
　　학 연구」, 『기독교사상』, 1992.
강영옥, 『고통, 신앙의 단초』, 우리신학연구소 신학총서 제1권, 1999.
김경재, 『해석학과 종교신학』, 천안, 한국신학연구소 1994.
김승혜, 「한국인의 하느님 개념과 그리스도교의 하느님 사상」, 한국 가톨
　　릭 문화연구원 논문집, 제1집 ; 한국 전통사상과 천주교, 탐구당 1995.
김옥희, 『순교자들의 삶』, 학문사 1983,
김옥희, 『신유박해의 순교자들』, 한국순교복자수녀회 2001.
김정빈, 『불교란 무엇인가』, 책이 있는 마을 2001.
김현정, 『한국여성의 한의 실상과 한풀이에 대한 여성신학적 고찰』, 목원
　　대학 신학대학원 1996년 12월.
김형효, 『가브리엘 마르셀의 구체철학과 형이상학』, 인간사랑 1990.
도날드 베이커, 『조선후기 유교와 천주교의 대립』, 김세윤 역, 일조각 1997.

---

60 단군신화에서, 삼국시대, 고려시대, 조선시대를 잇는 한국사 속에 나타나는 민간
　　의식, 불교, 도교, 유교 등에서 나타나는 천의 개념에 대해서는 김승혜의 논문 「
　　한국인의 '하느님 개념'과 그리스도교의 '하느님 사상'」을 참조하기 바람. 한국
　　가톨릭문화연구원 논문집, 제1집, 『한국 전통사상과 천주교』, 탐구당 1995,
　　365-422쪽.

류홍렬, 『증보 한국천주교회사』, 상권, 가톨릭출판사 2001.

류홍렬, 『한국천주교역사』, 성요셉출판사 1992.

문규현, 『민족과 함께 쓰는 한국 천주교회사 I』, 빛두레 1999.

뮈텔, 『뮈텔 주교 일기 I』, 천주교 명동교회 편, 한국교회사연구소 역주, 1986.

뮈텔, 『뮈텔 주교 일기 II』, 천주교 명동교회 편, 한국교회사연구소 역주, 1993.

민성길, 『화병과 한』, 연세대학교 의과대학 정신과 연구실 1991.

박도식, 『순교자들의 신앙』, 바오로의 딸 2000.

빤또하, 『칠극, - 그리스도교와 신유학의 초기 접촉에서 형성된 수양론』-, 박유리 역, 일조각 1998.

뻬르제, P. L, 『종교와 사회』, 이양구 역, 서울, 종로서적 1992.

쁘란쉔, J. B., 『고통이라는 걸림돌』, 배영호 역, 서울, 성바오로출판사 1990.

서남동, 『민중신학의 탐구』, 서울, 한길사 1983.

水野弘元, 『원시불교』, 동봉 역, 진영총서 7, 1988.

안셀름 그륀, 『하늘은 네 안에서부터』, 정하돈 역, 분도출판사 1999.

윌리암 존스톤, 『선과 기독교의 신비주의』, 이원석 옮김, 대원정사 1993.

유동식, 『민속 종교와 한국문화』, 현대사상사 1978.

유동식, 『한국종교와 기독교』, 서울, 기독교서회 1965.

윤민구 역주, 『한국 초기 교회에 관한 교황청 자료 모음집』, 가톨릭출판사 2000.

이냐시오 로욜라 (성), 『영신수련』, 윤양석 역, 한국천주교중앙협의회 1985.

이원순, 허인 편저, 『김대건의 편지』, 정음사 1983.

이충우 저, 『천주학이 무어길래』, 가톨릭출판사 1985.

쟌 라크르와, 『현대 프랑스 사상의 파노라마』, 탐구당 1985.

제임스 앤터니 윌시, 『근대 순교자의 사랑』, 김중보 역, 가톨릭출판사 1994.

제임스 엔터니 윌시, 『근대 순교자의 사상』, 김중보 옮김, 가톨릭출판사 1994.

차옥성, 「한국여성의 종교경험」, 『종교다원주의와 종교윤리』, 서울대학교 종교문제연구소편, 집문당 1994.

천이두, 『한의 구조 연구』, 문학과지성사 1994.

칭 J.,『유교와 기독교』, 변선환 역, 왜관, 분도출판사 1994.

케네스 첸,『불교의 이해』, 길희성 윤영해 옮김, 분도출판사 1994.

토마스 머튼,『선과 맹금』, 장은명 역, 성바오로출판사 1998.

한국교회사 연구소 편,『순교자와 증거자들』, 한국교회사연구소출판부 1993.

한국교회사연구소,『순교자들의 전기』, 대전교구사 자료 제3집, 한국교회사연구소, 1991.

한국여자수도회 장상연합회,『한국천주교여성사 Ⅱ』, 도서출판 한국인문과학원 1983.

한국천주교순교자현양위원회,『병인박해 순교자 증언록』, 한국교회사연구소 1987.

한완상, 김성기,「한에 대한 민중 사회학적 시론」,『한 이야기』, 서광사 1992.

함세웅,『멍에와 십자가』, 서울, 빛두레 1993.

Dom Chevallier, *Les Mots d'Ordre de saint Jean de la Croix*, Solesmis 1961.

Elisabeth de Miribel, *Edith Stein*, Perrin 1998.

Feng Yu-lan, *A History of Chinese Philosophy*, trans. Derk Bodde, Princeton, Princeton University Press 1953.

Lee Jae Hoon, "*A Study of 'Han' of the Korean People*" : *A depth psychological contribution to the understanding of the concept of 'han' in the Korean.*

Rahner, K., "*Why Does God Allow Us to Suffer?*" Theological Investigations, XIX, New York: Crossroad, 1983.

Schillebeeckx, E., Jesus, *An Expriment in Christology*, trans, H. Hoskins, New York, The Seabury Press, 1979.

Simonne Weill, *L'enracinement*, Gallimard, 1949.

Simonne Weill, *La pesanteur et la grace*, Plon, 1984.

제5장 | 한국 개신교에서의 한

이광호

한반도에 개신교가 전래된 지 이제 100년을 갓 넘었다. 긴 세월이라 할 수도 있겠으나 종교사적 입장에서 본다면 매우 짧은 기간이다. 그러나 현재 한국사회의 다양한 영역에 뿌리내리고 있는 기독교의 영향은 지대하다고 할 수 밖에 없다. 불과 백년을 넘긴 짧은 역사를 감안한다면 세계 기독교 역사상 그 유례를 찾아볼 수 없는 경이로운 일이다.

그 동안 한국 기독교에 관한 연구와 논의는 많이 있어왔다. 대다수 관련 역사학자들은 주로 기독교의 전래과정과 신학적 입장에 대한 문제들을 그 중심 대상으로 삼아왔다. 하지만 필자가 본 논문을 통해 관심을 기울였던 점은 한국 기독교를 움직여 온 종교 내면적 동인에 관한 문제이다. 그에 대해서는 다양한 언급들을 할 수 있겠지만 그 중 한국고유의 여성의 한이 한국 기독교에 끼친 영향이 절대적이었음을 간과할 수 없다. 한국인의 종교의 저변에는 항상 여성의 종교적 정서가 크게 자리잡고 있었으며, 한과 연관된 한국무속의 가장 뚜렷한 특징 중 하나가 여성중심이다. 이는 한국 기독교 여성들의 높은 신앙의존도와 직접 연관되며, 그것이 곧 한국 기독교의 종교정서의 구도로 자리매김하게 되었던 것이다.

현재의 한국 교회 내부에는 순수기독교의 범주를 넘어선 다양한 종교적 심성들이 혼재하고 있다. 그래서 한국교회는 정통적 입장에서 보아 기독교 본연의 역할을 감당하지 못하고 있다는 비난을 듣기도 한다. 이러한 시점에서 한국 여성의 고유한 종교성향을 올바르게 파악하는 것은 전반적인 한국 기독교를 이해하는데 있어서 매우 중요한 시금석이 될 것이다. 본 연구를 통해 한국인의 종교적 심성을 보다 정확하게 파악하여 한국교회를 잘 이해하기 바라며, 동시에 한국 기독교가 그 본연의 위치를 회복하게 되기를 바란다.

1. 서론

흔히 한국인을 한 맺힌 민족이라 표현한다. 무속과 깊은 동질성을
보유하고 있는 그 한이란 손으로 만질 수 있는 것도 아니며 눈으로
볼 수 있는 가시적인 것이 아니지만 한국인들의 삶 속에 분명히 존
재하는 실체이다. 기독교 신학자인 김경재 교수는 "무속을 깊이 들
여다보면 거기에는 '한풀이'라는 종교의례를 통한 화해의 신학이 있
으며, '굿'이라는 종교의례를 통하여 모든 참여자들이 하나 되는 공
동체신학이 있다"고 진단하고 있다.[1]

다른 민족의 심성과 구별되는 한국인 고유의 한이 언제부터 존재
했느냐 하는 점과 생성이유, 그리고 구체적인 존재형태에 대해서는
다양한 주장들이 있다. 본 연구에서는 한의 생성시기와 생성이유에
대한 분야보다 기독교가 전래될 당시였던 19세기 후반으로부터 한
국교회 성장이 가속화되기 시작한 1960년대에 이르기까지 이미 존
재하던 여성의 한과 그에 관련된 내용과 의미, 그리고 기독교회와의
종교적 연관성 및 영향을 중요한 관심의 대상으로 삼는다.

한의 실체와 그 기능에 관해서는 다양한 견해들이 있다. 다시 말
해 '한'의 본질적 문제와 그것이 개인과 집단, 혹은 민족 사회에 순
기능을 하느냐 아니면 역기능을 하느냐 하는 점에 대해서는 학자들

---

1 김경재, 해석학과 현대신학 -복음과 한국종교와의 만남-, 서울: 한국신학연구
소 1997, 304쪽.

간 상이한 견해들이 존재한다.[2] 어떤 학자들은 한에는 순기능적인 면과 역기능적인 면이 동시에 존재하는 것으로 보기도 하며, 한을 무미(無味)한 한국인의 고유한 정서로 보는 이들도 있다. 그리고 또 다른 어떤 이들은 한의 배경이 원한(怨恨)이라고 보아 부정적으로 보기도 하며, 한이 개인적, 사회적 억눌림과 억압에 대한 참음이라고 하는 이들도 있다. 이 모든 주장들 가운데 어느 하나만 선택적으로 받아들이는 데는 한계가 있다. 그동안 한에 대한 일반적인 생각들은 대개 부정적이어서 정신 병리적 현상이나 가슴속 깊이 자리잡고 있는 어두운 응어리로서 치료하고 풀어 해소해야 하는 개념으로 이해해 왔으나 근자에 들어와서는 민족 정서적인 측면에서 한을 긍정적으로 해석하려는 노력들이 많이 시도되고 있다.

그렇다면 전통적 한국인의 심성 저변에 존재하던 한의 속성은 과연 무엇일까? 논자는 한국인의 한의 주류는 평균적인 모든 한국인들의 심성에 균등하게 존재하는 것이 아니라 일반여성들로부터 발생된 집단적 개념으로 이해한다. 즉 전통적인 한국의 개별 여성들에게서 생성된 한은 여성을 중심으로 사회적 집단현상을 가져오게 하였으며, 그것이 억눌리는 다수 계층 사회를 거쳐 전체 한국사회에 전이된 개념이라 보는 것이다.

한국교회의 급성장기였던 1970년대[3] 산업화와 더불어 한국인들의 심성에서 전통적 개념의 한이 사라져가고 있거나 많이 희석되어

---

2 논자는 이 연구에서 한의 긍정 혹은 부정적인 면을 살피는 것을 연구의 목적으로 삼지 않는다. 도리어 이미 한국인들의 가슴속에 존재하는 한국인, 특히 한국 여성들의 한이 한국 기독교에 미친 영향들을 살피며 그 관계를 규명하고자 한다.
3 한국종교연구회, 한국종교문화사 강의, 서울, 도서출판 청년사 1998, 449쪽.

가고 있기는 하나 한을 기반으로 한 문화적 습성은 여전히 존재한다. 그런 차원에서 볼 때 현재 한국인의 심성에 한이 존재한다면 그것을 한국인의 고유한 민족정서로 이해할 수 있겠으나, 과거 한국인의 전통적 개념에서의 한은 단순한 민족정서가 아니라 개인과 집단에 어우러져 존재하는 응어리이며 풀어 해소해야만 하는 구체적인 개념이다. 특히 기독교 전래당시와 한국기독교가 급속도로 성장하는 배경에는 전통적인 여성의 한이 자리잡고 있었음을 예의주시 할 필요가 있다.[4]

한국 기독교에 관한 연구와 논의는 그 동안 많이 있어왔다. 그렇지만 이제껏 대다수 한국 기독교 역사학자들은 주로 기독교의 전래과정과 신학적 입장에 대한 문제들을 그 중심 대상으로 삼아왔다. 한국인의 본래적 종교심성이 무엇이며, 그것이 무속이나 불교, 유교 등에 담기면서 어떻게 바뀌었는지, 또 기독교에 어떤 식으로 새롭게 담겨왔는지에 대해서는 그다지 관심이 없었던 것이다.[5]

한국 기독교[6]는 기독교의 수천 년 역사 가운데 존재했던 정통적

---

4 1960-70년대를 한국 기독교의 성장기로 본다면 당시의 사회 주도 연령계층은 조선시대 말기와 일제 강점기 시대 출생자들로 볼 수 있으며, 그들에게는 여전히 전통적 개념의 한이 자리 잡고 있었다.

5 김종서, 「종교학적 관점에서 본 한국교회사 연구」, 주간 『기독교』, 1482호(2002.9. 15), 22-23쪽.

6 우리는 종종 '한국 교회' 혹은 '한국 기독교'란 말을 사용한다. 이는 한국의 여러 교회들이 어떤 공통의 특성이 있음을 말해주고 있다. 동일한 이름의 기독교라면 통일성이 있는 것이 마땅한 것이라고 생각할 수도 있다. 그러나 기독교에는 다양한 교파들이 있다. 밖에서 보면 동일한 것처럼 보일지 모르지만 각각의 내면을 들여다보면 상당한 차이가 난다. 물론 동일한 성경(Bible)을 가지고 있다거나 그들의 모임을 '교회'라 하는 것이라든지 '하나님'을 믿는다는 면에서는 공통점이 있다. 그렇지만 그들의 신앙적 방식이나 사고에는 상당한 차이가 있다. 그러므로 미국에 수많은 교회들이 있지만 그 교회들을 통틀어 하나의 '미국 교회'라 이름 붙

기독교와는 다른 매우 독특한 현상을 보이고 있다. 한국 기독교는 성경과 전통적 교리 위에 세워진 기독교라기보다는 한국 고유의 전통적 종교들 위에 세워진 종교이기 때문이다.[7] 조선 말기에 들어와 정착을 시작한 한국 기독교는 한국인들의 종교적 정서의 틀 위에서 서서히 어우러지며 성장하게 된 것이다. 그러므로 정통적 기독교의 입장에서 볼 때 한국 기독교는 변종(變種)의 기독교 형태[8]로 성장하게 된 것이다.[9]

본 연구에서는 한국기독교에 끼친 여성의 영향을 고찰함으로써

이기에는 자연스럽지 않다.

7 김시열, 「한국교회 현실 속에 나타난 전통문화와 기독교」, 『성경과 신학』, 한국복음주의 신학회, 논문집, 제11권, 1992. 189-192쪽.

8 유해무, 「공교회적인 교회론의 개혁과 회복을 향하여」, 『개혁신학과 교회』, 제10호, 고려신학대학원, 2000, 183, 184쪽 참조; 고려신학대학원 유해무 교수는 한국 교회를 염두에 두고 '별종의 교회' 혹은 '아류의 교회' 라는 용어를 사용한다.

9 유동식은 "대다수 기독교 신학자들은 서양의 신학적 전통을 이해하고 우리나라에 적용하는데 관심을 가지지만 나는 우리의 종교적 심성과 영성의 관점에서 기독교가 갖는 의미를 밝히려고 한다"고 했다. 그는 한국의 민족적 영성을 풍류도(風流道)로 파악하는데 "그것은 최치원이 유(儒), 불(佛), 선(仙)을 포함하며 뭇 인생을 교화하는 현묘(玄妙)한 도"라고 일컫고 있다는 것이다. 즉 그는 풍류도의 원형은 무속에 그 원형이 보존되어 있다고 하며 그 동안 불교와 유교를 매개로 각각 수백년 동안 발전되어 왔으며 이제 기독교를 통해 표현되고 있다고 보는 것이다 ("한국적 기독교 꽃 피워야할 때", 조선일보, 2002년 12월 27일, 제25511호 참조); 그리고 이웅도는 한국 기독교인들의 신앙이 마치 붉은 복숭아와도 같다고 설명한다. 무속신앙적인 '소원'(한)을 단단한 씨와 같이 마음속 깊은 곳에 품고, 유교적 도덕성과 사고(思考)의 과육(果肉)으로 그 씨를 두텁게 감싸고, 기독교라는 얇은 껍질을 쓰고 있다고 보는 것이다(이웅도, 「한국 기독교인의 심성을 생각하며」, 『해와달』, 2003년 4월호, 충북보은: 갈릴리 마을, 26쪽). 또한 보수주의 신학자인 신성종 교수는, 다수의 한국 기독교인들은 교회에 나가기는 하지만 생각은 불교적으로 하고, 살기는 유교적으로 살며, 믿기는 무속적으로 믿고 있다고 지적한다(신성종, 「신약의 관점에서 본 민간신앙」, 『민간신앙』, 서울, 두란노서원 1991, 85쪽). 이는 한국 기독교인들의 일반적인 신앙에는 거죽은 기독교이지만 본질은 기독교가 아닌 고유한 한국인의 종교성이 그대로 자리잡고 있음을 말하고 있다.

한국 기독교에 대한 올바른 해석을 내려보고자 한다. 한국인의 종교의 저변에는 여성의 종교적 정서가 크게 자리잡고 있으며, 한과 연관된 한국무속의 가장 뚜렷한 특징 중의 하나는 여성중심이라는 점이다. 이는 여성이 미신적이라기보다는 신앙심에 대한 의존도가 높기 때문이다.[10] 그것이 곧 전반적인 한국인의 종교로 퍼져 나가면서 자리매김을 했으며, 한국 기독교의 종교정서[11]의 구도를 주의 깊게 고찰해보면 정통적인 여성의 한이 자리 잡고 있음이 드러나게 된다. 이는 전통적 기독교의 내부에는 '성경과 교리'가 자리 잡고 있는 것과 비교된다. 본 연구에서는 이러한 내용들을 배경으로 하여 한국 기독교에 결정적인 영향력을 끼친 여성의 한에 관한 연구를 전개해 가고자 한다.

2. 한국기독교와 한국 전통종교의 관계

---

10 최길성, 『한국인의 한』, 서울, 예전사 1996, 68, 69쪽 참조

11 우리 주변에는 한 때 기독교인이었다가 다른 종교로 개종한 예들을 쉽게 볼 수 있다. 개신 교회에서 장로였던 사람이 무당으로 된 예가 있는가 하면(유미선, 『여성동아』, 2001년 10월호, 674-676쪽; 유명 탤런트인 안병경씨는 오랫동안 기독교 장로였으나 2001년 8월 내림굿을 받고 무당이 됨), 기독교 목사의 가정에서 자라 불교적 무당이 되어 있는 경우도 있다(대구매일신문, 2002년 8월 26일자; 대한초능력학회 이광자 이사장은 대구대학교 설립자인 이영식 목사의 딸로 자기 아버지가 설립한 교회의 집사였다. 그렇지만 일월종 승적을 가진 승려이자 무당인 그녀는 대구시 달서구 상인동 비둘기아파트 단지 내에 광명정사라는 절을 세우고 찾아오는 사람들에게 점을 봐주며 굿을 해주기도 하고 천도기도를 해주기도 한다). 뿐만 아니라 현대 한국 기독교인들이 점집을 찾거나 무당을 찾는 것은 특별한 일이 아니다(김진아, 「점치는 사회, 그리고 기독교인」, 주간 『기독교』, 1496호, 2003 1월호, 4-7쪽 참조). 이런 일들이 우리에게 생소하지 않은 것은 기독교인이라 할지라도 내부적 종교심성은 다른 종교인들과 비슷한데 외형적인 종교의 모양만 다르기 때문이다.

한국의 다양한 종교들을 나타내는 종교 지형도(地形圖)는 매우 특이하다. 역사적 상황이나 세계적 정황을 살펴보면 민족적, 지역적으로 단일한 문화범위 내에서는 종교적 유사성과 어느 정도의 동질성을 확보하고 있는 것이 일반적이다. 이를테면 어느 특정 시대 특정 민족을 종교적 관점에서 탐구하게 되면 그들의 종교적 보편성을 찾을 수 있게 된다. 현대에도 역시 이와 동일한 설명이 가능하다. 세계지도를 펼쳐두고 우리는 종교지도를 그릴 수 있다. 예를 들어 기독교, 천주교, 이슬람교, 불교, 힌두교, 유교, 아프리카 토속종교, 아메리카 인디언들의 종교 등을 지역별로 각기 다른 색깔을 표시한다면 지역이나 민족에 따라 어느 정도 선명한 선들을 그을 수 있다. 그러나 우리나라의 경우 단일 민족임에도 불구하고 종교적 색깔은 마치 울긋불긋한 가을 단풍처럼 드러나게 된다. 특정한 단일 종교로 설명할 수 없는 것이다. 한국은 다종교 상황에서 특정종교가 절대우위를 누리지 않는 가운데 다양한 종교가 공존하고 있으므로 전통종교의 종교적 이상을 섭취할 수 있는 가능성을 제공한다.[12] 이러한 종교적인 외형상의 차이에도 불구하고 상호 습합하여 종교 심리적으로는 커다란 유사성을 그대로 견지하고 있다. 한국 무속, 불교, 유교, 도교, 기독교 등 다양한 종교들이 상호 불편함이 없이 공존하고 있는 것이다. 한 집안에 아버지는 유교, 어머니는 무속, 아들은 불교, 딸은 기독교를 믿고 있다 해도 우리나라에서는 그리 신기하게 느껴지지 않고 있는 것이다. 일반적인 견지에서는 한 집안 식구들이 서로 다른 다양한 종교를 믿고 있다는 것은 매우 이상하거나 신기한

---

12 윤이흠 외, 『한국인의 종교관 -한국정신의 맥락과 내용』, 서울대학교출판부 2001, 247, 248쪽.

일일 수밖에 없다.

한국종교가 이렇게 된 것을 종교학적 입장에서 본다면 한국 및 동양 종교와 서양 종교들이 어색함 없이 상호 교호해 왔던 역사상의 민족적 경험 때문이다. 즉 한국의 종교사회는, 다양한 종교들이 들어왔으나 그 저변에는 일정한 한민족 고유의 종교적 기초이념이 자리잡고 있었던 것이다. 특히 민족의 정서에 깊은 뿌리를 가진 민간신앙으로서 무속[13]은 폭넓게 전승되었으며 삼국시대 이후 고려시대까지의 불교문화, 조선시대의 유교문화, 그리고 근대 이후의 기독교 등 외래종교 안에도 그 요소들이 그대로 살아 활동하고 있는 것이다. 이렇듯이 오랜 세월에 걸쳐 흘러온 한과 결속된 무속신앙은 그 기본 형태가 현재에 이르기까지 한국인의 신앙 정서적 저변에 그대로 자리 잡고 있다. 그러므로 무속은 한국 종교문화의 지핵(地核)[14]으로 볼 수 있으며, 이는 한국 민중의 종교가 한의 종교[15]라고 하는 개념과 동일한 개념이다.

이러한 무속신앙이 한국종교사의 첫 장을 장식하고 있다는 점과 한국의 기층종교라는 사실은 이제 학계에서 두루 받아들여지고 있는 실정이다. 이 기층종교의 바탕 위에 삼국시대 이래 유교, 불교, 도교가 도입되었으며, 조선시대 말기에는 다시 그 위에 기독교가 도입된 것이다. 한국종교의 기저에 자리 잡고 있는 무속이 종교로서 신앙되고 있는 나라로는 세계에서 한국이 유일하다.[16] 고대로부터

---

13 박일영, "한국 무속의 신관", 신관의 토착화, 서울: 한국천주교중앙협의회 1995, p.10.
14 유동식, 한국 무교의 역사와 구조, 연세대학교출판부 1975, pp.15,16.
15 김진, 종교문화의 이해, 울산대학교출판부 1998, p.100.
16 조흥윤, 한국종교문화론, 서울, 동문선 2002, 279, 280쪽.

오늘에 이르기까지 면면히 신봉되고 외래종교가 수용, 토착화 하는 기반으로 기능한 무속이 한국인의 종교적 심성의 형성에 얼마나 지대한 영향을 끼쳤을 것인가는 능히 미루어 짐작할 수 있다. 기독교 전래 당시의 일반인들은 거의 무속의 영향을 받고 있었다. 당시는 귀신들에 대한 두려움이 만연해 있었으며 무속에 의존하는 것이 일반적이었던 것이다.[17]

18세기 후반 서학(西學)이라 이름 붙여졌던 천주교의 전래와 그 이후 19세기 말 개신교가 전래되면서 기존의 종교사상으로부터 상당한 저항을 받는 듯 했으나 곧 한국인의 종교적 정서와 부합하게 된다. 이는 한민족의 역사상의 종교구조와 부합되는 개념이다. 19세기 말의 한민족의 종교적 구조는 장기간 이어진 불교의 영향에도 불구하고 과거 2천년 동안 전반적인 변화를 보이지 않았다.[18] 본 논문에서 관심을 기울이는 19세기 말 서구로부터 개신교가 전래될 당시 한반도에 살던 보통 사람들은 여전히 상이하면서도 통일성 있는 민족 고유의 종교적 한의 정서들을 소유하고 있었다. 당시에도 무속, 불교, 유교 등이 때로는 분리된 상태로 때로는 습합된 상태로 민중의 삶을 지배하고 있었던 것이다.[19]

---

17 Ellen C. Parsons, *"Fifteen Years in the Korean Mission"*, New York:The Willett Press, p. 18; 『한국기독교와 역사』, 제18호, 한국기독교역사학회, 부록 참조.

18 William E. Griffis, *Corea: The Hermit Nation*, New York: Charles Scriber's Sons, 1907; 『은자의 나라 한국』, 신복종 역, 서울, 집문당 1999, 419-420쪽.

19 고려말기와 조선 초기 까지는 이슬람교가 상당히 성행했던 것을 알 수 있지만 이슬람교의 경우 당시 우리민족의 전통종교들의 신앙적 힘에 의해 한반도에 뿌리내리지 못했다. 그러므로 기독교가 한반도에 들어올 당시에는 서구형 종교들이 있지 않았던 것으로 이해해야 한다. (이광호, 『이슬람과 한국 민간신앙』, 울산대학교출판부 1998, 참조).

한국의 기독교가 세계사적으로 유례없는 급성장을 한 배경에는 기존의 전통적인 한국종교들이 밑거름 역할을 했기 때문이다. 한국에서 최초로 성경을 받아 읽었던 사람들은 공관복음서 속에서 예수의 '사귀 축출사건 기사'와 '치병사화'를 접하면서, 그리고 예언자들의 영(靈) 체험의 소명기사를 접하면서 그들의 무의식 속에 있는 무속의 종교적 유형의 특징과 유사성을 발견하고 쉽게 무속과 기독교의 지평융합을 이루어간 것을 부정할 수 없다.[20] 그러므로 초기 한국 기독교인들의 종교적 심성은 한국 전통적 종교심성 위에 그 뿌리가 닿아 있다. 즉 한국에 들어온 기독교는 원래의 전통 종교의 뿌리를 제거하고 새로운 나무를 심고자 하기보다는 오히려 이에 양분을 주고 그 위에서 무성한 잎을 피우고자 했던 것이다.[21] 그러므로 기독교로 개종하는 한국인들 가운데는 내부적으로 기존의 자기 종교와 크게 다르지 않으면서도 매력적이고 간편한 종교외형을 가진 기독교를 선택한다고 생각한 자들이 많았다. 그러므로 그들의 종교적 내부 심성 가운데는 여전히 한을 기반으로 하는 한국인의 고유한 신앙의 틀이 존재하고 있었으며, 특히 당시의 여성들은 기독교 세계에 한민족의 한을 운반하는 도구적 기능을 감당하게 되어 기독교 성장에 괄목할 만한 역할을 하게 된 것이다.

3. 19세기 말의 한국전통사회와 여성의 존재

---

20 김경재, 『해석학과 종교신학』, 304쪽.
21 유종선, 「한국의 근대화와 기독교」, 『한국기독교와 역사』, 제8호, 한국기독교역사연구소 2003, 199-201쪽.

한국 전통사회에서 여성이란 어떤 존재였는가 하는 점을 이해해야 할 필요가 있다. 19세기 말 처음 한반도에 살고 있는 사람들을 접한 서양 선교사들의 눈에 비쳐진 한민족은 모두가 상한 심령을 가진 백성으로 보였다. 당시 일반 백성들 가운데는 스스로 힘이 없고 불행에 빠져있다고 생각하는 자들이 많았던 것이다.[22] 그리고 여성과 남성은 동등한 인격자로 설명되지 않던 시대가 곧 한국 전통사회의 특성이었다. 19세기 말 한반도에 살았던 일반 여성들은 도덕적인 존재가치가 전혀 없었다. 여자는 환락과 노동의 도구였을 뿐 남성의 반려(伴侶)라거나 동등한 존재로서의 의미는 없었던 것이다.[23] 물론 여성들은 자신의 이름조차 갖지 못했다. 당시에는 여자가 시집을 가면 아기를 낳을 때 까지 이름을 갖지 못하는 것이 풍속이었다, 아이들을 낳게 되면 그 때부터 '아무개의 엄마'라는 간접적인 이름으로 불려졌다.[24] 당시의 조선에서는 대개 여성들은 영혼도 없고 이름을 가질 가치가 없는 존재라고 믿고 있었던 것이다.[25]

여자는 예닐곱 살이 되면 집안에서만 지내게 했고 결혼 후에는 다시 시댁의 집에 갇혀 지내는 신세가 되었다. 그리고 여자가 열여섯 살이 될 때까지 혼인을 하지 못하면 집안의 큰 흉이 되어 집안의 체면이 손상되었다. 당시의 조선사람들은 성인이 되어도 독신으로 있는 여자는 불구자이거나 또는 부도덕한 사람으로 간주하고 있었

22 William Newton Blair, *Gold in Korea*, 『속히 예수 믿으시기를 바라나이다』, 김승태 역, 서울, 도서출판 두란노 1995, 26쪽.

23 William E. Griffis, p. 321.

24 Sherwood Hall, *With Stethoscope in Asia: Korea*, 『닥터 홀의 조선회상』, 김동열 역, 서울, 좋은씨앗 2003, 29, 73, 115쪽.

25 Sherwood Hall, 같은 책, 85쪽.

던 것이다.[26]

　19세기 말의 기독교 전래는, 한자문화가 중국으로부터 유입된 뒤 근 2천년 동안이나 지속되어온 기층적 무속신앙 위에 형성된 유, 불, 도 삼교 전통 종교중심의 종교지형에 대대적인 지각변동이 일어난 민족적 종교개벽을 의미하는 것이다. 특히 이미 토착화된 한국 전통 종교들에 기반한 조화로운 중층다원적 한국인의 종교심성이 기존의 동양적 국지성을 타파하고 경쟁적으로 등장한 새로운 기독교와 더불어 서양적 양태까지 포괄하는 통문화적(cross-cultural)이 된 점에 주목해야 한다.[27]

　한편, 타 종교를 받아들이게 되는 판단과 결단과정을 알기 위해서는 개별적 인간과 전통적 가정에 대한 이해를 중시할 수밖에 없다. 전통적인 사회에서는 가정이 사회의 기초가 된다. 가정이 모여 사회를 구성하며 국가와 민족을 이루게 된다. 시대와 지역에 따라 사회의 기초가 되는 가정에서 그 핵심적 역할을 하는 구성원이 있다. 한국 전통사회의 경우 가정을 다스린다는 측면에서는 남성위주의 가정이었다. 중요한 문제에 부딪치게 되면 남성인 가장(家長)이 결정적인 힘을 행사했다. 남성의 권위는 절대적이었다 해도 과언이 아니다. 그러므로 남아선호사상이 보편화 되었으며 남자아이를 낳지 못하는 여성들은 대접을 받지 못했다. 우리가 염두에 두어야할 바는 남성들만 남아를 선호하는 것이 아니라 여성들마저도 남아를 선호했다는 사실이다. 그러한 사회적 개념인 남성위주의 분위기를 여성들도 그대로 수용하게 된 것이다. 이와 동일한 설명으로 여성의 사

---

26 Sherwood Hall, 같은 책, 61, 76, 102쪽.
27 김종서, "종교학적 관점에서 본 한국교회사 연구", 23쪽.

상이나 사고를 남성들도 함께 공유할 수밖에 없는 부분이 있었는데 그것이 곧 여성 중심의 한국적 종교성이다. 남성위주의 성향이 외향적이라면 여성위주의 성향은 내면적이다. 남성위주의 성향이 겉으로 드러나 떠들썩한 면을 연출한다고 볼 때, 여성위주의 종교적 성향은 보일 듯 말듯하면서도 내면에서 꿈틀거리며 주도적 역할을 감당했던 것이다.

이와 같이 한국의 전통적 사회는 겉으로 드러난 남성위주의 권위주의적 행보와 여성위주의 내면적 방향제시 역할이 상호 어우러져 움직여지던 사회였다. 특히 신앙과 연관된 종교성에서 그것이 두드러진다. 그러므로 19세기 말 기독교 전래당시의 한국여성의 역할에 있어서 본질적인 면과 그 표현방식을 살펴보아야 한다.

1) 경천사상(敬天思想)과 여성신앙

한국인의 종교는 원래적으로 하늘신을 지고신으로 섬기는 민족적 경향성을 가지고 있다.[28] 다양한 종교들의 습합으로 인해 온갖 신령들이 있었으나 신들의 서열과 계층화는 괄목할만하다. 즉 한국인의

---

28 이광호, "하나님과 하느님", 한국기독신문(제367호), 2003.11.15, 6쪽 참조: 초기 기독교가 한반도에 들어왔을 때 신의 명칭을 어떻게 정하느냐에 대한 논의는 선교사들 사이에 많이 있었다. 그러나 그 명칭을 확정짓지 못하고, 시대와 한민족의 특성에 자연스럽게 맡겨 두자는 방향으로 결정되었다. 결국 한국 기독교는 '하나님'이라는 호칭과 '하느님'이라는 호칭을 같이 사용하게 되었다. 그 둘은 동일한 의미의 '하늘'에서 온 말로써 존칭어미 '님'이 붙으므로 '늘'의 ㄹ 자음 탈락 현상이 일어나 형성된 단어이다. '하나님'은 당시 기독교가 가장 성행했다고 할 수 있었던 평양 사투리 '하날'(하늘)에서 나온 말로 '하날님' -> '하나님'이 되었던 것이다.

일반적인 신앙은 하늘신 사상과 다령숭배신앙(poly-demonism)이 결합된 신앙이다. 무속신앙으로 인해 다양한 전체 신령세계를 지배하는 최고의 신이 있다는 신앙관념을 가지고 있었는데 그 최고의 신이 '하느님'이었던 것이다.[29] 집안에 상주해 있는 조왕신이나, 안방귀신, 장독대 귀신, 칙간귀신, 삽짝귀신 등 신령들 사이에도 서로 다른 역할과 서열이 존재한다. 그 외에도 조상신들이 있어서 나름의 서열이 있다. 집밖에 나가면 골목귀신, 서낭당 귀신, 산신 등이 있는데 그 중에는 산신이 가장 힘이 강하다. 물론 농사를 주로 하는 지역과 바닷가에 사는 사람들이 섬기는 신령들은 달랐다. 그런 중에서도 옥황상제를 믿기도 하고 '천하대장군'과 '지하여장군'을 믿기도 했다. 그런 많은 신령들 가운데 가장 높은 지고의 신은 역시 하늘신이다. 무속적 한국민간신앙에서 일반적인 다양한 신령들은 선악간의 개념 보다는 대가적(代價的) 신령들이다. 즉 신령들에게 제사를 지내고 잘못을 빎으로써 현재의 문제에서 벗어나게 되기를 소원하지만 보장성이 있는 것도 아니다. 그에 비해 하늘신은 초월적 개념을 가지고 있으면서 인간들의 선악을 지켜보고 있는 신이다. 그러므로 당시 억눌리며 억울한 삶을 살고 있던 여성들에게는 특히 편견 없이 내려다보는 하늘신이 최고였던 것이다.

2) 주부무당

한국 무속은 여성과 매우 밀접한 관계를 가지고 있다. 대다수 굿

---

29 김시열, 「한국교회의 현실 속에 나타난 전통문화와 기독교」, 『성경과 신학』, 제 11권, 203쪽.

을 하는 사람이나 굿에 참여하는 사람들은 모두 여성들이 중심을 이룬다. 또한 무속의 많은 신령들 중에서 여성 신령들이 차지하는 비중이 크다.[30] 그리고 여성들은 거의 한 가정의 주부이다. 따라서 주부의 가정에서의 역할과 지위라는 관점에서 무속신앙이 어떻게 표현되고 무속의례가 어떻게 행해지는가는 매우 중요하다.

한국의 전통 가정에서 주부의 역할은 절대로 중요했다. 주부의 권위를 상징하는 것이 주부가 안방을 차지하는 것이다. 그러므로 시어머니의 며느리에 대한 권위이양을 '안방을 내어준다'는 말로 표현했다. 한국 전통가정의 안방은 조상들의 영혼을 모시거나 삼신할머니를 모시는 성스러운 공간이다. 그러므로 중요한 의례들은 안방에서 이루어졌으며 사람이 숨을 거두는 임종 때 천거정침(遷居正寢)이라 하여 안방에서 숨을 거두어야 했다. 그렇지 않으면 객사라 하여 불행한 죽음으로 이해했다. 주부가 차지하고 있는 '안방'의 의미는 그만큼 종교적으로 중요했던 것이다.[31]

과거부터 우리나라 속담에는 "여자가 잘 들어와야 집안이 된다"는 말이 있다. 이 말의 의미는 단순한 이야기가 아니라 종교적 담론을 담고 있다.[32] 좋은 며느리가 들어와야 살림살이를 잘하며 튼튼한 자녀를 많이 낳아 집안이 번성케 된다는 말이 그 일차적인 의미가 아닌 것이다. 그 말의 진정한 의미는 한 가정에서 집안에 존재하는 신령들을 섬기는 자로서 주부무당의 기능이 얼마나 중요한가 하는 것을 말해주고 있는 것이다.

30 김승혜, 김성례, 『그리스도교와 무교』, 서울, 바오로딸 1998, 160쪽.
31 이규광, 『한국문화의 구조적 이해』, 서울대학교출판부 1999, 20쪽.
32 이광호, 『이슬람과 한국의 민간신앙』, 울산대학교출판부 1998, 123쪽.

전통적인 한국인의 가정은 매우 종교적이었으며, 종교적 역할을 담당하는 것은 여성이었다. 집안 전체를 관장하는 조왕신은 부엌에 상주하고 있었으며 부엌은 여성만의 전용공간이며 남성들의 제한구역이었다. 그러므로 과거 우리나라 전통사회에서의 부엌은 안방과 더불어 가장 중요한 성전(聖殿)이었다. 그 공간에서 주부들은 매일 아침마다 어김없이 조왕신을 섬겼던 것이다. 어려운 생활 가운데서도 조왕신을 위한 여성들의 고수레는 끊어지지 않았던 것이다.

여성들의 종교행위는 부엌에서 그치지 않는다. 부엌 밖에서는 장독대가 여성과 가장 가깝다. 사실 장독대는 집안 식구들의 생명선이다. 여성들은 장독대에 정화수를 떠놓고 신령에게 빌기도 하고 새벽 하늘의 달이나 북두칠성 등, 별을 보고 빌기도 했다. 장독대 역시 성전의 기능을 하고 있었으므로 그곳은 늘 신령한 공간이었다. 지금까지도 많은 여성들은 장을 담그며, 악귀를 물리치는 푸른 솔잎이나 부정을 제거하는 검은 숯, 그리고 악귀가 싫어하는 붉은 고추를 장독 속에 넣기도 하며 왼 새끼를 꼬아 장독 밖에 동여매어 두기도 했던 것이다. 이는 신령들과 연관된 가정 속 여성들의 종교행위이다.

그러므로 전통 사회에서의 한국여성들은 주부무당으로서 중요한 역할을 감당했다. 한 집안의 여성이 주부무당의 역할을 얼마나 잘 감당하느냐에 따라 집안의 명운이 달려 있는 것이다. 특히 여성들이 부엌과 장독대에서 행하는 새벽제단(祭壇)이 얼마나 성심껏 이루어지느냐 하는 것은 매우 중요한 것이었다. 이것이 나중 한국 기독교의 새벽기도를 활성화하게 되는 바탕이 된다.

3) 남존여비사상과 한 개념

과거 전통사회에서의 우리 민족 여성들에 대한 가정에서의 대우는 양면성을 띠고 있었다. 그것은 인격을 인정받지 못할 만큼 비하되는 면과 동시에 남성보다 훨씬 강하고 존경받아야 할 여성으로 나타나기 때문이다. 이는 전반적으로 여성들이 비천하게 취급받던 것과는 대비되는 개념이기도 하며 동시에 그것을 통해 내재된 한이 극명하게 표출되기도 했다. 한국에 기독교가 전래될 시대에는 보통 여성들 중에는 이름이 없는 것이 일반적이었다. 그저 누구 집 딸, 누구 마누라, 누구 어머니 정도로 불려질 따름이었다. 혼례를 치른 후 일반적으로 여성의 친정지역을 따라 불려지는 택호는 실제적인 여성의 새 이름이었다. 시집 온 여성이 원래 가지고 있는 이름이 있다 해도 날마다 만나는 이웃은 물론 한집에 살고 있는 식구들마저도 그 이름을 잘 기억하지 못했다.

19세기 말의 한반도에 살던 사람들은 같은 마을 사람들끼리의 혼사가 그리 흔하지 않았다.[33] 이는 동일한 성을 가진 집성부락이 그 원인이기도 하지만 점차 관례처럼 되어 있었다. 그러므로 여성들은 대개 자기가 태어나서 살던 마을을 떠나 다른 동네로 마치 영원히 이사를 가듯이 시집을 갔는데 그것은 모든 여성들의 운명이었던 것이다. 그러므로 새로운 상황에 적응해야 하는 여성은 일정기간 약자일 수밖에 없었으며 그것은 곧 남존여비사상으로 이어졌다. 한국전통사회에서 남존여비사상은 일반적으로 매우 심했다. 중류계층 아래의 여성들은 매우 심한 노동에 시달렸으며 농사일은 주로 그들의 몫이었다. 농작물에 비료를 주는 일은 주로 여성의 몫이었으며 남자

---

33 William E. Griffis, 『은자의 나라 한국』, 321쪽.

들이 그 일을 하는 경우는 드물었다.[34] 뿐만 아니라 여자들은 남자들이 먹고 남은 음식을 먹는 것이 일반적이었던 것이다.

그러나 한편 남존여비사상이 강하면 강할수록 여성의 역할은 커질 수밖에 없다. 여성이 무조건 고개를 숙이기만 한 것이 아니라, 남성의 통제영역을 벗어난 가족사회를 비롯한 다른 방향에서 더욱 강하게 되었기 때문이다. 우리속담에 "무서운 시어미 밑에 시집 산 며느리가 더 무서운 시어미 된다"는 말이 있다. 많은 학자들은 남성위주의 사회가 여성의 역할을 위축시켰다고 보지만 사실은 그렇지 않다. 단지 여성의 강한 역할은 보이지 않는 부분에서 강하게 커져갔을 따름이다.

우리는 과거 한국전통사회에서 고령화 여인들의 가정에서의 위치를 생각해 볼 필요가 있다. 여성은 분명히 무시되는 대우를 받지만 어머니는 최고의 존경의 대상이 된다. 어떤 계층의 가정이건 자식이 어머니를 공경하는 것을 과거 한국사회는 최고의 덕목으로 삼고 있었다. 멸시와 존경이라는 양극의 대우를 동시에 받게 되는 여성의 삶의 정서를 중요시 하지 않을 수 없다.

여기에서 우리가 관심을 기울여 보는 대목이 여성의 한풀이와 또 다른 한의 형성 메커니즘이다. 조선시대의 여성들은 일반적으로 마흔 살이 되면 소위 '어른'의 대열에 서게 된다. 자녀를 출가시키고 며느리를 보게 되면 생일상을 받게 되며 드디어 새로운 권위가 생성되기 시작하는 것이다. 이는 자기가 미리 당했던 고통에 대한 한풀이의 대상을 두게 되는 것과 마찬가지이다. 그러므로 과거 한국

---

34 William E. Griffis, 같은 책, 321쪽 참조.

전통가정에서는 시어머니의 위치가 매우 중요해서 며느리의 생활을 심하게 간섭하고 지도했다.[35] 우리민족 가운데 지금까지 이어지는 '고부갈등'에 관한 담론은 오랜 역사적 전통의 산물이다.

4. 한국여성과 외래종교의 만남

한국 개신교의 역사는 19세기 중반까지 거슬러 올라가지만 본격적인 개신교 활동은 조선의 문호가 개방되는 과정에서 들어오는 외국 선교사들로부터 시작된다. 당시에는 국가적, 사회적 여건상 기독교 복음을 증거하는 것이 제한적일 수밖에 없었으므로 선교사들은 개화운동에 적극적으로 참여하게 된다. 그들은 교육, 의료사업 등을 통한 민중계몽에 주력함으로써 간접선교를 동반했던 것이다.

개신교를 통해 유입된 근대문명은 외형적으로는 유교적 가치관과 사회질서에 묶여 있으면서 내부적으로는 다양한 신령들의 세계에 묶여 있던 당시 대중들에게 새로운 세계에 대한 자각을 불러 일으켰다. 이러한 것은 주로 집안에만 매여 있던 여성들에게는 파격적이었다. 당시 기독교를 받아들인 여성들에게 있어서 초기 한국기독교는 새로운 의식을 가지고 비밀리에 모인 종교집단이라는 의미에서 일종의 밀의종교(密儀宗敎 혹은 密議宗敎)였다. 수많은 여성들은 가족이나 남성들의 박해와 멸시 속에서 숨을 죽이며 기독교 신앙을 지킬 수밖에 없었던 것이다. 초기 기독교 전래 당시의 남성들은 자신의 아내가 남정네들의 눈에 띌지도 모르는 교회당에 나가는 것을

---

35 Sherwood Hall, *With Stethoscope in Asia: Korea*, 『닥터 홀의 조선회상』, 103쪽.

싫어했다. 이는 기독교에서 가르치는 남녀평등 사상과 여권신장 운동은 가부장적인 남성들을 자극할 수밖에 없었기 때문이다. 뿐만 아니라 여성들 스스로에게도 그러한 서양문화가 담긴 신흥종교를 받아들인다는 자체가 파격적인 것이었다. 거기다가 집안의 어른들이나 남성들의 허락이 있지 않은 상태에서 왜래 종교에 빠진다는 것은 그 자체로서 엄청난 일이었다.

기독교를 접한 초기 한국 여성들은 기독교를 '해한(解恨)의 종교'로 이해하는 경향성이 짙었다. 그들은, 예수가 내세적 구원과 사랑의 십자가를 통하여 로마의 빌라도 총독 치하에서 고난 받는 이스라엘 백성들의 한을 풀어준 해한자(解恨者)로 생각했다. 즉 사랑의 화신으로서의 나사렛 예수는 가난한 자, 병든 자, 죄 많은 자에게 축복과 승리를 가져오는 구세주로서 우회적 복수를 하였다는 것이다.[36]

기독교 전래당시의 일반 여성들은 심한 멸시와 함께 박해를 당하는 것이 보통이었다.[37] 이러한 억압을 통해 한을 지니고 있던 여성들의 해방구로서의 회당(會堂)의 의미는 매우 중요하다. 여성들에게 있어서 초기 한국 기독교의 회당은 동병상련을 겪고 있는 사람들의 집회소였다. 아직 종교적인 건축양식을 갖춘 교회당이 있기 전에는 회당의 모습이 규모가 조금 큰 보통가옥의 형태가 일반적이었다. 초기 기독교 신자들은 개인의 집에서 돌아가며 예배를 보다가 자력으로 예배당을 건축할 힘이 생길 때 예배당을 장만했다. 예배당 건물

---

36 문순태, 「한이란 무엇인가」, 『민족과 문학』, 제1권, 세종출판사 1983, 208쪽 참조; 천이두, 『한의 구조연구』, 서울, 문학과지성사 1993, 249쪽.

37 William N. Blair, *Gold in Korea*, p. 87.

은 화려하지 않아도 개인주택 정도였지만 자기들의 힘으로 마련한 종교적 소유물이었기 때문에 매우 소중하게 여겼다.[38] 기독교가 어느 정도 정착된 후에는 남녀교인들이 가운데 쳐진 휘장을 중심으로 하여 따로 앉았으며, 나이가 많은 여성들은 측면 통로 가까이 앉고 젊은 여성들은 보다 안전한 안쪽으로 앉는 것이 일반적이었다.[39] 그렇지만 교회당의 건축양식이 점차 뿌리내리면서 한국의 교회당은 점차 성소(聖所, sanctuary)의 개념을 띠게 되었다.

한국 전통 가옥의 집안에서는 부엌이나 장독대 등이 성소의 기능을 감당했으며 밖에는 절간이나, 산신각, 사당 등이 신성한 곳이었다. 뿐만 아니라 동네를 둘러싸고 있는 산이나 동네 어귀의 서낭당도 신성한 공간이었다. 즉 한국인들에게 있어서 성소는 집 안밖에 다양하게 존재하고 있었던 것이다. 결국 집안의 성소들뿐 아니라 사찰이나 사당, 서낭당, 굿집 등 성소의 개념이 기독교로 개종한 후에는 기독교 회당으로 전이된 것이다. 이는 과거 한국인의 종교들에 있어서 성소의 개념은 그만큼 중요했기 때문이며, 기독교인들 가운데서는 교회당이 과거 종교적 성소에 대한 대체기능을 담당하게 되었던 것이다. 기독교로 개종한 사람들은 더 이상 그런 전통적인 공간들이 아닌 새로운 종교적 공간을 두게 된 것이다. 이는 집회소로서의 회당 자체가 종교적 피난처로 승화되면서 자연스럽게 의미화하게 된 개념이다.

고통 중에 살아가면서 종교적일 수밖에 없는 한국여성들에게는

---

38 A.J. Brown, *Report of a visitation of the Korea Mission*(1901), p. 9; 백낙준, 『한국 개신교사』, 연세대학교출판부 1973. 304쪽.
39 William N. Blair, *Gold in Korea*, p. 80.

항상 의지하며 한을 풀어낼 만한 특별한 성소가 필요했다. 새로운 종교를 받아들인 초기 한국 기독교 여성들에게 있어서도 그 점은 마찬가지였다. 한국의 초기 기독교의 역할 가운데 가장 관심을 끈 것 중에 하나는 여성들을 집 밖으로 끌어내는 점이었다. 이전에도 여성들이 외부에서 만나는 경우가 있었어도 특정한 장소에서 매 주일, 혹은 매일 정기적으로 외부인을 만나는 일은 있지 않았다. 그것은 결국 기존의 가치체제에 대한 저항과 함께 엄청난 사고변화를 일으키게 된다. 한국 기독교의 회당이 성소화(聖所化) 된 것은 한국 여성의 성소개념과 연관된 것이며, 오늘날에 이르기까지 한국 기독교의 교회당이 성소개념을 가지는 것은 정통적인 기독교에서는 있지 않은 현상이다.[40]

5. 여성의 한을 바탕으로 한 한국 개신교회의 틀의 형성

기독교 전래 당시에는 여성들이 아침 늦잠을 잔다는 것은 상상조차 할 수 없는 일이었다. 여성들은 기독교를 알기 전부터 매일 새벽마다 부엌에서 조왕신에게 정성을 드리거나 장독대에서 정화수를 떠놓고 신령에게 비는 자들이 있는가 하면 집안에서 새벽예불을 드리는 이들도 있었다. 특히 조왕신은 집안에 일어나는 모든 일들을 관장하는 신으로서 재산에 관여하며 식구들의 건강에 관여한다. 조왕신에 대한 제사는 특별한 날이 없고 매일 새벽 정화수를 한 주발

---

40 현재에 있어서도 교회당의 내부 장식은 주로 여성들의 몫이다. 성소적 개념으로 치장을 하는 꽃꽂이라든지 휘장이나 커튼 등의 미적 감각을 지닌 장식 등은 여성도들이 담당하고 있다.

떠놓고 빌었다. 부인들은 특히 조왕신을 무서운 신령으로 생각했기 때문에 단 하루도 조왕신에 대한 새벽기도를 거스릴 수 없었던 것이다.[41] 부엌이나 장독대 앞에서 기도를 드린 자들은 남성이 아니라 모두 여성들이었다. 말 못할 한을 가슴에 가득 안고 살아가는 여성들이 마음 놓고 자기 사정을 발설할 수 있는 대상은 보이지 않는 종교적 신령들일 수밖에 없었다. 그들은 '닭의 시간'으로 알려진 '인시' 즉 새벽 3-5시에 신령들이 가장 활발하게 활동한다고 믿어 그 시간이 가장 효과적인 기도 시간이라 믿고 날마다 기도했던 것이다. 그런 그들이 기독교를 알고 나서 천지신명이나 북두칠성, 혹은 다른 잡신들에게 기도하는 모든 종교행위를 그만 두었을 때 새벽시간에 공백이 생기게 된다. 그러므로 그들이 새벽 일찍 교회당을 찾아 기독교의 신에게 기도하게 된 것은 도리어 자연스러운 일이다.

한국 기독교의 가장 큰 특징인 새벽기도회는 길선주 목사로부터 시작된 것으로 알려져 있다.[42] 그러나 새벽기도는 기독교가 들어오기 전부터 있었던 한국 전통종교인들, 특히 일반 여성들이 행해오던 종교의례였다. 기록상 한국 기독교의 새벽기도의 효시는 1905년 초에 열린 남감리회 개성지방 부인 사경회에서였다. 그 때 우발적으로 있은 새벽모임에 대해 당시 한국에 와있던 외국 선교사들은 그들의 그런 모임을 장려했던 것이 아니라 도리어 적극적으로 만류했다.[43] 그러므로 이는 한 개인이 만들어낸 신앙적 아이디어가 아니라 당시

<hr>

41 김명자, 「가신신앙의 성격과 여성상」, 『여성문제연구』, 제13집, 효성여자대학교 부설 한국여성문제연구소 1984, 233쪽.
42 「새벽기도의 창시자 길선주 목사」, 『크리스챤 한국』, 제57호(2003.4.19), 9쪽 참조.
43 이덕주, "초기 부흥운동에 나타난 한국 교회의 영적 각성", 『크리스챤 신문』(제 2061호), 2004.2.9.

한국사회에서 자연스럽게 일어날 수밖에 없었던 종교적 한 형태라 할 수 있다. 즉 한 개별 기독교인의 단순한 신앙심을 바탕으로 창의적으로 도입한 종교의례가 아니었던 것이다. 그러므로 한국에 온 초기 외국 선교사들은 그 기도에 참여하는 것을 매우 힘들어 했다.[44]

그러므로 한국 기독교의 새벽기도는 길선주 목사의 개종이전의 종교적 습성과 한국여성들의 종교심이 결합한 특이한 기도형태임을 알 수 있다. 길선주 목사는 기독교로 개종하기 전 선도를 수행하며 새벽, 정오, 밤 하루 세 차례 기도하던 습성을 가지고 있었다. 그는 개종 이후에도 이전의 개인적인 습성에 따라 새벽기도를 지속하다가 점차 교회차원의 집회로 발전시키게 되었으며, 1906년 가을 장대현 교회의 당회 결의에 따라 전교회적으로 새벽기도를 시작하게 되었다.[45] 1907년 평양 대부흥운동을 전후하여 한국교회에 완전히 정착되어 그 후부터 기독교가 전파되는 곳에는 새벽기도가 필수적으로 동반되어 갔던 것이다. 이는 원래 기독교의 기도방식이 아니라 전통적 기도의례와 습합된 토착화 종교행위의 대표적인 것이다.[46]

한국 여성들의 종교성에 있어서 가장 중요한 것은 지극한 성심(誠心)이었다. '지성(至誠)이면 감천(感天)'이라는 종교사상은 한국 여성들의 본질적 심성을 이루고 있었다. 백일기도는 원래 지성을 다해

---

44 William N. Blair, *Gold in Korea*, p. 112.

45 서정민, 「한국교회 '토착화'와 '토착화 신학'에 대한 역사적 이해」, 『한국기독교와 역사』, 제18호, 한국기독교 역사연구회, 2003. 155쪽; 이덕주, "초기 부흥운동에 나타난 한국교회의 영적 각성", 『크리스챤 신문』(제2601호), p. 6. 참조.

46 서정민, 「초기 한국교회 대부흥 운동의 이해」, 『한국기독교와 민족운동』, 서울, 종로서적 1986, 245쪽; 「한국교회 '토착화'와 '토착화 신학'에 대한 역사적 이해」, 『한국기독교와 역사』, 제18호, 156쪽.

하늘신에게 비는 무속과 민간신앙적 기도방법이다.[47] 백일기도는 거의 여성들의 몫이었다. 숫자 백(100)이 완성을 의미한다고 여기며 백일 동안 정성을 다하게 되면 신령이 원하는 기도를 들어줄 것이라 믿는 것이다. 한국 기독교는 그 기도방법을 받아들여 백일기도를 하는 것이 신에게 만족감을 주는 매우 좋은 기도방법이라 생각하고 있는 것이다. 그런데 그 백일기도를 하기에 적절한 사람은 남성이 아니라 여성이다. 지금에 이르러서도 백일기도를 드리는 사람들은 주로 여성들이며,[48] 남성들이 백일기도를 드리는 경우는 여성에 비해 현저히 작은 수에 지나지 않는다. 남성들은 밖에 나가 일을 하기 때문에 분주한 일상생활에서 백일을 정해 성심껏 기도하기가 어렵다는 것이 현실적 이유일 수 있다. 그렇지만 심리적, 환경적 특성상 집안에 있는 여성들이 기도하기에 훨씬 적합하다.

한국 기독교의 특성 가운데 하나라고 할 수 있는 철야기도는 전래 초기부터 자연스럽게 도입되었다.[49] 한국 무속신앙에서 귀신은 빛을 싫어하는 경향이 있기 때문에 주로 밤에 내려온다. 그러므로 한국 기독교인들은 밤에 기도하는 것이 더 효과적이라고 생각하고 있는 것이다. 일년 중 12월 31일 자정에 묵은해를 보내고 이듬해 새해 첫날을 맞이하기 위해 드리는 송구영신예배는 한국민간신앙에서

---

47 김승혜, 김성례, 『그리스도교와 무교』, 93, 94쪽 참조

48 여성 백일기도회는 지금까지 한국기독교에서 일반적이다. 대한 YWCA연합회 (회장:이행자)는 55개 회원 YWCA와 함께 2003년 11월 20일부터 2004년 4월 14일 까지 나라와 민족을 위한 여성 백일기도를 하기로 결의하여 진행하고 있다. 이는 기독교 남성단체들이 중심이 되어 주관하는 기도방법으로는 일반적이지 않은 형태이다.

49 The Baptist Missionary Magazine, Vol. 88, No. 2(February), 1908, pp. 58; 백낙준, 『한국개신교사』, 연세대학교출판부 1973, 387, 388쪽.

따온 무속신앙적 개념이다. 그리고 다수 한국 개신교회들은 매주 금요일 밤을 철야기도 하는 날로 정해두고 있다. 이 때 참여하는 성도들 중 여성도들의 비율은 남성들에 비해 엄청나게 높다.

그리고 전통적인 한국인들의 종교 사상에 있어서 산은 특별한 의미를 지닌다. 사실상 기독교가 전래되기 전부터 산신신앙은 한국인의 기본신앙에 속하는 것이다.[50] 우리는 흔히 영산(靈山)이라는 말을 사용한다. 이는 신령이 기거하는 영험한 산이라는 의미이다. 한국인들은 전통적으로 자연에 대한 경외감을 가지고 있었다. 한반도의 70% 이상이 산지이므로 산과 인간의 삶은 밀착될 수밖에 없었다. 그러므로 한국 무속이나 민간신앙에 있어서 산은 신령한 영역이었다. 인간사회와는 구별된 공간으로 온갖 짐승들과 다양한 수목이 있어 산신령이 살고 있을만한 영험한 곳이라 여겼던 것이다. 따라서 한국인의 삶을 배경으로 하는 높은 산에는 항상 산신령이 존재하고 있었다. 그래서 사람들은 그 산에 가서 고사를 지내기도 하고 산신령에게 빌기도 했다.

기독교 전래 당시 한국교회에는 초기부터 산기도를 했던 흔적이 나타난다. 많은 교인들이 부흥회의 밤집회 후에는 산에 올라가 얼어붙은 맨땅에 엎드려 성령강림을 위해 하나님께 울면서 기도하는 것은 흔히 있던 일이다.[51] 1970년대 이후 활발하게 전개되었던 한국교회의 기도원 운동과 산기도는 전 세계의 주목을 받았었다. 당시는 기도원을 가지 않거나 산기도를 하지 않는 교인이라면 신앙심이 좋

---

50 최길성, 『한국인의 한』, 388쪽.
51 G.T.B. Davis, *The Missionary*, Vol. 43, No. 5(May, 1910), 212, 213쪽; 백낙준, 『한국개신교사』, 394, 395쪽.

은 사람으로 인정을 받을 수 없을 정도였다. 그러므로 한국교회의 성장비결을 산속에 위치한 기도원 운동과 산기도에 두기도 했던 것이다. 우리가 주의 깊게 살펴보아 알 수 있는 점은 기도원을 찾아 기도하는 다수의 사람들은 여성신자들이었다는 점이다. 남성들은 낮의 직장생활과 활동에 지장이 있기 때문에 기도원을 찾아 기도하기 힘들었으므로 여성들이 주류를 이루었다 하지만 그것은 설득력이 약하다. 도리어 산기도를 마치고 귀가한 여성들은 여전히 남성들의 아침상을 차리고 자녀들을 학교에 보내야하는 일상적인 일들을 면제받지 못했기 때문이다. 즉 한국교회 여성들의 산기도 운동은 여성의 한과 연관된 종교적 전통에 그 뿌리를 두고 있는 것이다.

한국전통 종교활동에 있어서 여성의 한풀이 형태의 신앙과 의식은 생활의 일부분이었다. 그러므로 한과 관련된 한국 전통 종교에 있어서의 중심축은 여성들이었다. 한국인들의 일생에는 특별의례를 요구하는 중요한 마디들이 존재한다. 출생, 칠일, 백일, 돌, 해마다 돌아오는 생일, 관례, 혼례, 회갑, 상례, 제례 등은 시간적 통과의례를 요구하는 날들에 해당한다. 그 내용들 가운데 생명과 번성에 관련된 의례들은 주로 여성의 몫이다. 생명의 공급과 보존을 위한 출생, 백일, 돌, 혼례 등에 대한 통과의례는 여성의 몫인데 이는 관례, 회갑, 상례, 제례 등이 남성 주도적이라는 점과 대비된다.

또한 각 집안마다 따로 챙겨야할 조상제사와 식구들의 생일이 있다. 여기서도 역시 생명과 직접 연관이 있는 생일은 여성이 챙겨야할 몫이다. 집안 식구들의 생일을 기억하고 음식을 장만하며 가정적 종교의례를 담당하는 것은 여성이 해야 할 종교적 직무인 것이다. 그러므로 현재에 이르기까지 생명과 관련된 의례는 주로 여성들이 챙기고 있는 것이 일반적이다. 혼례를 위한 날을 잡는 일이라든지 집안에 우환이 있을 때 그 원인을 규명하는 일은 주로 여성들이 담당하고 있는 것이다.

한국교회의 여성이 집안에서의 종교적 위치도 그와 동일한 범주에서 해석이 된다. 가정의 평안을 위한 기도나 우환을 해결하기 위한 기도는 거의 여성들에게 맡겨지고 있는 것이다. 이는 한국의 다양한 종교들 뿐 아니라 기독교에서도 동일하게 일어나고 있는 현상이다.[52] 한국교회의 기도의 주역은 항상 여성들이었다. 교회를 지도하는 남성들이 적극적인 목회를 주도했다면 평균적으로 일반 남성 신자들이 기도의 주역이 되지는 못했다. 남성들이 기도를 많이 한다고 하면 주로 신학교에 진학하거나 종교인으로 신분전환을 하는 것이 일반적이었던 것이다. 그러나 여성들의 경우 일반적으로 각종 기도에 열성적이었으며 그들이 영적인 측면에서 한국 개신교회를 실질적으로 이끌었던 점을 알 수 있다.

전통사회에 있어서 한국인들은 일반적으로 자신의 한을 삭이고, 그 삭은 한을 즐기며 살아왔다. 그리고 그 삭임의 기능은 일차적으로 카타르시스적 기능이라 할 수 있다.[53] 한국 기독교의 또 다른 기도의 특성 가운데 하나는 울면서 하는 기도이다. 초기 한국기독교인들이 울면서 기도하는 것은 일상적이었으며,[54] 울면서 애타게 부르

---

52 우리는 이에 대한 일반적인 좋은 예를 하나 들어볼 수 있다. 해마다 대학 입시철이 되면 자녀들의 입학을 위해 애절하게 기도하는 이들은 주로 여성들이다. 자녀가 입학시험을 치르는 동안 교문 앞에서 애타는 마음으로 기도하는 사람들은 아버지들이 아니라 거의 어머니들이다. 한국의 모든 종교인들이 그렇지만 기독교 신자들 역시 예외가 아닌데 이를 통해 한국 종교에 있어서 여성의 위치를 잘 알 수 있는 대목이다.

53 천이두, 『한의 구조연구』, 210쪽.

짖어 기도하는 것이 최상의 기도라 믿고 있었다. 이러한 한국 여성
들이 우는 울음의 중요한 모티브는 넋풀이로 이해된다.[55] 또한 울면
서 애통하며 기도하는 것은 통성기도와 연결이 된다. 초기 한국 선
교사였던 스캇은 통성기도를 '소리의 바벨탑'(a babel of sound)이라
고 표현할 정도로 그런 기도형식 자체에 동의하지 않았으며, 기독교
신학자인 이덕주 교수는 통성기도가 불교나 유교, 민간신앙에서 집
단적으로 소리 내어 경이나 주문을 외우는 독경(讀經) 혹은 독송(讀
誦) 문화와 밀접한 관련을 맺고 있으며 구한말의 독특한 정치 사회
적 상황에서 자생적으로 창출된 토착적 신앙양태로 보고 있다.[56]

그런 울면서 하는 기도나 통성기도는 특히 새벽기도나 심야기도
에서 많이 나타난다.[57] 그러므로 초기 한국기독교에서는 교인들이
새벽기도회를 계속했으며 심지어는 새벽종 치는 소리만 들어도 울
면서 예배당에 나오는 자들이 허다했다고 한다.[58] 그들은 하나님과
이루어지는 일상적인 대화의 기도보다 애타는 마음으로 울면서 기

---

54 William N. Blair, *Gold in Korea*, 82, 102-104쪽 참조.

55 최길성, 『한국인의 한』, 63쪽.

56 이덕주, "초기 부흥운동에 나타난 한국교회의 영적 각성", 『크리스챤 신문』(2063
   호), 2004.2.3. 참조

57 한국사회의 타종교인들의 기독교에 대한 원래적 입장은 부정적이지도 않고 긍정
   적이지도 않다. 그러나 어느 지역에 교회당이 들어서면 주변의 땅값이 하락한다
   는 것은 이미 오래 전부터 있어온 현실이다. 그러므로 지금도 교회당이 들어선
   다고 하면 주민들이 심한 반대를 하는 것이 일반적이다. 그에 대한 가장 중대한
   이유는 새벽이나 밤에 기독교인들이 울면서 기도하기 때문이다. 비기독교인들의
   입장에서 볼 때 그것은 심한 소음일 수도 있고 청승맞은 종교행위일 수도 있는
   것이다.

58 김인서, "靈界先生小傳後篇", 『신앙생활』, 제15권 1호, 1936년 1월, 28쪽; 서정
   민, 「한국교회 '토착화'와 '토착화신학'에 대한 역사적 이해」, 『한국기독교와 역
   사』, 제18호, 155쪽.

도하는 것이 훨씬 우월하다고 생각하고 있는 것이다.

초기 한국 교회의 여성들은 교회에서 많은 눈물을 쏟았다. 초기 한국교회 여성들은 기도를 할 때 큰 절을 하듯이 마루바닥에 이마를 대고 엎드려 기도했다.[59] 이는 감히 신 앞에 고개를 들 수 없음을 보여주고 있으며, 그 신은 대화의 상대가 아니라 복종의 신령한 대상이라 생각했기 때문에 나타나는 현상이었다. 그들은 주로 교회당에서 엎드려 울면서 기도하기를 좋아했다. 그것은 교회당이 문제해결의 가능성을 지닌 성소로써 여성의 해방공간이 되고 있음을 의미하며 그 '울음'은 한풀이와도 맥이 통한다. 아무도 간섭하지 않고 집안사람들의 눈치를 볼 필요 없는 해방구에서 마음껏 울며 기도할 수 있는 것은 여성들에게 주어진 엄청난 특권이라 할 수도 있다.

우리가 알고 있는바 한국인의 종교전통에 있어서 울면서 한을 풀어내는 일에는 여성들이 익숙하다. 남성들은 울고 싶어도 체면으로 인해 울지 못하고 참으며 그렇지 않은 듯이 행동하는 것이 한국인의 정서이다. 그러므로 여성들은 자신의 속내에 집중하며 울면서 애타는 마음으로 기도하기에 용이한데 이는 한국 여성의 한의 심성과 깊이 연관되어 있는 것이다. 그리고 한국 무속에서 무당은 굿을 하면서 자연스런 울음을 유발하고 그것을 통해 굿의 효과를 극대화하였다. 나아가 그것은 무당의 수입으로 직결 되었으니 그로 인해 확실한 선전효과 까지 얻을 수 있었던 것이다.[60]

한국 기독교인들에 있어서 통과의례(通過儀禮)와 세시의례(歲時儀禮)적 신앙관습은 매우 중요한 부분을 차지하고 있다. 이는 전통

---

59 William N. Blair, *Gold in Korea*, p. 20, 82 참조.
60 최길성, 『한국인의 한』, 54-57쪽.

적 종교문화에 기인하는 것으로 신령들과 밀접한 관계가 있다. 그것은 한을 기반으로 하는 한국 민간신앙을 신봉하는 일반 사람들의 생활의 근간을 이루고 있었다. 그러므로 기독교인이 되고 나서도 여전히 통과의례와 세시의례는 새로운 신과 종교로 대치되어 이어졌다. 그 의례 중 일부는 점차 기독교적 방식으로 전환되어 새로운 의미로 발전하게 된 것이다.

한국인들 가운데 스스로 독실한 신앙을 가졌다고 생각하는 사람들은 날마다 새벽기도를 하며, 그런 종교적 관습에 얽매여 있는 사람들은 새벽기도를 빠지면 뭔가 큰 잘못을 저지른 것처럼 생각하기도 하고 불안한 마음을 가지기도 한다. 이는 의례화된 종교관습이 되어 있기 때문에 일어나는 현상이다. 한국교회에서는, 새벽기도가 모든 교인들에게 보편적으로 해당되는 기도관습이 아니라 성직자를 비롯한 남성 지도자들과 여성 일반 신자들 사이에 존재하는 종교적 관습이다. 성직자나 장로 등 교회 지도자들에게는 새벽기도가 필수적이며 독실한 여성 신도들은 날마다 새벽기도를 하고 있다. 그러나 성직자나 장로 등 직분자가 아닌 일반 신자들은 새벽기도를 하지 않는다 해도 질책의 대상이 되지 않는다. 올바른 신앙이란 교회에서 직분적 위치나 남성, 여성과는 아무런 상관이 없는 것이어야 하지만 한국교회의 새벽기도에서는 그것이 두드러진다.

한국의 독실한 기독교인들이 가족의 백일, 돌, 생일, 혼인, 회갑, 장례, 추도식 때 성직자를 불러 특별예배를 보는 것과 설, 추석 등 명절을 맞게 되면 제사대신 예배를 보는 것, 그리고 집안에 일상적이지 않은 변화나 일이 있을 때 특별예배를 드리는 것은 그와 동일한 맥락이다. 묵은해를 보내고 새해를 맞이할 때 신에게 자신의 정성을 표현하는 한국 기독교의 송구영신예배는 특이한 종교적 의례이다. 많은 교인들은 송구영신예배를 통해 소원을 빌기도 하고 소원을 적은 쪽지를 성직자에게 주어 특별한 기도를 받기도 한다. 물론 더 나은 효과를 위해 특별한 헌금을 바친다. 이 또한 여성들이 그것을 위한 주도적 위치에 있음은 괄목할만하다.

또한 집안 식구들의 특별한 날을 맞추어 종교적 의미를 부여하기 위한 준비를 하는 것은 여성들의 몫이다. 즉 가족 중 백일, 돌, 생일 등을 맞이하게 되면 성직자를 불러 특별예배를 보게 되는데 그것을 위한 대외적 섭외나 준비는 대개 여성들의 몫이다. 또한 한국 기독교에서는 무엇인가 새로운 일을 시작할 때 특별예배를 드림으로써 종교적인 통과의례를 치르게 된다. 즉, 개업을 한다든지 이사를 했을 때 혹은 공장의 기계나 자동차 등을 구입했을 때 동일한 예배의식을 치르게 되는데 이때도 그 섭외를 담당하는 것은 주로 여성들이다.

그리고 여성 신도의 성미제도는 한국교회의 특성 가운데 하나이다. 하루일과에 있어서 날마다 감당해야할 여성의 종교적 역할은 매우 중요하다. 옛날 부인들은 늘 단정한 자태를 유지하는 것이 종교적 덕목이었다. 특히 주부들은 다른 사람들이 세수하는 모습을 볼 수 없는 이른 시간에 몸단장을 마치는 것이 일반적이었다. 부인들이 이른 새벽부터 정결을 유지하였던 것은 신령제사와 깊은 연관이 있었던 것이다. 여성들은 대개 이른 아침 남몰래 몸단장을 마치고 부엌에 들어가 조왕신에게 정화수와 함께 성미(誠米)를 바쳤다.

성미는 '정성이 깃들여진 쌀'이라는 뜻으로 주부들이 아침밥을 짓기 전 조왕신에게 바치는 가장 미리 행하는 종교의례였다. 새벽 일찍 일어나 아침식사를 준비하는 주부들은 쌀의 일부를 신령에게 바치는 몫으로 한 숟가락 정도의 양을 조금씩 따로 챙겼다. 그것을 '고수레'의 한 방식으로 신령에게 바친다는 성심으로 밖으로 던지기도 했으며, 불교를 믿는 사람들은 그것을 모아 두었다가 시주(施主)하기도 했다. 그들에게 있어서 그 쌀은 정성이 깃든 특별한 성미였던 것이다. 그런 습성을 가지고 있던 부인들이 복음을 알고 나서부터는 매일 아침 그 성미를 조금씩 모아 신령에게 바치는 대신 교회에 가져오기 시작한 것이다. 점차 성미는 '주의 종'이라 인식된 성직자와 그의 가족이 먹어야 한다는 생각을 하여 거룩한 쌀인 성미(聖米)가 되었던 것이다.[61]

또 하나 중요한 것은 한국 기독교의 십자가는 붉은색이 그 상징으로 되어 있다는 점이다. 이는 역사 가운데 존재했던 여러 교회들이나 현재 세계에 흩어져 있는 기독교들과 비교해 볼 때 매우 특이한 현상이다. 붉은색 네온사인이 보편화되기 이전의 한국 기독교인들의 마음에 새겨진 십자가는 붉은색이었음을 눈여겨 볼 필요가 있다. 이는 한국인의 기본신앙에 깔려 있는 피와 연결되는 개념이다.

한국 기독교의 붉은 십자가는 단순한 표지일 뿐 아니라 종교적 영역표시의 역할을 하기도 한다. 이는 넓은 의미에서 보아 일종의 '골막이' 역할을 하는 것이다.[62] 신자들은 그 표시가 있는 지역에 가거나 그 표시를 보게 되면 경외감과 동시에 안도감을 가지게 된다. 서울의 밤하늘에는 온통 붉은 십자가로 가득 차 있다 해도 과언이 아니다. 외국에서는 붉은 십자가를 잘 볼 수 없다. 대개 외국인들은

---

61 이광호, "성미에 관하여", 『한국기독신문』(제330호), 2002.12.7, 6면.
62 이광호, 『이슬람과 한국의 민간신앙』, 164쪽 참조.

붉은 십자가(Red Cross)를 민간 자선단체 적십자라 생각하고 있다. 외국의 경우 교회당 건물에 있는 십자가는 대개 목재나 철재 십자가로 그 위에 닭 모양을 올려두기도 하고 경우에 따라서는 피뢰침으로 활용하기도 한다.

한국 기독교가 붉은 십자가에 깊은 의미를 두고 있는 것은 한국인의 한과 연관된 종교적 심성 때문이다. 피는 여성과 관련되는 개념이다. 여성의 출산 때 발생하는 피의 의미는 종교학적으로 중요한 의미를 지닌다. 출산 후 붉은 고추와 함께 금줄을 치는 것은 잡신을 물리침과 동시에 생명을 보존하기 위한 하나의 종교의례였다. 집안의 잡신과 우환을 물리치기 위한 일은 주로 여성들의 종교적 활동에 기인한다. 장을 담글 때 장독 안에 붉은 고추를 넣어두거나 장독 밖에 새끼를 꼬아 꽂아두는 것은 역시 붉은 피와 관련된 것이다. 장을 담글 때는 신령에게 비는 특별한 제사의례를 행했으며 장독 안팎에는 악귀를 물리칠 수 있는 검은 숯, 푸른 솔잎, 붉은 고추 등을 사용했던 것이다. 사람들이 다른 집이나 새집에 이사를 하게 되면 집 안팎에 붉은 색 황토를 뿌리는 것을 보게 되는데 이 또한 자기 집과 상관없는 악귀들을 물리치려는 종교심과 연관된다. 또한 동짓날 팥죽을 끓여먹는 것도 피와 연관이 되는데 이 모든 것은 여성 주도적이다.

한국 기독교의 십자가가 붉은 것은 예수 그리스도의 피와 관련된 것이며 그것은 또한 전통적 종교에 있어서 여성들의 피에 대한 개념과 조화되는 개념이다. 한국 기독교에 있어서 교회당 위에 장식된 십자가는 낮에 모형으로만 보는 의미와 밤에 붉은 색깔을 통해 느끼는 감정이 틀리다는 점은 괄목할만하다. 그것은 역시 피와 관련된 색깔로서 한을 기반으로 하는 민족종교의 배경에서 자연스레 생겨난 종교심성인 것이다.

그리고 한국 기독교에는 매개자(Medium) 개념이 분명히 존재한다. 이 또한 성직자와 일반 신자들, 특히 여성들 사이에 두드러지는 종교적 개념이다. 한국 민간신앙에서는 일반인들과 무당 사이에는 엄청난 차이가 존재한다. 일반인들은 신을 쉽게 만날 수 없었지만 무당은 신과 교제할 수 있는 특별한 존재로 여겼기 때문이다. 그 뿐 아니라 한국인들의 종교 심성에는 신령에게 직접 나아갈 수 없다는 생각을 가지고 있었으며 그 결과 신을 두려워하는 경향이 있었다. 그러므로 항상 가까이 있으면서도 멀리해야만 하는 신앙개념을 가지고 있었던 것이다.

그것은 개인, 집안, 마을 등 모든 영역에서 드러난다. 예를 들어 눈에 보이지 않으나 늘 가까이 있는 '삼신 할매'는 항상 신령과 인간 사이에 존재하는 중재자 기능을 하고 있었으며, 대개는 마을에 함께 살고 있는 가시적인 '용한 할매'를 두어 무의(巫醫)의 역할을 감당하게 했다.[63] 뿐만 아니라 한국여성들이 가정에서는 주부무당의 기능을 감당했다는 점은 앞에서 밝힌 바 있다. 이보다 좀더 넓은 종교적 범주에 존재하는 자가 곧 무당이다.

이와 같이 전통적인 한국사회에서 일반인들은 항상 신과 인간 사이를 중재하는 신적인 인간존재를 필요로 하고 있었다. 그러므로 다수의 여성들은 특별한 중재자를 두기도 했으며, 경우에 따라서는 스스로 일시적인 특별한 중재자가 되기도 했다. 한국 기독교에서는 성

---

63 이광호, 『이슬람과 한국의 민간신앙』, 111, 112쪽.

직자를 신과 일반성도 사이에 존재하는 매개자처럼 인식하고 있다. 일반 교인들의 기도보다는 성직자의 기도가 훨씬 효력이 있을 것으로 믿고 있는 것이다. 이는 성직자들이 마치 신처럼 말하고 행세하기 때문이며 자신의 생각과 기도를 마치 신의 것인 양 선포하기 때문이다.[64] 그런 자들은 스스로 '신의 종'이라는 논리로서 자신을 매개자로 주장하고 있는 것이다.

현대에 이르기까지 한국 기독교에 있어서 교회와 가정의 연결고리 역할은 여성들의 몫이었다. 특히 한국교회의 심방에 있어서 접객자로서 여성의 역할은 지대하다. 그것은 두 가지 측면에서 살펴볼 수 있는데 하나는 남성인 성직자가 주도적으로 심방을 했다는 점과 심방객을 맞는 집주인은 주로 여성이었다는 사실이다. 한국 기독교인들은 성직자가 심방하는 것을 매우 중요하게 생각한다. 그것은 성직자가 가정을 위해 복을 빌어줄 것이라는 종교적 기대심리 때문이다. 성직자가 심방을 할 때는 대개 여성 보조원들이 있다. 그것은 여성 혼자 있는 집안에 남자인 성직자 혼자서 들어가는 것이 어색하기 때문일 것이며 동시에 여성을 대할 수 있는 여성의 역할이 있기 때문일 것이다. 지금도 그렇듯이 남성들은 밖으로 일을 나가고 주로 부인들이 가정에서 심방객을 맞는 것이 일반적이었다. 그러므로 여성이 집안에서 하는 역할 중 하나는 집안이 복을 받는 것이었으며 그것은 순전히 여성의 몫이었다. 이것이 종교적 지배층에 있는 성직자와 가정의 주부의 신앙심을 통한 연결고리 역할을 했으며 한국교회 성장의 중요한 배경이 된 것이다.

---

64 김진, 『종교문화의 이해』, 126, 127쪽.

6. 결론

한국교회는 한국무속 신앙의 종교적 토양 속에 그 뿌리를 내렸고 오늘에 이르기 까지 성장하였다. 무속신앙은 한국 민중의 신앙이며 한의 종교이다. 한맺힌 민중 특히 여성들이 한풀이를 해온 것이 곧 무속신앙이다.[65] 한국 민중들은 이 신앙습성을 통해서 맺힌 한을 풀어왔던 것이며 이 민간신앙은 천대받는 사람들 특히 부녀자들 사이에서 많이 나타났던 것이다.[66]

한반도에 기독교가 전래될 당시인 19세기 말 서양 선교사들이 처음 본 한국 여성의 모습은 비인격적이었으며 매우 비참한 생활을 한다는 점이었다. 그러므로 그들에게 필요한 것은 사회와 가정으로부터 주어지는 진정한 자유라 생각되었다. 그래서 기독교가 정착되어 가면서 선교사들은 여성들을 특별히 교육시키기도 했으며 처음부터 여성들을 위한 분명한 목적을 가지고 활동하는 선교단체가 생겨나기도 했다.[67]

한국 개신교의 초기 여성들은 억눌렸던 의식을 기독교 활동을 통해 발산했으며, 당시 교회 안에서 이루어지는 여성모임은 교회를 통해 제공된 유일한 여성들만의 세계였다. 초기 한국기독교 여성들이 교회내 여전도회를 통해 활발하게 활동했던 것은 잃어버렸던 자신의 삶을 위한 회복운동이었으며 그것은 짓눌렸던 여성의 의식을 해

---

65 임택진, 「예수 믿고 복받는다?」, 『민간신앙』, 서울, 두란노서원 1991, 127쪽.
66 임택진, 같은 글, 129, 130쪽.
67 Charles E. Kaumann과 Ernst A. Gilborn 등 Moody Bible School 출신의 선교사들이 1901년 이후 세운 초기 단계의 동양선교회는 여성들에게 각별한 관심을 기울였던 선교단체이다.

방시키는 역할 때문이기도 했다. 그리하여 한국 기독교 여성들은 1920년대부터 여성권익 향상을 위한 조직적인 다양한 운동을 교회 안에서 전개하기 시작했던 것이다.[68]

한국 기독교의 여성 신도들은 전혀 다른 새로운 종교를 받아들였음에도 불구하고 그 전통적인 종교심성은 저변을 통해 여전히 강하게 흐르고 있었다. 그러므로 종교사회의 변천과 무관하게 한국인의 종교적 정서는 기독교의 내면 깊숙이 자리잡아 지속적으로 이어져 왔던 것이다. 수 천 년 이어져온 정통적 기독교에 비한다면 '변종'(變種)인 한국 기독교의 중심에는 여성의 집단적 한(恨)이 크게 자리 잡고 있음을 보게 되는 것이다. 그러므로 한국 기독교를 이해하기 위해서는 한국인의 종교들을 잘 이해해야 한다. 그 가운데, 모든 종교들과 상호 연관되고 습합된 상태로 기독교 여성 신도들의 종교 내면에 자리 잡고 있는 한국인의 한에 대한 이해를 해야 하는 것은 필수적이다.

우리가 알 수 있는 것은, 세계가 놀라워했던 한국교회의 급성장의 배경에는 여성의 고유한 한이 자리 잡고 있었으며, 기독교가 전래된 직후 이어졌던 일제강점기와 1940년대 제2차 세계대전, 그리고 한국전쟁을 통한 상실감과 60년대의 극한 가난과 사회적 혼란은 한을 담고 있던 한국 기독교 여성들의 가슴에 더욱 강한 종교적 불을 지폈으며 그 폭발력이 한국 기독교의 고속 성장에 크게 한몫을 했던 것이다.

현재 한국 기독교는 종교적 순기능과 역기능을 노출시키면서 많

---

68 최만자, 「1980년대 한국기독교 여성의 여성신학 수용과 전개, 그리고 그 영향」, 『한국기독교와 역사』, 제18호, 2003, 91쪽.

은 문제점들을 보이고 있다. 기독교가 한국사회에서 종교적 기능을 감당하지 못하고 도리어 역기능을 하고 있다는 지적들은 이미 오래 전부터 계속되어 왔다. 한국 기독교의 이면에는 종교적 기복사상과 민간신앙적 소원(所願)이 잠재하고 있으며 그 배경에는 한국인의 한, 더 정확하게는 한국 여성의 한이 서구 종교의 변형된 형태로 자리 잡고 있는 것이다. 보편 기독교와 동떨어진 한국교회의 현세 기복적이며 자기중심적인 종교형태가 결국 기독교에서 말하는 '사랑'이나 '세상의 빛과 소금'의 역할과는 무관한 종교로 전락하게 된 것이다.

많은 사람들이 현재 한국 교회가 구심점을 잃은 채 소강국면을 맞고 있다는 소리들을 한다. 한국교회가 복음의 알맹이를 상실한 채 지리멸렬하게 된 그 원인이 기독교의 기독교답지 못한 비윤리적 행태 때문이라고 분석하고 있는 이들이 많다. 그러나 논자는 기독교의 성장이 멈춘 것은 현대화된 한국인들이 가진 전통적인 삶의 양식에 커다란 가치 변화가 일어나고 있는 점과, 전통적인 한의 심성이 많이 사라졌기 때문인 것으로 파악한다. 성직자가 복을 기원하는 일이나 기도를 통해 현세적 복을 받게 되는 것에 대한 종교적 기대심리가 현저하게 줄어들었다. 즉 한국인의 기복사상과 기독교의 사상 사이에 공통점이 없으며 커다란 간격이 있음을 확인하게 된 것이다. 그것을 확인한 기복주의적 기독교인들은 천상(天上)의 기독교를 신앙할 이유를 상실해 가고 있으며 해소할 만한 한이 다른 방향으로 전이된 사실, 그리고 종교적이 아닌 다른 방법으로 한을 풀어낼 수 있는 길이 많이 열려 있는 것과도 연관된다.

현대 한국 기독교에서 일어나는 페미니즘 운동의 기저에는 역사상 흐름의 맥 속에 존재하는 여성의 집단적 한과 연관되며 기독교적으로 한층 승화된 개념으로 이해할 수 있다. 지금도 한국 교회에서는 남성과 여성의 역할이 뚜렷이 구분된다. 여전히 교회의 정치영역은 주로 남성들의 몫이며, 여성들은 교단 내부에서 봉사하는 소극적인 일에 참여하고 있다. 이는 한국의 일반사회에서 힘이나 권위로 말미암은 남녀 구분이 허물어지고 있는 것[69]과는 대비된다고 할 수 있을 것이다. 그러므로 한국의 진보적인 인사들은 기독교 여성들이 교회생활에서 남성 우월주의에 의해 억눌린 상태에 있다고 생각하고 있다. 대외적인 권력형 지위들과 군림할 수 있는 활동들은 거의 남성 성직자들이 차지하고 있으며 여성들은 거의 교회의 내부활동이나 사회 봉사적 행사에만 참여하고 있는 것은 남성우월주의적 사고에서 비롯된 것이라는 생각을 하고 있는 것이다. 그런 진보적 성향의 여성들은 남성과 여성을 비교하는 일에 매우 민감할 수밖에 없다. 그들은 남성들의 권력지향적 목회에 대해 민감한 저항적 반응을 한다. 역사적 피해에 대한 여성들의 집단적 보상심리 뿐 아니라 무의식적 새로운 틀을 구상하고 있기 때문이다.

한편 한국교회에는 수적 측면에서 항상 여성들이 남성들 보다 절대 다수를 차지해 왔다. 한국 기독교에서 성비(性比)가 맞지 않는 것은 지금도 마찬가지이다. 한반도에 기독교가 들어온 이래 기독교의 종교적 정서는 보편적으로 한을 기저로 한 여성들에게 적합한 것으로 변해 있는 것이 그 한 요인이 될 수 있다. 이러한 종교적 성

---

69 한국의 일반적인 직업이나 활동영역에 있어서는 이미 남녀 구분이 거의 사라졌다고 볼 수 있다. 정치, 사회, 문화 등 일반 분야에서는 남녀로 인한 성차별이 많이 사라진데 비해 기독교 내부에서는 여전히 남성과 여성의 권위적 차이가 강하게 존재하는 것으로 인식되고 있다.

향을 올바르게 파악하는 것은 한국 기독교를 이해하는데 있어서 매우 중요한 시금석이 될 것이다.

참고문헌

강돈구, 『근대한국종교와 민족주의』, 서울, 집문당 1992.

김경재, 『해석학과 현대신학 -복음과 한국종교와의 만남』, 서울, 한국신학연구소 1997.

김명자, 「가신신앙의 성격과 여성상」, 『여성문제 연구』, 제13집, 대구효성여자대학교 부설 한국여성문제연구소 1984.

김선풍, 「한국무속사상의 특징」, 『관동』, 10, 관동대학교 1979.

김성례, 「한국무속의 인격이해」, 『인간관의 토착화』, 서울, 한국천주교중앙협의회 1995.

김승혜, 김성례, 『그리스도교와 무교』, 서울, 바오로딸 1998.

김시열, 「한국교회 현실 속에 나타난 전통문화와 기독교」, 『성경과 신학』, 한국복음주의 신학회, 논문집 제11권, 1992.

김용덕, 『한국의 풍속사』, 서울, 도서출판 밀알 1994.

김인서, 「靈界先生小傳後篇」, 『신앙생활』, 제15권 1호, 1936.

김종서, 「종교학적 관점에서 본 한국교회사 연구」, 주간 『기독교』(1482호), 2002.

김진, 「무속신앙과 한의 신학」, 『신학사상』, 1989, 겨울.

김진, 「한국의 종교철학」, 안진오 박사 회갑기념논문집 『동양학 논총』, 광주 1990.

김진, 『종교문화의 이해』, 울산대학교출판부 1998.

노치준, 「근대한국의 종교와 민족주의의 문제-외래 종교인 그리스도교를 중심으로」, 『인문과학연구』, 창간호, 1995.

문순태, 「한이란 무엇인가」, 『민족과 문학』, 제1권, 세종출판사 1983.

민경배, 『한국민족교회 형성사론』, 연세대출판부 1974.

민경배, 『교회와 민족』, 서울, 대한기독교출판사 1981.

박일영, 「민간신앙을 통해서 본 한국인의 종교성」, 『효대논문집』, 제49집, 효성여자대학교 1994.

박일영, 「한국 무속의 신관」, 『신관의 토착화』, 서울: 한국천주교중앙협의 회 1995.

백낙준, 『한국 개신교사』, 연세대학교출판부 1973.

서광선 엮음, 『한의 이야기』, 서울, 보리 단기 4321

서정민, 「초기 한국교회 대부흥 운동의 이해」, 『한국기독교와 민족운동』, 서울, 종로서적 1986.

서정민, 「한국교회 '토착화'와 '토착화 신학'에 대한 역사적 이해」, 『한국기 독교와 역사』, 제18호, 한국기독교역사연구회 2003.

성백걸, 「한국 초기 개신교인들의 국가 이해(1884-1910)」, 『한국기독교사』 연구 21호, 한국기독교역사연구소 1988.

손승희, 「한국교회와 여성의 영성」, 『신앙과 신학』, 한국기독교학회 1989.

손승희, 「여성신학과 한국교회」, 『한국기독교신학논총』, 한국기독교학회 1997.

손인수, 『한국근대교육사』(1885-1945), 연세대학교출판부, 1971.

송호상, 「한말 개신교 선교사에 대한 이해」, 『신앙과 지성』 제13호, 한국신 학원 1998.

신성종, 「신약의 관점에서 본 민간신앙」, 『민간신앙』, 서울: 두란노서원, 1991.

안동우, 「정초풍속으로 본 한국인의 의식」, 『고향마을』, 서울: 새누리, 1995, 9월호.

유동식, 『한국 무교의 역사와 구조』, 서울, 연세대출판부 1975.

유동식, 『민속종교와 한국문화』, 서울, 현대사상사 1978.

유동식, 『풍류도와 한국신학』, 서울, 전망사 1992.

유종선, 「한국의 근대화와 기독교」, 『한국기독교와 역사』, 제8호, 한국기독 교역사연구소 2003.

유해무, 「공교회적인 교회론의 개혁과 회복을 향하여」, 『개혁신학과 교회』, 제10호, 고려신학대학원 2000.

윤이흠 외, 『한국인의 종교관 - 한국정신의 맥락과 내용』, 서울대학교출판 부 2001.

이광호, 『이슬람과 한국의 민간신앙』, 울산대학교출판부 1998.

이광호, 「번지는 풍수바람의 실태」, 『목회와 신학』, 서울, 두란노 1998, 1월 호.

이광호, 「통과의례에 관한 연구」, 『현대와 종교』 제20집, 현대종교문화연구 소 1997.

이광호, 「종교와 헤어스타일」, 『신앙과 지성』 제20호, 한국신학원, 2001.

이규광, 『한국문화의 구조적 이해』, 서울대학교 출판부 1999.

이덕주, 「초기 한국 기독교인들의 민족의식에 관한 연구」, 『초기한국기독 교사 연구』, 한국기독교사연구회 1995.

이덕주, 「초기 부흥운동에 나타난 한국 교회의 영적 각성」, 『크리스챤 신문 』(제2061-3호), 2004.

이만열, 『한말 기독교와 민족운동』, 서울, 평민사 1980.

이만열, 『한국기독교와 민족의식』, 서울, 지식산업사 1991.

이만열, 『한국기독교 수용사 연구』, 두레시대 1998.

이상규, 「1960년대 한국교회의 토착화 논쟁」, 『고신신학』 3, 부산: 고신신 학회 2002.

이혜석, 「한말 미국선교사들은 무엇을 전파하였나」, 『역사비평』, 9호, 1990.

임재해, 「민속학 쪽에서 본 한국인의 의식구조」, 『민속어문논총』, 계명대학 교출판부 1983.

임택진, 「예수 믿고 복받는다?」, 『민간신앙』, 서울: 두란노서원, 1991.

장정룡, 「세시풍속의 역사」, 『한국민속사 입문』, 임재해, 한양명 엮음, 서 울: 지식산업사 1996.

정경호, 「선교 초기 찬송가 및 노래말 속에 나타난 민족신앙과 사회변혁의 윤리(선교초기에서 1930년대 까지를 중심으로)」, 『신학과 목회』, 12 집, 영남신학대학교 1998.

조영렬, 「일제하 개신교 선교사연구(1905-1920) - 미국 선교부의 정치적 동 향을 중심으로」, 건국대 박사학위논문 1993.

조흥윤, 「'무' 전통에서 보는 그리스도교」, 『종교신학연구』 제6집, 서강대 학교 종교신학연구소 1993.

조흥윤, 『한국종교문화론』, 서울, 동문선 2002.

주강현, 『우리 문화의 수수께끼 1.2』, 서울, 한겨레신문사 1997.

천이두, 『한의 구조연구』, 서울, 문학과지성사 1993.

최광식, 「삼신할머니의 기원과 성격」, 『여성문제 연구』, 제11집, 효성여자
　　대학교 부설 한국여성문제연구소 1982.
최길성, 「한국무속의 엑스타시 변천고」, 『아세아연구』, 제12권, 제2호,
　　1969.
최길성, 「무속에 있어서 '한' '원혼' '진혼'」, 『민속어문논총』, 계명대학교
　　출판부 1983.
최길성, 『한국인의 한』, 서울, 예전사 1996.
최만자, 「1980년대 한국기독교 여성의 여성신학 수용과 전개, 그리고 그
　　영향」, 『한국기독교와 역사』, 제18호, 2003.
홍수기, 「초기한국기독교와 유교의 접촉에서 야기된 문제(Ⅰ)」, 『신학지남』,
　　'82 여름호, 서울, 신학지남사 1982, 35-50쪽.
홍수기, 「초기한국기독교와 유교의 접촉에서 야기된 문제(Ⅱ)」, 『신학지남』
　　'82 가을호, 서울, 신학지남사 1982, 174-195쪽.
Blair, W.N., *Gold in Korea*, Edinburgh: The Banner of Trust, 1948; 『속히
　　예수 밋으시기를 바라나이다』, 김승태 역, 서울, 두란노 1995.
Brown, A.J., *Report of a visitation of the Korea Mission*, 1901(백낙준, 『한
　　국 개신교사』, 연세대학교출판부 1973).
Davis, G.T.B.. *The Missionary*, Vol. 43, No. 5(May, 1910)(백낙준, 『한국
　　개신교사』, 연세대출판부 1973).
Dennis, J.S., *Christian Mission and Social Progress*, Edinburgh: Oliphant
　　Anderson & Ferrior, 1899.
Gale J.S., *Korea in Transition*, New York: Young People's Missionary
　　Movement of the United States and Canada, 1909.
Gifford, D.L., *Every-Day Life in Korea*(1897, 11), 『조선의 풍속과 선교』,
　　심현녀 역, 서울, 한국기독교역사연구소 1995.
Griffis, W. E., *Corea: The Hermit Nation*, New York: Charles Scriber's
　　Sons, 1907; 『은자의 나라 한국』, 신복종 역, 서울, 집문당 1999.
Hall, S., *With Stethoscope in Asia: Korea*, 『닥터 홀의 조선회상』, 김동열
　　역, 서울, 좋은씨앗 2003.
Harvey Cox, *Fire From Heaven*, 『영성, 음악, 여성』, 유지황 역, 서울, 동
　　연 1996.
Horace N. Allen, *Things Korean*(1908), 『알렌의 조선체류기』, 이순자 역,

서울, 예영커뮤니케이션 1996.

Huntington, S.P., *The Clash of Civilization*, 『문명의 충돌』, 이희재 역, 서울, 김영사 1997.

Parsons, E. C., *"Fifteen Years in the Korean Mission"*, New York: The Willett Press(『한국기독교와 역사』, 제18호, 한국기독교역사학회, 부록).

Smith, W.C., *Towards a World Theology*, Philadelphia: The Westminster Press 1981.

Smith, W.C., *The Meaning and End of Religion*, 『종교의 의미와 목적, 길희성 역, 왜관, 분도출판사 1991.

Van-der Leeuw, G., *Inleiding tot de Phaenomenologie von den Godsdienst*, 『종교현상학 입문, 손봉호, 길희성 역, 왜관, 분도출판사 1995.

Van-Gennep, A., *Les rites de passage*, 『통과의례』, 전경수 엮, 서울: 을유문화사 1994.

Vinton, C.C., *The Last Advance in Korea*, MRW, Vol.13, No. 5, 1890.

제6장 │ 한의 현상학적 분석

김영필

본 연구는 한국인의 보편적 정서인 한에 대한 철학적 담론이다. 특히 현상학적 관점에서 다시 읽어내는 것이 목적이다. 기존의 연구성과들은 한국인의 정체성인 한에 대해 문학적으로 지나치게 미화하거나 혹은 부정적으로 다루는가 하면, 다소 편협한 이념적 접근을 시도한다. 이러한 접근은 자칫 한국인의 한이 가지는 혼성적 구조를 단순화할 위험성이 있다. 이런 점을 고려하여 본 연구자는 한이 가지는 다층적 구조를 현상학적 관점에서 읽어내고, 현상학적으로 다시 구성해 보는 시도를 한다. 한의 구조를 특정한 하나의 요소로 환원하는 오류를 피하기 위해 본 연구는 한의 현상학적 통일구조를 드러내고, 자칫 미화하거나 소극적으로 접근할 수 있는 위험성을 차단하기 위해 '한'이라는 근본적 사태, 즉 우리 민족의 역사적 상흔으로서 전승되어 온 한의 역사적 현사실성을 있는 그대로 기술하는 것이 중요하다는 사실을 강조한다. 우리민족의 역사적 아프리오리 (Apriori)로서 전승되어 온 '한'이라는 근본적 사태 자체로 되돌아가 거기에서부터 새롭게 그 원본적 사태를 드러내는 데 목적이 있다. 그리고 우리민족의 정체성으로서 한이 가지는 화해의 지향성을 강조하기 위해, 한이 가지고 있는 타자중심의 메타포를 강조하고 있다.

1. 서론

본 연구는 한국인의 한에 대한 새로운 이론을 제시하는 데 목적이 있지 않다. 기존의 연구성과들에 대한 하나의 주석에 지나지 않는다. 철학적으로 덜 읽혀진 페이지들에 대한 부록 내지 각주이다. 특히 한국인의 한의 특유한 성격인 다충성, 즉 겹겹이 싸여있는 한의 성층구조를 추상적인 개념적 도구로 재단할 위험성에 저항하면서 그 한의 의미구조를 현상학적으로 풀어내는 것이 본 연구의 목적이다. 이를 통해 한국인의 한은 원(怨), 탄(嘆), 정(情), 그리고 원(願) 등이 유적 통일성을 이루고 있는 지향적 통일체라는 사실을 밝힐 것이다.

본 연구는 우선 한국인의 한이 가지는 내포적 복합성이 단순히 여러 가지의 요소들이 다양하게 얽혀 있는 것이 아니라, 그 여러 요소들이 지향적 연관성을 가지면서 하나의 통일성을 이루고 있다는 사실을 강조할 것이다. 즉 한국인의 한을 특정한 관점, 예컨대 지나치게 부정적이거나 긍정적 혹은 지나치게 과거지향적이거나 미래지향적인 관점에서 개념적으로 추상화하기에 앞서, 이미 주어져 있는 실상을 있는 그대로 읽어내는 현상학적 직관(直觀, Intuition)과 기술(記述, Deskription)이 본 연구의 주요 방법론이 될 것이다.

본 연구의 이러한 목적과 방향에 주요한 의미를 가진 선행연구는 천이두의 『한의 구조 연구』(문학과지성사, 1993)이다. 그는 이 저서에서 한국인의 한이 가지는 다충성과 복합성을 강조하면서 일면적이고 단편적으로 이해되어 온 한의 개념규정의 한계를 극복하고 있다. 그는 한국인의 한에 대한 기존의 연구성과들을 다음과 같이 분류한다.

1) 정한론(情恨論): 한국적 한의 고유성은 바로 다정다감한 정감을 그 속성으로 가진다는 사실을 부각시킨다.

2) 원한론(願恨論): 한국적 한의 원(願), 즉 기원적(祈願的) 요소를 부각시킴으로써 한의 진취적 미래지향적 계기를 부각시킨다.

3) 원한론(怨恨論): 한국인의 고유한 속성인 원(怨), 즉 유달리 깊고 짙은 원한의 정서를 부각시킨다.

4) 민중적 한론(民衆的 恨論): 한을 억압당해온 민중의 한으로 규정한다. 민중의 한을 에너지로 사회개혁의 당위성을 강조한다.

천이두는 이상의 각각 다른 접근방식으로 다양하게 이루어져 온 한에 관한 논의가 한국적 한의 다층적·혼성적 구조와 그 복합성을 간과하고 자칫 일면적 구조로 환원할 위험이 있다고 지적한다. 정한론(情恨論)과 원한론(願恨論)은 한의 일면적 속성만을 부각시키는 단점을 가진다. 그리고 원한론(怨恨論)은 프로이트의 정신분석학적 모델을 적용하여 한국인의 한을 지나치게 원망적 요소로 환원하고 또한 이를 풀어내어야 할 마음속의 응어리로만 해석함으로써 맺힘-풀림이라는 이원론으로 접근한다. 모든 것을 억압가설로 설정하여 접근하는 프로이트적 가설이 가지는 태생적 한계를 극복하지 못하는 한, 한국적 한의 다층성과 역동성을 간과할 위험이 있다. 민중적 한론 역시 원한론처럼 억압함-억압됨이라는 이분법적 도식으로 접근하는 한계를 갖는다. 민중이란 개념이 가지는 외연적 한계를 극복하지 못하는 한 민중론적 접근 역시 한국적 한을 지나치게 이데올로기적으로 환원하는 위험성을 가지지 않을 수 없을 것이다.

한국적 한의 실상을 단적으로 읽어낼 경우, 한국인의 한은 그것을 어느 하나의 요소로 환원할 수 없을 정도로 서로 층을 이루어 지향적으로 얽혀 있는 구조라는 사실을 확인할 수 있을 것이다. 본 연구자는 한의 지향적 구조연관을 읽어내기 위한 효과적인 채널로 '지향적 정초관계'(Fundierungsverhältnis) 혹은 '지향적 지시관계'(Ver-weisungsverhältnis)라는 현상학적 도식을 인용한다. 다시 말해 한국인의 한은 구조적으로 여러 복합적 요소들이 서로 '정초지우고-정초지워진'(fundierende-fundierte) 혹은 '서로를 지시하는'(verweisende) 지향적 관계를 이루고 있다는 사실을 강조할 것이다. 이런 맥락에서 본 연구는 기존의 연구 성과를 토대로 하면서, 한국인의 한의 고유성을 에드문트 후설(Edmund Husserl)의 현상학적 방법론에 호소하여 새롭게 읽어내려고 한다. 물론 현상학은 서양철학의 방법론이다. 한국의 한의 고유성을 서양철학적으로 이해하기에는 근본적 한계를 가진다. 하지만 본 연구는 한국인의 한의 다층적 구조를 분석하기 위한 하나의 방법적 원리로서 현상학을 적용할 뿐이다.

2. 현상학적 환원

우리는 … 현상 속에서 현실적으로 직관되는 것을, 그것을 고쳐 해석하는(umdeuten) 대신 그 자체 있는 그대로 취하고 충실히 기술할 용기를 가져야 한다.[1]

모든 원칙 중의 원칙: 원본적으로 부여하는 모든 직관이 인식의 권리원천이다. 직관 속에서 원본적으로(말하자면 그 생생한 현실성 속에서) 우리에게 제시되는 모든 것을, 그것이 주어져 있는 바대로, 하지만 그것이 주어져 있는 한계 내에서만 받아들여야 한다.[2]

---

1 E. Husserl, 『이념들 I』, 247쪽.
2 같은 책, 51쪽.

현상학의 원칙은 바로 개념적 추상이나 논리적 추론에 의해 존재의 실상이 굴절되기에 앞서 주어져 있는 것을 아무런 편견 없이 생생하게 단적으로 직관하는 것이다. 온갖 종류의 형이상학적 가설 하에서 사태 자체를 단적으로 붙들지 못한 전통적 태도로부터 자유로워져서, '사태 자체로' 돌아가 거기에서부터 다시 실상을 여실하게 읽어내려는 현상학의 원칙은 '한국인의 한'의 구조를 그 다층성과 복합성 그리고 그것들 사이의 지향적 통일성을 단적으로 읽어내기 위한 중요한 방법론을 제공한다.

　만약 한국인의 한을 원한과 같은 대상지칭적 언어로 도식화할 수 없는 선어어적 경험이라고 한다면, 추상적이고 파생적인 기호 언어에 의해 도식화된 개념화된 '한' 이전에 우리에게 생생하게 경험된, 즉 선(先)개념적 생활세계 속에서 지각된 한으로 돌아가야 한다. 한에 대한 개념적 이해에 앞서 생생한 삶 속에서 지각된 한의 경험에서 시작해애 할 이유는 바로 지금까지 한의 개념적 인식이 가져다 준 개념적 혼란으로부터 자유로울 수 있기 때문이다. 생활세계적 경험으로 주어진 한의 실상은 더 이상 개념적 추상에 의해 요소로 분리될 수 없을 만큼 원(怨)-탄(嘆)-정(情)-원(願) 등으로 서로 그 의미가 얽혀 있다. 원한의 어두움 속에서도 기원과 희망의 밝음이 얽혀 있고, 탄과 정이 서로 얼개를 나누고 있다. 노을을 하늘 배경과 분리할 수 없고 노을 자체에서 낮과 밤을 경계지울 수 없듯이, 한은 개념적으로 구획지울 수 없을 정도로 하나의 지향적 통일체를 이루고 있다. 바로 이점에서 한에 대한 이론적-개념적 분석이나 설명 이전에 이미 주어져 있는 한의 실상을 있는 그대로 기술하고 직관해야 할 현상학적 방법이 요청되는 것이다.

현상학적 방법이 사태 자체로 돌아가 거기에서부터 새롭게 시작하려는 방법이라는 점을 전제한다면, 한에 대한 현상학적 분석은 일차적으로 한국적 한이라는 사태 자체로 돌아가는 소위 '한에 관한 현상학적 환원'의 절차를 필요로 한다. 개념적으로 추상되기 이전에 이미 주어져 있는 사태 자체로 돌아가 거기에서 충만한 의미를 길어 내려는 현상학은 한국적 한의 충만한 그리고 원본적(originär) 의미를 읽어내는 효과적 전략임에는 분명하다. 고은은 한에 대한 현상학적 접근의 필요성을 강조한다.

　　문제가 현실 속에 있지 않고 개념 속에 있을 때 그 문제의 생명력은 개념의 추상화로 이한 현실과의 괴리를 막기 위해 소모되어 버리기 십상이다. 그럼에도 불구하고 우리는 때로는 현실 속에 산재하고 있는 현상들을 문제로 삼아야 할 때가 있고, 그 전제가 개념화일 것이다. 개념이 결국 인식 행위의 조건이기 때문이다.[3]

고은은 한을 성급하게 개념화하면서 한 자체를 문학적 주제로 다루는 위험성을 지적한다. 즉 한의 일면을 개념적으로 주조하여 한 자체를 미화하는 것은 위험하다. 한을 개념적 주제로 성급하게 주조하면서 그 개념의 노예가 되어 한을 낭만적으로 미화시키거나 혹은 이념적 척도로 규정하는 것은 위험스럽고 불완전한 것이다.[4] 한은 문자 이전에 역사적 혹은 정치적 소산으로서 우리에게 이미 주어져 있는 것이다. 이에 대한 어떠한 개념적 장치도 그것을 굴절시킬 위험이 있다. 그러므로 한이란 무엇인가? 라는 물음은 결국 우리 민족

---

3 고은, 「한의 극복을 위하여」, 『한의 이야기』, 서광선 엮음, 보리, 단기 4231, 23쪽.
4 같은 책, 25쪽 참조

에게 역사적 사실로서 이미 주어져 있는 것에 대한 역사적 물음 이외의 다른 것이 아니다.

이런 맥락에서 고은은 한국인에게 한이 역사적 사실로서 주어지게 되는 배경을 확인해 준다. 그는 한국인에게 있어서 한은 문화 이전의 민중의 생활세계의 체험이다. 민중의 한이 문학적 주제로 거론되어 상투적으로 이야기되기 이전부터 전승되어온 역사적 진실이다. 오랫동안 만들어진 역사적 사실이고 진실이다. 그것도 결코 다른 가치로 전환될 수 없는 한으로서 지속되어 온 것이다. 한이 다만 한으로 소모되어 왔을 뿐이다.[5] 그러므로 한은 민중 및 역사에 대한 하나의 진실이다. 한에 대해 한을 흉내 내는 일 외에는 거짓이 없다.[6] 이와 같이 고은은 민중의 역사적 진실로 주어져 있는 한이란 사태 자체로 돌아가기를 주문한다. 왜냐하면 한은 개념적 추상에 의해 주조되기 이전의 비문자적 정서이기 때문이다. '비문자적'이란 바로 '선언어적' 혹은 '선개념적'이란 의미이다. 말하자면 한국인의 한은 문자나 개념적 인식 차원 이전에 역사적으로 전승되어온 실존적 경험이란 것이다. 정대현 역시 이런 의미에서 원한은 대상지향적인데 반해 한은 그렇지 않은 것으로 규정한다. 원한은 구체적 대상이 있어서 그 대상에 대한 개념적 인식이 가능한데 반해 한은 구체적 대상이 없이도 가능한 개념 이전의 자연적 체험이라는 것을 강조한다.[7] 한은 그 자체로는 지향적 의식이 아니다. 즉 한의 대상이 없기에 그 대상에 대한 개념적 인식도 가능하지 않다. 이어령 역시 원한

---

5 같은 책, 48쪽.
6 같은 책, 49쪽.
7 정대현, 「한(恨)의 개념적 구조」, 『한의 이야기』, 246쪽 이하 참조.

을 타인에 대한, 또는 자기 외부의 어떤 것에 대한 감정으로 그리고 한을 자기 내부에 침전하여 쌓이는 정의 덩어리로 구분하고 있다.[8] 그러므로 한은 개념적·대상적 인식에 앞서 역사적-지향적으로 형성되어 온 우리 민족의 역사적 아프리오리이다.

3. 역사적 아프리오리로서의 한

한국인의 한을 원(怨)이나 탄(嘆) 혹은 정(情)이나 원(願) 등으로 개념적으로 규정함으로써 놓칠 수 있는 것이 바로 한의 다층적 복합성이다. 그렇기에 여러 가지로 규정된 개념 이전의 직접적 경험으로서의 한을 그 사태에 충실하게 읽어내는 것이 중요하다. 논리적 혹은 개념적 추상에 의해 더 이상 굴절되어서는 안 될 직접적 경험으로서의 한은 개념적 인식의 차원 이전의 존재론적 지평에서 접근하지 않을 수 없다. 한은 인식론적 개념이 아니라 한국인의 실존범주이다. 우리는 한국인의 한이 가지는 초월론적 에토스를 피투적 (geworfene) 한계상황에서 기투(Entwurf)에로 전환해가는 보편적 삶의 양식으로 읽을 수 있다. 이러한 맥락에서 우리는 한국인의 한이 가지는 선술어적(先述語的)-실존적 함의를 생활세계의 장 속에서 확인하지 않을 수 없다. 한이란 말마디에 상응하는 어떠한 고정된 개념적 실체가 존재하지 않는 한, 한은 생활세계의 장 속에서 실존적-역사적으로 어떻게 그 의미구조가 형성되는가를 밝히는 것이 중요하다. 그러므로 개념적으로 추상된 결과로 인식하는 한에서부터 개

---

8 천이두, 『한의 구조 연구』, 문학과지성사 1993, 70쪽.

넘 이전의 선술어적 생활세계로 돌아가서 한의 구체적 의미구조를 드러내는 것이 중요하다. 특히 한을 한국인 개개인의 사적 감정이 아닌 한국인의 보편적 정체성으로 읽어내기 위해서, 한이 한국인의 역사의식의 보편적 아프리오리(Apriori)로서 어떻게 구성 혹은 전승되어 왔는지를 해명하는 것이 중요한 작업이다.

고은의 말처럼 한국인에 있어서 한은 유전이다. 우리에게 변질될 수 없는 민족 심상의 체질이다.[9] 한민족의 생활체험의 원형으로서의 한은 생활세계 속에 침전되어 있는 역사성에로 소급해서 되묻지 않으면 그 정체성이 드러나지 않는다. 한이 발생되어진 근원적 역사를 들추어내지 않고서는 한이 단순히 개인적 혹은 집단적 정서로 미화되기 십상이다. 한은 개인적 차원에서 경험하는 상처가 아니라 역사적 소산으로 남겨진 민족의 상흔이다. 상처는 개인의 주관적 아픔이지만 상흔은 비역사적 삶 속에서 어쩔 수 없이 물려받은 민족의 역사적 유산이요 과거로부터 습득한 전통이다. 비역사적 삶에 의해 분비된 생활세계의 역사의 전승물이다. 그러므로 생활세계로의 소급은 한의 실상을 여실하게 읽을 수 있기 위한 인위적-방법적 절차이다.

이 생활세계적 주관으로 되돌아가는 것은 심리학이 문제삼았던 것보다 더 철저한 주관에로 되돌아가는 것이다. 한은 생활세계적 경험으로서 더 이상 잘라낼 수 없는 한민족의 역사적 침전물로서 침윤되어 있다. 그러므로 역사적 침전물로서 한에 대해 묻는 것은 객관적 학문이나 심리학에 의해 물어지는 것보다 더 근원적이다. 이런

---

9 고은, 위의 논문, 32쪽.

점에서 한에 대한 문학적-정신과학적 혹은 심리학적 접근 등등이 가지는 근원상실을 이야기 하지 않을 수 없다. 생활세계가 이념으로 옷 입혀지기 이전의 순수한 실상에로 돌아가 다시 근원을 물음으로써 그 위에 비로소 객관적 학문으로서의 특수한 물음들이 보다 근원적인 답을 얻을 수 있다.

이 작업은 한에 관한 논리적-개념적 혹은 신학적, 형이상학적, 실증주의적 연구에 의해 이론적으로 주조되기 이전에 이미 항상 우리의 보편적 체험으로 전승되어 온 생활세계적 체험으로서의 한의 구체성을 기술하기 위해 필요하다. 한완상·김성기는 「한의 대한 민중사회학적 시론」에서 한을 민중의 생활세계적 체험으로 규정한 바 있다. 우리는 이러한 작업을 통해 한국인의 한을 "역사성이 결여된 개별적 정서"라는 부정적 평가를 넘어 보다 메타적 차원에서 새롭게 평가하기 위한 토대를 마련할 것이다.

만약 한이 한국인의 가장 일상적인 삶의 양식이고 구체적이고 직접적인 체험이라면, 한은 바로 우리 민족의 역사의 선험적 조건으로 이미 주어져 있는 역사적 아프리오리이다. 그러기에 한은 개인적이고 주관적인 경험이 아니라, 한국의 역사와 역사의식을 구조지우는 근원적 아프리오리이다. 이는 바로 생활세계적 한으로서 모든 개념적 논리적 역사를 앞서 규정하는 선험적 조건이다. 이 생활세계적 한에 대한 기술적(記述的)-지향적 해명이 없이 단지 한국인의 한을 술어적·개념적·인식적 차원에서 규정하는 것은 경험과학적-실증적 분석에 머무를 수밖에 없다.

이런 맥락에서 고은은 한의 일면을 통해 얻어지는 가능성 자체를 한에 대한 전폭적 미화를 오도하는 경우야말로 위험스럽다고 지적

한다.[10] 한에 관한 수많은 언어적 표현들의 노예가 되어 한의 실상을 온전하게 붙들지 못하는 위험성을 지적하는 말이다. 한은 문자와 개념 이전의 선술어적 직접적 경험이다. 그런데도 불구하고 개념으로서의 '한'에 노예가 되어 온갖 대립적 견해들이 난무하다. '정한(情恨)의 문학'과 '원한(怨恨)의 문학'으로 우리의 문학사가 대결해온 것도 이런 맥락에서 위험스러운 일이다. 한의 경험이 함의하고 있는 다층성과 다면성을 온전히 여실하게 읽어내지 못할 때, 한은 한편으로는 원한과 보복 그리고 혁명이라는 개념 군으로 그리고 다른 한편 한은 정한과 체념포기 현실순응이라는 개념 군으로 대립된다.[11]

한이 우리 민족의 고유한 생활세계의 경험으로서 역사적으로 전승되어 온 것이라고 한다면, 한에 대한 온갖 개념적 혹은 이념적 대립 이전의 구체적이고 직접적인 경험으로서의 한으로 돌아가서 다시 그 실상을 읽어내지 않으면 안 된다. 즉 개념적으로 읽혀지기 이전의 직접적 구체적 경험인 생활세계의 맥락에서 단적으로 직관할 수 있는 선술어적 경험으로 돌아가야 한다. 소위 "사태 자체로!"라는 후설의 현상학적 환원의 이념과 방법이 한에 적용되어야 할 필요성도 바로 여기에 있다. 한완상·김성기는 이런 이유로 한을 민중의 생활체험으로 읽어내기 위한 현상학적 괄호침의 필요성을 강조한다.[12] 한이 개념적으로 읽혀지기 이전의 선술어적 의미구조를 드러내기 위한 조치가 환원이다. 그 환원에 의해 읽혀진 한의 실상은

---

10 같은 논문, 24쪽.
11 임헌영, 「恨의 문학과 민중의식」, 『한의 이야기』, 107쪽.
12 한완상·김성기, 「恨에 대한 민중사회학적 시론」, 『한의 이야기』, 62쪽.

바로 역사적 흐름 속에서 생생하게 형성되어 오면서 한국인의 정체성을 형성해온 구체적이고 실질적인 생활세계의 아프리오리이다.

한에 관한 다양한 개념적 추상을 가로질러 흐르는 생활세계의 원형으로서의 한의 실상은 그때그때마다 다양하게 읽혀질 것이다. 원한으로 정한으로 한탄으로 그리고 기원 등등으로. 그때그때마다 개념적으로 다양하게 읽혀지는 한의 실상을 여실하게 읽어내기 위해서는 한이란 말마디를 둘러싸고 있는 학술개념적 외피들을 걷어내고 일상언어로서의 한으로 돌아가야 한다. 왜냐하면 한은 우리 민족의 구체적 일상의 삶의 형식을 대변하는 말마디이기 때문이다. 우리 민족의 생활세계의 역사 속에 원형으로서 구조화되어 있는 한에 대한 이야기는 한에 대한 개념적-논증적 대립과는 다른 차원의 접근이다.

그러므로 환원은 개념적 추상에 앞서 생생하게 현전하는 것에로 돌아가는 절차이다. 직접적 경험으로서의 생생한 현전(lebendige Gegenwart)은 바로 우리의 생생한 지각을 통해 주어지는 한의 실상이다. 온갖 이념적-미학적-형이상학적 추상에 의해 굴절되기 이전의 전반성적 사태로서의 한은 우리의 의식에 생생하게 현전하는 체험이다. 생생하게 현전하는 한은 그 자체로서는 미화되거나 이념적으로 주조되기 이전의 한이다. 이런 맥락에서 고은은 한은 오직 한으로 소모될 뿐이라고 말한다. 한 자체를 지나치게 혁명의 동인으로 읽어내는 것은 한에 대한 지나친 개념적 추상일 수 있다. 그러므로 고은은 한의 가능성이 아니라 불가능성의 정서이고, 희망의 감정이나 꿈꾸는 감정이 아니라 그것들을 다 포기한 체념 이후의 무아와 밀접한 감정이라고 말한다.

한민족의 한의 실상은 모든 개념적 추상 이전의 생활세계의 원형으로서 전승되어 온 것에서 확인하지 않으면 안 된다. 그것은 바로 한민족의 역사적 혹은 정치적 소산으로서 전승되어 온 민중의 한이다. 더 이상 개념적으로 잘라 낼 수 없는 한의 실상은 억울한 고통, 부당한 아픔이라는 역사적 구조적 현상이다.[13] 그러므로 한을 개인의 사적 경험으로 보거나 혁명을 통해 극복되어야 할 민중의 한으로 의식화하거나 혹은 문학적 미학의 대상으로 낭만적으로 그려내는 것도 위험스럽다. 한은 우리 민족의 역사 속에서 전승되어온 생생한 체험이다. 문자 이전에 이미 주어져 있는 생생한 현실이다.

이 생생한 현실로서의 한은 개념적 반성 혹은 구성 이전의, 아직은 이름을 갖지 않는 익명적 지평이다. 생생한 현전으로서의 한은 한편으로는 역사적 소산이면서 동시에 새로운 역사의 동인이기도 하다. 생생한 흐름으로서의 현재라는 시간 위상 속에는 과거와 미래에로의 뻗힘이 있다. 한민족의 역사 속에 생생하게 현전하는 한의 지평 속에는 고통과 슬픔이라는 체념구조와 동시에 이를 넘어서 초월하는 희망적 구조가 함께 현전한다는 사실을 읽어내는 것이 매우 중요하다. 과거와 미래와 단절된 채 고정된 상자처럼 머물러 있는 현재가 아니라 항상 과거로 지향하면서 동시에 미래를 지향하는 자기초월의 가능성이 현재와 함께 현전하고 있다.

이런 의미에서 한국적 한은 공격적·퇴영적 속성과 진취성·미래지향성이 지향적으로 층을 이루고 있는 통일체이다. 그러므로 한은 한국인의 생활세계적 체험의 원형으로서 역사적으로 전승되어 온

---

13 같은 논문, 65쪽.

실질적인 역사적 아프리오리이다. 한에 대한 현상학적 환원의 잔여로서 이미 주어져 있는 한의 실상은 바로 그것이 역사적 현사실로서 전승되어 왔다는 것이다.

이런 점에서 한은 누적적 전승체임과 동시에 미래지향적으로 전이될 수 있는 바탕이 된다.[14] 한을 민족 근원의 역사를 새로 전개하기 위한 역사적 동인으로 이해할 수 있다. 원한과 정한의 대립을 넘어 한이 가지는 다층성과 다면성을 있는 그대로 읽어내기 위해 한이 가지는 바로 이러한 지향적 구조를 드러내는 것은 매우 중요한 일이다. 한국인에 있어서 한은 과거라는 전통에 구속되어 있으면서도 동시에 그것을 비판적으로 초월하는 힘으로서 기능해왔다. 순수하게 수동적으로 기능하는 지향성으로서 역사적 아프리오리로서 기능해온 것이다. 그러므로 한은 원(怨)과 탄(嘆)에서 정(情)과 원(願)으로 승화해가는 역동적 지향성을 지니고 있다.[15]

4. 한의 지향적 구조

---

14 같은 논문, 70쪽.

15 특히 한완상·김성기는 한국인의 한을 민중의 생활세계적 체험으로 규정하면서, 한의 지향적 구조를 함의하는 내용의 글을 발표하고 있다. 그는 한을 민중의 실존적 -역사적 사회적 체험으로 규정하면서, 한국의 역사를 조건지우는 역사적 아프리오리로 규정한다. 특히 민중의 근본정서로서의 한을 낭만적으로 미화하는 것에 대해 우려하면서 민중의 보편적 정서인 한을 역사발전의 역동적 요인으로 읽어내는 것이 중요하다고 지적한다(67쪽). 민중의 한을 과거의 체험으로 규정하면서도 동시에 미래의 희망구조로 역동화시켜 가야 할 필요성을 강조하고 있다. 한은 민중생활체험의 누적적 전승체임과 동시에 다시 민중공동체의 잠재적 능력을 미래지향적으로 전이될 수 있게 하는 바탕이 된다고 강조한다(70쪽). 이처럼 한완상·김성기는 한국인의 한이 가지는 지향적 역동성을 강조하면서 한국인의 한이 가지는 지향적 구조를 드러내는 것이 중요하다는 사실을 제시하고 있다.

고은의 말을 다시 인용하자.

　원은 굳이 말하면 대상이 있고 한은 구체적 대상을 표적으로 삼는
일을 단념한 무형문화의 감정이다. 원한에 시간과 고난을 더하면 한이
라는 해답이 태어나는 셈이다.[16]

　문제는 한국인의 보편적 혹은 원초적 감정으로서의 한이 역사적
과정에서 어떻게 지향적으로 형성 내지는 구성되어 왔는가를 해명
하는 것이다. 이러한 해명이 없이 단지 한을 한국인만의 고유한 특
성으로 규정할 경우, 한국적 한이 실체화되어 세계사적 사유와 단절
될 수 있다.[17] 우리의 한은 자연발생적 촌락의 한 정서가 아니라, 우
리 민족의 역사 속에서 형성되어 전승된 역사적 소산이다. 한이 단
지 삶의 음지에 널리 퍼져 있는 폐기물이 아니라[18] 한민족의 역사를
가능하게 하는 역사적 아프리오리(Apriori)로서 어떻게 기능해왔는
지를 해명하는 것이 중요하다. 고은은 이런 역사적 해명의 필요성을
다음에서 찾는다. 그는 한에 대한 단편적 접근이 가져올 위험성을
지적한다. '한풀이문화' 혹은 '한의 미학' 등으로 한 자체를 낭만적
으로 미화하는 것이나 한을 지나치게 이데올로기화시키는 접근 등
이 그것이다. 한은 단지 한일뿐이다. 우리 민족의 보편적 감정으로
자연스럽게 형성되어온 정서이다. 한을 풀이의 대상으로 볼 때 맺힘
-풂이라는 이원적 도식으로, 한을 민중의 혁명적 동인으로 읽을 때

---

16 고은, 같은 논문, 58쪽.
17 같은 논문, 53쪽.
18 같은 논문, 40쪽.

지배-억압의 이원적 구조로 주조하는 위험성이 있다. 그러므로 한은 한국의 역사적 행보가 남겨놓은 깊은 상흔, 즉 더 이상 추상할 수 없는 민족의 현사실성으로서 인정하는 데서 시작하지 않으면 안 된다. 한은 한국인에게 더 이상 부정할 수 없는 역사의 상흔으로서 이미 생생하게 주어져 있으면서 역사적 의미구조를 구성하는 근원적 사실이라는 사태 자체로 돌아가는 것이 중요하다. 그런 이유로 한은 민족의 현사실성, 절대적 사실로 주어져 있는 역사적 아프리오리이다. 그러므로 한에 대한 지나친 희망론적 접근은 위험하다. 왜냐하면 한은 가능성이 아니라 불가능성의 정서이기 때문이다.[19] 그렇기에 한은 그 자체로는 지향성의 담지자일 수 없다. 고은은 이런 점에서 한은 민족의 삶이 역사를 이루어 오면서 민족감정으로 쌓여지고 침전된 음기로 규정한다.[20] 한은 우리 민족의 보편적 감정으로서 그것이 개념적으로 파악되기 이전부터 전승되어온 민족역사의 선험적 현사실(Faktum)이다.

그러나 우리 민족의 역사를 한의 타락사로 규정해서는 안 된다. 즉 불가능성의 역사 내지는 체념의 역사로 규정해서는 안 된다. 한이 우리 민족의 어쩔 수 없는 체념적 정서로 주어져 있기 하지만, 그 체념의 구조 안에서 희망의 구조를 함께 읽어야 한다. 새로운 역사를 위한 혹은 가능하게 하는 근원적 지향성으로 읽어야 한다. 우리 민족은 한과 더불어 삶을 살아냈다. 그렇기에 새로운 가치를 창출할 수 있는 미래지향적 에너지 역시 한의 구조 속에 함축되어 있다. 우리는 더 이상 추상할 수 없는 한국인의 생활세계의 원형인 한

---

19 같은 논문, 49쪽.
20 같은 논문, 28쪽.

의 구조 속에서 체념-희망, 소극-적극, 과거-미래, 수동-능동이라는 이중적 메커니즘을 읽어내어야 한다. 이것은 바로 한의 지향적 역동성을 확인하는 매우 중요한 작업이다.

우리가 한의 지향적 구조를 강조하는 것은 바로 한국인의 한이 가지는 다층성을 확인하려는 의도 이외의 다른 것이 아니다. 말하자면 한국인의 역사를 한의 지향사(Intentionalhistorie),[21] 즉 한을 역사적 경험의 지향 범주(Intentionalien)[22]로 읽어내는 것이다. 역사적 아프리오리로서의 한의 이중적 구조 즉 파지-예기(Retention-Protention)의 이중적 구조 안에서 보편적 역사의 장을 확인해야 한다. 우리가 한국인의 한을 보편적 역사의 아프리오리로 규정할 수 있는 것은 바로 한의 지향성이 보편적 역사를 구성하려는 본능적 지향성이라는 사실 때문이다. 우리에게 중요한 것은 한민족의 역사의 보편적 지반으로서 뿐만 아니라 세계사적 지평에로 확장되어 우리의 역사를 근원적으로 구축하는 생활세계적 체험으로서의 한이 가지는 지향적 역동성을 인식하는 것이다. 한이 정치적-역사적 소산이라는 근원적 사실을 넘어 정치적 역사적 화해를 겨냥하는 미래지향적 함의를 읽어내어야 할 이유가 바로 여기에 있다. 한은 더 이상 추상할 수 없는 우리 민족의 역사적 침전물이면서도 동시에 미래의 삶을 열어주는 힘이기도 하다.[23]

한국적 한을 단순히 원한의 감정으로 규정하기에는 한의 의미구

---

21 김영필, 『현상학의 이해』, 울산대출판부 1998, 325, 332쪽.
22 알빈 디머 지음, 조주환·김영필 옮김, 『에드문드 후설』, 이문출판사 1994, 제3판, 28, 40쪽.
23 고은, 같은 논문, 67쪽.

조가 간과되기 쉽고, 한의 미래구조를 지나치게 강조할 경우 감정으로서의 한의 특성이 간과될 수 있다. 그러므로 한의 현상학적 분석은 한을 원한의 감정으로 읽고 동시에 그 원한의 감정이 보편적 의미로 지향적으로 구성되는 연관성도 함께 읽어야 한다. 즉 한의 내재성과 초월성을 함께 읽음으로써 한국인의 한이 가지는 다층성을 분석해낼 수 있을 것이다. 왜냐하면 한국인의 한을 단순히 외부로부터 주어지는 원한으로 규정하는 것도 동시에 이 감정과 무관한 내면적 계기로만 규정하는 것 모두가 한의 근원적 실상을 일면적으로 읽을 위험성이 있기 때문이다. '원망'(怨望)이란 말마디에는 원한(怨)과 기원(望)이란 내포가 함께 속해 있다.

이러한 위험성을 차단하기 위한 절차가 환원이다. 이 환원의 절차를 통해 열려진 지평은 바로 '지향성'이다. 이 지향성은 의식은 항상 "무엇에 관한 의식"이라는 사실을 지칭한다. 즉 "의식은 항상 그리고 이미 대상에로 향해져 있음"이라는 근원적 사태를 지칭하기 위한 술어이다. 즉 지각은 항상 그리고 이미 무엇에 대한 지각이고, 기억은 항상 그리고 이미 무엇에 대한 기억이고, 사랑은 항상 그리고 이미 무엇에 대한 사랑이다. 그러므로 지향성이란 말마디는 의식과 대상이 항상 그리고 이미 더 이상 걷어낼 수 없는 상관적 관계를 가지고 있음을 기술하는 용어이다.

그러나 우리가 한국인의 한에 대한 지향적 분석을 수행하면서 의식은 이미 대상에로 향해져 있다는 다소 형식적이고 정적인 단계에 머물러 있어서는 안 된다. 지향성은 단순히 의식-대상 사이의 상관성을 기술하기 위한 소극적 의미를 넘어, 의식은 항상 자신에 대한 대상적 의미를 생산적이고 창조적으로 이루어내려는 의식의 합목적적 활동으로 규정되어야 한다. 의식의 구성적 활동은 항상 무엇을 자신의 의미체로 성취해내려는(leistende) 생산적 창조 활동이다.

이러한 지향성의 생산적 창조기능을 강조하는 것은 한국인의 한이 가지는 고유한 정체성을 이해하는 데 있어서 매우 중요한 사실이다. 의식은 항상 '무엇에 관한 의식'(Bewusstsein von etwas)이라는 사실은 의식은 항상 그 무엇을 대상으로 파악한다는 의미이다. 즉 어떤 것을 '나에 대한 대상'으로 구성한다는 것이다. 의식은 대상을 항상 나에 대한 대상으로서 의미를 부여하고 형성하는 것이다. 즉 파악은 감각, 즉 파악의 자료에다 혼을 불어넣어 의미체로서 활성화시킨다는 의미이다. 그러므로 체험에 내실적(內實的, reell)으로 속하는 감각은 그 자체로는 지향적이지 않지만 파악작용에 의해 대상적 의미를 가지게 된다. 우리는 바로 이 의식의 지향적 구성활동 속에서 한국인의 한이 가지는 다층성을 읽어낼 수 있는 개념적 틀을 확인할 수 있다.

후설이 의식의 지향성을 강조하는 것은 결국 심리주의적 편견, 즉 감각적 질료를 의미구성을 위한 지향적 토대로 규정하지 않고 단지 의식의 사실로 규정함으로써 주체의 대상구성적 활동을 간과하는 편견을 극복하기 위한 것이다. 대상은 이미 지향적 대상 —그의 용어로는 노에마 — 으로서 구성된 것이다. 원(怨)으로서의 한은 외부의 어떤 원인에 의해 의식 속에 들어 온 감각적 질료이다. 그리고 이 감각적 질료가 피할 수 없는 덩어리로 의식 속의 내실적 내용으로 지속할 경우, 탄(嘆)으로서의 한이 된다. 그러나 의식은 이 내실적 내용을 자료로 하여 새로운 의미로서의 한, 예컨대 정(情)이나 원(願)으로서의 긍정적-희망적 의미로서의 한을 생산적이고 능동적으로 구성하는 지향적 본능을 가진다. 단순히 감각적으로 주어진 질료에다 새로운 의미를 부여하여 새로운 의미를 창조해내려는 본능이 지속된다. 바로 이 새로운 의미를 형성 내지는 창조하려는 의식의 활동이 지향성이고, 이러한 지향성일 구조가 바로 한국인의 한이 가지는 특성을 읽어내기 위한 중요한 도식이 될 수 있다. 한국인의 한의 다층성은 바로 한이 가지는 부정적 속성을 긍정적 의미체로 지속적으로 지향해간다는 한의 지향성의 구조에서 분명하게 드러나고 그 고유성이 확보될 수 있을 것이다. 이런 의미에서 지향성은 한국인의 한이 가지는 고유한 정체성을 읽어내기 위한 중요한 메타포가 될 수 있다.

특히 원(怨)-탄(嘆)-정(情)-원(願)으로서 지향적으로 승화되어 가는 과정에 대한 분석이 중요하다. 원(怨)은 의식의 지향성 이전에 이미 주어진 질료이다. 원한(怨恨)은 마치 고통의 경우처럼 당하는 것이다. 고통이란 감각은 지향적이지 않다. 아직 의식의 지향성이 주의를 기울이기 이전의 단순한 질료로서의 고통은 그 자체로서는 감각의 다발일 뿐이다. 그러나 의식의 지향성의 질료적 토대이면서도 스스로 의식의 능동적 지향에 의해 고통은 괴로움이란 의미로 전환된다. 그리고 이 괴로움은 그 자체로는 아직은 체념구조이지만 의식의 생산적 의미구성활동에 의해 희망적 구조로 전환되는 것이다. 원(怨)이라는 체념구조에서 원(願)이라는 희망적 구조로 삭여가는 한국인의 한이 가지는 지향적 구조를 읽어내는 것이 중요하다. 그러므로 원(怨)에서 탄(嘆), 그리고 정(情)을 넘어 원(願)으로 초월하려는 한국적 한의 근원적 지향성을 강조하지 않을 수 없다. 24 이런 의미로 의식은 항상 자기초월(über sich hinaus)이다.

이러한 지향적 성층구조를 읽어내기 위해 강조해야 할 사실은 후설의 후기 발생적 현상학에서 '파악-파악 내용'이라는 이원론적 도식을 그렇게 강조하지 않는다는 사실이다. 주어진 질료 자체는 지향적이지 않지만 의식의 지향적 활동을 부추기는 적극적 계기가 된다는 점에서는 선지향적(vor-intentional) 토대이기도 하다. 초기 정적 현상학에 남아 있던 '질료-형상'이라는 이원론적 도식이 발생적 현상학에 이르면서 그 경계가 희미해진다. 의식의 능동적 지향이 일어나기 이전부터 수동적 차원에서 비록 희미하게나마 기능하는 선구성적 지향이 일어난다. 즉 발생적 현상학의 관점에서 이제 더 이상 수동성-능동성이란 낡은 도식이 큰 의미를 갖지 않는다.[25] 손봉호는 이런 의미에서 고통은 지향성의 어느 편에도 끼어들 수 없지만, 지향적 의미구성에도 절대적 의의를 가진다고 말한다.[26]

우리가 한의 지향적 구조를 강조하면서 한국적 한의 정체성을 읽어내려는 것은 바로 한국의 한은 그릇된 역사의 폭력 속에서 생겨난 괴로움과 그 속에서 단련된 새로운 세계에의 희망 속에서 생겨난 것이라는 사실에 근거하고 있다.[27] 체념적 구조에서 희망적 구조로 전환해가는 한국인의 미래지향적 역동성을 강조하지 않을 수 없다. 그러므로 원한(怨恨)은 타인에 대한 혹은 자기 외부의 무엇에 대한 감정이다. 말하자면 원한이란 감정은 어떤 원인에 의해 발생된 심리적 계기이다. 즉 의식의 내부로부터 혹은 의식 안에서 그 원한

---

24 천이두, 위의 책, 68쪽.
25 김영필, 『현상학의 이해』, 울산대학교출판부 1998, 161쪽.
26 손봉호, 「고통의 현상학」, 『생활세계의 현상학과 해석학』, 서광사 1992, 51쪽.
27 천이두, 위의 책, 71쪽.

을 발생시킨 원인이 있다. 그러나 한은 그렇지 않다. 원한은 그것을 발생시킨 외적 대상이 있는데 반해, 한은 어떤 직접적 원인이나 실체가 없이도 생겨난다. 이것은 다만 미래에 대한 절실한 희망과 꿈이 아직 이루어지지 않는 상태로서 남아 있는 것이다. 원(怨)과 탄(嘆)이 체념구조의 반영이라면, 정(情)과 이를 넘어선 원(願)은 희망구조를 반영한다. 원과 탄이 그것을 발생시킨 구체적 대상이 있는 반면 정과 원은 그렇지 않다. 다만 체념구조에서 희망구조로 전환하면서 안으로 증류하고 삭이는 과정에서 형성된 의미구조이다. 원(怨)과 탄(嘆)이 체념구조를 발생시킨 피할 수 없는 원인을 갖는 반면, 정(情)과 원(願)은 희망구조로의 미래지향적 전환을 통해 형성된 새로운 의미구조이다. 물론 이 양 구조를 지향적 성층구조로 읽지 않을 경우, 한국인이 가지는 이중적 복합성, 즉 소극적 적극성과 체념적 희망을 제대로 읽어낼 수 없다.

이와 같이 원과 탄에서부터 정과 원으로 질적으로 전환해가는 한국인의 한의 정체성을 지향적 통일성으로 이해함으로써 한국인의 한을 지나치게 이원론적으로 다루는 것을 차단할 수 있다. 한국인의 한이 가지는 지향적 역동성을 간과할 경우, 맺힘-풂이라는 이원적 대립에 근거해서 한을 해석하게 된다. 천이두는 바로 이러한 점을 강조하면서, 김열규의 이원적 시각은 자칫 한이 가지는 다층적·다면적 속성을 간과할 위험이 있다고 말한다.[28] 다시 강조하건데, 현상학적 관점에서 이원적 대립을 넘어 설 수 있는 메타포는 '현상학적 정초관계' 혹은 '성층구조'이다. 즉 한국인의 한의 구조는 원과 탄이

---

28 같은 책, 86쪽.

라는 부정적 계기와 정과 원이라는 긍정적 계기가 서로를 정초지우고-정초지어지면서 지향적 통일성을 구축하는 구조이다. 특히 발생적 현상학에 이르면서 질료-형상의 이원적 대립이 허물어지고, 질료역시 단순히 주어져 있는 자료가 아니라 선지향적(vor-intentional)구성의 장으로서 기능하는 것으로 규정된다. 지향성을 단순히 물리적 현상과 정신적 현상을 구분하기 위한 개념으로 스콜라철학에서준용한 브렌타노는 후설이 보기에는 아직 데카르트에 의해 진행된정신-물질의 이원적 대립의 틀을 그대로 지속하고 있다. 즉 브렌타노의 도식 속에는 원이 의식 외부에서 들어와 하나의 심리적 내용으로 주어진다는 논리를 함축하고 있다. 즉 의식은 하나의 용기와같은 것이고 그 용기 속으로 외부의 것이 들어와서 비로소 그 어떤것으로 인식된다는 이원론적 도식이다. 그러므로 후설은 지각된 대상이 '의식에 나타난다', 혹은 의식이 대상과 '관계를 맺는다' 그리고 의식이 '어떤 것을 대상으로서 자기 속에 간직한다' 등등의 표현이 가지는 애매성을 문제삼는다.[29] 이러한 표현에는 마치 의식과 대상을 서로 분리시켜 놓고 그 상관관계를 설명하는 논리가 들어 있다. 그러나 후설에 있어서 지향성은 바로 의식과 대상은 근본적으로상관적이라는 사실을 강조하기 위한 말마디이다. 의식은 이미 대상을 자신에 대한 의미체로 형성하면서 지각한다. 따라서 후설은 의식을 '지향적 체험' 혹은 '작용'(Akt)이란 단어로 사용한다.[30] 후설에있어서 지향성은 의식의 활동을 지칭하는 소극적 단어가 아니라 의식과 대상은 이미 상관적으로 짝지어져 있음을 기술하기 위한 관계

---

29 E. Husserl, 『논리연구Ⅱ-Ⅰ』, 371쪽 참조.
30 같은 책, 318쪽 참조.

적 술어이다. 특히 발생적 현상학으로 이르면서 '작용 지향성'이란 개념 대신 '기능하는 지향성'이 사용되면서 더욱 더 강하게 나타난다. 지향성은 단순히 의식의 속성이 아니라 의식의 대상 구성에 앞서 그것을 정초지우는 실질적 토대로서 기능하는 지향성이다. 그러므로 원이든 탄이든 정이든 원이든 모두 넓은 의미에서 지향적 체험연관을 이루는 계기들이다. 31

이어령은 한의 지향성에 무게중심을 두기 위해 원(怨)과 한을 다음과 같이 구분한다. '원'(怨)은 타인에 대한, 또는 자기 외부의 어떤 것에 대한 감정이다. '한'(恨)은 오히려 자기 내부로 침잠하여 쌓이는 정의 덩어리라 할 수 있다. 한은 특별히 타인으로부터 피해를 입지 않아도 솟아나는 심정이다. 좌절 속에서도 '간절한 소망'을 계속 간직할 수 있을 때, 생길 수 있는 것이다. 그러나 이러한 원과 한의 인위적인 개념적 구분은 자칫 한국인의 한이 가지는 다층성을 제한할 가능성이 있다. 우리는 한국인의 한이 가지는 특유성을 다층성에서 확인하기 위해서, 외부, 즉 타인이 원인이 되어 생겨나는 원 역시 한의 질료적 층임을 인식해야 한다. 그러면서 동시에 이 원한의 의

---

31 이러한 맥락에서 기분의 지향성을 주제로 다루고 있는 이남인의 논문은 본 연구에 많은 시사점을 던져 준다. 그에 의하면 대상과의 명료한 지향적 관계를 갖는 감정작용과 달리 기분은 명료한 지향성을 갖지 않는다. 이 구분은 정대현이 원한과 한을 대상적 지향관계를 기준으로 구분한 것과 유사하다. 하지만, 기분 역시 명료한 지향성을 갖지 않지만, 그 자체가 비지향적 체험은 아니다. 다만 흐릿한 지향성일 뿐이다. 비록 기분의 지향성이 흐릿하긴 하지만 모든 명료한 지향적 관계를 가능하게 하는 근원적 채널이다. 이런 점에서 한국인의 한 역시 단순한 주관적 심리상태를 넘어서지 못하는 감정과 같은 것이 아니라, 모든 대상적 관계를 앞서서 가능하게 하는 근원적 기분이다. 한은 비록 그 흐릿하고 수동적이긴 하지만, 세계와 역사의 의미구성을 위한 토대로서 기능하는 지향성(fungierende Intentionaliät)이다.

식을 스스로 넘어서(über sich hinaus) 하나의 꿈으로 지향적으로 구성해내는 희망적 구조를 인식하는 것이 중요하다. 천이두는 이러한 점에서 한의 미래지향성만 지나치게 강조함으로써 한이 가지는 퇴영성과 공격성이 자칫 간과할 위험성이 있다고[32] 지적한다.[33]

　본 연구는 한국인의 한이 가지는 다층성과 다면성을 일원적 총체론으로 규정하는 천이두의 연구성과를 존중하면서, 그 접근방법을 지향적으로 확대하여 해석하려는 목적을 갖는다. 그는 한의 부정적 측면에서 긍정적인 측면으로 질적 전환을 가능하게 하는 힘에 대한 논의를 강조하면서, 종래의 연구성과들에 의해 이원적으로 분화되어 잘못 읽어온 것을 비판하고 극복하려고 한다. 특히 그는 한의 구조를 맺힘-풀기의 이원적 구조로 정태적으로 읽음으로써 한이 자칫 원한-복수의 악순환에 결부되는 것을 지적한다. 그는 한이 가지는 삭임의 지향성, 즉 새로운 질적 전환을 가져다주는 지향성 구조에 호소하여 다면적으로 접근하려고 한다. 한을 지나치게 퇴영적인 체

---

32 천이두, 위의 책, 71쪽 참조

33 이러한 맥락에서 한을 원한과 구분하여 하나는 대상지향적인 것으로 다른 하나는 비지향적인 것으로 규정하는 것은 다소 문제가 있다. 정대현은 한이 그 자체로는 비지향적이지만, 그 한이 체계적 구조적 불의에 의한 것임을 인식함으로써 비로소 대상지향적 원한이 된다고 그 관계를 설명한다. 그러나 체계적 구조적 불의 역시 넓은 의미에서 대상적인 것이라고 볼 수 있기에, 한 역시 대상적인 것과의 관련성을 갖지 않을 수 없다. 이런 점에서 원한과 한을 '대상지향성'의 기준으로 구분하는 것은 자칫 이들 사이의 유적 통일성을 간과할 위험이 있다. 이어령 역시 원한을 타인이나 외부의 어떤 것에 대한 감정으로 한을 자기 배후에 쌓인 정의 덩어리로 구분한다. 하지만 한 역시 이루지 못한 것에 대한 희망과 소망이라는 넓은 의미의 대상적인 것(목적)과 관련성을 가지고 있다. 그러므로 다층성을 특징으로 가지는 한의 구조를 지향적 성층구조로 이해하고 모든 다양한 계기들이 유적 통일성을 이루고 있는 것으로 규정하는 것이 중요하다. 말하자면 한의 구조에는 복수와 체념의 모티브와 정과 희망의 메타포가 함께 녹아들어 있는 지향적 통일체이다.

념구조로 읽거나 혹은 요청적 희망구조로 읽음으로써 자칫 자칫 놓칠 수 있는 삭임의 지향적 구조를 새롭게 읽어내려고 한다.

현재적 사실로서의 민중의 한은 바로 정치적 역사적 소산이다. 즉 한은 바로 우리 민족의 정치적-역사적 의식의 구성적 산물이다. 더 이상 추상할 수 없는 역사적 사실로서의 한의 구조는 과거-현재-미래라는 시간지평으로 감싸여 있다. 현재의 역사의식 속에는 이미 지나간 과거를 새롭게 재기억하면서 동시에 목적을 향한 미래지향적 희망과 결심을 함께 가지고 있다. 무한한 흐름으로서의 의식은 과거지향적 파지와 미래지향적 예기라는 지평적 구조로 감싸여 있다. 체험흐름으로서의 의식은 '현재'라는 시간 위상을 둘러싸고 있는 과거와 미래의 시간지평들에로 지속적으로 흐르고 있다. '현재'라는 생생한 인상 속에는 방금 있었던 것에 대한 기억과 동시에 곧 도래하게 될 것에 대한 예기가 그 지평을 이루고 있다. 물론 이 흐름은 최종적 목적, 즉 지향의 완전한 충족이라는 목적을 향한 무한한 흐름이다. 아직은 아니지만 곧 도래하게 될 것을 예측하면서 앞서서 붙드는 희망구조로의 질적 전환이 가능하다. 한의 소극적 부정적 체념적 계기로부터 적극적 긍정적 희망적 계기로 질적 전환을 가능하게 하는 것은 흐름으로서의 의식은 스스로는 과거로부터 전승되어 침전되어 있는 것을 배경으로 하지만 동시에 그것에 구속되지 않고 자유로운 변경을 통해 새로운 가치를 창출할 수 있는 가능성의 주체이기도 하기 때문이다.

5. 결론: 화해의 지향성

지금까지 우리는 한국적 한이 가지는 다층적 구조, 즉 부정적-긍정적, 소극적-적극적, 과거지향적-미래지향적 구조를 현상학적으로 해명해왔다. 이제 한국적 한이 가지는 독특한 정서를 그것의 화해지향성에서 확인하는 것으로 이 글을 마무리하고자 한다. 한에 복수의 모티브가 없는 것은 아니다. 하지만 한국인의 한에는 원(怨)을 정(情)으로 가치전환을 이루어내는 화해의 메타포가 들어 있다. 천이두는 일본의 한이 가지는 복수의 모티브를 춘향전에 나타나는 정의 모티브와 비교한다. 춘향전에서 나타나는 원(怨)에서 탄(嘆), 그리고 정(情)으로 이어지는 화해의 지향성을 강조하면서 한의 주체자인 한국인에게 나타나는 화해지향의 포맷을 강조하고 있다.[34]

고은 역시 한이 불교의 자비와 사랑의 힘으로 승화되어야 한다고 강조한다. 원이 쌓여 시간이 지나면서 한이 되고 이 한은 다시 자비와 사랑의 구현으로 승화되어야 한다고 강조한다.[35] 한은 쌓이면 쌓일수록 더욱 한으로 되어갈 따름이라는[36] '민족적 허무주의'[37]로부터 민족의 보편적 정서로서 그리고 나아가 세계사적 공동체를 구성하는 화해의 정신으로 완성시켜 나가려는 희망의 구조로의 전환이 요청된다고 말한다.

우리는 한의 화해지향성에 대한 현상학적 각주를 다음과 같이 달 수 있을 것이다. 한의 주체가 타자를 복수의 대상으로 보지 않고 정으로 화해해가는 정서는 타자를 나의 지향적 상관자로 구성하려

---

34 천이두, 같은 책, 208쪽.
35 고은, 위의 논문, 58쪽.
36 같은 논문, 31쪽.
37 같은 논문, 124쪽.

는 본능적 지향성과 유사하다. 후설의 상호주관성이론은 결국 타자와의 감정이입을 통해 타자를 나의 지향적 유사체로 구성하려는 화해의 지향성을 함의하고 있다.

우리가 한국인에 있어서 한이 가지는 상호주관적 성격을 강조하기 위해, 한을 개인의 주관적 감정이 아니라, 타자의 의미를 구성하기 위한 발생적 동기로서 규정해야 한다. 한의 주체(의식)는 자기 스스로를 넘어(über sich hinaus) 타자를 자신에 대한 의미를 가진 대상성(현상=노에마, Phänomen=Noema)으로 구성하려는 목표를 갖는다. 한의 지향성은 타자의 존재를 바로 나에 대한 의미체로서의 이웃을 구성하는 발생적 동기이다. 우리는 한의 근원적 지향성을 확인함으로써 타자구성을 위한 선험적 동기가 바로 한이며, 이를 통해 개별적 주체들을 하나의 의미공동체로 구성해낼 수 있는 선험적 조건이라는 사실을 확인할 수 있다. 그러기에 한은 한국, 나아가서 인류 공동체 구성의 발생적-선험적 동기라는 사실을 확인할 수 있다.

타자구성의 채널은 바로 신체이다. 한의 주체자는 타자의 한이 그의 신체를 통해 표현되는 한에서 그 상호주관적 의미를 구성할 수 있다. 한의 주체는 타자를 대상(물체)으로 객관화하여 알기 이전에 이미 수동적 차원에서 일어나는 지향성, 즉 타자를 나의 실존적 이웃으로 인정하려는 본능적 지향성을 간직하고 있다. 후설은 바로 이 본능의 가장 전형적인 것을 성적 본능으로 읽는다. 이 순수한 종에 대한 본능적 사랑을 토대로 보다 정신적이고 인격적인 공동체를 이루려는 본능으로 나아간다. 인류공동체 실현이라는 최종 목표를 향해 나아간다.[38]

한국인의 한의 정서가 가지는 공동체를 이루려는 이 본능은 사랑을 통한 타자와의 화해를 목표로 한다는 점에서 선험적이다. 이것은 바로 한의 주체가 자신을 넘어 타자의 세계에로 초월하려는 사회화와 세계화의 선험적 동기이다.[39] 이런 의미에서 한은 이제 더 이상 생활세계와 분리되어 있는 개별적 의식의 추상적 색인이 아니라, 세계와 이미 하나로 엉클어져 있는 상호주관적 신체의 언어이다. 한의 지향성은 의식작용의 지향성이 아니라 신체적 지향성으로서 타자와 세계와 부단히 교섭하여 화해를 이루어내려는 지향성이다. 한이 특정한 계층을 대변하는 언어(순수의식의 언어)가 아닌 상호주관적 언어(신체의 언어)라는 사실에서 우리는 화해의 메타포를 읽어낼 수 있다. 한이 가지는 상호주관적 지향성을 통해 한국적 한의 상생적(相生的) 가치를 확인할 수 있다.

특히 한국적 한이 지니는 화해의 지향성을 한국 여성의 한의 구조를 통해 확인할 수 있다. 한국 여성은 남성에 대한 원한의 감정을 넘어 타자에 대한 배려의 감정으로 초극해가는 특유한 화해의 지향성을 담고 있다. 즉 타자를 주체와 같은 자아로 보는 차원을 넘어서, 자기보다 선차적인 존재로 인식할 수 있는 타자중심의 윤리로 전환해 가는 에토스를 간직하고 있다.[40] 근본적 타자성에 대한 배려를 강조하는 레비나스(E. Levinas)의 타자중심의 윤리가 남성에 대한 복수의 모티브를 넘어 상호주관적 공동체 구성을 통한 화해를 지향하는 한국 여성의 자기초월적 가치창출 속에서 읽혀질 수 있다.

---

38 알빈 디머, 조주환·김영필 옮김, 『에드문드 후설-그의 현상학에 대한 체계적 설명』, 이문출판사 1991, 131쪽 참조.

39 이남인, 「본능적 지향성과 상호 주관적 생활세계의 구성」, 『현상학과 실천철학』, 철학과현실사 1993, 54쪽 이하.

40 정화열, 『몸의 정치』, 민음사 1999, 20쪽.

한민족의 역사 속에서 항상 비역사적 실재로 소외당해 온 여성의 한이 한국적 한의 정체성을 담보해줄 수밖에 없다는 사실을 인정하지 않을 수 없다. 그러면서도 우리에게 중요한 것은 한국적 한을 대변하는 주체인 한국 여성의 한에 담겨 있는 화해의 지향성을 정확히 읽어내는 것이다. 한국 여성은 남성적인 것들을 복수의 대상으로 삼지 않는다. 한국적 한의 주체로서 여성은 남성과 평등하게 되려고 하지 않는다. 보부아르의『제2의 성』에서 나타나는 여성평등주의는 결국 여성한풀이라는 복수의 모티브를 넘어설 수 없다. 자아와 타자 사이의 평등을 추구하는 것은 이미 양자 사이의 차별과 대립을 인정하는 데서 출발하고, 자칫 또 다른 형태의 차별과 대립을 불러올 수 있다. 오히려 자아는 타 자아와의 근본적 차이성을 인정하면서 그 차이성을 배려하는 타자본위의 화해의 지향성이 한국 여성의 한의 구조 속에 녹아들어 있다.[41] 여성은 스스로 남성과는 다른 사회적 권리와 의무를 가지고 있다는 사실을 인정함으로써, 상호주관적 화해를 지향하는 모티브가 녹아들어 있다. 우리가 한국 여성의 한이 가지는 화해지향성을 확인하기 위해서는 타자중심의 자기초월을 읽어야 한다. 타자, 즉 근본적으로는 나와 동질화될 수 없는 존재(남성적인 것)에 대한 배려로 전환해가는 가치전환의 지향구조를 읽어야 한다.

물론 한국 여성만이 가지는 독특한 정서인 한의 구조를 서구적 대안으로 해석하는 데는 한계를 갖지 않을 수 없다. 특히 자신과 무

---

41 테일러는 타자성을 'altarity'라는 신조어로 표현한다. 이 단어는 단순한 타자성을 나타내는 alterity와는 달리 altar[제단]이란 말은 '높은 장소'를 뜻한다. 즉 altarity는 나와 다른 또 다른 주체라는 사실을 넘어 그를 높이 인정하고 배려하는 타자본위라는 개념으로 연결된다.(정화열, 위의 책, 263쪽).

관한 타자에 대한 배려를 결여하고 있는 듯한 한국의 가족애적 윤리관이 레비나스의 타자본위의 윤리와 연대할 수 없는 부분들이 있음도 부인할 수 없을 것이다. 그러나 유태인이라는 비역사적 주체로서 태어나 개인적으로 겪은 아픔을 평화의 가치로 승화해가는 레비나스적 대안이나, 역사적 주변국인 한국사회의 약자로서 한국 여성이 겪은 자신의 한을 타자에 대한 정으로 이를 넘어 기원으로 승화시켜가는 대안 사이에는 피할 수 없는 유사성이 있음도 부인할 수 없을 것이다.[42]

적어도 춘향에게 있어서 본관사또는 절대적 타자이다. 절대적 타자란 나와 다른 피부색깔을 가지고 다른 문화적 배경에서 다른 성을 가지고 살아가는 불특정 다수가 아니다. 나와는 더 이상 화해가 능하지 않은 실존의 적대자가 바로 절대적 타자이다. 이 타자에 대한 원한을 정(情)으로 나아가서는 원(願)으로 지향해간다. 춘향은 낭군에게 다음과 같이 당부한다.

여보시오 수의사또님, 본관사또 괄시마시오. 옛날부터 충효열녀가 고생없이 어디낫소. 강변이왈(强辯而曰)하여 사또님이 아니고 보면 열녀 춘향이 어디서 낫소.[43]

이처럼 춘향은 복수심을 내면으로 삭이면서 정과 기원으로 초극해간다. 복수의 대상에 대한 단순한 정을 넘어 타자본위의 새로운 가치질서가 형성되기를 기원하는 바램도 함께 들어 있다. 그러므로

---

42 김연숙, 「레비나스 타자윤리학과 탈현대윤리학」, 『철학논총』 제23집, 2001, 46쪽 참조
43 천이두 위의 책, 185쪽에서 재인용.

한국인의 한이 지닌 화해의 지향성을 단적으로 읽을 수 있는 정서
가 바로 한국 여성의 한이다. 한국인의 한을 민족의 정체성을 담보
해 주는 정서로 읽어내는 것을 넘어 세계사적 평화의 메타포로 읽
을 수 있는 가능성도 바로 한국 여성의 한의 구조 속에서 찾아야 할
이유도 바로 여기에 있다.

참고문헌

김열규, 『恨脈怨流: 한국인, 마음의 응어리와 맺힘』, 主友 1981.
김영필, 『현상학의 이해』, 울산대학교출판부 1999.
서광선, 『恨의 이야기』, 보리 1988.
알빈 디머, 『에드문드 후설』, 조주환·김영필 옮김, 1991.
이규태, 『한국인의 정서구조』, 신원문화사 1994.
정화열, 『몸의 정치』, 민음사 1999.
천이두, 『恨의 구조 연구』, 문학과지성사 1993.
최길성, 『한국인의 恨』, 예전사 1991.
한전숙, 『현상학』, 민음사 1996.

제7장 | 한의 도(道)정신치료적 이해

임효덕

지금까지의 국내 정신의학 내에서는 의식적, 무의식적으로 타인(서양 정신의학)의 입장(이론, 관점)에서 한을 이해하려는 경향이 많았고 우리의 역사와 현실을 바탕으로 주체적인 입장에서 이해하려는 시도가 부족했다. 이러한 기존 연구들은 동양을 부정적 시각으로 보았던 과거의 잘못된 서양의 관점에 입각해 있으며 해방 이후, 우리사회에 지속되어온 자기비하적인 신경증적 경향으로 인하여 한이라는 우리 고유의 정서가 우리 자신의 부정적인 민족적 특성에 기인한다는 결론에 도달하고 있으므로 그 문제점과 그 원인을 비판적 시각에서 검토하고 기존 연구의 문제점을 극복하는 것이 매우 중요한 시점이다. 특히, 우리의 전통사상인 도(道)를 바탕으로 하여 서양 정신치료를 융합한 도(道)정신치료의 입장에서 한을 이해할 때 보다 주체적이고 미래지향적이며 긍정적인 결론에 다다를 수 있다.

1. 서론

국내 다른 학문 분야와 마찬가지로 정신의학분야에서도 한을 주된 한국문화적 감정 요소 즉, 한국인 심성의 특징적인 정서적 요소로 보고 이에 대한 정신병리적, 문화정신의학적, 임상적 관점에서 연구해왔다. 그러나 이들 연구 결과들은 재검토해야하며 그 이유는 크게 세 가지 이다. 첫째, 엄밀한 의미에서 지금까지의 국내 연구는 서양정신의학의 시각에서 한을 연구해 왔다고 할 수 있다. 비록 최근 동양에 대한 관심이 고조되고 있긴 하지만 과거 서양정신의학은 동양, 특히 한국 문화에 대한 이해가 매우 부족하였다. 둘째, 지금까지 우리나라 사회전반에 걸친 서양과 일본 제국주의에 대한 민족적 패배주의, 열등감, 자기비하적 엽전사상 등이 한의 연구에도 작용했을 가능성이 있다는 점이다. 이동식은 한국인의 사상적 병폐는 한마디로 우리가 일제시대에 가졌던, 현재에도 무의식 속에 잠재하는 엽전사상이며 한국의 문화, 역사, 한국인의 성격, 일체의 한국에 관한 것의 부정적인 면만을 내세우는 사고방식이라고 하였다. 그는 이를 민족노이로제 증상이라고 하였고 개인신경증과 같은 증상 형성과 같은 과정을 밟는다고 하였다.[1]

한국의 서양의학 유입 과정은 우리 전통의학, 전통문화와의 단절 속에서 이루어졌다. 서양의학 내의 정신의학 역시, 우리나라가 처해 있던 시대적 상황으로 인하여 우리의 고유한 사상과 단절된 채, 민족적인 패배주의에서 출발하였다고 할 수 있다.[2] 그 결과, 지금까지 우리 문화에서 일어나는 여러 사회심리적 현상을 서양정신의학의 입장에서 이해하고 평가하는 경향이 많았고 이에 대한 비판도 점차 강해지고 있다. 특히, 정신병리 현상이나 치료에 있어서 각 문화 간

---

1 이동식, 『한국인의 주체성과 도(道)』, 일지사 1974, 21쪽.
2 이동식, 같은 책, 134-141쪽; 임효덕, 「세계정신치료의 현황과 역사 - 한국의 경우」, 『세계정신치료의 현황과 교육』, 한국정신치료학회 학술연찬회, 1999, 19-30쪽 참조.

의 차이나 공통 요소 등을 연구 주제로 하는 횡문화정신의학의 최근 발달로 인하여 과거의 오류들에 대한 국제적인 재검토가 일어나고 있으며 한국에서도 21세기를 맞아 정신의학의 주체성 문제가 가장 시급하고 절실한 문제로 부각되고 있다.[3] 김광일은 과거 연구들의 문제점을 다음과 같이 열거하였는데, ① 정확한 자료 없이 임상에서 인상만을 근거로 한국인의 특성을 언급하는 경향이 많았다는 점, ② 비서구권에 대한 서구학자들의 견해를 비판 없이 받아들여 그들의 틀에 맞추어 한국인의 문제를 평가한 논문이 많았다는 점, ③ 철저한 횡문화적 비교연구를 하고나서 한국인의 특성을 언급하는 자세가 별로 없었고 한국인의 문제만 조사하고서 그것이 한국인의 특성이라는 식으로 연구해온 점 등을 반성해야한다고 지적하였다.[4]

마지막으로 기존의 연구들이 한을 정신병리적으로 해석함에 있어 주로 프로이트의 정신분석에 입각한 정통정신분석적 입장을 취했다는 점이다. 서양의 정신분석은 프로이트의 정통정신분석으로부터 자아심리학(ego psychology), 대상관계이론(object relations theory), 자기심리학(self psychology)을 거쳐 최근에는 상호주체성이론(inter-subjectivity theory)으로 발달해왔으며 현대의 정신분석은 프로이드의 초기 관점과는 매우 다른 관점을 갖고 있다. 이러한 현대 정신분석의 관점이나 기타 다른 정신치료적 관점에서 한을 이해하는 시도

---

3 김광일, 「21세기 한국의 정신의학 - 어디로 갈 것인가?」, 『신경정신의학』, 1999, 제38권, 5-11쪽.

4 김광일, 「한국의 문화정신의학: 어제와 오늘」, 『신경정신의학』, 1994, 제33권 939-951쪽.

는 매우 부족한 실정이며 더구나 정신분석을 포함하는 서양정신치
료와 동양의 전통사상인 도(道)를 융합한 도(道)정신치료(Taopsycho-
therapy)[5]의 관점에서 체계적으로 연구한 경우는 더욱 미비한 실정
이다.

저자는 위와 같은 근거로 한에 관한 그동안의 국내 정신의학계의
연구들을 비판적으로 검토하고 한국의 주체적 입장에서 서양정신치
료를 소화한 도(道)정신치료적 입장을 소개하고자 한다.

2. 한과 화병(火病)의 관계

민성길은 한이 민족 고유의 정서라고 한다면 화병은 그러한 감정
에 기초한 정신의학적 장애일 것으로 보았으며 화병은 한의 연장
선 상에 있으며 보다 병적인 상태로 악화된 것, 한의 감정을 신체화
한 것으로 보았다.[6] 이시형 등은 화병이란 화가 나는 충격적인 일이
있은 후, 이에 대한 분노 반응으로 보았고 서양과는 다른 한국의 억
압문화로 인한 우리 문화권에 특수한 정신질환, 즉 문화관련증후군
(culture bound syndrome)으로 볼 수 있다고 하였다.[7] 그는 한국인의
감정을 표현하지 못하고 억압하는 경향, 화난 감정을 신체화(somati-
zation)하는 경향, 손쉽게 체념하는 경향 등을 원인으로 지적하였으

---

5 이동식이 자신이 창립한 한국정신치료학회를 통하여 독창적으로 주장하고 있으며
  현재 서양정신치료자들로부터 많은 주목을 받고 있다.
6 민성길 등, 「한에 대한 정신의학적 연구」, 『신경정신의학』, 1997, 제36권, 603-
  610쪽.
7 이시형, 「화병의 정신의학적 접근」, 『형성과 창조: 한국인의 화병 - 그 정신문화
  적 진단과 처방』, 한국정신문화원, 1997 참조

며 한으로 승화되어 가는 것으로 추정하였다. 이들 연구는 한과 화병이 연관이 있으며 한국의 문화적인 특성으로 인한 부정적인 인격 경향과 관련이 있다고 주장하는 점에서 공통적이다. 또한 화병을 서양정신의학의 질병 기술 방식에 맞추기 위하여 역학,[8] 원인,[9] 증상,[10] 진단 [11] 등에 관한 많은 임상적 연구를 시도하였다.

그러나 이동식 [12]은 화병을 특정 진단명이나 증후군으로 다루려는 시도에 대하여 비판하였다. "화병이란 말은 한의서에도 없으며 한의사나 민간에서나 일반적으로 무식한 사람들까지도 사용하고 있는 말이며 화병이란 말은 한국에만 있는 말이고 주로 화, 즉 적개심이 출구를 찾지 못해서 나타나는 병, 더 넓게는 감정처리가 잘 안되서 생기는 병, 더 나아가서는 심인성 질환이라는 뜻으로 우리나라에서 언제부터인지 몰라도 오랫동안 사용해오고 있는 일반적인 말이라는 것을 알 수 있다."고 하였다. 그는 "우리나라의 것은 무시하고 외국 그것도 전부도 아닌 일부의 것만을 토대로 한다든지 더구나 우리나라의 문제에 대해서는 외국과 다름이 없다 아니면 외국에는 없는 무엇이 있다고 마치 외국인에 영합하듯, 다시 말해서 우리

---

8 민성길 등, 「화병에 대한 일 역학적 연구」, 『신경정신의학』, 1991, 제29권, 867-874쪽.
9 이시형 등, 「울화병으로서의 화병 형성기전」, 『고의』, 제12권, 1989, 151-156쪽; 민성길 등, 「화병에 있어서의 방어기제와 대응전략」, 『신경정신의학』, 1993, 제32권 506-515쪽. 민성길 등은 한국인의 특성이 의존적, 유아적, 조급성이라는 견해에 동의하면서 이러한 구강성(orality)은 전통적 가족·사회문화나 양육방식과 관계가 있으며 이것이 화병이 문화관련증후군 이라는 근거가 될 수 있다고 하였다.
10 민성길·김경희, 「화병의 증상」, 『신경정신의학』, 1998, 제 37권, 1138-1145쪽.
11 박지환 등, 「화병에 대한 진단적 연구」, 『신경정신의학』, 1997, 36권, 496-502쪽.
12 이동식, 「火病考 - 학문하는 태도」, 『대화』, 1986년, 제3권, 65-68쪽.

의 입장에서 보는 것이 아니라 외국의 입장에서 보는 경향이 있다. 이것은 학문적인 예속이라는 것을 깨달아야 할 것이다. 화병에 대한 연구 태도도 이러한 경향의 표본이다."고 비판하였으며 화병을 신체적 질병 또는 증상이 심리적 원인에 의하여 발생하는 경우를 잘 이해했던 우리 조상들의 지혜를 반영하고 있는 것으로 파악하였다. 기존의 연구들은 서양의 질병분류체계 내에서 한을 화병과 연관시켜 이해하려고 한 셈이다. 서양 학자가 연구한 화병에 관한 논문이 서양 학술지 발표되고 문화관련 증후군으로 분류되거나 진단분류책자에 기록된 적이 있으나 과거의 잘못된 국내 연구결과와의 교류에 의한 것이라고 저자는 생각한다.

3. 한 - 한국인의 특징적인 정신병리 현상

앞에서 언급한 것처럼 기존 연구에서는 한과 화병이 한국인이 감정을 잘 표현하지 못하고 억압하며, 신체화의 자아방어기제를 많이 사용하여 현실에서 해결점을 차지 못하고 체념해버리는 미숙한 인격적 경향과 관련이 많은 것으로 주장하였으나 이러한 주장은 서양인은 마음의 고통을 심리적인 증상으로 호소하지만 정신과 신체의 구분이 미숙한 동양인은 자기의 심리적 고통을 신체화를 통하여 표현하며 분화되지 못한 미숙한 심리 현상에서 비롯된 것으로 보는 잘못된 서양의 횡문화정신의학의 주장[13]과 맥을 같이 한다. 김광일

---

13 Leff J.P.: *Psychiatry around the Grobe: a Transcultural View*. 2nd Ed.. London, 1988; 김광일, 「문화와 신체화」, 『신경정신의학』, 정신신체의학 제11권, 2003년, 3-14쪽 참조

은 문헌고찰을 통하여 과거 서양의 주장이 문화적 편견임이 최근의 횡문화적인 연구를 통하여 밝혀지고 있고 신체화는 서구인에게도 아주 중요한 증상이며 신체화는 범세계적인 현상이고 다만, 증상의 출현빈도와 양상, 그 문화적 의미에서 다소 차이가 날수 있다고 하였다. 서양의 일부 횡문화정신의학자는 신체화라는 개념은 서양의 학의 역사적, 문화적 산물[14]이라고도 하고 심지어 감정표현불능증(alexythymia)은 서양의 문화관련증후군[15]이라고 하고 동양인은 서양인과 달리 신체 증상의 사회심리적 요인을 쉽게 이해하는 경향이 있다고 하였다.

또한 한은 한 개인(또는 집단)이 성장, 발달 과정의 경험에서 형성된 처리되지 못한 감정의 응집체인 동시에 이로 인한 새로운 경험을 처리하는 개별적 특성을 말한다고 할 수 있는데 이는 프로이트의 정신분석에서 말하는 중심역동(central dynamic) 등에 해당하며 융의 분석심리학에서 말하는 콤플렉스에 해당한다고 볼 수 있다. 따라서 이것은 다양한 개별적 경험에 따라 각 개인 마다, 각 집단 마다 보편적으로 있는 현상이라 할 수 있다. 다만 어떤 경험을 했느냐에 따라 그 내용에 차이가 있을 뿐이며 그것을 처리하는 각

개인(집단) 방식은 다양할 수 있으므로 한국인의 경우에는 어떻게 다르고 어떤 특성을 가지는가를 밝히는 것이 중요하다고 하겠다.

---

14 Fabrega H.: *The concept of somatization as a cultural and historical product of Western medicine.* Psychosom Med. 52: 653-672, 1990.

15 Kirmayer L.: *Language of suffering and healing: Alexithymia as a social and cultural process.* Transcultural Psychiatric Research Review 24: 119-136, 1987; Kwanishiy), *Overview: Somatization of Asians: An artifact of Western medicalization?* Transcultural Research Review 29: 5-36, 1992.

따라서 일방적으로 한 자체가 한국인 부정적인 인격적 특성에 의한 특징적인 정서적 속성이라는 주장은 잘못된 것이라 할 수 있다.

4. 서양정신치료의 추세와 한의 도(道)정신치료적 이해

정신분석을 포함하는 서양정신치료의 현황은 통합적, 절충적 움직임과 정신-신체 관계에 대한 새로운 조망, 최근의 정신분석 이론과 기법의 발달 등으로 요약할 수 있으며 정신분석과 현상학적인 철학적 사고와의 통합 움직임, 동양 사상에 대한 관심 고조 등도 점점 더 두드러지고 있다.[16]

치료법의 지나친 경쟁적 상품화 현상과 단일 이론의 한계, 정신치료의 공통 요소인 치료적 관계의 중요성 자각 등을 배경으로 하고 있는 정신치료 통합운동은 개념적 갑론을박의 환경을 해결하기 위한 서양의 자기치료적 시도임에는 틀림없으나 새로운 갑론을박을 가져옴으로써 진정한 통합을 이루지는 못하고 있다. 직선적 환원적 인과론을 바탕으로 한 정신과 신체의 관계에 대한 이해는 전체적, 통합적 관점으로 발전하였으며 정신분석은 발달정신생물학, 신경과학 등과의 통합을 시도하고 있고 새로운 질병 모형으로 감정조절부전 모형(model of emotional dysregulation)을 주장하고 있다. 서양은 이러한 변화를 통하여 정신치료의 치유인자로서 치료적 관계 즉, 공감을 중요시 하며 인간의 주관적 고통은 처리 안된 감정에 있음을 더욱 자각해 가고 있다. 정신분석의 기법과 이론에 있어서도 비언어

---

16 임효덕, 「현금 서양정신분석, 정신치료의 추세와 도(道)정신치료」, 『道정신치료』, 한국정신치료학회학술연찬회, 2002, 23-28쪽

적 의사소통의 중요성 강조, 과거의 재구성보다는 지금, 여기(here and now)에서의 무의식의 의미에 초점을 두는 경향, 전이와 역전이의 중요성과 조기 개입, 환자를 이론의 틀로 환원하여 이해하는 잘못의 지적, 환자의 정서적 경험의 중요성 강조, 무의식적 갈등을 대상관계의 관점에서 이해하는 경향 등을 강조하고 있다. 결론적으로 서양은 환자의 주관적 감정, 관계 경험의 중요성을 강조하는 방향으로 발전해 가고 있다. 또한, 이와 관련하여 철학, 종교 등 타 분야와의 대화도 활발해지고 있으며 특히, 동양 사상과 서양 정신치료를 비교 연구하고 동양의 수도(修道) 방법을 정신치료의 수련에 도입하거나 치료적으로 활용하는 경향도 증가하고 있다.[17]

카프라는 프로이트의 정신분석은 뉴턴적 환원주의와 데카르트적 이원론의 한계 속에 있다고 하였으며 뉴턴의 물리학이 특정 범위의 현상을 기술하는 데는 유용하나 그 범위를 넘어서면 확대되거나 근본적으로 수정되어야 하는 물리학의 상황과 마찬가지로 정신분석도 프로이트가 받았던 문화적 조건화로 인한 한계를 극복하여 더욱 발전해 나가야 한다고 하였다. 또한 그는 프로이트 자신도 끊임없는 연구를 통하여 자신의 이론을 수정해 갔음을 지적하였으며 이러한 시도가 결코 프로이트의 천재성이나 업적을 부인하는 것이 아니라고 하였고 서양을 지배해 오던 고전물리학의 뉴턴적 환원주의와 데카르트적 이원론 그리고 이를 강화시킨 베이컨의 경험적 방법론과 서양기독교의 전통, 더욱 근원적으로는 플라톤의 철학 등으로부터 유래된 기계론적이고 물질주의적이며 단편적인 패러다임(mechani-

---

17 같은 논문 참조

stic, materialistic, fragmented paradigm)이 통합적이고 전체적인 패러다임(integrated, holistic paradigm)으로 전환하고 있음을 지적하면서 이러한 현대물리학의 과학적 패러다임은 동양의 도(道)와 일치한다고 하였다. 서양에서도 이제 "나는 생각한다. 고로 존재한다."로부터 "나는 느낀다. 고로 존재한다"를 외치고 있다.[18]

그러나 아직도 서양 정신분석 및 정신치료는 소유와 존재(삶), 지식과 지혜, 이해와 설명, 인식과 체험, 존재와 존재자, 학(學)과 도(道)의 관계를 명확히 이해하지 못하고 있는 느낌이고 이동식은 일찍이 이점을 간파했다고 판단된다. 따라서 그는 도(道)정신치료를 통하여 새로운 이론과 기법을 제시하고 있는 것이 아니라 서양 정신분석과 정신치료가 그들의 문화적 한계로 인하여 자신들이 추구하고 있는 궁극적인 지향점이 무엇인지 모르고 있다는 현실을 깊이 공감하고 이를 명쾌히 밝혀 주고 있을 뿐이라고 하겠다. 치료적 이해의 초점은 환자의 핵심감정이며 이를 공감하여 직지인심(直指人心), 즉 공감적 응답을 함으로써 환자가 치료되며 이러한 치료적 활동을 위해서는 치료자가 무위(無爲)의 상태에 있어야 하고 이러한 상태를 이루기 위해서는 치료자의 수도(修道), 즉 신경증적 욕망의 제거가 필수적임을 주장할 뿐이며 정신치료의 핵심을 천명하는 것일 뿐이다. 그의 주장은 서양에서 말하는 치유인자나 병인론의 개념적 논란과 기법의 이론적 논쟁을 초월하고 있다. 따라서 그가 추구하고 있는 것은 무엇과 무엇을 통합하는 것이 아니라 올바르게 하나로 되는 것(융합)이라 하겠다.[19]

---

18 임효덕, 「정신분석의 역사와 서양철학: 개관」, 『니체와 정신분석은 어떻게 만나는가?』, 한국정신치료학회 춘계학술대회, 2000, 2-9쪽.

이동식은 일찍이 서양정신치료는 자연과학적, 객관주의적 이론과 기법에 집착하는 문제점을 갖고 있으며 환자를 이론과 기법에 의존하여 이해하거나 치료하고자 하는 경향은 서양문화의 한계에 그 뿌리를 두고 있음을 간파하고 서양 정신분석과 정신치료가 추구하고자 하는 궁극적 지향점은 동양의 道임을 주장해왔다. 그는 불교의 참선에서 겪는 각(覺)의 과정을 그림으로 표시한 십우도(十牛圖)와 정신분석치료의 과정을 비교하였는데, 심우(尋牛), 견적(見跡), 견우(見牛), 득우(得牛), 목우(牧牛), 기우귀가(騎牛歸家)까지는 여태까지 핵심적인 역동 즉, 핵심감정에 일거수일투족이 지배를 받고 있다는 것을 자각하고 이 감정을 억압하지 않고 다루는 것을 배우고 극복하는 것(검은 소가 흰 소가 됨)을 말하고, 망우존인(忘牛存人), 인우구망(人牛俱忘), 반본환원(返本環源)은 진정한 자기를 찾는 것이며 입전수수(入廛垂手)는 성숙된 치료자가 남을 위해서 봉사하는 것이라고 하였다. 그는 정신분석치료의 과정과 불교의 수도 과정은 그 유사성을 볼 수 있으나 궁극적 목표의 수준이 다르며 정신분석적 치료를 받는 심적 과정에 보살의 경지(菩薩行)가 추가된 것이라고 하였다. 서양정신치료는 망우존인(忘牛存人)을 넘어가지 못한다, 즉 자기 초월의 경지가 없다고 하였다. 그는 핵심감정은 대혜선사의 서장(書狀)에서 말하는 애응지물(碍膺之物)에 해당하며 융의 콤플렉스와 유사하며 프로이트 정신분석의 중심역동에 해당하나 중심역동은 설명적인 것이나 핵심감정은 주관적 경험 그 자체를 의미한다고 하였다. 최근 주장하고 서양정신분석의 상호주체성이론(intersubjecti-

19 같은 논문 참조

vity theory)에서 말하는 조직화 원칙(organizing principle)도 이와 비슷한 맥락에 있다. 즉, 환자의 내면세계에 대한 객관적인 관찰(주객 분리; subject-object separation)로부터 환자의 주관적 경험세계로 치료자가 주관적으로 들어가는 것(주객일치; subject-object congruence)으로 치료가 발전해 오고 있으며 서양의 정신치료가 기술-설명-이해-해석-공감을 강조하는 방향으로 발전함으로써 서양의 정신치료가 동양의 도(道)로 점점 더 근접해 오고 있음을 이동식은 지적하고 있다.[20]

그러나 서양정신치료가 우리나라의 문화적 토양에 뿌리를 내리는 데는 많은 장애와 원로들의 많은 노력이 있었다. 초기에는 한국에서는 치료가 문화적 취약점 때문에 시행하기가 부적합하다는 주장이 많았으며 '우리나라에서 정신치료가 잘 안되는 이유'를 전문의 시험을 앞둔 전공의들이 암기하기도 하였다[21]. 1969년에 발행되었던 우리나라 최초의 정신과 교과서에는 다음과 같은 글들이 기록되어 있다.

> 동양적인 미분화된 세계관은 정신치료의 큰 안티테에제가 된다. …
> 또, 동양인은 '나'의식이 희박하고 항상 '우리' 가족안의 나를 의식하며, 나아가서는 자연과 혼연일체인 분화되지 않은 인간상을 갖고 있다. … 가족 내에서 빈틈없이 짜여진 서열 속에서 존대와 하대를 쓰는데 적합한 언어가 민주주의적인 대인관계에는 잘 어울리지 않는다. 성칭

---

20 임효덕, 「핵심감정의 중요성과 의의」, 『핵심감정의 진단과 그 의의』, 한국정신치료학회 학술연찬회, 2001, 1-7쪽

21 임효덕, 「정신치료 통합운동과 한국에서의 정신치료」, 『정신치료의실제』,(춘계학술대회특강), 대한신경정신의학회, 1993, 21-31쪽

이 없고 관사, 수, 시제가 애매한 것이나 상대방을 부르는 칭호이 적당
하지 않은 것도 전통적인 서양식 정신치료를 하기에 적합하지 않다. …
시간표도 없이 울면 젖을 먹게 되고, 대변도 제멋대로 보아온, 구강성
이 강하고 항문성이 약한 한국인에게는 그런 계획된 치료과정이 서양
인처럼 몸에 베여있지 않다. [22]

이러한 언급을 볼 때 원로들이 과거의 역사적 경험을 통한 정신
적 외상 때문에 얼마나 많은 고통을 받고 있었는가 하는 점이 실감
나며 이러한 정신적 외상은 현재까지도 잔재해 있지 않나 생각된다.
그러나 이동식은 한국전통문화 자체가 오히려 정신치료적이며 한국
인의 성격은 감정표현이 잘되고 공감능력이 뛰어나 정신치료에 더
유리하다는 점을 누누이 주장해 왔고 점차 그러한 논란은 없어지게
되었다[23]. 이동식은 1953년 지도감독 없이 단기 통찰치료를 통하여
심인성 두통을 성공적으로 치료하고 그 사례를 한국심리학회에서
1959년 발표한 바 있다[24]. 서양 정신분석, 정신치료의 발달 과정과
현재의 추세는 이러한 주장의 근거를 잘 반영하고 있다. 그의 도(道)
정신치료는 현재 환자의 주관적 내면세계를 지배하고 있는 다른 어
떤 것으로도 환원할 수 없는 핵심감정의 이해와 이에 대한 공감적
응답, 즉 직지인심(直指人心)을 가장 중요시하며 이것은 자비심(慈
悲心), 인(仁)으로서 가능하고 이러한 능력을 배양하기 위해 치료자
의 수도(修道)가 필수적임을 주장하고 있다. 이러한 도(道)정신치료
를 미국정신의학회의 의학 책임자r를 지냈던 삽신(1984)은 "새로운

---

22 한동세, 「한국에서의 정신치료」, 『정신과학』, 일조각 1969, 256-258쪽.
23 이동식, 『한국인의 주체성과 도(道)』, 일지사 1974, 199-2141쪽.
24 이동식, 「심인성 두통의 단기치료 사례」, 『한국의약』, 1960, 3권 100-101쪽.

바람(winds of change)"이라고 하였고 회장을 지냈던 타스만(2002)은 "서양이 동양의 철학과 문화를 배움으로써, 정신치료의 새로운 조망이 일어나고 있다"고 하였다.[25]

이상과 같이 서양정신치료가 정신병리의 기전으로서 부정적인 과거 경험에 의한 처리되지 못한 주관적 감정의 응어리와 치유인자로서 대인관계적 요인의 중요성을 강조하는 경향으로 발달해오고 있으며 도(道)정신치료는 이를 처음부터 강조하고 있다. 이러한 관점에서 보면, 한국문화는 감정과 대인관계를 중요시해왔다는 점에서 과거의 부정적 감정을 승화하고 정화하는 능력이 탁월하다는 특성을 갖고 있으며 한국의 고유한 정서인 한에는 이러한 특성이 포함되어 있다고 하겠으나 지금까지의 정신의학적 연구에서는 이러한 점이 부족했다. 이러한 도(道)정신치료적 관점의 이해는 한이 어둡고 부정적인 데서 출발하여 밝고 긍정적인 측면으로 질적인 변화를 거듭해나가며 공격적 퇴영적 정서에서 출발된 한이 반격과 보복의 길로 나아가지 않고 우호적이고 선의적인 삶의 지평을 열어간다는 천이두의 일원론과 이어령의 원한론(願恨論)과 맥을 같이 한다. 또한 민중의 보편적 정서인 한을 역사발전의 원동력으로 읽음으로써 지향적 역동성을 강조한 한완상·김성기의 주장과 함께 희망적이며 미래지향적으로 우리의 심성을 재조명할 수 있을 것으로 생각되며 더욱 근본적으로는 한국인의 긍정적 잠재력을 자각하고 이를 극대화함으로써 한국의 미래에 대한 희망적 시각을 강화하는 데에 활용할 수 있을 것으로 기대한다.

---

25 임효덕, 「현금 서양정신분석, 정신치료의 추세와 도(道)정신치료」, 『도(道)정신치료』, 한국정신치료학회 학술연찬회, 2002, 23-28쪽.

5. 결론

한국문화는 인정문화이며, 관계 문화, 비언어적 문화이며 감정소통, 또는 의사소통이 잘되는 문화라는 많은 외국인들의 지적과 '곰이 도(道)를 닦아 인간이 되어 하늘의 아들과 만나 단군을 낳는다'는 단군신화의 내용이나 '자연, 우주와의 조화를 통하여 인류의 복지에 기여한다'는 홍익인간정신이 바로 도(道)에 입각해 있음은 결코 우연한 일이 아닐 것이다. 지금까지의 국내 정신의학계의 연구들은 이러한 긍정적인 전통문화적 특성에 대한 깊은 자각이 없이 서양 정신의학의 입장에 서양의 정신병리 이론과 진단 체계에 맞추어 한을 이해하려는 경향과 패배주의적이며 자기 비하적인 신경증적 경향 때문에 올바르고 미래지향적인 결론에 도달할 수 없었다. 그 결과, 한은 한국인 고유의 부정적이고 미숙한 인경 경향으로 인해 해결하기가 쉽지 않는 정신병리적 현상으로 이해하는 경향이 많았다.

그러나 주체적이며 한국 전통문화의 긍정적인 면에 대한 자각으로 출발하여 서양정신치료를 흡수 융합한 도(道)정신치료적 관점에서는 한은 부정적인 정서적 경험과 그 결과를 잘 이해하여 극복하고 승화해가는 한국 문화와 한국인 심성의 긍정적이며 자기치료적인 특성을 보여주는 한 예로 이해한다. 이러한 이해는 한에 대하여 미래지향적인 입장을 갖고 있는 다른 학문 분야의 견해와 입장을 같이함으로써 향후 상호협력 하에 우리 심성의 긍정적인 잠재력을 더욱 자각하여 극대화함으로써 우리의 주체성 확립에 크게 기여할 것으로 예상한다.

참고문헌

이동식, 『한국인의 주체성과 도(道)』, 일지사 1974.

이어령, 『푸는 문화 신바람 문화』, 문학사상사 2003.

이어령, 『한국인의 마음』, 동경, 학생사 1974.

천이두, 『恨의 구조 연구』, 문학과지성사 1993.

최길성, 『한국인의 恨』, 예전사 1991.

한동세, 「한국에서의 정신치료」, 『정신과학』, 일조각 1969.

한완상·김성기, 「恨에 대한 민중사회학적 시론」, 『한의 이야기』, 1980.

Ablon S.L., Brown D., Khantzian E.J., Mack J.E.: *Human Feelings*. Hillsdale, The Analytic Press 1993.

Capra F.: *The Turning Point*, A Bantam Book, Toronto 1982.

Lin K.M.: *Hwa-Byung: A Korean culture-bound syndrome?* Am J Psychiatry 140(1): 105-107 1984.

Orange, D.M.: *Emotional Understanding*. The Guilford Press, New York 1995

Rhee D.: *The Tao, psychoanalysis, and existential thought*. Psychother Psychosom 53: 21-27, 1990

Rim H.D., Taylor G.J.: *Convergence of Western knowledge and Eastern wisdom in contemporary psychosomatic conceptualizations in health and disease*. Presented at Psychotherapy Asia Pacific 1996: Mental Health, Culture and Development "East and West", Bali, Indonesia. 1996

Rim, H.D.: *The Future of Psychotherapy: An Eastern Perspective*. Presented at the 42nd Annual Meeting of the American Academy of Psychoanalysis, Toronto, Canada 1998.

제8장 | 한의 실존주의-페미니즘적 이해

강대석

이 논문은 한국여성이 지니는 한(恨)의 정서를 실존주의적인 페미니즘의 입장에서 분석하고 비판하려는 목표아래 씌어졌다. 그것을 위해 우선 실존주의의 근본입장, 특히 페미니즘과 연관되어있는 프랑스 실존주의 철학자 사르트르의 철학적 근본입장을 밝힌 후에 이러한 철학을 페미니즘의 분석에 이용한 보부아르의 『제2의 성』을 중심으로 여성들이 가고 있는 보편적인 문제들을 점검해 보았다. 그리고 보부아르가 제시한 해결방식이 전통적으로 내려오는 한국여성들의 한을 해결하는 하나의 방법이 될 수 있는가를 고려해 보았다. 결론적으로 한국여성이 지니는 한이 실존주의적인 결단과 선택만으로 해결될 수 없으며 그 한이 발생하게 된 사회 경제적인 배경을 염두에 두면서 그 해결방식을 찾아야 한다는 사실을 강조하였다.

1. 서론

페미니즘(feminism)이란 여성의 사회적, 정치적, 법률적 권리의 확장을 주장하는 학설로서 '여성해방론', '여권확장론', '남녀동권주의'와 연관된다. 실존주의 철학에서 이러한 페미니즘을 직접 거론하는 경우는 드물다. 왜냐하면 실존주의는 근본적으로 남녀를 구분하지 않는 채 인간의 본래적 존재가 무엇인가를 추구하는 현대철학의 한 사조이기 때문이다. 그러나 현대의 위기를 진단하면서 인간의 실존문제를 해명하려는 실존주의의 이론 가운데도 여성의 사회적 지위에 관한 물음이 나타나지 않을 수 없다. 특히 인간의 실존해명에서 사회관계의 중요성에 눈을 돌리기 시작한 사르트르(Sartre)의 경우에 그것이 간접적으로 표현되며, 사르트르와 함께 프랑스 실존주의를 대중화하는데 기여한 실존주의 페미니즘 이론가인 보부아르(Beauvoir)의 저술에는 실존주의적 입장에서 페미니즘운동을 주도하려는 직접적인 노력이 엿보인다.

본 논문에서 필자는 실존주의가 일반적으로 페미니즘에 끼친 영향을 염두에 두면서 보부아르의 페미니즘 이론을 분석하고 그것이 여성의 한(恨), 특히 한국여성이 지니는 한의 정서를 파악하는데 어떤 역할을 할 수 있는가를 제시해 보려 한다.

2. 실존주의와 페미니즘

1) 실존주의의 일반적 특징

실존주의는 양 차 세계대전을 겪은 서구인들이 전쟁의 쓰라림 체험하고 "인간이란 도대체 무엇인가?", 다시 말하면 참다운 인간의 존재방식이 무엇인가를 반성하면서 제시된 철학사조이다. 실존주의는 일반적으로 과학기술의 발전을 밑받침으로 세계를 합리적으로 파악하고 개조하려는 이성중심의 계몽주의 철학에 대한 반발의 분위기를 드러내고 있으며 그러므로 생(生)을 신비적이고 비합리적으로 파악하려는 생철학의 입장을 이어가고 있다. 다만 생철학이 일반적인 의미의 생을 해명하는데 주력하였다면 실존주의는 대치될 수 없는 개별자의 실존을 존재문제와 연관시켜 해명하고 분석하는데서 차이가 나타난다. 대치될 수 없는 개별자의 본래적인 존재방식인 실존(Existenz)을 제시하려는 노력에서 실존주의는 한편으로 마르크스주의와 상반되는 경향을 보인다. 마르크스주의에서는 인간의 삶을 파악하는데서 개인의 내면적인 문제보다도 사회관계의 문제를 중시하기 때문이다. 그러나 다른 한편으로 실존주의는 진리의 척도를 인간의 내면이 아니라 외적인 유용성에서 찾으려는 실용주의와도 상반되는 경향을 보인다.

실존주의는 프랑스의 실존주의자 사르트르(Sartre)가 제시한 것처럼[1] 야스퍼스(Jaspers)와 마르셀(Marcel)이 중심이 되는 유신론적 실존주의, 그리고 하이데거(Heidegger)와 사르트르가 중심이 되는 무신론적 실존주의로 양분될 수 있다. 그러나 일회적이고 대치될 수 없는 개별자의 실존을 강조하는 점에서 이들은 공통성을 지닌다. 사르트르도 그러한 사실을 지적하면서 실존주의자들에 대해서 말한다; "실존이 본질에 앞선다, 혹은 자아중심으로부터 출발해야 한다는 신념에서 이들은 공통성을 갖는다."[2] 실존주의는 인간과 세계에 관한 철학적인 체계를 세우기보다는 인간의 내면으로 눈을 돌려 불안, 죽음, 무와 같은 문제를 파헤치려 한다. 그러므로 잠언이나 역설과 같은 형식을 사용되기도 하고 소설, 희곡, 시 등의 문학적인 표현방식을 통해서 일반대중에게 실존주의의 철학내용을 전달하기도 한다. 사르트르나 보부아르(Beauvoir)의 소설은 물론 카뮈(Camus), 카

---

1 cf. J.-P. Sartre, *Ist der Existentialismus ein Humanismus?* Zürich 1947, S. 10.
2 Ebd., S. 11.

프카(Kafka), 릴케(Rilke)의 문학작품 속에서도 우리는 실존주의적 사상을 엿볼 수 있다.

페미니즘과 연관하여 야스퍼스와 하이데거의 철학에는 특별한 서술이 나타나지 않는다. 야스퍼스는 초월자와 연관된 실존의 해명에 주력하였고 하이데거는 시간과 연관된 현존의 분석을 통해서 잊혀진 존재 자체를 상기시키려 하였다. 야스퍼스와 하이데거는 과학기술의 시대에서 소외되어 가는 인간의 모습을 들추어내고 존재와의 연관성을 회복하는 방식으로 현대인에게 자유와 실존의 가능성을 부여하려고 하였다. 일상적 인간(das Man), 현존(Dasein), 실존(Existenz), 공존(Mitsein) 등이 남녀노소의 구분을 넘어서 있는 개별적인 존재방식을 가리킨다. 존재 분석에 집중하면서 야스퍼스와 하이데거는 그들이 이상으로 하는 사회가 봉건주의가 아니고 자유민주주의라는 사실을 직접·간접으로 표현한다. 그것은 남녀불평등을 기저로 하는 봉건사회의 도덕보다는 남녀의 동등을 추구하려는 자유민주주의 사회의 도덕을 중시한다는 의미이기도 하다. 다시 말하면 야스퍼스나 하이데거가 직접 페미니즘의 이론을 제시하지는 않았지만 그러한 운동에 부정적인 입장을 취한 것은 아니며 간접적으로 그것을 인정하고 있다고 말할 수 있다. 야스퍼스가 4살 위인 친구의 누나와 결혼을 했고 부인의 건강을 걱정하여 자녀를 갖지 않았던 일, 하이데거가 "진리의 본질은 자유다"[3]라 말하면서 진리의 문제에서 주관의 편견을 벗어나야 한다고 주장하는 것 등에서 우리는 그것을 간접적으로 유추할 수 있다. 사회적 참여와 실천을 강조

---

3 M. Heidegger, *Vom Wesen der Wahrheit*, 2. Aufl. Frankfurt a. M. 1949, S. 25.

하는 사르트르의 경우에는 그것이 더욱 두드러진다.

2) 사르트르의 실존주의

사르트르는 "실존이 본질에 앞선다"[4]는 명제를 실존주의 일반적인 출발점으로 삼고 있다. 이 명제는 실존주의의 일반적 특징과 사르트르 철학의 근간을 이해하는데 중요한 역할을 하고 있다. 사르트르는 이러한 사상을 초기의 철학적인 주저 『존재와 무』(L'etre et le néant)에 나타나는 '자유론'에서 전개한다. 사르트르에 의하며 사물에는 주관성이 없다 즉 사물은 체험할 수도 없고 스스로를 의식할 수 없으며 스스로에 대한 개념을 가질 수도 없다. 사물의 의미를 규정하는 것은 인간의 의식이다. 인간의 의식은 항상 사물에 '지향되어' 있다. 물론 인간도 사물처럼 다른 인간에 의해서 규정되지만 그러나 인간의 내면적 구조는 사물과 다른 독특한 모습을 지닌다. 인간은 행위를 해간다. 인간의 행위는 다른 사물의 작용과 구분된다. 사물은 인과법칙에 따라 변화하고 발전되어 가는데 비하여 인간의 행위는 아직 존재하지 않는 것, 즉 도달하려는 목표에 의하여 규정된다. 사물에 있어서는 현재가 과거에 의해서 규정되는 반면 인간에 있어서는 미래에 의하여 현재가 규정된다. 이렇게 계획 속에 있지만 아직 도달되지 않은 어떤 것이 인간의 행위에 대하여 가장 중요한 역할을 한다. 인간은 아직 있지 않는 어떤 가능성에 의하여 규정된다, 다시 말하면 무(無)와 연관된다. 사르트르는 의식을 갖고있

---

4 J.-P. Sartre, *Das Sein und das Nichts*, übersetzt von J. Streller, Reinbek bei Hamburg 1962, S. 558.

는 인을 '대자'(pour-soi), 의식이 없이 그대로 있는 사물을 '즉자'(en-soi)로 표현한다. 인간은 '즉자'로부터의 초월을 통해서 '대자'가 된다. 다시 말하면 의식을 얻고 가능성을 확신한다. 사르트르는 가능성을 확신하고 선택을 통해 자유를 실현하는 인간의 능력을 '초월'(transcendance)[5]이라 부른다. 인간의 존재를 규정하는 두 요소가 초월과 사실성이다. 즉자는 무의 가능성을 갖지 않는 완전히 충만 된 존재이다. 초월이 불가능한 존재이다. 즉자는 완전히 충만되어 있으므로 자유의 가능성이 배제되어 있다. 무의 가능성을 갖는 존재만이 자유의 가능성을 갖는다. 따라서 자유는 인간에게 생득적으로 부여되는 것이 아니라 가능성을 향한 계획과 더불어 얻어진다. 가능성을 향한 계획이란 많은 가능성 가운데서 어느 하나를 선택한다는 의미다. 선택한다는 것, 그것은 인간에게 존재한다는 것과 같다. 인간은 자유에로, 다시 말하면 선택하지 않으면 안 되도록 '심판을 받았다'[6]. 한 사람을 탄생시키면서 그의 부모는 미리 어떤 목적을 정하고 거기에 맞게 만들어 내는 것이 아니다. 인간은 무로 태어나 스스로의 본질을 상황에 따라 스스로의 선택에 의하여 만들어 간다. 인간은 존재하기 전에 무이고 존재한 후에 스스로의 본질을 만들어간다는 사실을 사르트르는 "실존은 본질에 앞선다"는 말로 표현하였다. 인간의 본질 혹은 인간에 대한 개념은 미리 존재하는 것이 아니며 개별적인 인간의 본질은 더욱 더 존재하지 않는다. "인간은 완전히 자유롭다."[7] 사르트르의 이러한 주장은 페미니즘과 연

---

5 Ebd., S. 557.

6 Ebd., S. 560.

7 Ebd., S. 563.

관하여 중요한 의미를 지닌다. 남녀를 불문하고 그의 본질이 태어날 때부터 결정되는 것이 아니라 스스로의 선택에 의하여 만들어 진다. 그것은 남녀가 완전히 평등한 존재라는 사실을 존재론적으로 제시하고 있다. 남자나 여자나 다같이 태어나기 전에는 무이고 태어난 후 스스로의 선택에 의해서 스스로의 본질을 만들어 간다. 그러나 이러한 선택은 항상 그것을 가능하게 하는 상황과 타인의 존재를 필요로 한다. 인간이 부딪히는 사물과 타인의 시선은 구체적인 상황 속의 사실성으로서 나의 자유를 제한하지만 그것을 실현하는데 방해가 되지 않는다. 자유를 실현하려는 나의 투기에서 없어서는 안 될 전제가 된다. 나는 세계 내에서 선택을 하는 것이지 세계를 벗어나 세계를 선택하는 것이 아니기 때문이다. 이러한 이념을 여성문제에 적용하여 광범위하게 논의한 사람이 보부아르이다.

3. 보부아르의 페미니즘

1)보부아르와 사르트르의 관계

시몬 드 보부아르(Simone de Beauvoir)는 사르트르와 함께 프랑스의 실존주의를 이끌어간 주요 인물이다. 보부아르는 천재들이 모이는 파리고등사범학교에서 공부한 후 1929년에 이 학교를 졸업하게 되는데 졸업시험에서 사르트르가 수석을 차지했고 "그의 친구이자 반려자인 시몬 드 보부아르가 2등을 했으며 프랑스의 가장 유능한 헤겔 해석자이며 『정신현상학』의 번역자인 장 이폴리트(Jean Hyppolite)가 3등을 했다."[8] 보부아르 자신은 항상 겸손하게 철학문제에서 사르트르의 권위를 인정하고 있지만 사르트르와 대등한 입장에 있었다는 사실을 알 수 있다. 사르트르와 보부아르의 관계는 일종의 '계약결혼'의 관계로 알려져 있다. 그러나 오늘 날 유행하고 있는 계약결혼과 그 의미가 다르다는 것을 우리는 그들의 철학을 통해서 이해할 필요가 있다. 보부아르는 회고록의 제목을 통해서 암시하는 것처럼 프랑스 정통적인 '양가집 출신의 처녀'였다. 가정의 분위기는 '계약결혼'과 같은 자유분망함을 허용하지 않았을 것이다. 보부아르가 실존철학이라는 확고한 삶의 신념을 갖지 않았더라면 그것은 불가능했을 것이다. 사르트르와 보부아르는 "인간은 스스로 만들어 가며 수행하는 존재일 뿐이다"9는 실존철학의 명제에 따라 남녀간의 참된 사랑도 상대방을 소유하는데 있는 것이 아니라 상대방의 자유를 최대한도로 허용해주는데 있다는 신념을 실천한 것이다. 그들은 전통적인 방식의 결혼이 상대방을 소유의 테두리 안에 묶어 놓는 일종의 속박에 불과하다는 것을 확신하였다. 인간은 교제를 통해서, 다시 말하면 새로운 인간과의 자유로운 만남을 통해서 스스로를 만들어 간다. 결혼이라는 굴레가 이러한 가능성을 제한하고 한 인간과의 만남만을 강조한다면 자유의 가능성은 축소된다. 특히 전통적인 결혼관은 결혼을 통한 여성의 독점적인 소유개념을 남성들에게 주입시켰다. 결국 결혼을 통해 여성은 남성의 독점적인 소유물로 고정되고 일정한 남성에게 충실할 것이 요구된다. 자본주의 사회에서 나타난 페미니즘 운동은 남성과 여성을 동등한 위치에서 결혼과 가정의 상대자로 인정하게 하였으나 사르트르와 보부아르의 경우에는

8 W. Biemel, *Sartre*, Reinbek bei Hamburg 1964, S. 19.

9 · Ebd.

그것만으로도 부족하였다. 결혼이 남녀의 동등한 권리를 전제로 하는 결합일지라도 실존주의적인 자유의 실현에 방해가 되는 서로 서로의 구속을 의미할 뿐이다. 사르트르와 보부아르가 물론 모든 결혼에 부정적인 입장을 표시하지는 않았다. 그러나 그들은 실존주의적 의미에서의 자유실현과 페미니즘의 본질이 무엇인가를 스스로의 실례를 통해서 보여주려 한 것이다. 물론 사르트르와 보부아르는 처음에 2년간의 계약을 맺었다. 그러나 그것은 사랑은 소유가 아니며 상대상의 자유를 최대한으로 보장해 주는데 있다는 이들의 신념을 시험해보기 위한 첫 단계였으며 그들은 이러한 신념에 따라 결혼을 하지 않는 체 일생동안 애인과 반려자로 살았다. 이에 대하여 보부아르는 말한다. "사르트르는 일부일처제로 기울어지지 않았다. 그는 남자들보다도 더 진지하다고 생각되는 여자들과 교제하기를 좋아했다. 많은 여자들과 사귀는 즐거움을 23세의 나이로 영원히 포기할 생각은 없었다. 그는 나에게 애인이라는 단어를 사용하면서 설명했다; '우리 둘 사이에는 필연적인 사랑이 자리잡고 있다. 그것은 우리가 우연적인 사랑을 체험한다는 것을 배제하지 않는다.' 우리는 같은 생각이었고 우리의 결속은 우리가 존재할 때까지 계속될 것이다. 그러나 그러한 결속도 다른 사람들은 만나는데서 오는 순간적인 풍요로움을 보상해주지는 않았다. 무엇 때문에 우리는 우리에게 나타나는 놀라움, 실망, 동경, 즐거움의 단계를 자발적으로 포기하겠는가?"[10] 결혼이라는 형식적인 구속의 테두리에 들어서지 않고 타인과 교제할 수 있는 무제한의 자유를 상대방에게 허용하는 이들의

---

10 Simone de Beauvoir, *In den besten Jahren,* Reinbek bei Hamburg 1969, S. 23.

사랑은 그러므로 천박한 '계약결혼'의 범주 안에 포함될 수 없으며 '결혼하지 않는 사랑'이라는 표현이 이들의 관계를 더 잘 표현해줄 수 있을 것이다. 이들의 사랑은 전통적인 결혼관에 커다란 충격을 주었으며 현대 페미니즘운동에도 새로운 방향을 제시하였다.

2) '제2의 성'

보부아르는 유명한 주저 『제2의 성』에서 여성의 현실을 구체적으로 분석해 간다. 보부아르에 의하면 전통적으로 철학이나 신학에서 여자는 주체에 대비되는 '타자'로서 파악되어 왔다. "남자에게 있어서 여자는 섹스이다. 절대적으로 그렇다. 여자는 남자와의 관계에서 한정되고 달라지지만 남자는 여자에 대하여 그렇지가 않다. 여자는 우발적인 존재다. 여자는 본질적인 것에 대하여 비본질적(非本質的)인 것이다. 남자는 '주체'(主體)이다. 남자는 '절대'(絶對)이다. 그러나 여자는 '타자'(他者)이다."[11] 타자는 비본질적이며 본질적인 주체의 확립에 도움이 되는 존재이다. "주체는 대립함으로써 비로소 자신의 지위를 확보한다. 자기를 본질적인 것으로 주장하고 타자를 비본질적인 객체로 설정함으로써 자신을 확립시켜 나가는 것이다."[12] 실존주의적 모럴은 그러나 남녀를 불문하고 투기(投企)와 초월을 통하여 주체가 구체적으로 확립되기를 요구한다. 다시 말하면 인간은 스스로의 선택에 의하여 자유로운 존재가 됨으로써 주체를 확립한다. 여성의 비극은 이러한 주체를 실현하지 못하고 전통적으로 주

---

11 『제2의 성』(상), 14쪽.
12 위의 책, 15쪽.

어지는 '타자'의 역할을 받아들이는데 있다. "여자의 비극은, 부단히 본질적인 것으로서 자기를 확립하려는 모든 주체의 기본적 요구와, 여자를 비본질적인 것으로서 형성하려는 상황의 요청사이에서의 갈등이다."13

(1) 여성은 '숙명'인가?

여성은 태어날 때부터 숙명적으로 영원한 여성의 본질을 갖는다는 주장을 반박하기 위하여, 다시 말하면 여자가 신체적 조건에 의하여 주체가 될 수 없다는 주장을 반박하기 위하여 보부아르는 우선 여성의 생물학적 조건을 분석한다. 여성이 신체적으로 남성과 다르다는 사실을 보부아르도 인정한다. "여자는 남자만큼 빨리 뛰지도 못하고 무거운 것도 들지 못한다. 어떤 스포츠에서도 남자와 경쟁할 수가 없다. 싸움에서도 대전할 수가 없다. 여자의 이러한 약점에 우리가 앞서 이야기한 불안정과 통제의 결여와 허약성이 겹친다. 이것은 사실이다. 여자는 투기에 있어서 남자보다 결단성과 인내력이 약하고, 또 그것을 실행할 능력도 약하다."14그러나 그것이 여자의 운명을 결정하는 열쇠가 되는 것은 아니라고 보부아르는 주장한다. 동물과 달리 인간의 의미규정에는 경제적, 역사적, 도덕적 조건이 크게 좌우하기 때문이다. 생물학은 주로 종의 영속을 위한 양성의 역할을 연구하는데 집중되어있기 때문에 생물학적 지식만으로 어느 한 성이 우월하다는 결론을 내릴 수 없는 것이다. "여자의 육체는 여자가 이 세계 속에서 차지하고 있는 상황의 본질적 요소의 하나

---

13 위의 책, 30쪽.
14 위의 책, 67쪽.

이다. 그러나 이것만으로 여자가 무엇이냐를 정의하기에는 부족하다. 한 사회 안에서 육체는 행위를 통해서 의식에 의하여 받아들여짐으로써만 산 현실성을 갖는 것이다. 생물학은 '왜 여자가 타자인가?'라는 우리의 질문에 답변을 줄 수는 없다. 역사의 흐름 속에서 자연이 어떤 형태로 여자 속에 나타나고 있는가를 아는 것이 중요하다. 또 인류가 여자를 어떤 것으로 만들었는가를 아는 것이 문제이다."15

다음으로 보부아르는 정신분석학적인 여성파악이 남성위주의 편견을 그 배경에 깔고 있음을 지적한다. 프로이트가 제시한 '페니스선망'이나 '거세 콤플렉스' 등이 남성을 원형으로 하는데서 오는 불확실한 가설이라는 것이다. '리비도'가 중심이 되는 성(性)이 인간생활에서 중요한 위치를 차지하지만 절대화 될 수는 없다는 것이다. 남녀사이에서 나타나는 성적인 관계는 생물학적인 요인과 함께 사회적 요인이 커다란 작용을 하고 있는데 프로이트는 사회적 요인마저 생물학적인 성 본능으로 해명하려 한다. "아버지의 우월성은 사회적 질서의 한 사실이다. 그런데 프로이트는 이 점을 설명하는데 실패했다."16 사회 속에서 인간은 선택하면서 자신의 주체를 확립해 간다. 그런데 프로이트는 이러한 측면을 간과하고 있다. "모든 정신분석학자들에게는 '선택'의 관념과 이것에 관련된 가치의 관념을 조직적으로 거부하는 경향이 있다. 이 체계의 본질적 약점을 구성하고 있는 것이 바로 그것이다. 충동과 억압을 실존적 선택에서 단절시켰기 때문에 프로이트는 그 근원을 우리에게 설명하는데 실패하였다.

15 위위 책, 70쪽.
16 위의 책, 76쪽.

그는 그것을 처음부터 주어진 것으로 보았다."[17] 신체구조는 결코 숙명이 아니며 성욕의 결정에서도 사회적 존재방식에서 오는 가치가 중요한 역할을 한다. 인간의 운명은 주어진 과거에 의해서보다도 미래의 가능성에 의하여 더욱 더 좌우된다. "우리는 여자의 숙명이라는 문제를 전혀 다른 각도에서 보려고 한다. 즉 우리는 여자를 가치의 세계에다 놓고 그 행위에 자유의 차원을 주려고 한다. 여자는 자기 초월의 확립과 객체에서의 자기소외 사이에서 어느 쪽을 선택하지 않으면 안 된다고 우리는 생각한다. 여자는 모순되는 충동의 장난감이 아니라, 윤리적 단계에 있는 해결을 스스로 만들어 가고 있다. 가치를 권위로, 선택을 충동으로 대치시킴으로써 정신분석학은 도덕의 대용품을 제시하고 있다."[18]

마지막으로 보부아르는 인간의 사회적 존재방식을 결정하는데서 노동의 역할을 강조한 유물사관의 여성관을 분석하고 비판한다. 보부아르는 우선 인간을 동물적인 자연상태를 벗어나 도구를 사용하는 사회적 존재로 파악하는 유물사관의 장점을 인정한다. 그러나 남성의 여성지배를 사유재산의 발생과 연관시키고 여성해방을 계급해방과 일치시키는 유물사관의 주장에 반대한다. 인간의 실존문제가 너무 경제적인 측면에서 강조되고 있기 때문이다. 여자에게 강제로 성교를 강요할 수 도 없고 어린애를 낳게 할 수도 없는 복합적인 요인은 경제관계로 환원될 수 없다. "예컨대 개인의 소유라는 관념까지도 실존자의 근원적 조건에서 출발하지 않는다면 의미를 가질 수 없다는 것이 분명하다. 그 관념이 나타나기 위해서는 우선 주체 속에 그

---

17 위의 책, 79쪽.
18 위의 책, 85쪽.

본질적 특수성에 뿌리내리려는 경향이 있지 않으면 안 된다."[19]

보부아르는 생물학적·정신분석학적·유물사관적 여성관을 분석한 후 다음과 같은 결론을 내린다: "여자를 발견하기 위하여 생물학 정신 분석학사적 유물론 등이 끼친 여러 가지 공헌을 우리는 거부하지 않는다. 그러나 우리는 육체·성적 생활기술 등은 인간 존재의 총체적인 전망 속에 파악될 때에 한에서만 인간을 위하여 구체적으로 존재한다고 생각한다. 완력·음경·도구의 가치는 단지 가치의 세계에서만 정의될 수가 있다. 가치는 실존자가 존재를 향해 자기를 초월하는 기본적인 투기(投企)에 의해서만 지배된다."[20]

(2) 사실과 신화 속에 나타난 여성의 본질

보부아르는 인류의 역사에서 사실로 그리고 신화에서 상징으로 나타난 여성의 본질을 광범위하게 분석한다. 세계는 항상 남성에게 속해왔다. 여자는 항상 월경·임산·해산 등으로 노동능력의 제한을 받으며 남자들처럼 모험적이고 창조적인 활동에 참여할 기회를 박탈당했다. 물론 종의 존속이라는 의미에서는 남자와 여자의 역할은 동등하였다. 그러나 인간은 동물과 달리 종의 존속보다도 종의 발전에 관심이 많으며 여기서 여자는 소외되었다. 다시 말하면 실존적인 결단에 의하여 자기를 초월할 수 있는 가능성에서 여자가 뒤떨어지게 되었다. "그 때문에 여자는 거기서 자기 실존의 강력한 주장의 동기를 발견하지 못했다. 여자는 피동적으로 생물학적 숙명을 받아들인다."[21] 이에 비해 남자는 전투와 같은 모험적인 행위에서 자기의 힘

---

19 위의 책, 91쪽.
20 위의 책, 96쪽 이하.

을 증명해 간다. "그는 실존자로서 자기를 실현한다. 유지하기 위하여 그는 창조하는 것이다. 그는 현재의 테두리를 넘어서 미래를 개척한다. 그 때문에 고기잡이나 사냥의 원정은 신성한 성격을 띤다. 그의 성공은 축제나 개선으로 나타난다. 남자는 거기서 자기의 인간성을 확인한다. 오늘날 댐이나 마천루나 원자로를 세웠을 때 그는 이런 자존심을 표명했다. 그는 주어진 세계를 유지하기 위해 일했을 뿐만 아니라 미개척지를 뚫고 나간 것이다. 그는 새로운 미래의 초석을 쌓은 것이다."[22] 이러한 창조적인 활동으로부터 배제된 것이 여자에게 씌워진 가장 나쁜 저주의 하나였다. 그리고 그것은 남자가 여자를 지배할 수 있는 근거를 만들어 주었다. "남자는 '실존'에 의해서 '생명'을 초월함으로써 '생명'의 반복을 손에 넣는다. 이 초월에 의하여 그는 단순한 반복에서 일체의 가치를 부인하는 그런 가치를 창조한다."[23] 여자는 이런 가치를 승인하고 남자의 가치창조에 동참하는 공모자의 역할 밖에 할 수가 없었다. "왜냐하면, 여자도 또한 실존자로서 초월을 안에 지니고 있으며, 또한 그녀의 계획은 반복이 아니라 다른 미래를 향한 초월이기 때문이다. 여자는 자기 존재 속에서 남성의 주장을 확인하고 발견한다."[24]

여자는 결국 주체가 되지 못하고 주체의 역할을 하는 남자의 '타자'로 남게 되었다. '여성의 신비'나 '영원한 여성'과 같은 표현이 바로 그것을 말해 준다. 그것은 역사적 사실 속에서 뿐만 아니라 예술

---

21 위의 책, 101쪽.
22 위의 책, 101쪽 이하.
23 위의 책, 102쪽.
24 위의 책, 102 쪽.

과 문학이 중심이 되는 신화 속에서도 나타났다. 남자들은 결국 여자에 대한 신화를 자기중심적으로 만들어 낸 것이다. 몽텔를랑, 로렌스, 클로델, 브르통, 스탕달 등의 문학 속에 나타난 여성의 신화를 보부아르는 매우 탁월하게 분석하고 있다. 니체의 영향아래 남성우월주의를 극대화한 몽텔를랑, 남근 숭배자 로렌스, 여성을 영혼의 누이로 정의한 클로델, 자연에 뿌리박고 있는 어린애다운 여성에 희망을 거는 브르통에서는 물론 여성을 남성과 가장 대등한 입장에서 파악하려 한 스탕달의 경우에서도 여자의 타애주의를 기대하며 여자의 헌신을 고귀한 선택이라고 찬탄한다. 그러나 그것은 영원한 여자의 본질이 아니다. 본질은 항상 행위에 의하여 만들어지기 때문이다. "어떤 실존자도 그가 행하는 그것 외에 아무 것도 아니다. 본질은 실존을 선행하지 않는다. 그 순수 주관성에서 인간은 '아무 것도 아니다'. 그 사람의 행위에 따라서 인간은 측정된다."[25]

(3) 여성의 신화에 대한 실존주의적 극복

사르트르의 실존주의적인 인간해석에 의하면 인간의 본질은 시간 속에서 자기를 발견하는데 만족하지 않고 순간을 지배하고 미래를 형성해 가는데 있다. 이런 관점에서 볼 때 역사적으로 나타난 여자의 불행은 생물학적·경제적 요인에만 있는 것이 아니라 오히려 그것을 극복 할 수 있는 실존주의적 결단이 부족한데서 연유한다고 보부아르는 주장한다. 여자들은 남자들의 의도에 의해서 만들어진 질서에 동의하면서 스스로 주체가 될 수 있는 가능성을 망각한 것이

---

25 위의 책, 380쪽.

다. 보부아르는『제2의 성』제2부 '체험'의 장을 다음과 같은 말로 써 시작한다: "오늘날의 여성들은 '여성적인 것'이라는 신화를 뒤엎고 있다. 그녀들은 자신들의 독립성을 더욱더 구체적으로 확립하기 시작한다. 그렇긴 하지만, 그녀들이 인간 존재로서의 조건을 완전히 살리기란 결코 쉬운 일이 아니다."[26] 유아기로부터 사춘기를 거쳐 성년에 도달하는 여성들의 체험을 밑받침으로 보부아르가 얻은 결론은 "여자는 태어나는 것이 아니라 만들어지는 것이다"[27]이다. 남자나 여자나 그것이 사회 속에서 취하고 있는 형태는 생리적·심리적·경제적 숙명에 의해서가 아니라 습관과 교육이 만들어 낸 산물이라는 것이다. 그러므로 여성의 해방은 스스로의 주체적인 결단에 의하여 성취될 수 있는 일종의 '투기'이다. "여자가 자기의 분신이나 신 같은 비현실과 관계를 맺든, 혹은 현실적 존재와 비현실적인 관계를 창조하든, 아무튼 그녀는 세계에 대하여 세력을 갖지 못하고 있다. 그녀는 자기의 주관성에서 빠져나가지 못한다. 그녀의 자유는 신비화된 채로 있다. 자유를 올바르게 실현하는 방법은 한 가지밖에 없다. 그것은 능동적인 행동에 의하여 그것을 인간 사회 속에 던지는 것이다."[28] 고독과 불안을 벗어나 '참여'(engagement)를 내세우고 실존주의와 마르크스주의의 보완을 제시했던 사르트르의 철학처럼 보부아르도 여성의 해방이라는 문제에서 정신분석학적 측면과 함께 사회적인 측면에 많은 관심을 돌리고 있다. 여성의 신비나 여성의 한이 사회 속에서 만들어 진 후천적인 현상이라는 사실을 감안할

---

26 위의 책, 392 쪽.
27 위의 책, 392쪽.
28 시몬 드 보부아르 지음, 조홍식 옮김,『제2의 성』(하), 460쪽.

때 그것은 당연한 귀결이라고 말할 수 있다. "프랑스 법전은 아내의 수많은 의무 속에서 지금은 복종을 제외시키고 있다. 여자도 시민이라면 누구나 할 것 없이 선거권을 갖게 되었다. 이러한 공민으로서의 자유도 경제적 자립을 수반하지 못한 때에는 간판에 지나지 않는 가치밖에 없다. … 풍습이 여자에게 옛날만큼은 구속을 강요하지 않는다고 하지만, 그런 소극적인 허용으론 여성의 처지를 근본적으로 개선하지 못하는 것이다. 여성의 처지는 종속적인 신분 속에 갇혀 있다. 여성이 남자와의 거리를 대폭적으로 뛰어넘는 것은 노동에 의해서이다. 여자에게 구체적인 자유를 보장해 줄 수 있는 것도 노동 외에는 없다. 여자가 기생물이 되지 않게 되면 여자의 의존성을 토대로 하여 세워진 제도는 붕괴된다. 여자와 세계 사이에는 남성의 매개가 더는 필요치 않다. 종속자로서의 여자에게 짐이 되고 있는 저주는 여자가 무엇을 하도록 허용하지 않는다는 것이다. 그러므로 그녀는 나르시시즘이나 사랑이나 종교를 통해서 존재를 절망적으로 추구하려고 한다. 그러나 생산적이며 활동적인 여자는 자기의 초월을 다시 회복한다. 그녀는 자기의 기획(企劃) 속에서 주체로서 구체적으로 자기를 확립한다."[29]

초월로 나아 갈 수 있는 구체적인 방법을 보부아르는 네 가지로 제시한다. 첫째가 여성들이 자기의 본질을 실현 할 수 있는 일터를 갖는 것이다. 여성은 집밖에서 남성들과 나란히 일함으로써 자신의 초월성을 회복한다. 둘째가 여성들이 지성을 획득하는 것이다. 다시 말하면 철학을 갖는 것이다. 물론 보부아르가 의미하는 철학은 실존

---

29 위의 책, 461쪽.

주의다. 셋째가 사회주의에 대한 이해이다. 사르트르와 마찬가지로 보부아르도 마르크스주의 철학과 그것이 이상으로 하는 사회주의의 장점을 어느 정도 인정하고 있으며 여성해방도 사회주의와 발을 맞추어 갈 수 있다고 생각하였다. 넷째가 여성들이 자신을 타자로 생각하는 사회구조에 대한 내면적인 거부이다. 그러나 이 가운데서도 가장 중요한 것은 자신의 운명을 스스로 결정할 수 있다는 신념과 그것을 수행하는 내면적인 결단이다. 다시 말하면 철학적인 확신이다.

4. 한국여성의 한(恨)

1) 한국여성의 한(恨)이 지니는 특징

일반적으로 한국인이 지니고 있는 한은 2가지 의미로 분류될 수 있다. 하나는 압박과 구속에서 오는 부정적인 의미의 한이고 다른 하나는 스스로 상정한 목표가 여러 가지 이유 때문에 달성되지 않을 때 나타나는 안타까움의 표현으로서의 한이다. 이러한 안타까움의 표현은 때로 인간에게 추억이나 동경을 일으키는 원인이 되어 긍정적으로 작용할 수도 있다. 특히 예술 속에서 승화되는 경우가 그러하다. 앞의 경우가 원한(怨恨)으로, 뒤의 경우가 정한(情恨)으로 표시되기도 한다. "문순태는 한을 정한(情恨)과 원한(怨恨)의 두 가지로 분류한 바 있다. 임헌영도 이제까지의 한론을 돌이켜보면서 이제까지의 한론을 정한론과 원한론의 두 가지로 분류할 수 있다고 말한 바 있다."[30] 그러나 실존주의적 페미니즘의 의미에서는 원한의 경우에 더 해당된다. 왜냐하면 페미니즘 자체가 구속으로부터의 해방이라는 의미를 지니고 있으므로 긍정적인 의미의 정한과는 거리가 멀기 때문이다.

전통적으로 한국인의 한은 압박을 받거나 소외 된 집단에서 표출되었는데 그 대표적인 경우가 양반에 의해서 압제를 받은 천민과 남성에 의해서 구속을 받은 여인들의 한이었다. 많은 한국의 여인들이 그러므로 신분제도와 남녀차별에서 오는 이중의 고통을 감수하지 않으면 안 되었으며 한국의 연인들이 더 많은 한을 지니게 된 것도 바로 그러한 이유에서이다.

한국은 오랜 역사를 갖고 있는 나라인데 시기마다 여성의 역할과 지위에 변화가 있었다. 일반적으로 고려나 신라 등 조선이전의 국가에서는 여성의 지위가 어느 그렇게 낮지 않았었다. 그 대표적인 예가 여왕을 배출한 신라이다. 여성이 남성에 비하여 그 가치와 사회적 지위에서 훨씬 못하게 된 것은 가부장제를 확립한 조선시대의 유교, 특히 성리학의 영향 때문이었다. "조선왕조에서는 유교적 이데올로기 하에서 통치를 원활하게 하기 위해 가족을 기초단위로, 가부장적 질서가 강화되었다. 따라서 가족으로부터 여성의 이탈을 방지하기 위해 재가금지, 칠거지악, 삼종지도, 내외법 등을 만들어 여성들을 규제하기 시작하였다."[31] 한국여성의 한과 그것을 극복하기 위한 페미니즘 운동은 결국 이러한 봉건도덕의 남녀차별 정책과 직결되는 것이었다. 재가금지란 과부가 된 여자들이 재혼하는 것을 금하는 규정이었다. 그것은 이미 결정된 한 남자에게만 정절을 지키는

30 천이두 지음, 『한의 구조 연구』, 문학과지성사 1994, 54쪽.
31 이배용 외 지음, 『우리나라 여성들은 어떻게 살았을까』1, 청년사 2002, 8쪽.

것을 가장 중요한 부덕으로 내세우는 유교적인 봉건도덕의 산물이었다. 특히 혼사를 약속한 후 죽은 남자를 위해서도 여자는 수절을 해야 한다. 삼국시대나 고려시대에서도 부인의 정절은 권장되었지만 강제된 것은 아니었다. "성리학을 지배이념으로 채택한 조선사회에서는 삼강오륜을 중심으로 한 성리학적 사회윤리가 강조되었다. 삼강오륜은 사회질서를 유지하기 위한 최소한의 기본규범이었고 이 규범은 가족윤리에서부터 시작되었다. 조선시대의 가족질서는 가부장적 질서였다. 가장권은 대내외적으로 절대적인 것이었고 모든 가족원은 가장에게 절대 복종이 요구되었다. 아내는 가장의 배우자였음에도 불구하고 남편에게 순종하고 복종해야 하는 종속적인 위치에 있었다."[32] 칠거지악이란 여자가 이혼을 당하는 7가지 행위를 말하는데 시부모를 잘 모시지 못해 불효하거나, 대를 이을 아들을 낳지 못해 가계계승에 지장을 주거나, 음란한 행동을 하여 혈통의 순수성을 보장하지 못하게 하거나, 질투가 심하여 처첩제 유지에 방해가 되거나, 질병이 있어 건강한 자손을 얻기 어렵게 하거나, 말이 많아 가족 간에 불화를 일으키거나, 도둑질을 하는 것 등이었다. 그러나 엄밀하게 고찰해보면 칠거지악은 남자의 월등한 위치를 여자들이 건드려서는 안 된다는 남성중심의 이기적인 규정이었다. 특히 처첩제를 방해해서는 안 된다는 조항이 그러하다. 삼종지도란 여자가 어려서는 부모를 따르고 결혼한 후에는 남편을 따르고 남편이 죽은 후에는 아들을 따라야 한다는 규범이었다. 한 마디로 말해서 조선시대에 남자는 하늘이요 여자는 땅이었다. 남녀의 평등을 거부하는 이

---

32 같은 책, 66쪽.

러한 규범들이 봉건사회를 유지하는데 필수 불가결한 전제였고 그러므로 많은 철학자들이 성리학이라는 관념론 철학에서 그 근거를 찾아내었다. 예컨대 조선시대에 주자학을 대표하는 이퇴계의 '인성론' 안에 신분제도와 남녀차별을 영원한 우주의 법칙으로 간주하며 합리화하려는 시도가 잘 나타나 있다. "이황은 사람들의 사회 계급적 차별을 인간들의 사회적 관계에서가 아니라 선천적 <기질>에 의하여 설명하였다. 즉 기질의 청탁(淸濁), 수박(粹駁: 수수하고 더러운 것)에 따라 <상지(上智), <중인(中人)>, <하우(下遇)>의 세 계급으로 구분하여 <상지>에 속하는 사람은 천리(天理)에 지행이 겸하여 완전하며 <중인>에 속하는 사람은 지(知)는 충분하나 행(行)이 부족하며 <하우>에 속하는 사람은 지에 어두우며 따라서 행은 악하다고 하였다."[33] 이러한 주장은 플라톤이 사람은 태어날 때 금, 은, 동이 섞이어 나오고 그에 따라 통치자, 수호자, 노동자가 되어야 한다고 주장하는 것처럼 아무런 과학적 근거도 없는 관념론적 착상이다. "이 황에 의하여 조선에서 삼강오륜의 봉건적 윤리도덕의 이론은 확고하게 체계화되었다. 그가 왕에 바친 『성학십도(聖學十圖)』에서 삼강오륜 이론을 집중적으로 표현하고 있다. 여기서 그는 군신, 부자, 부부, 장유, 붕우간의 어길 수 없는 도덕질서를 규정하였으며 <귀천(貴賤)>의 넘을 수 없는 차별을 규정하였다."[34] 인간의 본성이나 도덕규범이 영원히 변할 할 수 없는 어떤 것이라는 주장과 실존철학의 인간관은 정면으로 대립된다. 인간의 본질은 영원한 어떤 것으로 태어나는 것이 아니라 스스로의 선택에 의하여 만들어 간다는

---

33 편집부 엮음, 『조선철학사연구』, 도서출판 광주 1988, 132쪽.
34 같은 책, 133쪽 이하.

것이 사르트르에서 나타나는 것과 같은 실존철학의 모토이기 때문이다.

2) 실존철학적인 입장에서 고찰해 본 한국여성의 한(恨)

실존주의적 입장에서 고찰해 볼 때 한국 여성의 한(恨)은 한국 여성의 수동적인 태도와 밀접한 관계를 갖는다. 다시 말하면 여성이 스스로를 주체로 파악하지 못하고 항상 주체의 역할을 하는 남성의 타자로서 만족하고 그러한 전제 아래서 어떻게 잘 적응해 갈 수 있는가의 방법만을 모색한데서 연유한다. 여성의 운명이 전통적인 권위나 규범의 틀 안에서 만들어지고 있으며 스스로의 자유로운 결단에 의하여 그러한 운명을 바꿀 수 있다는 것을 확신하는 대신에 한국여성들은 여성으로 태어난 것을 하나의 운명으로 받아들이고 체념하는 분위기에 사로 잡혔다. 그러므로 여성의 문제를 존재의 문제나 사회의 문제와 함께 제기 할 수 없었고 기껏해야 신세타령과 같은 개인적인 영역에 국한시켰으며 결국 그러한 체념은 한(恨)을 미화시키는 방향으로 나아가기도 했다.

정한(情恨)이라는 이름아래 한(恨)을 미화시키려는 시도 속에는 결국 한(恨)을 스스로의 주체적인 역량으로 해결할 수 없다는 체념적인 수동의식이, 그리고 상상 속에서 그것을 해결하려는 도피의식이 짙게 깔려있다. 한국여성들의 한(恨)이 표출되어 있는 민요를 예로 들어 보자.

<시집살이>

형님오네 형님오네
분고개로 형님오네
혈님마중 누가갈까
형님동생 내가가지
형님형님 사춘형님
시집살이 어쩌든가
애고애고 말도말아
시집살이 계집살이
앞밭에도 고추심어
뒤밭에는 당초심어
고초당초 맵다한들
시집보다 매울소냐
오리물을 길어다가
십리방아 찧어다가
아홉솥에 불을메고
열두방을 자리닦어
도래도래 도래소반
수저놓기 어렵드라
둥굴둥굴 소박식기
밥담기도 어렵드라
시아버지 호령새는
시어머니 주중새라
씨도령은 나팔새요
시누년은 빼죽새요
남편일랑 미륵인데
자식하난 울음새요
이내가슴 썩은가슴
귀먹어서 삼년살고
벙어리로 삼년살고

눈어두워 삼년살고
석삼년을 살고보니
박속같은 요내얼굴
호박같이 되었노라
분통같은 요내손이
오리발이 되었노라
열십세의 무명초마
단물초마 내려졌네
두폭달은 행주초마
코물초마 내려졌네
울었던지 웃었던지
배개모에 소이뤘네[35]

  이것은 한국여성의 한을 표현하는 대표적인 민요이다. 일반적으로 한국여성의 한은 시집살이에서 시작된다. 시집살이 삼 년 동안은 귀먹어리, 벙어리, 장님의 행세를 해야 한다. 다시 말하면 옳지 못한 말을 들어도 못들은 척 해야 하며 스스로의 의견이 있어도 입을 다물어야 하며 옳지 못한 일을 보고서도 못 본 채 해야 한다. 철저하게 주체성이 결여된 삶을 살아야 한다. 여자로 태어났다는 단 하나의 이유 때문에 주체성을 포기해야 한다. 항변 대신에 눈물로써 한을 마감해야 했다. 이 민요에 표현된 상황으로 보아 노래의 주인공은 의식주에 불편함이 없는 비교적 부유한 집의 며느리인 것 같다. 그러나 많은 한국여성들은 굶주림에서 오는 고통을 또 다시 겪지 않으면 안 되었다. 밥하는 솥이 적어서 죽은 여인이 소쩍새가 되어 '솥 적다, 솥 적다' 하고 운다는 전설이 그것을 잘 말해 준다. 시집

---

35 김태갑조성일 편주, 『민요집성』, 한국문화사 1996, 165쪽 이하.

살이는 여성이면 누구나 겪어야 하는 절대적인 규범이 되어 버렸다. 삼 년의 시집살이를 이겨 낸 여인들에게 나타나는 또 하나의 한은 젊고 부유한 남편들이 첩을 데려온다는 사실이다. 물론 부유한 양반 집의 경우에 그러하다. 이 첩에 대하여 시기와 질투를 해서는 안 된다. 그럴 경우 칠거지악에 저촉되어 쫓기어 가게 된다. 소설『사씨 남정기』나타나는 다음과 같은 대목이 그것을 잘 말해주고 있다; "한림의 나이가 삼십에 이르렀으나 슬하에 자녀 없어서 망연하였다. 사부인이 이를 근심하고 한림에게 호소하였다. 첩의 기질이 허약하고 원기가 일정치 못하여 당신과 십여 년을 동거하였으나 일점혈육이 없으니 불효삼천(不孝三千) 가지 죄에 무자(無子)의 죄가 가장 크다 하여, 첩의 무자한 죄가 존문(尊門)에 용납지 못할 것이나, 당신의 관용하신 덕으로 지금까지 부지해왔습니다. 그러나 곰곰이 생각하매 누대독신(累代獨身)으로 이대로 가다가는 유씨종사(劉氏宗嗣)가 위태로우니 첩을 개의치 마시고 어진 여인을 취하여 득남득녀 하면 가문의 경사일 뿐 아니라 첩의 죄도 면할 수 있을까 합니다."[36] 결국 실존주의의 입장에서 한국여성의 한을 고찰해 볼 때 그 원인은 주로 여성들 자신에 있었다. 사회적 규범이 강요하는 굴레를 스스로의 결단에 의해서 벗어난 다는 생각을 전혀 하지 못하고 그것을 운명으로 받아들이며 체념한데 있었다. 보부아르가 어느 정도 인정하고 있는 여성의 생물학적·정신분석학적·정치경제학적 차이에 대한 이해나 의문의 여지도 없이 여성들은 주어진 제도와 이념에 절대적으로 복종하고 있는 것이다. 스스로의 선택과 결단에 의하여 자

---

36 이배용 외 지음, 『우리나라 여성들은 어떻게 살았을까 1』, 청년사 2002, 20쪽에서 재인용.

기의 존재를 만들어 갈 수 있다는 생각을 한국의 여성들은 꿈에도 할 수 없었다.

3) 한국여성의 한(恨)에 대한 실존주의적 해결방식

봉건도덕의 그늘아래서 발생한 한국여성의 한은 1894년 갑오개혁에서 어느 정도 해소될 수 있는 제도적인 장치를 얻게 되었다. 다시 말하면 그때까지 여성들에게 굴레로 씌어졌던 재가금지, 조혼, 내외법 등이 폐지된 것이다. 현대 한국 여성들의 입장은 물론 조선시대의 여성들이 지녔던 한을 어느 정도 해결할 수 있는 가능성을 얻게 되었다. 보부아르가 지적한 것처럼 여성들이 일터로 나갈 수 있는 가능성을 얻게 되었다. 또 한 교육의 개방으로 여성도 지성인이 될 수 있는 가능성에서 남자에 뒤지지 않는다. 그러나 보부아르의 주장에 의하면 두 가지 측면에서 아직도 여성의 한이 해결 될 수 없고 따라서 여성해방도 실현될 수 없다. 그 첫째는 여성들이 아직도 사회주의적 생각을 철저하게 관철할 수 없는 것이다. 다시 말하면 경제적인 자립이 여성해방의 전제가 되면 그것을 실현해 줄 수 있는 사회에 대한 철학이 부족하다는 것이다. 절대적으로 옳지는 않지만 사르트르가 그의 후기 저서인 『변증법적 이성비판』에서 말한 것처럼 '우리 시대의 능가 될 수 없는 철학인 마르크스주의'[37]에 대한 어느 정도의 이해가 필요한 것이다. 실제로 보부아르는 상반적인 입장에도 불구하고 그의 여성론에서 마르크스주의의 입장을 상당

---

37 Jean-Paul Sartre, *Kritik der dialektischen Vernunft*, Reinbek bei Hamburg 1967, S. 868.

부분 수용하고 있다. 그러나 가장 중요한 것은 실존주의적인 결단성이다. 다시 말하면 여성이 스스로의 운명을 결정하려는 주체의식을 갖는 것이 무엇보다도 중요하다. 조선시대 이후 자기운명을 스스로 결정하려는 한국의 여성들이 있었다. 비행사 권기옥과 박경원, 기자 최은희, 서양화가 나혜석, 성악가 윤심덕, 무용가 최승희 등이 그러하다. 그러나 그것은 예외적인 소수이고 아직까지도 한국여성의 주체의식은 보편적인 수중에 도달했다고 말하기 어렵다. 특히 전통적인 철학을 비판하면서 여성의 주체성 확립을 위한 이론적인 연구에 대한 시도가 한국에는 매우 부족하다. 여성해방과 페미니즘의 창달을 위해 두 가지 연구방식이 서로를 보완해야 한다. 하나는 구체적인 사례의 수집과 평가를 통한 사회학적 방법이고 다른 하나는 여성과 남성의 본질을 추구하는 철학적 방법이다. 심리적인 연구도 이러한 인간의 본질문제를 해결하기 위한 보조수단이며 그 자체로서 인간의 본질문제를 대신해줄 수 없다. 우주와 사회에서 작용하는 인간의 본질문제에 대한 해결이 없이는 그러나 남녀간의 역할문제가 올바르게 해명될 수 없으며 참다운 페미니즘의 방향도 제시될 수 없다. 이런 의미에서 실존주의적인 해결방식은 페미니즘의 운동과 한국여성의 한(恨)을 조명하는데 참신한 역할을 할 수 있다. 그러나 실존주의 철학 자체가 너무 주관주의적이고 비합리주의적인 것처럼 한국여성의 한에 대한 실존주의적 접근방법에도 한계가 있다. 여성의 주체적 결단이 구체적으로 어떻게 이루어져야 하는가? 또한 단순한 결단만으로 문제가 해결될 수 있는가? 모든 것이 선택이라는 개인의 주관적인 결단에 의해서 수행될 때 사회를 유지시켜주고 있는 고리가 어디에서 발견될 수 있는가? 이러한 물음들을 실존주의적 페미니즘은 아직 정확하게 해명해주지 못한다.

5. 결론

실존주의는 일반적으로 인간의 문제에서 개인의 내면적인 결단을 강조한다. 고립된 개인주의의 틀을 벗어나기 위해서 물론 야스퍼스는 '교제'를, 하이데거는 공존을, 사르트르는 상황을 강조한다. 그러나 그러한 경우에도 절대적인 강조점이 개인의 대치될 수 없는 내면에 들어 있다는 사실을 우리는 부정할 수 없다. 보부아르의 페미니즘에는 이러한 개인주의를 극복하기 위한 노력들이 나타나고 있다. 보부아르는 여성해방 운동에 미친 정신분석학과 마르크스주의의 영향을 과소평가하지 않았다. 그럼에도 불구하고 보부아르도 실존주의의 틀을 벗어 날 수 없었다. 여성이 주체적인 남성의 타자로 머물지 않고 스스로 주체가 될 수 있는 가장 높은 단계의 길을 실존적인 결단에서 찾았다.

한국여성의 한(恨)은 개인적인 결단의 부족에서 온다는 것으로 해석하기보다도 오히려 인간의 운명을 이미 결정된 것으로 보는 성리학의 인간관에서 오는 폐단에서 오는 것으로 보는 것이 더 적합할 것이다. 성리학은 그 세계관에서 인간과 자연과 사회의 구체적이고 과학적인 분석에서 출발하지 않는 일종의 관념론 철학이다. 실존주의도 자연과 사회의 물질적인 법칙을 인정하지 않는 관념론이다. 성리학이 변하지 않는 우주의 법칙으로 이(理)를 가정하는 객관적 관념론이라면 실존주의는 주관의 결단이 모든 것을 결정한다는 주관적 관념론이라는데 양자의 차이가 있을 뿐이다. 실존주의의 페미니즘은 객관적 관념론의 틀에 박혀있는 전통적인 한국의 여성관을 비판하는데서, 그리고 한국여성의 한을 극복하게 하는데서 긍정적인 역할을 수행할 수 있다. 그러나 유물론적인 인간관과의 논쟁을 심도 있게 다루지 않기 때문에 그 해결방식에서 단순한 호소의 수준에 머물 수 있는 위험도 내포한다. 여성의 한이나 여성해방을 실현하기 위해서는 여성의 구체적인 상황에 대한 파악이 중요하고 동시에 여성의 본질에 대한 이해가 전제되어야 한다. 경제적인 이해관계를 떠나서 남녀의 불평등 문제는 옳게 파악될 수 없으며 올바른 인간관이 전제되지 않고서는 여성의 한이 근본적인 측면에서 극복될 수 없다. 특히 현대 한국 여성의 한은 민족의 분열이나 외세의 지배와 같은 특수한 조건과 연관되어 있으므로 구체적인 역사와 사회의 분석을 전제로 해야 한다. 이런 의미에서 실존주의적 해결방식은 다소 비합리적이고 추상적인 색채를 지니고 있다.

참고문헌

강대석 지음,『성(性)의 철학』, 대구가톨릭대학교출판부, 2001.
강대석 지음,『현대철학의 이해』, 한길사 1991.
김태갑·조성일 편주,『민요집성』, 한국문화사 1996.
느 뽀뽀바,『사회주의 국가의 여성』, 모스크바 1949.
라이니쉬·비즐리 공저,『최신 킨제이 리포트』, 하서 1992.
로즈마리 퍼트남 통 지음, 이소영 옮김,『페미니즘 사상 - 종합적 접근-』,
    한신문화사 2000.
베티 프리단 지음, 김행자 옮김,『영성의 신비』, 평민사 1996.
시몬 드 보부아르 지음, 조홍식 옮김,『제2의 성』(상·하), 평민사 1996.

아우구스트 베벨 지음, 이순예 옮김, 『여성론』, 까치 1995.

에두아르트 푹스 지음, 김기웅 옮김, 『풍속의 역사』(I-VI), 까치 1996.

옥성조 지음, 김동희 옮김, 『세계 여성사』, 백산서당 1986.

이배용 외 지음, 『우리나라 여성들은 어떻게 살았을까』(1, 2), 청년사 2002(7쇄).

이은하 지음, 김태만·장영석·이영리 옮김, 『중국여성의 성과 사랑』, 동방 미디어 1997.

장 폴 사르트르 지음, 최영한 옮김, 『나의 사랑 나의 연인』, 신원문화사 1996.

조가경 지음, 『실존철학』, 박영사.

천이두 지음, 『한의 구조 연구』, 문학과지성사 1994(2쇄).

최길성 지음, 『한국인의 한』, 예전사 1996(3쇄).

클로디 브로이엘 지음, 김주영 옮김, 『하늘의 절반』, 동녘 1985.

편집부 엮음, 『조선철학사연구』, 도서출판 광주 1988.

프로이드 지음, 김정일 옮김, 『성욕에 관한 세편의 에세이』, 열린책들 1996.

한국영미문학 페미니즘 학회, 『페미니즘 -어제와 오늘-』, 민음사 2000.

Beauvoir, S. de: *Alles in allem*, Reinbek bei Hamburg 1974.

Beauvoir, S. de: *Das andere Geschlecht*, Reinbek bei Hamburg 1968.

Beauvoir, S. de: *Der Lauf der Dinge*, Memoiren III, Reinbek bei Hamburg, 1963.

Beauvoir, S. de: *In den besten Jahren*, Memoiren II, Reinbek bei Hamburg 1960.

Beauvoir, S. de: *Mandarins von Paris*, Reinbek bei Hamburg

Beauvoir, S. de: *Memoiren einer Tochter aus gutem Haus*, Memoiren I, Reinbek bei Hamburg 1960.

Bollnow, F.: *Existenzphilosophie*, Stuttgart 1969.

Gabreiel, L.: *Existenzphilosphie*, Wien 1968.

Heidegger, M.: *Sein und Zeit*, Tübingen 1963.

Heinemann, F.: Neue Wege der Philosophie, Leipzig 1929.

Jaspers, K.: *Phiosophie*, 3Bde, Berlin 1956.

Lukacs, G.: *Existentialismus oder Marxismus?*, Berlin 1951.

Menschik, J.: *Feminismus. Geschichte, Theorie, Praxis*, Köln 1977.

Menschik, J.: *Gleichberechtigung oder Emanzipation?* Frankfurt a. M. 1971.

Mounier, E.: *Einführung in die Existenzphilosophie,* 1949.

Sartre, J.- P.: *Ist der Existentialismus ein Humanismus?,* Zürich 1947.

Sartre, J.-P.: *Das Sein und das Nichts,* Reinbek bei Hamburg 1962.

Sartre, J.-P.: *Kritik der daleltischen Vernunft,* Reinbek bei Hamburg 1967.

Sartre, J.-P.: *Wörter,* Reinbek bei Hamburg 1997.

Zetkin, C.: *Zur Geschichte der proletarischen Frauenbewegung Deutschlands,* Berlin 1958.

제9장 | 한의 페미니즘적 이해 : 나혜석의 경우

이 글의 목적은 한국 여성의 고유한 근본 정서라고 할 수 있는 한(恨)을 여성중심적, 여성성 지향으로 여성 존중 의식을 나타내는 페미니즘시각에서 규명하는 것이다. 한국 여성의 한이 지금까지 가부장적 남성중심 사회에서 주로 어떻게 이해되고 해석되었으며, 그러한 관점의 한계는 무엇인가? 그리고 페미니즘 이론의 관점에서 한국 근대 여성의 한이 어떻게 해석될 수 있는가를 새롭게 조명하는 것이다.

페미니즘 관점에서 보면 한국 여성의 한은 여성의 인간성 요구에서 극단적으로 유리된 가부장제도의 산물이다. 남성에 의한 여성의 지배 체제가 바로 가부장제이다. 페미니즘 시각에서 볼 때 가부장적 가족제도의 '여성상' 그 자체가 한의 화신이다. 집단으로서의 남성이 집단으로서의 여성을 지배하며, 남성이 여성 예속의 주된 수혜자이다. 왜냐하면 가부장적 남성 중심 사회에서는 여성 억압이 무엇보다도 근본적이기 때문이다.

근대 여성 교육의 부산물인 '현모양처' 상은 전통적인 가부장제의 또 다른 지배 이데올로기로서 근대 여성들의 삶을 억압하고 옭아매었다. 여성을 독립적인 하나의 인격체로서가 아닌 아내로, 며느리로, 어머니로서의 역할에만 충실하기만을 강요함으로써 그들의 한을 한층 더 심화시켰다고 할 수 있다.

1. 서론

본 연구의 목적은 한국 여성의 고유한 근본 정서라고 할 수 있는 한(恨)을 여성 중심적, 여성성 지향으로 여성 존중 의식을 나타내는 페미니즘시각에서 규명하는 것이다. 한국 여성의 한이 지금까지 가부장적 남성중심 사회에서 주로 어떻게 이해되고 해석되었으며, 그러한 관점의 한계는 무엇인가? 그리고 페미니즘 이론의 관점에서 한국 여성의 한이 어떻게 해석될 수 있는가를 새롭게 조명하는 것이다.

페미니즘은 사회에서 성차별, 성에 다른 불평등 존재의 인식과 시각을 제공해 주는 거시적인 이론 틀이며 동시에 이 같은 억압을 폐지하고 남녀 평등 사회를 지향하는 실천적 의지를 담고 있는 이념이라고 할 수 있다. 페미니즘은 여성됨에 관한 근원적인 물음이다. 여성의 법적 지위가 과거보다 크게 신장된 것은 사실이지만, '여자란 모름지기'라든가 '감히 여자가' 하는 식의 관념들은 여전히 우리 사회에 깊이 뿌리 박혀 있다. 이러한 관념들은 여러 가지 관행이나 법과 제도를 통해 여성들의 삶에 속박을 가한다.

본 연구는 페미니즘 시각에서 한국 근대 여성의 한에 대한 분석을 시도하고자 한다. 그 모델로서 근대 여성 문화사의 한 선각자로서 최초의 여성서양화가이자, 최초의 여성소설가로 시대를 앞서 살아간 나혜석의 극적인 삶을 통한 한의 정서를 새롭게 분석한다. 지금까지 나혜석은 그녀의 극적인 삶에 비추어 단지 외연적 의미에만 국한된 채, 그 안에 내포된 진정한 의미를 부여받지 못했다. 나혜석에 대한 섣부른 지식은 근대 여성 문화사의 한 선각자를 비극의 주인공으로만 삼아왔다. 전문적인 연구 성과가 미흡한 상태에서 지나치게 대중적으로 부각되어 온 것은 바람직하지 않다. 나혜석의 생애는 대중적 호기심을 끌기에 충분하다. 그래서 대중들은 한 선구자의 비극을 만끽하면서 동정하거나 혹은 선망의 대상으로 삼기도 했다. 나혜석의 시대는, 여성은 전문가라기보다 현모양처로 가정이나 지키고 있는 것을 최고의 미덕으로 삼았던 남성 중심 사회였다는 점을 상기할 필요가 있다. 나혜석은 자신의 표현처럼 사건의 연속 속에서 살았다. 동경 유학, 열애, 애인의 요절, 기혼남과의 결혼, 애인 무덤에로의 신혼여행, 외교관 부인으로서의 생활, 부부 동반 세계일주, 파리에서 최 린과의 염문, 이혼, 「이혼고백서」[1] 발표, 방화, 행려병자, 쓸쓸한 죽음 등 여성으로서 파란만장한 인생이다.

나혜석은 여성도 인간[2]이라는 주장을 글로 쓰며, 그런 주장을 생활 속에서 온몸으로 실천해 나간 진보적인 페미니스트였다. 뚜렷한 자의식을 가지고 여성에게도 인간적 권리가 있음을 주장하며, 봉건적이고 인습적인 관념의 억압성을 드러내는 글들을 써서 사회의 비난을 자초하면서도 시대를 앞서 살았던 여성해방론자였다. 그러나 지금까지 나혜석 예술세계의 본질이 제대로 규명되지 않았고, 전문적인 연구 성과가 미흡한 상태에서 예술 외적인 부분만 지나치게 대중적으로 부각된다는 것은 바람직하지 못하다. 기존의 연구 성과물들은 문학적, 미술학적 관점에서 출발하고 있다.

본 연구는 근대의 페미니스트 나혜석의 생애를 통한 한의 정서를 여성의 정체성이라는 관점에서 분석한다. 그리고 남성에 의한 여성의 억압과 지배 체제가 가부장제에서 출발하고 있음을 주장하는 '급진적 페미니즘' 시각에서, 여성들이 남성과 같은 세계 속에 자리 잡

---

1 이 글은 『三千里』 1934년 8월호에는 「이혼 고백장」으로 9월호에는 「이혼 고백서」로 제목을 달리해서 연재되었다.
2 이상경, 『나도 인간으로 살고 싶다』 한길사 2000 참조

지 못하고 언제나 그 바깥에 근본적으로 타자로만 존재해 왔음을 근대 한국 여성의 한을 조명하고자 한다.

2. 한에 대한 페미니즘적 접근

가부장적 남성중심 사회에서는 여성이 누릴 수 있는 사회적인 자유와 개인적인 욕구의 표현을 억압하며 그것을 죄악으로 보았다. 성년이 된 여성이 독신으로 산다는 것은 조상과 사회에 대한 죄였다. 결혼도 부부 사이의 애정을 앞세운 것이라기보다 부계 혈통의 계승과 부모 부양 및 조상에 대한 제사를 드리기 위한 것이었다. 성적인 사랑에 바탕을 둔 아내의 구실이나, 모성애를 바탕으로 한 어머니의 구실을 강조하기보다 시댁 조상을 중심으로 한 가문의 혈통 계승이나 번성 및 안정 유지 등을 목적으로 한 모든 윤리 도덕과 가치관이 여성에게 요구되었다. 이것이 여성에게 반드시 아들을 낳아야만 하는 운명의 굴레가 되었다. 가부장제도에서의 여성은 결혼을 통해서 위로는 종묘를 섬기고 아래로 후세를 잇는 것, 즉 아들을 낳는 것이다. 가부장제도에서 가족 관계의 중심의 축은 바로 부자 관계로 여성은 그 관계를 이어 주는 존재에 불과했다. 이러한 운명의 굴레를 '칠거지악'(七去之惡)이라는 벌칙으로 강요하였고 '열녀'(烈女)라는 이름으로 억지로 가치를 부여하여 이상화시켰다. 이러한 것들이 여성에게는 그들의 본능적인 욕구만큼이나 강력하게 작용하였다. 이것을 실현하지 못하는 여성은 그 생존 가치나 삶의 의미마저 없는 존재로 대접받아 그야말로 한 맺힌 일생을 마쳐야 했다.[3] 우리 사회에서는 아직도 이상적인 여성상을 한 가문의 영속과 번영을 위해 모든 고난을 참고 견디며 살아가는 여성들에게서 찾으려고 한다. 감정을 누르며 고생을 참고 견디는 아내, 며느리, 어머니들은 우리 사회가 이상화한 여성이다. 그래서 한 개인이 자유를 누리고 자기 생을 살기 위해서 이혼을 하거나 가정을 벗어나는 여성에게는 비난과 분노가 쏟아진다. 이것은 우리의 전통적인 이상의 여성상이 일반인들, 특히 모든 여성들에게 뿌리 깊게 박혀 있기 때문이다. 한국 여성은 이것을 본능적으로 받아들이는 것이 그들의 천부적이고 자연적인 운명이라고 생각해 왔다. 이러한 여성상은 그것 자체가 한의 화신이다. 그러므로 한번 여성으로 태어나면 이러한 운명에서 벗어날 수 없다고 생각하고 믿었기 때문에 여성들이 스스로 이러한 운명을 감수하는 데에 여성의 한(恨)의 아이러니가 있다. 이러한 운명의 악순환이 계속되는 동안에는 여성들은 한스러운 운명에서 해방될 수 없었다. [4]

페미니즘 이론의 관점에서 볼 때 한국 여성의 한은 여성의 인간성 요구에서 극단적으로 유리된 가부장제도에서의 사회 문화적인 가치관이라고 할 수 있다. 여성으로 태어난 한스러움은 여성이 지닌 인간적인 본능, 인격적인 본질, 그리고 인간의 자유스러움이 완전히 말살당하고 짓밟힘을 당하는 데에 있다. 이것은 조선시대의 사회 경제적인 모든 문화적인 조건이 여성의 존재와 생활을 억압함으로써 비롯된 것이다. 페미니즘은 '여성됨'에 관한 물음에서 시작된다. 페미니즘 시각에서 볼 때 여성을 비하하는 관념들은 여러 가지 관행이나 법과 제도를 통해 여성들의 삶에 속박을 가한다. 페미니즘은

---

3 이효재, 「한국여인의 한」, 『한의 이야기』, 보리 1987, 238쪽.
4 같은 책, 242-243쪽 참조

이처럼 당연시되고 있는 관념과 상식들에 도전한다. 대체로 여성됨
은 임신이나 출산 등 여성의 생물학적 속성에서 비롯되는 것으로
여겨져 왔다. 페미니즘 시각에서는 여성의 삶이 생물학적 조건 그
자체보다는 사회적, 심리적 조건에 더 깊이 연관되어 있음을 일깨운
다. 페미니즘에서 생물학적인 성(sex)과 사회적으로 구축된 성별
(gender)을 구분하는 취지도 바로 여기에 있다. 남녀 사이의 차이는
일부 신체 구조적인 특성을 빼놓고는 사실상 역사적, 사회적으로 형
성된 산물이다. 여성에 대한 온갖 관념과 요구가 자연에 근거를 둔
당연한 것이라는 생각에서 벗어날 때 무엇이 잘못되었는지 말할 수
있고 다른 삶, 다른 세상에 대한 꿈도 꿀 수 있다는 것이다.

　페미니즘 시각에서 볼 때 가부장적 가족제도의 여성상 그 자체가
한의 화신이다. 남성 위주의 억압적인 가족제도와 문화구조, 그리고
사회구조 속에서 남성의 혈통 계승과 가계의 존속을 위해 억압받고
짓밟힌 여성은 고달픈 삶을 살아왔다. 한국 여성들은 이것을 본능적
으로 받아들이고 자연적인 운명이라고 믿고 여성들 스스로 이 운명
을 감수하는 데에 여성의 한의 아이러니가 있다고 본다. 남녀간의
불균형한 관계가 일반적이고, 자연스럽게 받아들여지는 사회 체계
가 바로 가부장적 사회 관습 또는 체계라고 할 수 있다. 페미니즘
관점에서 볼 때 이러한 가부장제에 기초한 법적, 정치적 구조와 사
회, 문화적인 제도가 여성억압을 가능하게 하는 것 외에 생물학적인
성(性)이 여성의 정체감과 억압의 주된 원인으로써 바로 한국 여성
의 한을 심화시킨 것이라고 볼 수 있다.

1) 가부장제 가치 속에서의 여성

가부장제란 남성에 의한 여성 지배를 뜻한다. 그 지배 양상은 단순한 동물 세계에서의 지배 현상과는 달라서 사회 제도와 문화적 차원의 기제를 매개로 하며 이 점은 가부장제 기원 논의에서부터 매우 분명하게 드러난다. 최근 여성주의 학자들은 남성에 의한 여성 지배란 남성들이 신체적으로 강하고 여성들에 비하여 가족 부양의 책임에서 자유로울 수 있었다는 사실과 관련된 것으로 보고 있다.[5]

가부장제의 개념과 이론은 여성 예속의 상이한 측면들의 깊이와 침투성, 그리고 상호 연관성을 포착하는 데 절대적으로 필요하다. 가부장제는 두 가지 형태 즉 사적 가부장제와 공적 가부장제를 구분하고 있다. 이 둘은 구조들 간의 관계에서 다르고, 구조의 제도적 형태에서도 다르다. 더 나아가서 가부장적 전략의 주요한 형태에서도 구분이 되어 사적인 가부장제에서는 배제의 전략이 공적인 가부장제에서는 분리의 전략이 쓰인다. 사적 가부장제는 가구 생산에 기반을 두며, 가정이라는 비교적 사적인 영역에서 여성을 개인적으로 그리고 직접적으로 통제한다. 공적 가부장제는 가구가 아닌 다른 구조들에 근거를 두며 가구는 여전히 중요한 가부장적 자리이다. 오히려 전통적으로 공적인 영역의 일부로 간주되는 제도들이 가부장제의 유지에 중심이 된다.[6]

사적 가부장제에서는 남편 또는 아버지의 지위에 있는 한 남자가

---

5 조혜정, 『한국의 여성과 남성』 문학과지성사 1999, 64쪽.
6 실비아 월비 저, 유희정 옮김, 『가부장제 이론』 이화여자대학교출판부 1998, 265쪽 참조

바로 개인적으로 그리고 직접적으로 여성 예속에 대한 직접적인 억압자이며 수익자이다. 그렇다고 해서 가구 생산이 유일한 가부장적 구조라는 의미는 아니다. 사실상 이것은 다른 구조들이 여성을 공적 영역에서 적극적으로 배제함으로써 유지된다. 이러한 다른 영역들에서 여성을 배제시키는 것은 각 수준에서의 가부장적 활동이 없이는 영속될 수 없었다.

공적 가부장제는 여성이 공적인 장과 사적인 장에서의 접근 기회를 갖는 형태이다. 여성들은 공적인 장에서 금지되지 않는데 그럼에도 불구하고 그 속에서 예속된다. 여성에 대한 전유는 개인적인 가장들에 의해서보다는 집합적으로 수행된다. 가구는 가부장적 억압의 장소로 남아 있을 수도 있지만, 더 이상 여성이 있는 주요한 자리는 아니다.

사적인 가부장 체계에서는 가구 내의 여성 착취는 그들을 공적 영역에 입장 불가 시킴으로써 유지된다. 어떤 의미에서 이러한 형태의 가부장제를 사적이란 용어로 부르는 것은 잘못된 것일 수도 있다. 왜냐하면 공적인 영역에서의 배제가 이 체계의 중심적인 인과적 메커니즘이기 때문이다. 가구 밖의 가부장적 관계가 가구 내의 가부장적 관계를 형성하는 데 결정적이다. 그러나 그 효과는 가부장제에 대한 여성의 경험을 사적인 것으로 만들며 직접적인 수혜자 또한 그 안에 자리잡고 있다. 공적인 형태의 가부장제에서는 여성의 착취가 모든 수준에서 일어나지만 여성은 어디에서도 공식적으로 배제되지는 않는다. 여성들은 각각의 제도 안에서 불리하다.

(1) 조선의 가부장제

한국의 가부장제는 조선 시대 후기에 정착했다고 보는 것이 일반적인 견해이다. 유교를 통치 이념으로 삼았던 조선 사회에서 가족은 통치의 기본 단위였다. 조선 시대의 혼인의 의미는 위로 종묘를 섬기고, 아래로 후세를 잇는 것 즉 아들을 낳는 것이라 하여 남녀 결합에 의한 세대 재생산을 가족의 기본 기능으로 보았다. 가족 관계의 중심 축은 부자 관계로 여성은 그 관계를 이어 주는 존재였다.

부계 혈통 체제의 경직화와 가문 중시의 현상에 따라 여성적 삶의 통제는 강화되며, 그 통제의 성격은 비인간적으로 흐르게 된다. 그것은 열녀관과 재가 금지, 그리고 '출가외인' 이데올로기가 가장 대표적인 예가 될 것이다. 여성은 남편을 위하여 수절을 하고 그를 따라 죽기까지 하도록 장려되었다. 또한 여성은 남편 가문의 혈통을 잇는 것을 최대의 과제로 삼고 시집에 충성하는 것 외에 다른 어떤 가능성도 없는 삶을 살도록 강요받게 된다.

그러나 혈통을 정통성을 중요하게 생각하는 양반층의 경우에 여성의 지위를 확고하게 하는 일면을 보인다. 여성이 결혼을 하여도 성을 바꾸지 않는 것과 제도적으로 본처를 보호하는 것과 관련이 있다. 그렇지만 여성이 성을 바꾸지 않는다고 해서 여성의 자율적 개체가 존중된 것은 아니다. 이것은 혈통을 그만큼 절대시하였다는 표시일 뿐이며, 오히려 시집에서 타성(他姓)을 지켜야 함으로써 여성은 더 적대시 되었다. 본처의 지위가 확보된 것을 당시의 여성의 지위가 높았다는 식으로 일반화시킬 수는 없을 것이다. 이것 또한 가부장적 대가족 질서를 잡기 위한 방편이었을 뿐이다. 조선 사회의 가부장제는 신분제와 친족 집단적 차원에서 여성 통제가 중심을 이루며, 배타적 혈통원리에 따라 움직이는 부계가족 속에 어떻게 다른

혈통을 가진 여성을 위치시키느냐는 점이 주요 과제가 되어 왔다.[7]

조선의 일부일처제는 남성 중심적인 것이어서 사실상 부계 강화를 위한 여성의 성에 대한 통제의 수단이었다. 남성에게는 축첩 제도를 허용하여 성적인 자유를 누리게 한 반면 여성에게는 재가 금지를 통하여 성적 통제를 강력하게 실시하였다. 여성이 가족 공동체 차원에서 공적 정체성을 갖지 못했던 것은 사실이었으며 공식 영역에서 남성 지배는 엄격한 성 역할 분담과 삼종지도의 이념으로 철칙화되어 있었다. 며느리로서, 아내로서, 어머니로서의 의무를 적극적으로 수행하는 것만이 여성의 도리이자 스스로의 삶을 윤택하게 하는 유일한 길이라고 할 수 있다. 사회가 여성을 배제한 상태에서 제도화되었기 때문에 여성이 갖게 되는 갈등은 자연히 간과되고 무시될 수밖에 없었다.

조선 사회의 여성들의 삶, 특히 결혼 이후의 시집살이는 극단적인 시련의 삶이라고 할 수 있다. 그럼에도 불구하고 여성들 스스로가 자발적으로 가부장 사회에 충성을 한 것은 여성이 나이 들어가면서 자신의 자식을 통해 자신이 원하는 것을 성취해나갈 수 있고, 집안 살림을 번성하게 해놓음으로써 사회적으로 인정받을 수 있다는 생각 때문이다. 즉 여성은 자신이 낳은 핏줄을 통해 자신의 세력권을 점차 두텁게 형성해나가는 것이다. 과거 급제한 아들을 길러낸 어머니로서 그에 상응하는 명예와 보상이 주어졌고, 또한 아들이 장성할수록 존장자로서 효도를 받고 며느리를 지배하며 손주를 품안에 거느리는 여가장으로서의 권위를 확보할 수 있었던 것이다. 그래

---

7 조혜정, 「한국의 가부장제에 관한 해석적 분석: 생활 세계를 중심으로」, 『한국의 여성과 남성』, 문학과지성사 1999, 80-81쪽 참조

서 대부분의 여성들은 열심히 일하고 참기만 하면 언젠가는 어머니로써 보상을 받게 되며, 아울러 자신도 시집의 당당한 조상이 될 수 있다는 확신을 가지고 가부장적 체계에 자발적으로 충성을 해온 것이다.[8]

결과적으로 혈통을 극도로 중요시한 조선의 가부장체제에서는 대가족 내의 연장자이자 혈통 계승자의 어머니로서 여성의 지위와 권한이 부여되었고, 여성들은 이것을 이용하여 가부장제의 존속을 도와왔다고 할 수 있다. 조선 사회의 유교 이념과 혈연적 통제의 원리가 불변의 체계로 존속되어 상하개념의 남존여비 이데올로기를 중심으로 한 지배는 여성이 하나의 인격체로서 자신의 삶의 중심에 서있는 것이 아니라 어머니로서만 인정되었다는 것이다.

(2) 근대의 가부장제

한국의 근대사는 외세의 압력, 전쟁의 소용돌이 속에서 남성들은 주로 징용에 끌려 나가거나 전쟁터로, 교육을 받으러 나가는 것을 계기로 여성의 활동 영역이 불가피하게 확장되어 갔다. 남성들의 부재로 인해 확장된 여성의 활동은 가족 생계를 위해서 그 역할을 자연스럽게 확대시켜나감으로써 모중심적 성격을 강하게 띠게 된다. 그러나 이시기에 확대된 여성의 활동이 남존 여비의 가부장적 지배를 약화시켜나간 것은 아니다. 오히려 부계혈통을 이어나갈 남성의 생존을 지켜나가는 것이 불확실해진 만큼 여성들은 남편과 아들을 더욱 감싸 안았던 것으로 보인다.

---

8 조혜정, 「한국의 가부장제에 관한 해석적 분석: 생활 세계를 중심으로」, 『한국의 여성과 남성』, 문학과지성사 1999, 89쪽.

'씨'가 이어진다는 사실 자체가 개인의 사회적 지위 보전에 필수적이며 언젠가 집안을 크게 일으키더라도 집안에 남자가 없이는 그 영광이 공적인 영역에서의 결실을 제대로 맺지 못한다는 사고의 틀을 벗어나지 못하였으므로, 여성들은 오히려 집안의 남자를 살려야 된다는 강박 관념 속에 살아온 것으로 보인다.[9] 따라서 이러한 남성 부재의 시기를 통해서 남자는 더욱 존귀한 존재로 부상하면서 대접받게 되고, 남성이라는 사실만으로 직접적인 우월감이 확보되는 부계 혈통 중심의 남성 우월주의는 전혀 약화되지 않고 유지될 수 밖에 없었다.

근대에 와서도 조선 사회의 유교 이념과 부계혈통의 원리가 그대로 존속되고, 아버지의 역할과는 무관한 상징적 가치로서의 부권이 존재하고 있는 상황에서 사회의 지배 이념이 바뀌어진다는 것은 어려운 일이다.

그러나 당시의 진보주의자들은 축첩제라든지, 여성의 재혼 금지 등 여성 억압 제도를 봉건적이라고 규정하고 이에 대한 시정을 요구했다. 아울러 사회의 일꾼을 기르고, 남편을 내조하고, 자녀들을 잘 교육할 수 있다는 생각에서 여성 교육의 필요성을 매우 강조하였다. 여성들도 아내가 되고 어머니가 되면서 동시에 사회 활동을 해야 한다는 남녀 대칭적 논리로 여성의 사회적 자유 활동의 당위성을 주장했다.

소위 엘리트 여성은 결혼을 시집이라는 가족 집단보다는 능력있는 남편을 내조하고, 아이를 기르는 일에 전념하는 가정 주부로 자

---

9 조혜정, 「한국의 가부장제에 관한 해석적 분석: 생활 세계를 중심으로」, 『한국의 여성과 남성』, 문학과지성사 1999, 103쪽.

신의 역할을 한정시키는 현모양처 이데올로기가 근대교육을 받은 층에서부터 정착되기 시작하였다. 당시 여성 교육계에서도 여성 교육의 목표가 자립적인 주체적 인간을 양성해내는 것과는 거리가 있었고, 현모양처를 길러내는 데 있다고 할 수 있다. 그러나 근대에 이르러서도, 남성의 내조적 동반자로서의 '현모양처' 상에서도 여전히 전통적인 모자 중심의 가족 관계는 지속되고, 여성들이 공적 영역에서 활동할 수 있는 새로운 가치 체계가 형성되기에는 이르다고 할 수 있다.

3. 근대 여성의 한

여성의 문제는 사회문제와 뿌리깊게 연계되어 있다. 여성운동은 바로 사회적 여건과 밀접한 연관을 가지면서 부계사회내(父系社會內)에 존재해 왔다. 세계열강의 강요에 의한 개항과 근대화의 길이 트이게 되었으나 그것을 내재화, 자력화 하지 못하고 왜곡된 근대화 과정에 들어서면서부터 형성되기 시작한 자본주의적 한국 경제 구조는 일본자본주의의 이익을 위한 의존적 형태를 취하고 있었으며, 정치적으로는 식민지 하에 민족차별의 엄격한 굴레 밑에서 일본의 보호정치를 맞게 된다. 여성들의 경제활동은 이러한 테두리를 벗어날 수 없었고, 근대 여성은 반봉건적 신분차별과도 과감히 싸워야 했다. 여성들이 참여한 경제활동은 주로 계몽적 교육활동이었으나 국채보상운동과 물산장려운동에도 적극 참여하였다. 여성도 남성과 똑같은 인간이라는 자아각성을 갖게 하여 규중 담장 안의 여성들을 해방시키는 계기가 되었으나, 근대의식이 싹틈과 함께 국권을 상실하게 되었던 우리의 근대사는 여성들로 하여금 민족 해방이 선행하는 애국운동에 진력하게 함으로써 여성해방과 민족해방을 함께 이룩하는 두 가지 목표를 동시에 추구하게 하였다. 그러나 여성 의식은 식민지 현실과 투쟁하는 것보다 여성해방사상을 흡수하면서 오랫동안 남성주도의 사회에 억눌려 살아온 여성들의 삶이 얼마나 억압되고 있는가를 고발하는 등 여성의 새로운 삶과 세계에 관심을 보였다. 여성 근대화는 천주교의 유입으로부터 동학사상에 의하여, 그리고 개신교의 도래에 의한 영향을 거쳐 애국 계몽기의 여성해방론에 이르기까지 오랜 기간에 걸쳐 중대한 사회 문제로 제기되면서 성숙하고 발전되어 갔다. 특히 기독교계 사립여학교 설립에 따른 신교육의 시작은 여성의 근대화에 결정적인 영향을 끼쳤고 뒤이은 여학교 설립운동과 신문, 잡지의 발간 등은 여성들로 하여금 한 인간으로서 자아각성에 나아가는 데 획기적인 전기를 마련하게 되어 여성들은 각계에서 두각을 나타나게 된다.[10]

근대의식과 함께 근대적 여성 교육의 결과 신여성들이 등장하게 된다. 신여성들은 최초로 전통적인 여성상을 대체할 현대적 여성상을 제시하였다는 점에서 매우 중요하다고 할 수 있다. 이들은 주로 잡지나 신문에 기고하며 여성단체 활동을 통하여 전통적인 유교 의식을 깨뜨리고자 여성 운동을 전개해갔다. 초기 소수의 신여성들은 여성들의 자아 발견을 전제로 해서, 자유연애에 의한 결혼과 전통적인 가정생활 양식을 전적으로 부정하는 것을 선각자적 사명으로 생각하고 과감하게 실천에 옮기고자 한 것으로 보인다.

---

10 이화여자대학교 한국여성사 편저, 『한국 여성사 Ⅱ』, 이화여자대학교출판부 1978, 10-13쪽.

우리나라 최초의 여류 성악가 윤심덕은 최초의 관비 유학생으로 일본 도쿄음악학교에서 성악을 전공하고 성악가로서 명성을 떨치면서 방송국 사회자, 패션 모델, 대중 가수로 활약했다. 독립운동가이며 교육자인 김마리아는 미국에서 사회학을 공부하고 귀국하여, 마르타 윌슨 신학교에서 신학을 강의하며 기독교 전도사업과 신학 발전에 기여한다. 한국 최초의 여의사 박에스더는 한국 YWCA 행정 체계를 확립하고, 지방 YWCA를 신설하여 주한 외교관과 네트워크를 구축해 민간외교 역할에도 적극적이었다. 한국 최초의 여류 비행사 박경원은 일본 가마타 비행학교를 졸업하고 비행사가 되었다. 한국 최초의 여성 배우 이월화는 우리나라에서 제작된 최초의 극영화 '월하의 맹세'에 출연함으로서 배우로 스크린에서 활동했다. 한국 최초의 여성 신문 기자 이각경은 동경에서 귀국하여 <매일신보>의 최초 공개 채용에서 발탁된 '부인기자'였다. 한국 최초의 여성 민족 사학 설립자 엄황귀비는 명신여학교의 설립자이다. 남존여비 사상 아래 신문화와 단절된 채 규방에 묻혀 지내는 여성들을 위해 명신여학교를 설립하였다. 여성운동가이며 교육자인 김활란은 이화학당 이사장 겸 이화여대 총장으로 재직한 한편, 대한여자기독교청년연합회 이사장, 대한적십자사 부총재 등 많은 사회단체에서 활동하면서 한국 여성 교육에 이바지하였다. 그 외에도 김명순, 나혜석, 김일엽, 백신애, 최정희, 강경애, 강소춘, 강신재 등 여류작가들은 여성문학의 세계를 구축하면서 그들의 문학 속에 여성해방의식을 적극적으로 수용하며, 여성문제를 다루었다.

1900년 초 여성교육기관이 생기고 그곳에서 신식 교육을 받은 여성을 배출하면서 여성들의 사회참여가 본격적으로 이루어졌다. 정신여학교의 터전을 닦은 신마리아, 최초의 여성 의사며 미국유학생 박 에스더, 최초의 여성 개업의 허영숙, 첫 여성 비행사 박경원, 배우 이월화, 성악가 윤심덕, 우리나라 최초 서양화가 나혜석, 기자 최은희 등은 모두 그 분야에서 여성으로는 최초라는 수식어가 붙는다. 우리나라 여성 선각자, 신여성들은 대부분의 한반도 여성들이 혜택 받지 못한 고등교육을 받은 사람들이었기에 사회적으로 그녀들에게 비춰지는 스포트라이트는 강렬했다고 할 수 있다. 신여성들은 인습의 벽에 부딪히면서도 그들의 사회참여를 통해서 남성의 횡포와 여성의 억압된 상황의 현실을 인간문제로 제기하며 진정한 남녀평등을 위해 남성의 몰이해와 자각을 촉구하였다. 신여성들의 사회참여는 전통적 가치관에 얽매여 살고 있는 여성의 삶에 새로운 지평을 마련하는 계기가 되었다. 그러나 신여성이 살고 싶고, 살아 갈 삶의 구도는 전통 사회가 여성에게 요구하고 부여하는 가치체계와는 동떨어진 것이었다. 우리나라 신여성들의 한계는 역사와 사회를 직시하지 못한 채 갑자기 물밀 듯이 다가온 서구 여성해방론에 비판없이 그대로 흠뻑 젖어 수용했다는 데 그 문제점이 있다. 당시 신여성들이 유학을 가장 많이 나가있던 일본은 러일전쟁에서 승리를 거둔 뒤 지식인들이 근대의식에 눈뜨기 시작했고, 이런 움직임은 사회, 문화계에서도 개성적인 삶에 충실하려는 의식을 자극했다. 미국과 프랑스, 그리고 독일 등 선진국 여성들의 이상적 삶을 그리며 이성과 철학적 여성, 과학과 예술의 여성, 용기와 노동으로 다져진 여성상을 조선 여성들이 받아들이고 개선해야한다고 강조했다.[11]

---

11 이화여자대학교 한국여성사 편저, 『한국여성사Ⅱ』, 이화여자대학교출판부 1978, 참조

가부장제 가족제도는 여성이 누릴 수 있는 사회적인 자유와 개인적인 욕구의 표현을 억압하며 그것을 죄악으로 보았다. 신여성들은 한국 여성의 한이 여성이 지닌 인간적인 본능, 인격적인 본질, 그리고 인간의 자유스러움이 완전히 말살 당하고 짓밟힘을 당하는 데에 있다고 보았다. 아울러 조선 여성들의 억압된 삶의 한계는 여성자신 스스로도 확고한 신념이 부족하고, 이지적 해결력이 빈약한 것이 원인임을 인식하면서 억압이 지배하는 사회에서 뜨거운 정의에 맑은 이성을 구비한 개성적인 여자가 되어야함을 강조한다.

그러나 가부장적인 가족제도에서 살아온 한국 여성들의 한을, 사회 참여를 통해서 사회적이고 문화적인 제도의 과감한 개혁으로 시도하고자 했던 개화기 신여성들의 여성 해방의식은 기독교계 여성들을 중심으로 한 농촌 계몽 운동, 여성교육 보급 활동 정도의 명맥만 유지해 갈 정도였다. 그 당시 신여성들은 실제로 전문인으로서 훈련을 거친 의사나 교사를 제외하고는 여성이 직업을 갖는다는 것은 무척 어려운 상황이었고, 결혼을 한다 해도 여전히 부권 중심의 대가족적인 간섭을 받아야했기 때문에 가부장적인 가족제도에서 살아온 조선 시대 여성들의 삶과 크게 다를 바가 없었다.

단지 신여성들은 조선시대 여성들의 의식과는 달리 결혼을 시집이라는 가족 집단보다는 능력 있는 남편과의 결합으로 남편을 내조하고, 자녀들을 훌륭하게 교육할 수 있는 가정주부로서의 자신의 역할을 한정시켜나갔다고 할 수 있다. 사실 당시의 근대적 교육만으로는 여성의 주체적 의식 개발과 활동은 기대하기가 어려웠다고 해도 과언은 아니다. 일반적으로 신여성의 목표도 현모양처가 되는 것이었다.[12] 전통적으로 혈통을 중요시하고 아내와 며느리, 그리고 어머니의 역할이 차지하는 비중이 컸었던 만큼 여전히 전통적 여성상과 크게 다름이 없는 것으로 보인다.

남성을 통하지 않고 독자적으로 사회 활동을 하면서 공식적인 영역에서 인정을 받고 활동했던 신여성들은 극히 소수에 불과한데다가 대부분이 독신으로 살았거나 그렇지 않은 경우는 보수적인 이데올로기를 그대로 내면화시키고 있었던 것으로 보인다.[13] 분명 근대 이전의 여성의 지위와 권한이 나아졌다고는 할 수 있으나, 여성들의 삶은 여전히 전통적인 가족주의 원리와 가부장적 가치에서는 크게 벗어나지 못했다는 것이 근대교육을 받은 신여성들의 한계임을 지적할 수 있겠다.

4. 나혜석의 페미니즘을 통해서 본 한의 정서

1) 나혜석의 신여성관

봉건적 가족질서의 타파와 성(性)으로부터의 해방을 주장하는 초기 여권론은 1920년대 초 동경에서 유학하고 돌아온 소위 신여성들에 의해 제기되었다.[14] 1920년대에 들어서면서 본격적으로 사회 각 분야에 많은 직업여성들이 등장하게 되는데 당시의 대표적인 전문직 여성이라면 단연 의사, 교사, 기자, 간호사, 예술인이라고 할 수

---

12 조혜정, 「한국의 가부장제에 관한 해석적 분석: 생활 세계를 중심으로」, 『여성과 남성』, 문학과지성사 1999, 113쪽.

13 조혜정, 「한국의 가부장제에 관한 해석적 분석: 생활 세계를 중심으로」, 『한국의 여성과 남성』, 문학과지성사 1999, 116쪽.

14 이화여자대학교 편저, 『한국여성사Ⅱ』, 이화여자대학교출판부 1978, 참조

있다. 대표적인 인물로 김명순,[15] 김일엽,[16] 나혜석 등을 들 수 있는데 나혜석은 세인에게는 자유분방한 연애행각, 당시로서는 파격적인 이혼, 파란만장한 생애로 더 잘 알려져 있는 여성이다.

나혜석(1896-1948)은 한국 최초의 서양화가이면서 소설가였고 시인이기도 했다. 그리고 수많은 계몽적인 평론들을 통해 당시의 여성해방과 여권을 주장한 계몽사상가였다. 또한 유럽 여행기와 시론(時論) 등을 통해서 한국 사회와 외국을 비교하며, 한국 여성의 자각과 교육의 필요성을 줄기차게 주장한 선각자였다. 그는 한국 근대시기에 한국 미술사뿐만 아니라 문학사, 신문화운동을 포함하여 여권운동에 이르기까지 누구보다도 다채로운 발자취를 남기며 여성의 지위향상에 앞장선 선구적 여성이기도 했다. 일본 유학시절부터 여성이 각성하여 사람답게 살아야 한다는 주장과 그렇게 살기 위해서 여성들이 살림살이를 개량하는 구체적 방법까지 담은 여러 논설들과 신여성이 주변의 낡은 생각을 가진 사람들을 설득해 가는 과정을 담은 소설을 쓴 근대 최초의 여성작가였다.

특히 나혜석은 여성도 인간이라는 주장을 글로 썼을 뿐만 아니라 그런 주장을 생활 속에서 온몸으로 실천해 나간 진보적인 여성이었다. 일본 유학시절 좋은 혼처가 나섰으니 공부를 그만 두라는 아버지에게 맞서 학비를 벌어가며 공부를 했으며, 결혼을 할 때에는 결혼 후에도 예술활동을 보장한다는 약속을 남편에게서 받아냈었다.

---

15 우리나라 현대문학사상 여성으로서 최남선이 발간하던『靑春誌』에 작품을 처음 발표한 한국근대여류문인(이화여자대학교 편저, 『한국여성사Ⅱ』, 이화여자대학교출판부 1978 참조)

16 우리나라 최초의 여성잡지『新女子』주간으로 활약, 나혜석과 더불어『廢墟』誌 同人.(이화여자대학교 편저, 『한국여성사Ⅱ』, 이화여자대학교출판부 1978 참조)

나혜석은 봉건적인 인습, 남성 중심적 가치관에 맞서 자신이 펼친 여성해방론, 자신이 그려낸 이상적인 여성상을 스스로 실현하려고 노력한 여성이었다. 그러한 노력은 그의 남다른 연애와 결혼, 이혼으로 이어졌다. 관습에 따르지 않는 독특한 결혼식으로 그 당시 큰 파문을 일으켰고, 결혼 후 남편과 함께 유럽을 여행하면서 예술 세계뿐만 아니라 여성으로서도 새롭게 눈을 뜨는 계기가 되었다. 유럽 여행에서 돌아온 후 다시 개인전을 열고 여권신장에 관한 다양한 글들을 발표하면서 활발한 활동을 해 나갔다. 화가로, 사남매의 어머니로, 거기다가 외교관의 아내로 어느 것 하나도 소홀함이 없이 잘 해내었던 능력 있는 여성이었다. 그러나 모든 역할에 충실하게 하기 위해서 혼신의 힘을 다하던 나혜석은 자신의 그림이 미흡하다는 회의와 함께 아내의 예술활동을 적극적으로 지원해주는 남편이 진정으로 자신의 예술 세계를 이해한 것은 아니라는 생각, 그리고 가중한 가사노동에 점점 지쳐가기 시작했을 때 마침 남편과 함께 유럽과 미국을 여행할 기회가 생기자 과감하게 1년 8개월간의 여행길에 올랐다. 거기서 나혜석은 조선 여성들의 억압된 생활과는 거리가 먼 서구여성들의 자유로운 생활상을 목격하면서 각국의 여성들의 삶과 조선 여성들의 삶을 비교하면서 여성운동에 대해서도 적극적으로 생각하게 되었다. 그리고 예술의 도시 파리에서 명작들을 감상하고 독창적인 미술세계를 구축해야겠다는 열망과 자신감을 가지게 되면서 새로운 그림의 세계에 눈떠 갔다.

그러나 나혜석의 여성해방론은 사회적인 벽에 부딪히게 된다. 파리에서 남편이 아닌 예술세계를 함께 논할 수 있었던 남자와 사랑에 빠졌던 것이다. 그는 나혜석 남편의 친구이자 3.1 운동 때 33인의 한 사람이었던 최린으로 그와 연애사건을 일으키게 된다. 이 연애 사건을 계기로 남편으로부터 이혼을 요구받게 되는데 이혼하면서 추후 2년간은 서로 다른 사람을 만나지 않으면서 재결합 가능성을 모색해보자고 약속했지만 남편 김우영은 다른 여성과 결혼하고 만다. 이에 대해 여성 일방의 희생을 강요하는 봉건적 인습에 지배받는 남편과 조선 사회를 고발하는 세상을 떠들썩하게 한 『이혼 고백서』(삼천리 1934)에서 사회적 인습과 몰이해를 통렬하게 비판하였다. 아울러 최린을 상대로 위자료 청구 소송을 내면서 사회적으로 크게 비난을 받게 되었다.

> 조선의 남성 심사는 이상하외다. 자기는 정조개념이 없으면서 처에게나 일반여성에게 정조를 요구하고 또 남의 정조를 빼앗으려 합니다. 중심되는 본부(本夫)나 본처를 어찌하지 않는 범위 내의 행동은 죄도 아니요, 실수도 아니라 가장 진보된 사람에게 있을 수 있는 감정입니다.[17]

이혼을 한 후, 나혜석은 경제적 궁핍과 사회적 비난에 맞닥뜨리게 되면서 여성에게만 일방적으로 정조관념을 지키라고 강요하는 사회 관습을 비판한다.

나혜석은 다재다능한 능력으로 당시 여성으로서는 보기 드물게 적극적인 삶을 살았다. 그가 『구미유기』(삼천리 1934) 초두에 쓰고 있듯이 그에게 늘 불안을 주는 네 가지 문제, 즉 첫째는 사람은 어떻게 살아야 하나, 둘째는 남녀간은 어떻게 살아야 평화스럽게 살

---

17 이상경 편저, 『나혜석 전집』, 태학사 2000, 재인용

까, 셋째로는 여자의 지위는 어떠한 것인가, 넷째는 그림의 요점이 무엇인가[18] 를 고민하며 그 해답을 얻기 위해 골몰했다.

현모양처가 여성의 모범상으로 굳어 버린 시대에 이혼을 당하고 빈 몸으로 쫓겨난 한 여성 예술가의 미술전람회에 대한 조선사회의 반응은 차가웠고, 사회의 냉대 속에서 경제적으로 궁핍하고 쓸쓸한 생활을 하면서 나혜석의 심신은 병들어 갔다.

나혜석이 이혼 문제에 맞닥뜨려 있던 1930년, 당대의 리얼리스트 채만식은 『인형의 집을 나와서』라는 소설을 썼다. 공교롭게도 노라가 인형의 집을 나온 뒤 어떻게 되었을까를 소설의 화두로 삼아, 조선에서 남편과 가정을 박차고 나온 노라가 잘못을 빌고 남편에게 돌아가지 않는 한 가정교사로, 화장품 외판원으로, 카페 여급으로 전락해 갈 수 밖에 없음을 보여주었다. 채만식의 소설에서 노라는 마지막으로 제본공장의 여공으로 취직하여 신생활을 도모했지만 그 시절그림을 팔 수 없게 된 나혜석은 다른 직업을 가지기엔 너무 저명 인사였고 건강도 상당히 악화되어 있었다.[19]

화재로 인해 그림들이 불에 타고, 보고 싶은 아이들을 보지 못하게 된 충격으로 신경쇠약과 반신불수의 몸이 된 나혜석은 자기만의 방을 갖지 못한 채 절집들을 떠돌아다니는 신세가 되었고, 해방 후에는 서울의 한 양로원에 맡겨졌으나 몰래 빠져 나간 뒤 종적이 묘연해졌다. 그 후 서울의 시립 자제원 무연고자 병동에서 아무도 모르게 눈을 감았고 그의 무덤은 어디에도 남아 있지 않다.

나혜석은 자신의 수필 「신생활에 들면서」에서 자신의 삶에 대해

---

18 이상경 편저, 『나혜석 전집』, 태학사 2000, 513쪽 참조
19 이상경 편저, 『나혜석 전집』, 태학사 2000, 23-24쪽 참조

다음과 같이 기술하고 있다.

> 나는 18세 때부터 20년간을 두고 어지간히 남의 입에 오르내렸다.
> 즉, 우등 1등 졸업 사건, 다시 K와 연애 사건, 결혼 사건, 외교관 부인
> 으로서의 활약 사건, 황옥 사건, 구미 만유 사건, 이혼 사건, 이혼 고백
> 장 발표 사건, 고소 사건, 이렇게 별별 것을 다 겪었다. 그 생활은 각국
> 대신으로 더불어 연회하던 극상 계급으로부터 남의 집 건넌방 구석에
> 굴러다니게 되고, 그 경제는 기차. 기선에 1등, 연극. 활동사진에 특등
> 석이던 것이 전당국 출입을 하게 되고, 그 건강은 쾌활 씩씩하던 것이
> 거의 마비가지 이르렀고, 그 정신은 총명하고 천재라던 것이 천치 바보
> 가 되고 말았다. 누구에게든지 호감을 주던 내가 이제는 사람이 무섭고
> 사람 만나기가 겁이 나고 사람이 싫다. 내가 남을 대할 때 그러하니 그
> 들도 나를 대할 때 그럴 것이다. 이와 같이 사람 능력으로 할 만한 일
> 은 다 당해보고 남은 것은 사람의 버린 것 밖에 없다. 어찌 하면 다시
> 내 천성인 순진하고 정직하고 순량하고 온유하고 부지런하고 총명하던
> 그 성품을 찾아볼까. 다 운명이다. 우리에게는 사람의 힘으로 어쩔 수
> 없는 운명이 있다. 그러나 그 운명은 순순히 응종하면 할수록 점점 증
> 장하여 닥쳐오는 것이다. 강하게 대하면 의외에 힘없이 쓰러지고 마는
> 것이다.[20] (『三千里』, 1935. 2)

여성해방론자로서 나혜석은 신여성의 대표주자로 자주 논의되었
지만, 연애 대장이라는 풍문과 「이혼 고백서」가 불러일으킨 파문의
주인공으로 사람들에게 한낱 흥미거리로 다루어졌다. 다방면에 걸
친 그의 재능은 많은 사람들의 찬사와 부러움을 샀던 동시에 그의
거침없는 글과 행동은 늘 세간의 주목을 받았고 화젯거리가 되어

---

20 『나혜석 전집』, 437쪽.

주위의 시샘을 받는 원인이 되었다. 그러나 나혜석이 썼던 계몽적 논설들과 「모(母)된 감상기(感想記)」를 포함하여 「이혼 고백서」와 「신생활에 들면서」 등 당대 사회에 논란을 불러일으킨 글들은 여성으로서 가부장제가 지배하는 식민지 조선 사회를 살아간 구체적 경험에 근거해서 기존의 통념들에 도전하고 여성에 대한 신화를 해체하는 작업이었으며 그의 파란 많은 삶은 그러한 자기의 이론을 실천하는 과정이었다. 여성 작가로서의 나혜석에 대한 평가는 아예 이루어지지 않았다고 해도 과언이 아니다. 그러나 뒤늦게 알려진 소설 「경희」만으로도 나혜석은 1910년대 한국 근대문학사에서 매우 중요한 자리를 차지하게 되었으며, 계속 새로운 작품들이 발굴됨으로써 근대 문학 최초의 여성작가로서의 면모를 유감없이 보여주고 있다.21

전근대 사회에서 근대 사회로 넘어 오면서 봉건적인 사회로부터 독립한 개인의 자아를 형성하는 개성의 확립이 문학계의 가장 중요한 화두였던 시기에 나혜석은 여성화가로서, 여성 해방론자로서, 그리고 여성작가로서 자의식을 뚜렷하게 가지고 항상 진보된 삶의 모습을 보였다. 대부분의 조선 여성들이 근대적 자의식을 가지기는커녕 자의식을 가질 기회조차 없었던 시절에 여러 가지로 많은 혜택을 받은 신여성으로서 근대적 자아를 확립하면서 진보된 삶을 살아간다는 것이 그에게는 축복인 동시에 커다란 의무였던 것이다.

여성도 사람이라는 것, 사람의 대우를 받아야겠다는 것이 그가 여성으로서 추구했던 목표로서 나혜석이 쓴 글이나 그림 속에서 드러

---

21 이상경, 『나혜석 전집』, 태학사 2000, 18쪽 참조

나는 하나의 주제였다. 이러한 추구 속에서 최초의 근대 여성화가로서의 자기 단련과 최초의 근대 여성작가로서의 글쓰기도 이루어졌으며 당대에 수많은 파문을 일으켰던 연애와 결혼, 그리고 이혼도 단행되었다. 그러한 개인 체험을 바탕으로 남성뿐만 아니라 여성에게도 인간적 권리가 있음을 주장하고 봉건적이고 인습적인 관념의 억압성을 드러내는 글들을 써나갔다.

1910년대 소설 중 교육받은 지식인 여성이 현실에 고뇌하면서 주인공으로 등장하는 경우는 거의 없다. 어쩌다가 등장한다고 해도 겉모습은 근대적 교육을 받은 신여성이지만 대개 허영에 젖어 있고 성적 방종만 누리면서 진정한 주체성에는 관심이 없는 인형 같은 모습들이다. 허위의식이나 사이비 근대의식 같은 부정적 측면만 부각되어 있을 뿐 그 여성들의 내면으로 들어가 그들의 갈등과 좌절, 그리고 진지한 자아실현의 모색과정을 묘사한 것을 찾아 볼 수가 없다.[22]

여성의 육체적 조건과 사회적 불평등에 대해서 여성에게도 자아가 있다는 것을 여성의 입장에서 공론화 시켜야겠다는 것이, 사회적으로 물의를 일으키고 욕을 먹는 일이라고 할지라도 그것이 의의있는 일이라면 실행해나가야 한다는 것이 근대 신여성으로서 나혜석이 가졌던 자의식이었다. 식민지 조선에서 자각한 한 사람의 여성으로서 살아간다는 것이 어떤 장애에 부딪히고 어떤 결과를 낳는가를 온몸으로 보여준 것이다.

나혜석은 일찌감치 신여성에 대한 비난을 충분히 염두에 두고 자

---

22 이상경 저, 『인간으로 살고 싶다』, 한길사 2000, 156쪽.

각한 신여성은 어떻게 행동해야 할 것인가를 그의 소설 「경희」에서 진지하게 모색했다.

> 경희의 아버지는 "계집애라는 것이 시집가서 아들 딸 낳고 시부모 섬기고 남편을 공경하면 그만이니라" 하며 결혼할 것을 종용한다. 거기에 대해 경희는 "그것은 옛날 말이예요 지금은 계집애도 사람이라 해요 사람인 이상에는 못할 것이 없다고 해요 사내와 같이 돈도 벌 수 있고 사내와 같이 벼슬도 할 수 있어요 사내가 하는 것은 무엇이든지 하는 세상이예요". 라고 거부한다. … "먹고 살다가 죽으면 그것은 사람이 아니라 금수지요 보리밥이라도 제 노력으로 제 밥을 먹는 것이 사람인 줄 압니다. 조상이 벌어 놓은 밥 그것을 그대로 받은 남편의 그 밥을 또 그대로 얻어먹고 있는 것은 우리집 개나 일반이지요" 하였다.23 (『女子界』 제3호, 1918.9)

이 소설에서 자각한 신여성의 결혼관을 충분히 엿볼 수 있다. 소설은 경희라는 신여성이 봉건적인 인습과 투쟁을 벌이는 과정을 묘사하고 있다. 봉건적인 인습은, 아버지로 대표되는 완고한 남성들뿐만 아니라 봉건적 관념에 길들여진 여성 속에도 있다는 것을 그의 소설을 통해 비판한다. 나혜석은 당대를 살아가는 여성들이 인습과 부딪혀 억압받고 고뇌하는 모습을 담아냄으로써 근대문학 최초의 여성작가라는 이름에 부응하는 작품세계를 이룬다.

2) 최초의 서양 여성화가 나혜석

나혜석의 미술 세계에 대해서 근대미술사 연구자들은 보통 세 시

---

23 이상경 엮음, 『나혜석 전집』, 태학사 2000 재인용

기로 나누어서 설명한다. 도쿄 유학 이후부터 구미 여행 이전까지 (1918~1926)의 작품은 일본에서 습득한 아카데미즘과 인상파가 절충된 화풍을 보이며, 구미 여행기(1927~1929)의 작품 경향은 인상파 화풍위에 야수파 화풍과 입체파 화풍이 함께 나타나고, 귀국 이후(1930~1935)의 작품에는 인상파 화풍의 작품과 파리 시절의 스케치로 제작한 것으로 보이는 작품, 기법면에서 완성도가 떨어지는 작품 등 다양한 경향이 공존한다는 것이다.[24]

도쿄여자미술학교를 졸업하고 돌아온 나혜석은 매우 활발하게 작품활동을 했다. 나혜석이 대중 앞에 화가로서 존재를 드러낸 것은 1919년 1월 『매일신보』에 일종의 만평형식으로 연말연시의 세시풍속을 그리면서부터다. 「섣달대목-초하룻날」이라는 제목의 아홉 장의 그림은 여성들의 일상생활을 중심으로 눈코 뜰 새 없이 분주한 섣달과 일년을 시작하는 한가로운 일상을 초하룻날의 풍경을 담고 있다.

집안의 모든 여자들은 늙고 젊음에 관계없이 가사노동에 분주하다. 특히 빨래하고 다듬이하고 다림질하는 일을 차례로 자세하게 묘사한 것에서 옷 꿰매는 일을 차례로 자세하게 묘사한 것에서 옷 꿰매는 것이 명절맞이의 가장 큰 일일 뿐만 아니라 전적으로 그 일을 맡아 해내야 하는 여성들에게 과중한 노동이라고 하는 나혜석의 생각을 엿볼 수 있다. 특히 가사노동의 다양한 모습을 통하여 여성의 위상을 주제화한 소묘에서 작가의 여성의식을 살피게 한다.[25]

일본 유학에서 돌아와 화가로서의 활동을 시작할 즈음 3·1운동을

---

24 안나원, 「나혜석의 회화 연구」, 이화여대 석사학위 논문 1998.
25 윤범모, 「나혜석 예술세계의 원형 탐구」, 한국미술연구소 1999, 187쪽.

겪은 나혜석은 조선 청년 지식인 사회와 호흡을 같이 했으며 예술 활동의 목표와 사회적 의의에 대해서 뚜렷한 자각을 가지고 있었다.

1919년 『매일신보』에 연재한 만평과 1920년 『신여자』에 실은 목판화에서 여성화가의 눈을 뚜렷이 했다면 목판화 「조조」와 「개척자」에서는 나혜석이 '힘의 예술', '민중을 위한 예술'을 요구하는 시대의 흐름에 호흡을 같이 하고 있음이 분명하다. 떠오르는 아침 해를 바라보며 짐을 지고 길을 나선 남녀와 들녘에서 노동에 분주한 사람의 모습이 희망에 가득 찬 형상으로 표현된 판화 「조조」나 환한 햇살 아래서 힘차게 괭이질을 하는 농민의 모습을 담은 판화 「개척자」는 3·1운동의 여세를 몰아 새롭게 시작되는 대중운동을 상징적으로 담고 있다.26

나혜석의 그림은 여성주의적 내용과 무관할 뿐만 아니라 주제 선택이나 감수성에서도 철저히 비여성적이다. 그는 자신이 여성이기 때문에 꽃이라든가 정물과 같은 여성적 주제를 택하여 그림을 그린다든지 작가의 성(性)을 노출하는 달콤하고 부드러운 색상과 선을 묘사하지는 않았다. 이것은 역설적으로 그가 비여성성에서 여성주의적 가능성을 나타냈다고 볼 수 있다. 비여성적 나혜석의 작품세계에서 인간평등이라는 인본주의 페미니즘의 산물이라고 할 수 있다.

남성 화가들이 모두 좌절하고 절필한 마당에도 나혜석은 자신의 예술세계를 튼튼하게 구축했다. 여기서 그가 본격화가로 입지를 곧추 세웠다는 사실 하나만으로도 여권신장에 커다란 기여를 했다고 본다. 또한 초기의 작품에서는 가사노동에 전념하는 가정주부를 주

---

26 이상경 저, 『인간으로 살고 싶다』, 한길사 2000 참조

인공으로 삼아 의미를 부여했고, 남성 작가들이 누드 등 사회성의 결여, 특히 현실상황이 배제된 상태에 집착했을 때에도 나혜석은 일상생활 속의 여성을 화폭에 담았다. <봄>은 동네 어귀의 도랑에서 빨래하는 여성들을 전면에 부가시킨 작품이다. 이 같은 소재와 화면구성은 확실히 선진적 미술수준을 보여주는 실례이다. 또한 <농가>는 집안 마당에서 농산물을 추스리는 부부의 모습이, <봉황서의 남문>은 성문 아래의 빈촌이 사실적으로 형상화되어 있다.27 또한 『매일신보』 소묘에서 여성의 일상적 가사노동을 주제로 하여 의미를 부여한 것은 의의가 크다고 할 수 있다. 이들 초기 작품들에서 나혜석의 현실의식을 읽을 수 있다. 이는 동시대 남성 작가들의 작품과 비교해 볼 때 나혜석은 누드 대신에 일상 속에서 일하는 여성상을 부각시켰다. 다분히 심미적 측면만이 강조되는 남성 작가의 여성 나체화보다 일상 속의 일하는 여성에 의의를 부여했다.28

특히 나혜석의 주제의식은 관념상의 발로가 아니라 일상생활 속에서 자연스럽게 표출된 신념이다. 여러 가지 어려운 역경 속에서도 자신의 목소리를 가다듬으면서 독자적인 예술세계를 구축하려고 했다.

우리는 벌써 서양류의 그림을 흉내낼 때가 아니요, 다만 서양의 화구와 필을 사용하고 서양의 화포를 사용하므로 우리는 이미 그 묘법이라든지 용구에 대한 선택이 있는 동시에 향토라든지 국민성을 통한 개성의 표현은 순연한 서양의 풍과 반드시 달라야 할 조선 특수의 표현력

---

27 윤범모, 「나혜석 예술세계의 원형탐구」, 한국미술연구소 1999, 188쪽.
28 윤범모, 「나혜석 예술세계의 원형탐구」, 한국미술연구소 1999, 189쪽.

제9장 한의 페미니즘적 이해 311

을 가지지 아니하면 안 될 것이다.[29] (『開闢』 「1년만에 본 경성(京城)의 잡감」, 1924)

나혜석은 공식적으로 발표된 우리나라 최초의 여성미술론 「회화와 조선여자」에서, 다른 예술 장르에 비해서 유독 미술은 예전부터 '그림을 그리면 궁하니, 그림 그리는 사람을 환쟁이'니 하며 천시해 온 탓에 발전이 더디다는 것을 지적한 후에, 특히 그림을 그리는 여성이 없었음을 안타까워하면서도 한편으로는 그러한 황무지에서 여성으로서 미술을 시작한 것에 대한 자부심이 그의 글에서 잘 드러나 있다.

조선 여자는 결코 그림을 배우지 않으려 하니까 그렇지, 만일 배우고자 할진대 반드시 외국 여자의 능히 따르지 못할 특점이 있는 실례를 나는 어느 고등 정도 여학교에서 도화를 교수하는 동안에 발견했습니다. 그러할 뿐만 아니라 학생들에게 그림에 대한 재미있는 이야기나 혹은 자기가 스케치하러 나갔을 때의 감상을 말할 때에는 일반 학생들은 매우 재미있게 듣는 것을 보았습니다. 그러하니까 아직 우리의 여러 가지 형편이 조선 여자로 하여금 그림에 대한 흥미를 줄 만한 기회와 편의를 가로막고 있으니까 그러하지, 만일 이 앞으로라도 일반 여자계에 그림에 대한 취미를 고취할 만한 운동이 일어나기만 하면 반드시 여류화가가 배출할 줄로 믿습니다. 그리하여 비록 자기는 힘은 부치고, 재주는 변변치 못하나 쉬이 단독 전람회를 열고, 아무쪼록 일반 부인계에서 많이 와서 구경하여 주도록 하여 볼까합니다.[30] (『東亞日報』, 1921. 2)

---

29 『나혜석 전집』, 260쪽.
30 『나혜석 전집』, 205-206쪽.

이 글에서 드러나듯 나혜석은 자기의 예술활동의 목표의식과 사회적인 의의에 대해서 뚜렷이 의식하고 있는 것으로 보인다.

3) 문학작품으로 본 나혜석의 페미니즘

나혜석은 화가로 등단하기 전에 소설가로서 이미 주옥같은 작품들을 발표했다. 초기의 그는 「부부」(『여자계』 1917)를 비롯해서 「경희」(『여자계』, 1918), 「회생한 손녀에게」(『여자계』, 1918)같은 단편소설을 발표했다. 특히 그의 처녀작 「부부」는 우리 여성 소설사에서 최초의 여성소설이라는 영예를 누리고 있다. 최초의 여성 유화가인 나혜석은 역시 최초의 여성 소설가로도 꼽히게 되었다는 뜻이다. 원문이 아직 발굴되지 않았지만 소설 「부부」는 축첩의 비극을 줄거리로 해서 억울하게 학대받는 전통적 여성의 생활상을 그린 소설로 추정되고 있다.[31]

소설 「경희」는 1910년대 발표된 대표적 페미니즘 텍스트로서 가부장사회에 도전하는 신여성상이 제시되어 있다. 일본 유학생 신여성을 주인공으로 하여 신여성의 이상을 조선적 현실에 구현하는 구체적 방법을 모색한 소설 「경희」는 동시대 남성들의 작품보다도 뛰어난 계몽문학 작품이다. 가부장 사회에서 아버지가 강요하는 결혼을 거절하는 소설 속의 주인공 경희가 당대 지배 이데올로기를 거절하는 데 있어서 결코 부정적 인물이 아님을 드러내고 있다. 결혼문제를 놓고 경희가 아버지에게 대항하는 장면이다.

---

31 윤범모, 「나혜석 예술세계의 원형탐구」, 한국미술연구소 1999, 170쪽.

아버지가 "계집애라는 것이 시집가서 아들딸 낳고 시부모 섬기고 남편을 공경하면 그만이니라" 하실 때에 "그것은 옛날 말이에요, 지금은 계집애도 사람이라 해요, 사람인 이상에는 못할 것이 없다고 해요, 사내와 같이 돈도 벌 수 있고, 사내와 같이 벼슬도 할 수 있어요 사내가 하는 것은 무엇이든지 하는 세상이에요" 하던 생각을 하며 아버지가 담뱃대를 드시고 "뭐 어쩌고 어째, 네까짓 계집애가 하긴 무얼 해. 일본 가서 하라는 공부는 아니하고 귀한 돈 없애고 그까짓 엉뚱한 소리만 배워 가지고 왔어?" 하시던 무서운 눈을 생각하며 몸을 흠찔한다.[32] (『女子界』 제3호, 1918.9)

또한 소설 속에선 여성도 인간이라는 선언을 한다.

경희도 사람이다. 그 다음에는 여자다. 그러면 여자라는 것보다 먼저 사람이다. 또 조선 사회의 여자보다 먼저 우주 안 전 인류의 여성이다. 여하튼 두말할 것 없이 사람의 형상이다.[33] (『女子界』 제3호, 1918.9)

소설 「경희」는 동시대에 발표된 이광수의 「개척자」보다도 여성 해방의 주제의식이 훨씬 투철하고 확고한 면을 보여준다. 이광수의 「개척자」가 자유연애론을 주제로 삼았다면 소설 「경희」는 결혼보다 우선 교육을 통해 여성의 독립성과 주체성을 길러야 한다고 강조하여 작가의 페미니즘에 의한 주제 의식을 뚜렷이 구현시킨 작품이라고 할 수 있다.[34]

이 후 나혜석은 1921년에는 「규원」을, 1926년에는 남성의 방종과

---

32 『나혜석 전집』, 100쪽.
33 『나혜석 전집』, 103쪽.
34 송명희, 「이광수의 『개척자』와 나혜석의 『경희』에 대한 비교 연구」, 『이광수의 민족주의와 페미니즘』, 국학자료원 1997, 334-335쪽.

여성의 희생을 그린 비극적인 소설 「원한」을 발표했다. 아버지가 술자리에서 맺은 혼약에 따라 어린 남편과 결혼한 구여성이 과부가 되어 시아버지의 친구에게 겁탈을 당하고 결국 그의 첩이 되어 온갖 구박을 받다가 그 집을 뛰쳐나와 광주리 장사로 고생하며 산다는 이야기이다. 술자리에서 자식의 혼약을 맺는 아버지들의 무책임함, 남자의 방탕을 남자다움으로 묵인하는 습관, 과부로 사는 여자의 외로움, 강간을 당하고도 여자만이 도덕적 피해자가 되는 일방적 윤리 구조 등을 문제로 삼았다. 그것은 남자에게 일방적인 구 도덕의 횡포와 거기에 희생된 자각하지 못한 구여성의 비참함을 드러내고자 한 것이다.

나혜석이 『학지광』에 발표한 「잡감(雜感)」은 편지글의 형식으로 좀더 구체적으로 페미니즘을 펼친 것이다. 나혜석의 페미니즘의 핵심은 '여성도 사람이다' 혹은 '여자도 사람답게 살아야 한다' 는 것이다. 지금까지 여성에게 강요되어 온 미덕은 허구이며, 오히려 비난을 감수하면서 남들이 미덕이라고 하는 것을 거스르고 나아가는 것이 자각한 여성의 임무라고 「잡감」에서 주장한다. 이 글은 유학 초기, 막연하게 '이상적 부인'을 주장한 데서 훨씬 나아가 유학생활의 체험에서 우러나온 구체적 요구로서 냉철한 이성과 비난을 감수하는 용기를 강조했다.[35]

> 우리 조선 여자도 인제는 그만 사람같이 좀 돼 봐야만 할 것 아니오? 여자다운 여자가 되어야만 할 것 아니오? 미국 여자는 이성과 철학으로 여자다운 여자요, 프랑스 여자는 과학과 예술로 여자다운 여자요,

---

35 이상경 저, 『인간으로 살고 싶다』, 한길사 2000, 146-147쪽.

독일 여자는 용기와 노동으로 여자다운 여자요, 그런데 우리는 인제서야 겨우 여자다운 여자의 제일보를 밟는다 하면 이 너무 늦지 않소? 우리의 비운은 너무 참혹하오 그려.[36] (『학지광』, 1917)

「잡감-K언니에게 여(與)함」에서 나혜석은 조선여성의 선각자는 여자가 너무 설친다는 욕을 두려워하거나 여자답게 안존하다는 칭찬을 듣고 싶어서 여성이 해야 할 사업을 못해서는 안 된다고, 여성도 사람이 될 것을 주장했다.

탐험하는 자가 없으면 그 길은 영원히 못 갈 것이오 우리가 욕심내지 아니하면 우리 자손들을 무엇을 주어 살리잔 말이오? 우리가 비난을 받지 않으면 우리의 역사를 무엇으로 꾸미잔 말이오?
다행히 우리 조선 여자 주에 누구라도 가치 있는 욕을 먹는 자가 있다 하면 우리는 안심이오 이 여자는 우리의 갈망하는 사업가라 하겠소 우리의 배우지 못한 공부를 많이 한 자라 하겠소
뇌정벽력을 하오. 광우가 쏟아지오. 자만하게 직립하였던 전신주도 조르르 흘렀소 우리 집에서는 장독 소래기를 치우느라고 허둥지둥 야단들이오 아직도 때가 있는 것같이 서보(徐步)로 걸어가던 행인들은 저렇게 좌우 길을 방황하며 어찌할 줄 몰라 쩔쩔매오 자동차, 마차가 휙휙 지날 때마다 부럽고 한심스러워 곧 두 눈이 벌컥 뒤집힐 것도 같소
어느덧 지진까지 일어나오 온 집이 흔들리오 아이구 이를 어찌 하오? 어디로 피하여야 산단 말이오? 속절없이 이렇게 죽을 생각을 하니 눈물이 하염없이 옷깃을 적시오 아아! 아무려나 나가다가 벼락을 맞아 죽든지 진흙에 미끄러져 망신을 하든지 나가볼 욕심이오[37]

---

36 『나혜석 전집』, 187쪽.
37 『나혜석 전집』, 195-196쪽.

시대적인 상황으로 볼 때 나혜석이 발표한 논설과 소설에서는 여성들도 부단히 실력을 배양하여 여성의 권력을 획득하자는 주장을 전개해나갔다. 또한 유럽과 미국을 여행하면서 보게 된 각국의 여성들의 삶과 일상생활을 통해 여성들의 지위와 생활방식에 관심을 기울여 남성과 여성의 인격적 관계에 특별히 관심을 표하면서 시험결혼의 합리성을 논하고 탁아소가 필요함을 역설하면서, 상당히 진취적인 언설로 여성해방론을 주장하고 있다.

4) 페미니스트 나혜석의 정체성

여성의 사회적 활동에 적대적인 가부장적 사회에서 결혼함으로써 자신이 하고자 했던 많은 활동들에 제약을 받는 것이 두려웠던 나혜석은 결혼할 때 남편으로부터 파격적인 요구를 관철시켰다. 그것은 '그림그리는 것을 방해하지 말라'는 약속이다. 이는 개인적으로는 결혼을 하고서도 계속 자기 발전을 하고 싶다는 욕망을 구체적으로 드러내며 실천하는 것이고, 사회적으로는 근대 이후 최초의 여성 화가로서, 예술가로서 선각자로서의 책임의식을 가지고 있었던 것이다.

결혼을 한다고 해서 모든 여성들이 다 가정생활에만 얽매이는 것은 아니라고 스스로를 합리화하면서, 다른 여성들과는 다르게 자기 일을 하면서 살 수 있으리라는 희망을 가졌다. 「모된 감상기」에 그러한 마음이 잘 드러나 있다.

나는 다만 여러 부인들께 이러한 말을 자주 들어왔을 뿐이었다. "여자가 공부는 해서 무엇 하겠소 시집가서 아이 하나만 낳으면 볼 일 다 보았지!' 하는 말을 할 때마다 나는 언제나 코웃음으로 대답할 뿐이요 들을 만한 말도 되지 못할 뿐 아니라 그럴 리 만무하다는 신념이 있었다. 이것은 공상이 아니라 구미 각국 부인들의 활동을 보든지 또 제일 가까운 일본에도 요사노 아키코는 십여 인의 모(母)로서 매삭 논문과 시가 창작으로부터 그의 독서하는 것을 보면 확실히 '아니하려니까 그렇지 다 같은 사람 다 같은 여자로 하필 그 사람에게만 이런 능력이 있으랴' 싶은 마음이 있어 아무리 생각해 보아도 내가 잘 생각한 것 같았다. 그리하여 그런 말을 하는 부인들이 많을수록 나는 더욱 절대로 부인하고 결국 나는 그네들 이상의 능력이 있는 자로 자처하면서도 언제든지 꺼림칙한 숙제가 내 뇌 속에 횡행했었다. 그러나 그 부인들은 이구동성으로 "네 생각은 공상이다. 오냐 당해 보아라. 너도 별 수 없지" 하며 나의 의견을 부인하였다. 과연 연전까지 나와 같이 앉아서 부인네들을 비난하며 "나는 그렇게 아니 살 터이야" 하던 고등교육 받은 신여자들을 보아도 별다른 것 보이지 않을 뿐이라, 구식부인들과 같은 살림으로 일 년 이년 예사로 보내고 있는 것을 보면 아무리 전에 말하던 구식부인들은 신용할 수 없더라도 이 신부인의 가정만은 신용하고 싶었다. 그것은 결코 개선할 만한 능력과 지식과 용기가 없지 않다. 그러면 누구든지 시집가고 아이 낳으면 그렇게 되는 것인가, 되지 않고는 아니 되나?38 (『東明』, 1923)

결혼 후에도 예술가로서 자기를 만들어 나가는 일과 자각한 신여성으로서 가정을 잘 이끌어나갔다. 나혜석 자신은 다른 여성과는 다르다는 자긍심을 내면에 가지고 있었다. 자기만은 결혼을 하더라도 생활과 아이에 얽매이지 않고 자기를 발전시켜 나갈 수 있고 그렇게 해야만 한다는 자신감을 가지고 있었다.

---

38 『나혜석 전집』, 219-220쪽.

그런데 자기를 계발하고 발휘하는 절정의 시기에 나혜석에게 있어서 임신은 하나의 장애물이었다. 그것은 나혜석 이후 많은 신여성들이 부딪힌 문제였고, 아직도 사회 활동을 하고 있는 대부분의 여성들이 여전히 부딪히고 있는 곤혹스러운 문제이다.

복잡한 심리변화를 거치면서 출산을 하게 된 나혜석은 출산의 고통을 직접 체험하고 그것을 「모된 감상기」에서 솔직하게 표현했다. 임신으로부터 시작되는 '어머니 되기'가 여성에게 행복이 아니라 공포라는 것, 피하고 싶은 장애물이라는 것을 임신과 출산, 그리고 육아의 과정을 겪으며 절실하게 느꼈다.

이게 웬일인가? 살은 분명히 내 몸에 붙은 살인데 절대의 소유자는 저 쪼그만 핏덩이로구나! … 겨우 재워놓고 누우면 약 2시간 동안은 도무지 잠이 들지 않는 것이 보통이었으나 어찌어찌해서 잠이 들 듯하게 되면 또다시 바시시 일어나서 못살게 군다. 이러한 견딜 수 없는 고통이 기(幾) 개월간 계속 되더니 심신의 피곤은 인제 극도에 달하여 정신엔 광증이 발하고 몸에는 종기가 끊일 새가 없었다.(중략) 진실로 잠은 보물이요 귀물이다. 그러한 것을 탈취해 가는 자식이 생겼다 하면 이에 더한 원수는 다시 없을 것 같았다. 그러므로 나는 '자식이란 모체(母體)의 살점을 떼어가는 악마'라고 정의를 발명하여 재삼 숙고하여볼 때마다 이런 걸작이 없을 듯이 생각했다.(중략) 이것은 실로 이브가 선악과 따먹었다는 죄값으로 하나님의 분풀이보다 너무 참혹한 저주이다. 나는 이러한 첫 경험으로 인하여 태고부터 지금까지 모든 모(母)가 불쌍한 줄 알았다.[39] (『東明』, 1923)

결혼 전 현모양처론을 부정했던 나혜석이지만 결혼 후 나혜석은

---

39 『나혜석 전집』, p.229-231.

누구보다도 아내로서 어머니로서 역할을 훌륭하게 해내면서 여류작가로, 또 화가로서의 활동도 열심히 했다. 자신이 선택한 일은 기쁨으로 다한다는 인생관과 신여성의 선구자로서 모범적 생활을 해야 한다는 자각 때문이었다.

> 예술은 나의 일평생의 위안이요, 또 생활의 전부라고 하여도 과언은 아닙니다. 그것이 나의 취미요, 나의 직업입니다. 그만큼 내가 좋아하는 까닭에 아이가 넷이나 되는 금일까지도 틈을 만들어 붓대를 들며, 캔버스를 둘러매고 산과 들로 뛰어다닙니다. 참으로 극성이지요 누가 시키면 하겠습니까? 그러나 한 번 붓을 잡으면 그것이 그렇게 상수럽지 않은 듯 하여요 남의 어머니 노릇을 하는 나로서는 쉬운 일은 아닙니다. 붓을 들고 한참 열중하게 그리며, 또 거진 연구를 하였다가도 어린애가 울게 되면 그저 집어 내던지고 젖을 먹여야 합니다. 그런고로 가만히 생각하면 그림 그린다는 것이 욕이지요 그러나 저는 예술을 위하여 어머니의 직무를 잊고 싶지는 않습니다. 물론 그림을 그린다든지 글을 쓰는 것도 나의 취미이겠지만, 어린애를 기르며 바느질을 하고 살림을 하는 것도 퍽 재미있습니다.[40](「살림과 육아」, 『每日新報』, 1930)

이 글에서 나혜석은 살림과 육아, 그리고 예술을 병행하는 것이 얼마나 어려운가를 솔직 담백하게 밝히고 있다.

그러나 그 내면에서는 남편으로부터 진정으로 자신의 예술세계에 대해 이해받지 못하고 있다는 고독감과 일상의 부담으로부터 오는 육체의 피로를 느끼고 있었다. 그러던 중에 구미 여행은 그에게 탈출구가 되었다. 아내와 며느리, 그리고 어머니의 역할로부터 해방되어 나혜석은 여행기간 동안 화가이기만 하면 되었던 것이다. 나혜석

---

40 『나혜석 전집』, 638-639쪽.

은 여자도 사람이고 사람답게 살아야 한다는 생각을 하고 그러한 자신의 생각을 주장해왔지만, 그것이 현실에서 어떻게 구현되어나 갈 수 있는가에 대해서는 구체적인 방법론을 제시하지 못했다. 그러던 중 구미 여행 동안 서구 여성들의 삶과 일상생활을 체험하게 되면서 아내나 어머니로서가 아닌 여성의 삶에 대해서도 많은 생각을 하게 된다.

최린과의 연애사건을 계기로 귀국 후 이혼과정을 겪으면서 여성의 성적 자기 결정권에 대해 적극적인 주장을 하였다. 그러나 일련의 사건들을 겪게 되면서부터 그같은 주장은 점점 약화됨으로써 지극히 개인적인 것이 되고 말았다. 그가 주장한 내용들은 이혼에 휘말리게 되면서 남성에게 종속적이고 수동적인 자세를 보였기 때문이다. 이혼의 계기가 된 최린과의 관계에 대해서도 자신의 무오류성을 거듭 강조하면서 책임을 남성에게 전가시킴으로써 오히려 그 자신 스스로가 가부장제 사회에 희생양이 되어버린 결과를 초래하고 말았다.

나혜석은 가부장제도의 폐해를 비판하면서 가부장제에 대한 항거와 여권신장 그리고 자기 정체성을 수립하기 위해 노력을 기울였지만 두터운 가부장제의 벽은 쉽게 허물어지지 않았고, 그 또한 결국 좌절하게 된다.

5. 결론

지금까지 페미니즘 관점에서 여성의 한, 특히 나혜석을 중심으로 근대 신여성의 한을 조명해 보았다. 페미니즘 관점에서 보면 한국

여성의 한은 여성의 인간성 요구에서 극단적으로 유리된 가부장제 도의 산물이다. 남성에 의한 여성의 지배 체제가 바로 가부장제이 다. 페미니즘 시각에서 볼 때 가부장적 가족제도의 '여성상' 그 자 체가 한의 화신이다. 집단으로서의 남성이 집단으로서의 여성을 지 배하며, 남성이 여성 예속의 주된 수혜자이다. 가부장적 남성 중심 사회에서는 여성 억압이 무엇보다도 근본적이다. 여성이 누릴 수 있 는 사회적인 자유와 개인적인 욕구 표현을 억압하고, 죄악시하였다. 부계 혈통 중심의 가족제도와 문화구조, 그리고 사회구조 속에서 가 계 존속을 위해 여성은 고달픈 삶을 살아온 것이다.

나혜석은 자신이 내딛는 한걸음의 진보가 조선 여성의 진보가 될 것이라는 자의식을 뚜렷하게 가지고 있었다. '사람이 되고저'라는 것이 나혜석이 여성으로서 추구한 평생의 목표라고 할 수 있다. 여 자도 사람이라는 것, 사람이 되어야겠다는 것, 사람의 대우를 받아 야겠다는 것, 이것이 나혜석이 쓴 글이나 행동을 관통하는 하나의 주제이며, 그의 그림 속에도 그러한 흔적이 드러난다. 끊임없이 이 러한 추구 속에서 최초의 근대 여성 화가로서, 최초의 근대 작가로 서 봉건적이고 인습적인 관념의 억압성을 그의 그림에서, 글쓰기에 서 거침없이 자유롭게 표현했다.

그러나 가부장제도의 폐해를 비판하면서 여권 신장을 위해 부단 한 노력을 기울이며 여성해방을 부르짖던 나혜석은 이혼에 얽혀 남 성사회로부터 철저하게 외면당하게 되자 오히려 남성에게 종속적인 나약한 모습을 보이게 된다. 자신이 주장했던 '이상적 부인'의 삶과 는 전혀 다른 길을 걸어갈 수밖에 없었던 것이 나혜석을 포함한 근 대 신여성들의 한계였다고 할 수 있다. 근대 신여성들은 신교육으로 획득한 선각자적인 자아의식으로 가부장제를 거부하고 여성의 성적인 해방을 요구했다. 이들은 최초로 전통적인 여성상을 대체할 새로운 여성상을 보여주었다는 점에서는 중요하다. 그러나 나혜석을 비롯한 근대 신여성들은 선각자적 사명을 실천하는 데 있어서는 역부족이었다. 그에 따른, 사회 경제적인 자립이 우선적으로 이루어져야 된다는 사실을 간과함으로써 그들의 진보적인 의식과 현실 사이에 엄청난 괴리가 있음을 알지 못했던 것이다. 그들은 근본적으로 가정 중심적인 사고에서 완전히 벗어나지 못한 상태에서 전통적 남성중심의 생활영역에서 탈피하고자 한 것은 가부장제 컴플렉스로부터 일탈하고 싶은 섣부른 의욕만 앞섰기 때문이다. 또한 근대 신여성들의 삶을 자연스러운 사회적인 변화의 흐름으로 수용하지 않고, 개인적인 흥미거리로 치부했던 가부장제도권의 한계를 그 원인으로 보아야 할 것이다. 그리고 근대 여성 교육의 부산물인 '현모양처' 상은 전통적인 가부장제의 또 다른 지배 이데올로기로서 근대 여성들의 삶을 억압하고 옭아매었다. 여성을 독립적인 하나의 인격체로서가 아닌 아내로, 며느리로, 어머니로서의 역할에만 충실하기만을 강요함으로써 그들의 한을 한층 더 심화시켰다고 할 수 있다.

참고문헌

김영옥 ,『근대여성이 가지 않은 길』, 또하나의 문화 1999.
메기 험, 심정순 외 역,『페미니즘이론 사전』, 삼신각 1995.
서정자 ,『한국근대여성소설연구』, 국학자료원 1996.
서광선,『한의 이야기』, 보리 1987.

숙명여자대학교, 『한국근대여성연구』, 숙명여자대학교아세아문제연구소
    1987.
실비아 월비, 유희정역, 『가부장제 이론』, 이화여자대학교출판부 1998.
아세아 여성문제, 『한국근대여성연구』, 숙명여자대학교출판부 1997.
이상경, 『한국근대여성문학사론』, 소명출판사 1995.
이상경, 『인간으로 살고 싶다-영원한 신여성 나혜석』, 한길사 2000.
이상경, 『나혜석 전집』, 태학사 2000.
이구열, 『에미는 선각자였느니라: 나혜석 일대기』, 동화 1974.
이경성, 『근대 한국 미술사 논고』, 일지사 1982.
이명온, 『불꽃 여자 나혜석』, 오상출판사 1982.
이화여자대학교 한국여성사, 『한국여성사』, 이화여자대학교출판부 1978
조혜정, 『한국의 여성과 남성』, 문학과지성사 1990.
천이두, 『한의 구조 연구』, 문학과지성사 1993.
최혜실, 『신여성들은 무엇을 꿈꾸었는가?』, 생각의나무 1998.
최은희, 『한국 근대 여성사』, 조선일보사 1991.
강애림, 「한국 근대 여류화가 연구」, 홍익대학교 대학원 1989년.
박명숙, 「나혜석의 작품에 나타난 사상 연구」, 대구가톨릭대 대학원 1996.
노영희, 「일본 신여성들과 비교해 본 나혜석의 신여성관과 그 한계」, 한국
    일어일문학회 1998.
윤범모, 「나혜석 예술세계의 원형 탐구」, 한국미술연구소 1999.
홍복선, 「나혜석 연구」, 이화여자대학교 대학원 1971.

제10장 | 한(恨)의 희망철학적 해석

김 진

한국적 한의 내재적 지향성에 대한 연구는 한의 희망철학적 해석을 가능하게 한다. 그것은 이어령의 원한론(願恨論)과 천이두의 일원론에서 뿐만 아니라 김지하의 변증법적 이해와 서남동의 민중신학적 이해에서도 가능하다. 칸트와 블로흐에 의하여 체계화된 희망철학의 문제는 한에 대한 새로운 해석의 도구로 활용될 수 있으며, 전통적인 해석의 한계를 극복하고 새로운 해석학적 의미구조를 발굴하는 데 유용하다.

한의 현상은 더 이상 풀어질 수 없는 것처럼 보이는 체념적 절망구조를 특징으로 하며, 이로부터 이기적이고 자기보복적 악순환을 불러일으키는 한의 자상적 해체가 주제화된다. 다른 한편 한의 현상은 미래에 해체될 수 있다는 존재론적 희망구조를 정립함으로써 혁명적 개벽적 해한(解恨)의 기능을 드러낸다. 한의 해체가 한국의 종교문화사에서 가장 중요한 화두로 제시되는 것은 결코 우연이 아니다. 그것은 바로 우리 종교의 일차적인 구원론적 과제가 한의 절대해체에 있었다는 사실을 입증해 준다. 무속신앙, 미륵신앙, 동학사상, 증산사상, 원불교, 대종교 등의 종교사상들은 후천개벽적 세계질서라는 역사철학적 지평을 근간으로 하고 있다. 이처럼 한에 대한 희망철학적 해석을 단초로 하여 우리는 한의 상생적 무화(無化)와 절대해체를 지향하는 동시에 그것을 완전하게 성취할 수 있는 후천적 세계질서와 그 무한한 확장이라는 한국적 최고선의 이념적 주제들에 접근하게 되었다.

1. 한(恨)의 문제와 희망철학의 한국적 수용

한국인에게 가장 기초적이고 보편적인 정서인 한(恨)의 의식은 칸트와 블로흐에 의하여 주제화되고 있는 희망철학의 문제와 함께 논의될 수 있는가? 한국인의 한이 희망철학적으로 독해될 수 있는 가? 그것이 가능하다면 어떤 조건과 맥락에서 성립될 수 있고, 그와 같은 논의는 우리 사회에 어느 정도까지 그리고 얼마만큼의 의미를 가질 수 있는 것일까? 이 물음이 철학적으로 의미 있게 개진되기 위해서는 무엇보다도 먼저 한의 개념적 특성과 희망철학적 논의 구조를 살핀 후에 한과 희망의 공통적 요소들이 확보되지 않으면 안 될 것이다.

우리는 이미 다른 곳에서 한의 개념 속에 함의된 다양한 의미유형과 해석구조를 제시한 사실이 있다.[1] 그 중에서도 우리의 관심은 이어령의 원한론(願恨論)과 천이두의 일원론에 집중된다. 천이두는

---

1 이 논의는 필자의 논문 「한(恨)의 해석학적 의미구조」, 『철학논총』(2003년 가을)을 참조하라(이 책의 제1장, "한이란 무엇인가?"로 재수록). 여기에서 정리된 내용은 다음과 같다: 한(恨)은 우리 한국인에게 가장 기초적이고 근본적인 정서이다. 그러나 그것은 총체적이고 복합적인 문화현상의 산물이기 때문에 정의하기가 쉽지 않다. 한의 정서는 사람들에 따라서 매우 다양하게 나타난다. 한은 怨(공격성), 嘆(퇴영성), 情(우호성), 願(진취성)이라는 네 가지 의미유형을 가지고 있다. 원과 탄은 부정적이고 소극적인 의미요소들이고 정과 원은 긍정적이고 적극적인 의미요소들이다. 이 두 개념쌍에는 한에 대한 두 가지 해석 구조가 드러나 있으며, 그것은 각각 한의 흑색전이와 백색전이, 즉 한의 검은 빛 구조와 밝은 빛 구조를 나타내고 있다. 전통적으로 한의 의식에는 무차별적 보복을 감행하는 흑색샤먼적(저주) 요소와 화해와 관용과 용서와 희망으로 이어지는 백색샤먼적(치료) 요소가 혼재되어 있었다. 이 두 가지의 원리를 바탕으로 하여 정한론(情恨論), 원한론(願恨論), 원한론(怨恨論), 일원론(一元論)이라는 네 가지 유형의 해석학적 이해가 제시된다.

『恨의 구조 연구』에서 한을 일원적으로 독해하는 시도를 하였다. 이는 한의 의미체계에 담겨 있는 다양한 해석 요소들이나 해석 구조들이 분리된 것이 아니고 계기적이라는 인식에서 출발된다. 한을 정확하게 이해하려면 공격성(怨), 퇴영성(嘆), 우호성(情), 진취성(願)을 총체적으로 접근하지 않으면 안 된다.

그런데 천이두에 의하면 한은 원(怨)·탄(嘆) 등과 같은 어둡고 부정적인 데서 출발하여, 밝고 긍정적인 측면으로 질적 변화를 거듭해 나간다.[2] 공격적·퇴영적 정서에서 출발된 한이 반격과 보복의 길로 나아가지 않고 우호적이고 선의적인 삶의 지평을 열어간다는 것이다. 그리하여 그는 한의 다층적, 상호모순적 속성들을 일원적으로 포착하면서 그 부정적 속성이 긍정적인 방향으로 질적 변화를 이룩해가는 내재적 가치생성의 기능을 드러내고자 하였다.[3] 그에 의하면 한의 부정적 속성, 즉 공격성(怨)과 퇴영성(嘆)의 독소는 삭임의 기능에 의하여 초극되어 미학적·윤리적 가치로 승화·발효된다. 이것이 우리 민족이 한을 삭이는 방식이며, 이 삭임의 기능이 바로 "한국적 한의 내재적 지향성"인 동시에 "한국적 한의 진정한 고유성"이라고 주장한다.[4] 이와 같이 원한(怨恨)과 정한(情恨)의 변증법적 통일을 거쳐서 새로운 차원에서의 희망과 가치를 창출해나가는 원한론(願恨論)과 일원론(一元論)은 한의 정서를 가장 풍요롭게 발전시키는 하나의 중요한 계기가 될 수 있다고 판단하여 이제 우리는 한에 대한 희망철학적 성찰을 시도하고자 한다.

---

2 천이두, 『恨의 구조 연구』, 문학과지성사 1993, 41쪽.

3 천이두, 『恨의 구조 연구』, 문학과지성사 1993, 10쪽.

4 천이두, 『恨의 구조 연구』, 문학과지성사 1993, 101쪽.

서구적 전통에서 희망철학의 문제는 칸트(Immanuel Kant)와 블로흐(Ernst Bloch)에 의하여 체계화되었다.5 물론 희망의 문제는 오래 전에 이미 그리스철학자들에 의하여 다루어졌고, 유대-기독교의 전통 속에서도 그 고유한 희망내용이 상정되었다. 그러나 희망이라는 개념이 독자적인 철학의 주제로 다루어지기 시작한 것은 칸트에서 였으며, 그것을 다시 철학의 가장 중요한 문제로 다루었던 사람이 바로 에른스트 블로흐였다. 따라서 이 글의 가장 중요한 목표는 칸트와 블로흐에서의 희망철학을 한에 대한 새로운 해석의 도구로 활용함으로써 전통적인 해석의 한계를 극복하는 동시에 새로운 해석학적 의미구조를 발굴하는 데 있다.

칸트는 희망의 문제를 도덕적 요구의 성취를 위한 가능성 조건이라는 특정한 맥락에서 다루고 있다. 영혼, 자유, 신과 같이 이론적으로 그 존재를 증명할 수도 없고 반박할 수도 없는 이성의 대상 개념들이 도덕적 실천의 목표로서 추구하는 최고선의 이념을 성취할 수 있도록 조건적으로 요구되고 있는 것이다. 따라서 칸트에서의 희망은 요청(Postulat)의 형태로서만 기능하게 된다.6 칸트의 희망은 기독교에서처럼 은총에 의하여 주어지는 미래적 삶에 대한 신앙의 약속이 아니라, 도덕적 세계질서의 무한한 확장을 실현할 수 있도록 필연적으로 요구되지 않으면 안 되는 실천 행위의 조건인 것이다.

이와 반대로 블로흐는 요청하는 칸트에서나(beim postulierenden

5 Kant, Immanuel: *Kritik der praktischen Vernunft*. Riga 1788; *Die Religion innerhalb der Grenzen der blossen Vernunft*. Königsberg 1793. Bloch, Ernst: *Das Prinzip Hoffnung*. Frankfurt 1954-1959; *Atheismus im Christentum. Zur Religion des Exodus und des Reiches*. Frankfurt 1968.

6 Kant, Immanuel: *Kritik der praktischen Vernunft*. Riga 1788, S. 238.

Kant) 변증법적 헤겔에서도(beim dialektischen Hegel) 과거에 집착함
으로써 플라톤의 아남네시스에서와 같은 완결된 존재로서의 세계기
술에 치우치고 있다고 비판하였다.[7] 그에 의하면 철학의 근본 주제
는 완결되고 차폐된 과거 사실에 대한 기억과 회상에 있는 것이 아
니라 "아직 이루어지지 않고 아직 성취되지 않은 고향"에 대하여 변
증론적-물질론적으로 파악하는 이른바 '성찰적 희망'(docta spes)에
있다. 지금까지의 철학이 본질(Wesenheit), 즉 과거에 존재하였던 무
엇(Ge-Wesenheit)에 대한 성찰이었다고 한다면, 앞으로의 철학은 새
로움(Novum)과 전초(Front)와 미래(Futur)에 대한 동경과 기대를 개
시하는 아직 의식되지 않은 것(Noch-Nicht-Bewußtes)과 아직 이루어
지지 않은 것(Noch-Nicht-Gewordenes)에 대한 성찰이어야 한다.[8] 블
로흐의 희망은 이미 완성된 이상세계에 대한 과거지향적 원시반본
이나 도덕적 완성을 위한 요구 명제가 아니라, 인류의 이상적인 희
망을 현재적인 현실 속에서 구체적으로 성취해 나가고 있는 모든
형태의 예견의식을 지시하고 있다. 따라서 블로흐의 희망철학에서
세계의 본질은 과거적 사실(Ge-Wesenheit)에 있는 것이 아니라 그
자체의 전초에 위치하고 있는 것이다.[9]

희망의 철학과 희망의 신학은 오늘날 리챠드 쉐플러(Richard
Schaeffler)[10]와 위르겐 몰트만(Jürgen Moltmann)[11]에 의하여 그 논의

---

7 Bloch, Ernst: *Das Prinzip Hoffnung.* Frankfurt 1954-1959, Bd. 1, S. 4.

8 Bloch, Ernst: *Das Prinzip Hoffnung.* Frankfurt 1954-1959, Bd. 1, S. 12.

9 Bloch, Ernst: *Das Prinzip Hoffnung.* Frankfurt 1954-1959, Bd. 1, S. 18.

10 Schaeffler, Richard: *Was dürfen wir hoffen?- Die katholische Theologie der
Hoffnung zwischen Blochs utopischem Denken und der reformatorischen
Rechtfertigungslehre.* Darmstadt 1979; *Erfahrung als Dialog mit der Wirklichkeit.*

가 심화되고 있으며, 우리는 이를 방법론으로 차용하여 한국인의 근본정서인 한에 대한 의미구조를 규명할 수 있을 것이다. 그리하여 본 연구에서는 우리의 고유한 근본정서인 한의 개념에서 해석학적 의미구조를 발굴함으로써 우리 자신의 종교적 신념과 희망의식을 적극적으로 기술하는 것은 물론이고 새로운 시대에 요구되는 한국인의 미래지향적 이상성을 설계해 보는 계기로 삼고자 한다.

한의 개념은 전통적으로 여러 학문분야에서 다루어져 왔으나, 이처럼 희망철학 내지는 희망신학적인 관점에서 그 의미구조를 주의 깊게 분석하려는 시도는 아직까지 없었다. 이제 우리에게 중요한 것은 다른 세계나 다른 종교적 세계관에서의 희망이 무엇인가가 아니라 우리 문화와 전통에서의 희망 내용이 무엇인가를 생각해 볼 필요가 있다. 이 경우에 칸트나 블로흐의 희망철학이나 몰트만의 희망신학적 방법론은 우리 자신의 희망 내용을 규명하는데 유용할 수 있을 것이다. 이러한 방법론을 통하여 우리는 우리 자신에게 고유한 희망내용과 최고선이 무엇인가를 묻게 될 수 있고, 그럼으로써 한국학에서 희망철학의 가능성을 발견하고 체계화할 수 있을 것이다.

Eine Untersuchung zur Logik der Erfahrung. Alber, München 1995. 쉐플러의 희망철학에 대한 논의는 김진, 베른하르트 니체의 저서를 참조하라: Kim, Jin: *Kants Postulatenlehre, ihre Rezeption durch Ernst Bloch und ihre mögliche Anwendung zur Interpretation des Buddhismus.* Frankfurt, Bern, New York 1988. Nitsche, Bernhard: *Göttliche Universalität in konkreter Geschichte. Eine transzendental-geschichtliche Vergewisserung der Christologie in Auseinandersetzung mit Richard Schaeffler und Karl Rahner.* Lit Verlag, Münster, Hamburg, London 2000.

11 Moltmann, Jürgen: *Theologie der Hoffnung.* München 1969. 최근 이 책에 대한 새로운 번역이 나왔다. 위르겐 몰트만, 『희망의 신학: 그리스도교적 종말론의 근거와 의미에 대한 연구』, 이신건 역, 대한기독교서회 2002.

우리의 문화적 전통 속에서도 칸트나 블로흐가 구성한 것과 같은 희망내용이 설정될 수 있는가?[12] 오늘날 한국의 문화 및 종교는 다원화 현상을 보이고 있다. 또한 우리의 정치-경제적, 이데올로기적 갈등은 위험 수위에 이르고 있다. 기존의 가치질서는 구속력을 박탈당하고 새로운 가치질서는 자리매김하지 못한 이 혼돈의 시대에 도덕적 실천을 가능하게 하는 보편적인 규범에 대한 요구가 지금보다 더 절실한 적은 없는 것이다. 이러한 사실에서 우리 자신의 근본정서인 한에 대한 적극적인 이해야말로 현실에 대한 비판적인 척도는 물론이고 미래적 삶의 이상을 추구하는데도 일정한 의미를 가질 수 있을 것이다.

2. 한의 희망철학적 독해 가능성: 지귀설화의 전복적 해석

한(恨)은 일차적으로 부정적이고 억압적인 의식의 자상적이고 공격인 표출이라고 규정된다(怨恨論). 그러나 한은 이와 같은 일차적인 규정에 머무르지 않고 자기파괴적 욕구를 부단하게 순화하는 자정 작용을 통하여 새로운 단계로 이행하려고 한다. 그러므로 한의 해체는 그 원인에 대한 명확한 분석뿐만 아니라 그 결과에 대한 포용적 이해를 필요로 한다. 다시 말하면 우리는 한의 보복적 행위에 의하여 결과되는 사건들을 비판만 할 것이 아니라, 그 원인이 되는 모순구조를 있는 드러내어 근본적으로 해소하려고 노력해야 한다.

---

12 필자는 이 물음을 『종교문화의 이해』(울산대학교출판부 1998)에서 다양한 형태로 접근하고자 하였으며, 한국적인 최고선을 우리의 종교문화적 전통 속에서 부단하게 추구해 왔던 이른바 "후천개벽적 세계질서의 무한 확장"이라고 개념화하였다.

그리하여 우리는 이제 한의 절대해체를 위한 가능성 조건이 무엇인가를 성찰할 필요에 직면하게 된 것이다. 한에 대한 희망철학적 해석의 가능성은 이어령의 원한론(願恨論)과 천이두의 일원론(一元論)에서 가장 쉽게 찾아볼 수 있으나 여기서는 가장 먼 길로 돌아가고자 한다. 즉 정한(情恨)과 원한(怨恨)이 동시에 주제화되고 있는 하나의 설화를 분석하면서 한의 희망철학적 의미구조를 드러내고자 하는 것이다. 지금 분석하려고 하는 대상은 신라시대의 지귀설화(志鬼說話)이다. 심화요탑설화(心火繞塔說話)로 불리기도 하는 이 설화는 한에 대한 부정적인 시각, 즉 원한론적 설명에 가장 많이 활용되는 자료이다.

우리의 분석대상이 되는 설화는 신라시대의 역졸(驛卒) 지귀를 주인공으로 하고 있다. 이 주인공은 그야말로 사회적 신분이 보장되지 않은 천한 사람이었다. 그런데 그는 선덕여왕이 매우 아름답다는 소문을 듣고 마음속에 사모하기 시작하여 도저히 이루어질 수 없는 사랑에 빠지게 된다. 그는 그의 어머니에게 아름다운 여왕을 한번만이라도 만나게 해 달라고 죽도록 간청한다. 이 소식을 들은 여왕은 탑 아래서 지귀와 은밀히 만나 줄 것을 약속한다. 그런데 그토록 목숨을 다하여 만나기를 원하였던 바로 그 순간에 지귀는 홀연히 깊은 잠에 빠져 버린다. 지귀를 만나러 온 여왕은 잠든 그의 가슴 위에 그녀의 벽환은 두고 돌아간다. 그 후 잠에서 깨어난 그는 자기에게 주어진 희망의 순간을 놓쳐버린 데 절망하여 마음의 불을 일으키게 되고, 그 불은 탑을 태워 버린다. 그리고 그는 불귀신이 되어서 사람들을 괴롭힌다. 이 소식을 들은 여왕은 그에게 주술을 내리게 되고, 그리하여 그는 더 이상 사람들을 해치지 않고 먼 바다로 사라

진다.[13]

　이 설화는 한 젊은이가 분수에 넘치는 사랑을 극복하지 못하고 절망한 가운데 다른 사람들에게 해를 끼치는 부정적인 측면을 우리에게 보여주고 있다. 따라서 대부분의 학자들은 지귀의 행위를 부정적인 것으로 규정하고 있으며, 김열규의 해석 역시 이 범주에 속한다. 그는 이 설화의 주인공을 자신의 지위와 신분을 망각하고 분수에 넘친 아집으로 인하여 결국에는 미망의 환상을 이기지 못하게 되고, 또한 그 희망내용이 실현될 수 없다는 사실 앞에 체념하게 되면서 정신적인 아픔과 상처를 가지게 되는, 그리고 죽은 후에도 원귀(冤鬼) 또는 화귀(火鬼)가 되어 스스로의 피해의식(自己原因的 恨)을 다른 사람에게 전가하고 보복하는, 이른바 원한에 가득 찬 인물로 묘사한다. 그리하여 그는 이와 같이 다른 사람에게 해를 끼치면서 자기의 한을 풀어 버리는 현상을 "한의 흑색전이(黑色轉移)"라고 규정한다. 이러한 맥락에서 그는 한(恨)의 개념 역시 자기능력의 부족함이나 또는 다른 사람에 의한 좌절에서 오는 복합적인 현상으로 보면서, 대단히 부정적인 의미로만 사용하려고 한다(怨恨論).[14]

　지귀설화에 대한 연구논문을 발표한 적이 있는 황패강 역시 김열규와 비슷한 결론에 도달하였다. 그는 불교적인 가치관을 바탕으로 지귀와 여왕이 밀회하게 되는 사탑은 세속적인 것으로부터 분리된 성스러운 곳이므로, 세속적인 욕망을 갖고 이곳에 침범한 지귀의 운명은 처음부터 비극적으로 예정되어 있었다고 주장한다.[15] 그는 술

13　權文海,『大東韻府群玉』, 券20, 入聲 合 心火塔.
14　金烈圭,「怨恨意識과 怨靈信仰」,『증산사상연구』, 제5집 1979, 9-19쪽.
15　황패강,「志鬼說話小考」,『新羅說話研究』, 일지사 1975, 349쪽.

파가(Sulpaga) 설화와의 비교연구를 통하여 지귀설화는 화귀의 유래를 담은 이야기로서 자신의 처지에 눈뜨지 못한 어리석은 사나이가 과분한 사랑을 이루지 못하자 심화가 나서 불타 버린 것이라고 규정하였다.[16]

　지귀설화에 대한 두 사람의 해석은 문헌에 충실한 것이기는 하지만 너무 지나칠 정도로 원한론적이다. 이들의 한에 대한 이해는 처음부터 매우 부정적인 것이 사실이다. 이들의 연구는 지귀의 심적 상태에서 시작되지 않고, 그 당시의 지배문화나 현재의 권력중심적 가치관을 바탕으로 하고 있다. 따라서 이러한 방법론으로는 지귀의 한이 무엇이고, 또한 무엇이 그의 한을 심화시켰으며, 그의 한은 어떤 조건 아래에서 해체될 수 있는가에 대한 충분한 이해에 도달할 수 없다. 또한 이러한 해석에서는 지귀가 어떻게 가장 결정적인 시간에 잠들게 되었는지, 그리고 여왕의 요청과 더불어 그가 즉각적으로 물러서는 것에 대하여 납득할만한 설명이 제시되지 않고 있다.

　따라서 우리는 지귀설화의 본래적인 메시지를 포착하기 위해서는 그 설화에 대한 혁명적 또는 전복적인(subversiv) 해석을 시도할 필요가 있다. 당시의 지배 이데올로기나 기록자의 의도와는 정 반대로 지귀설화를 해석할 필요가 있는 것이다.[17] 이것은 설화의 유포를 통하여 소정의 목표를 달성하려는 지배계급의 의도를 폭로하면서, 억압된 의사소통의 구조 속에서 마음의 불을 일으킬 수밖에 없었던

---

16 황패강, 『新羅說話研究』, 일지사 1975, 349쪽. 358쪽.

17 이것은 에른스트 블로흐가 기독교 안에서의 무신론적 요소들을 드러내기 위하여 기존의 텍스트를 전복적으로 해석하는 데서 착안한 것이다. Bloch, Ernst: *Atheismus im Christentum*. Frankfurt 1968.

334　한(恨)의 학제적 연구

주인공의 비극적인 심정으로 되돌아가 그의 가슴 속에 자리하고 있는 한을 철저하게 규명하고 해체하려는 작업을 수행하려는 의도를 담고 있다.[18] 지금까지 가장 부정적으로 독해되었던 지귀설화의 텍스트조차도 해석의 관점을 조정할 경우에 적극적인 의미기능을 발굴할 수 있다는 사실은 우리로 하여금 한의 부정성을 긍정적이고 적극적인 차원에서 해석할 수 있는 가능성을 열어준다.

지귀설화뿐만 아니라 한에 대한 희망철학적 접근 가능성을 우리는 그밖의 여러 전거들에서 찾을 수 있으며, 본 연구에서는 특히 김지하와 서남동의 민중론적, 민중신학적 한 이해를 중점적으로 다루려고 한다.

3. 한의 변증법적 이해(김지하)

1970년 후반에서 1980년대까지 김지하, 고은, 임헌영(문학), 한완상, 김성기(사회학), 서남동, 현영학, 문동환(신학) 등에 의하여 한에 대한 민중론적 논의가 활발하게 이루어졌다. 이들은 민중의 슬픔과 절망이 축적된 한의 에너지가 새로운 사회를 여는 원동력이 될 수 있다는 입장을 강화하였다. 그의 한풀이론은 원한론에서 시작되어 한과 혁명과 신이 한데 어우러지는 후천개벽적 세계질서의 구축을 통하여 마무리된다.

1974년 11월경에서 1975년 2월 15일까지 김지하가 쓴 500매 정

---

18 김진, 「무속신앙과 한의 신학」, 『종교문화의 이해』, 울산대학교출판부 1998, 129-152쪽 참조. 지귀설화에 대한 김열규의 원한론적 해석에 대한 필자의 비판은 「한(恨)의 해석학적 의미구조」(『철학논총』 2003년 가을호)에서 참조할 수 있다.

도 분량의 옥중메모는 「성지」, 「명산」, 「말뚝」, 「장일담」의 작품구
상을 담고 있는데, 여기에서 우리는 그의 원한론적 한 이해를 접할
수 있다. 「성지」는 감옥에 대한 시어이다. "군중적 한은 폭발의 날
을 기다리는 칼날과 같이 음험하게 침묵 속에서 긴장되어 빛난다.
그 상징적 장소가 감옥이다."[19] 성지는 '집단적 한 자체'를 뜻한다.
한이란 결국 민중에 대한 지배자의 가렴주구, 억압의 감정적인 축적
인데, "쌓이고 쌓이는 한이 유전하고 전승해서 민중의 피 속에서 끓
고 있으며", "반체제적 사상과 행동의 정서적 핵심"이라고도 규정한
다. 그는 이와 같은 한의 생성(Genesis)으로부터 한의 구조·내용·발전
(폭발)의 문제까지를 다루고자 하였다. 여기에서 김지하의 한 이해
는 여지없이 원한론적(怨恨論的)이다. 한에 관한 가장 극적인 묘사
는 한이 사람을 잡아먹는 괴물로 출현하는 대목이다. 「성지」에서는
한이 불가사리(쇠를 먹는 괴물짐승)가 되어서 모든 죄수들을 지배하
는 망령이 되고 「말뚝」에서는 한이 이매(하회탈춤에 나오는 양반 잡
아먹는 괴물)로 등장한다.[20] 그리하여 『황토』(1970) 후기에 그는 이
렇게 썼다.[21]

---

19 서남동, 「한의 형상화와 그 신학적 성찰」, 『민중신학의 탐구』, 한길사 1983, 99쪽.
20 서남동, 「한의 형상화와 그 신학적 성찰」, 『민중신학의 탐구』, 한길사 1983, 100쪽.
21 김지하, 『황토』, 한얼문고 1970, 101쪽 이하; 서남동, 「예수·교회사·한국교회」,
   『민중신학의 탐구』, 한길사 1983, 23쪽 참조. Unsere schmale Halbinsel ist
   erfüllt vom Heulen der Geister jener, die schuldlos starben. Vom Heulen der
   Ungezählten, die bei fremder Invasion, im Bruderkrieg, unter der Diktatur, in
   der Revolte, durch Hunger und Krankheit starben. Träger ihrer Klagen, Vermit-
   tler ihrer Trauer, Bewußtmacher dueser geschichtlichen Tragödie zu sein □ ich
   habe gewünscht, daßmeine Verse zu solchen würden: zu Gedichten der Geister-
   besänftigung. Chi-ha, Kim: Nachwort zu dem Gedichtsband Die gelbe Erde, *Die
   gelbe Erde und andere Gedichte*. Frankfurt 1983, S. 58.

이 작은 반도는 冤鬼들의 아우성으로 가득 차 있다. 外侵, 전쟁, 폭정, 반란, 惡疾과 굶주림으로 죽어간 숱한 인간들의 恨에 가득 찬 哭聲으로 가득 차 있다. 그 소리의 媒體, 그 恨의 傳達者, 그 역사적 비극의 예리한 의식, 나는 나의 詩가 그러한 것으로 되길 원해왔다. 降神의 詩로. …

'단(斷)의 철학'은 이 모든 원고의 절정에 해당되는 처리 방향을 지시해준다. 『오행』(五行)의 마지막에는 한의 즉자적 폭발이 주제화되고 있으며, 원한적(怨恨的) 측면이 강하게 나타나고 있다. 그와 같은 한풀이 방식은 다시 '늙은 벚나무에 떨어진 벼락'에 의하여 완성되는 측면이 있다. 그러나 여기서 설정되는 '한(恨)의 뒤집힘'은 보복적인 악순환의 고리를 단절하고 후천개벽적 세계로 이행하게 하는 새로운 해결책이다. 죽임이 아니라 살림을 위하여 '벼락'이 설정된 것이다. 이처럼 김지하는 한의 '미는 힘'(원한적 에네르기)과 '한울'과의 통일, 즉 '신과 혁명의 통일', '한과 단의 변증법적 통일'을 통하여 '민중의 사회적 성화'는 이루어지며, 이와 같은 통일의 지평 위에서 후천개벽의 무한대적 확장과 후천세계의 현실적 체현이 가능하다고 본다. 그리고 그것이야말로 '단'에 의하여 성취된 새로운 사회의 모습이다.

김지하의 한 이해는 '恨과 斷의 변증법'에서 그 절정에 이른다. 그는 한국의 정신사적 전통 속에서 '살림'의 논리가 우주의 근본원리가 되어야 한다고 강조한다. 그의 사회적 성화론은 칸트의 종교철학에서 전개되는 보이지 않는 교회공동체 속에서의 선을 향한 집단적 노력이 하느님의 나라를 완전하게 실현할 수 있는 가능성 조건으로 요구되고 있는 사실을 상기시켜 준다. 김지하는 한국의 핵심적인 저항사상을 공부한 적이 있으며, 따라서 그의 민중론에서는 특히 동학사상과 증산사상의 흔적이 돋보인다. 그리고 여기서 서구의 몇몇 진보적인 신학자들에 대한 이해가 가미되어 있다.

민중과 혁명의 통일을 지향하고 있는 김지하의 문학이론 속에서는 수운과 증산 그리고 김일부의 후천개벽사상이 메타종교적으로 계승 발전되면서 하나의 종말론적 지평을 형성하고 있다. 김지하의 후천철학은 생명론적 민중사상의 근원적 지평을 이루고 있으며, 이를 중심으로 그의 문학은 개벽적 세계차원을 기술한다. 그의 후천철학은 개벽적인 동시에 메타 종교적이다. 김지하의 기본적인 관점은 민중종교나 유사종교라고 잘못 이해된 부분들을 새롭게 그리고 적극적으로 해석하려는 데 있다. 즉, 그는 역사의 주체인 동시에 담지자인 민중의 희망의식을 개벽 지향적으로 수련하고 체계화하였던 수운과 해월, 증산과 일부, 경허와 만해 그리고 전강과 같은 민중 선(禪)을 실천한 선승들과 미륵사상가들, 그 밖에도 도가적, 혁신 유가적 민중사상가들과 민중적 크리스천들의 관점을 다시 살피고 해석해 내려고 한 것이다.[22] 그는 이들의 사상이 소박하고 미신적인 형태로 표현되었지만 그들이 지향하고 있었던 의식은 변혁적이고 생산적이었다고 해석한다. 특히 영부탄복(靈符呑服)과 시천주조화정(侍天主造化定) 영세불망만사지(永世不忘萬事知)라는 13자 주문도 부적이라는 주술적 낙인을 배제하고 생명의 순환을 가능하게 하는 사회변혁과 인간해방, 그리고 활인사상(活人思想)으로 읽어야 한다

---

22 김지하, 「인간 해방의 열쇠인 생명」, 『밥』, 분도출판사 1984, 33쪽; 『김지하 전집』 제2권 사회사상, 실천문학사 2002, 123쪽.

는 것이다. 이같은 활인사상은 물론 후천개벽적인 지평을 앞에 둔 괴질적 악마구조를 극복해내는 민중적 차원에서 이해되어야 한다. 이들이 말하는 의통(醫通)이나 활인(活人)은 민중이 스스로의 운명을 개척해 나갈 수 있는 종말론적 열쇠이며 지평이다. 김지하에 의하면 한이란 억압당하고 수탈당해온 제3세계 민중들의 누적된 고통의 응어리이며, 그 내부의 엄청난 '미는 힘'이 분출할 때 소멸한다. 그러나 이 때에 한의 반복, 복수의 악순환을 막기 위하여 영성적 단이 필요하다.

현대는 원한과 상극이 지배하는 선천시대로부터 후천개벽, 음개벽, 해원상생의 시대로 전환하고 있다. 그리하여 김지하는 이렇게 말한다: "이 전환은 선천 속에 숨은 채 드러나는 후천을 선천의 틀 안에서 확장시킴으로써 근본적으로 선천을 넘어서는 수동적이면서 적극적인 전환입니다. 이 전환이 곧 부활이요, 이 전환이 곧 단斷이며, 이 전환이 바로 오늘날 우리 한국 민중을 포함한 아시아아프리카라틴아메리카 전체 민중이 수행해야 할 세계사적 책임의 내용입니다."[23]

한恨의 축적이 없는 곳에서는 한의 극복도 없습니다. 축적된 한의 그 엄청난 미는 힘에 의해서만 한 자체는 소멸합니다. 굶주린 사람이 밥을 찾듯이, 목마른 사람이 물 찾듯이, 어린아이가 어미 찾듯이 부처를 애타게 찾고 기다리는 마음, 부처를 만나기 어렵다는 생각, 그 깊은 한이 없이는 참된 해탈에 이르지 못합니다. 그러나 이 역설적인 전환은 한의 반복과 복수의 악순환을 끊어버리는 슬기로운 단斷, 영성적이면

23 김지하, 「창조적 통일을 향하여」, 로터스상 수상연설, 『실천문학』 제3호, 1982; 『김지하전집』 제3권 미학사상, 실천문학사 2002, 565쪽 참조

서도 공동체적인 단, 즉 결단을 조건으로 해서만 가능합니다.[24]

21세기 문화는 모든 민중의 나름나름의 작은 한恨들을 거대한 우주적 중생한으로 확장하는 문화일 것이다. 한은 상상력을 기폭한다. 중생한은 우주적 상상력을 기폭한다. 상상은 참된 깨달음, 내 안의 우주를 깨닫는 진리에 이르는 중요한 과정이며 미는 힘이다. 한은 문화의 힘이요 씨앗이다. 한은 자기를 비우는 힘이요 자기 안에 틈을 넓혀 성글게 하는疏放, 그래서 우주로 확산 분산하는 추동력이다. 지극한 한은 마침내 소산지기疏散之氣에 이르러 자기를 비운다. 한의 미는 힘 없이는 한의 해결은 없다.[25][...]
한 없이는 우주생명의 깨달음에 이를 수가 없다. 생태위기, 생명위기에 시달리는 우리의 지금의 한을 바탕의 힘으로 하여 생명 받은 것 일체의 무한한 해탈을 희망하고 서원하며 우주적으로 확장된 활동과 상상력을 가져올 중생한으로까지 무한 확대시키는 것이 새 문화운동의 과제이다. 우리 민족의 한은 일본의 원념怨念이나 유럽의 르상티망과는 다르다. 우리의 한은 큰 소망이며 슬픔이다. 생명 가진 모든 것이 품는 우주적 정념이다.[26]

이상에서 우리는 김지하가 한의 축적으로부터 미는 힘이 우주적 중생한의 해체를 위한 출발점이 되며, 그것은 신령한 우주생명과의 합일을 추구하는 생명운동이나 신과 혁명의 통일을 지향하고 있다는 사실을 확인하게 된다. 천이두는 김지하의 한론이 김열규와 이재

---

24 김지하, 「창조적 통일을 향하여」, 로터스상 수상연설, 『실천문학』 제3호, 1982; 『김지하전집』 제3권 미학사상, 실천문학사 2002, 563쪽 참조

25 김지하, 「인간의 사회적 성화」, 『김지하전집』 제1권 철학사상, 실천문학사 2002, 711쪽.

26 김지하, 「인간의 사회적 성화」, 『김지하전집』 제1권 철학사상, 실천문학사 2002, 712쪽.

선의 원한론과 유사하다고 지적한다.[27] 그러나 한의 반복과 복수의 악순환을 막기 위한 '영성적 단'이 구체적으로 무엇을 뜻하는지에 대해서는 알 수 없다는 입장이다. 그러나 천이두는 바로 그 앞 쪽에서 이미 김지하의 '영성적 단'에 대하여 다루었다.[28] 영성적 단은 후천개벽시대에서의 상생, 즉 생명의 원리를 지칭한다. 억음존양과 상극의 시대를 넘어서서 해원상생시대로의 전환은 곧 영성적 단의 실현을 뜻한다. 영성적 단이란 "예토(穢土) 속에서 예초 전체를 정토(淨土)로 변화시키는 해탈"이다. 그러나 김지하가 보복의 악순환을 막기 위하여 방법론으로 제시한 영성적 단은 마치 원한론의 '풀이'에서 '한의 전이 없는' 또는 '긍정적인' 풀이를 제안한 것과 같은 구조적인 한계를 갖는 것으로 비판한다. 삭임이라는 한국인의 고유한 내재적 가치생성의 기능이 작동되는 경우에만 한의 적극적인 해체가 가능하다고 본 것이다.

그리고 한의 내부로부터 밀려오는 힘이 '반드시' 사회개혁의 에너지로 될 수 있는가의 문제가 제기될 수 있다. 그 때문에 천이두는 한의 에너지가 사회개혁을 주도하기 위해서는 "그 힘 자체가 질적 변화를 이룩하고 있어야만 하는" 것으로 본다.[29] 그러나 민중론적한 이해가 언제나 사회변혁의 실현을 전제로 한 것은 아니라는 점에서 천이두의 지적은 가상적인 완벽주의를 지향하는 듯하다. 천이두는 한의 힘이 질적 변화를 전제로 하는 경우에만 진정한 가치 창조나 새로운 역사 창조의 힘이 될 수 있다고 지적한다. 억압된 민중

---

27 천이두, 『한의 구조 연구』, 문학과지성사 1993, 93쪽.
28 천이두, 『한의 구조 연구』, 문학과지성사 1993, 92쪽.
29 천이두, 『한의 구조 연구』, 문학과지성사 1993, 98쪽.

의 한의 축적은 '단'(斷)의 행위로 혁명의 에네르기화할 것을 말한다. 단이란 한의 극복이며, 개인적으로는 자기부정이고 집단적으로는 복수의 악순환을 끊는 것이다.

모든 안락과 평안과 소부르조아적 꿈의 순환과 깊이 모를 세속의 늪을 내 마음과 육신에서 동시에 끊어버린다. 이것은 나의 신앙의 전적 내용이다. 격렬한 자기부정만이 나의 혈로임을 안다. … 그것이 내가 내 생 자체로서 보여주고 실현해야 할 혁명인 것을! 미망은 이제 끝난다. 아아! 내게는 아픈 저 허공의 외줄을 타고 가는 얼음제비의 슬픈 행위 …

단에는 또 전 군중적 차원이 있다. 세속의 변혁을 위해 세속의 집착을 '근원적으로' 끊는 것! 순환의 고리를 끊는 것! 단! 쌓이는 한과 거듭되는 단. 한편에서는 살육과 무한보복과 파괴와 끝없는 증오를 불태운 무서운 한의 축적이, 다른 한편에서는 그것의 악순환적인 폭발(즉자적 폭발)을 억제 조작해서 보다 높은 정신적 힘으로 승화하는 단의 반복이 필요하다. 한과 단의 복잡화와 그 변증법적 통일, 통일의 전 군중적 차원의 전개→나의 예술적 결정적 테제의 하나.[30]

서남동은 한과 단의 변증법이 지향하는 바를 "이기적이고 안락한 유혹을 물리치는 자기부정, 원한의 무한보복의 악순환을 끊는 혁명, 하늘에 이르는 영원한 나그네 길을 가는 단의 철학을 가르치며 밥이 하늘(말씀의 성령)이며 밑바닥이 하늘이므로 바닥을 뒤집어서 하늘의 공평을 실현하는 인내천(人乃天)의 해석, 신과 혁명의 통일, 지상양식과 천상양식(자유)의 통일, 개인의 영적인 쇄신과 사회의 정

---

30 서남동, 「두 이야기의 합류」, 『민중신학의 탐구』, 한길사 1983, 81쪽; 「한의 형상화와 그 신학적 성찰」, 『민중신학의 탐구』, 한길사 1983, 100쪽 이하.

의적 쇄신의 통일"이라고 해석한다.[31] 후천적 지평 속에서만 참된 민중의 희망이 열리고 여기서만 혁명과 신이 통일될 수 있다. '신(神)과 혁명(革命)의 통일'은 참 생명론적 입장에서만 이해가 가능하다. 그것은 자유와 평등의 통일이고 후천개벽에 의한 선천개벽의 극복을 의미한다. 그것은 죽임의 이론이 아닌 살림의 이론이다. 한과 혁명과 신의 통일은 장일담의 신학에서 그 구체적인 모습을 드러내고 있다.

장일담의 신학은 한의 신학이다.[32]

장일담은 스스로 말씀이 아니라 말씀의 슬픈 추억 '억압-침묵'이며, 육신이 된 한이며, 곧 '비어'임을, 말씀의 부활이 폭풍처럼 올 것을 알리는 비어임을 선언, 이 폭풍은 곧 민중이며 말씀은 해방과 혁명 그 자체이며 그는 죽어 폭풍 가운데 부활하리라고 예언.[33]

민중적 한을 풀어주는 위로자로서의 교회, 그리하여 한으로 인한 폭력의 순환고리를 끊어야 하는 교회, 순환을 (전진)운동으로 바꿔야 하는 교회, 그러기 위해서는 한정된 폭력을 접수 용납해야 할 교회, 모든 진보사상과 어둠 속 투사와 레디칼들의 성소(sanctuary)이어야 할 교회.[34]

한의 사제 장일담이 처형된 사흘만에 부활하여 그의 머리가 배신

---

31 서남동, 「한의 형상화와 그 신학적 성찰」, 『민중신학의 탐구』, 한길사 1983, 103쪽.
32 서남동, 「두 이야기의 합류」, 『민중신학의 탐구』, 한길사 1983, 80쪽 이하.
33 서남동, 「한의 형상화와 그 신학적 성찰」, 『민중신학의 탐구』, 한길사 1983, 102쪽.
34 서남동, 「한의 형상화와 그 신학적 성찰」, 『민중신학의 탐구』, 한길사 1983, 101쪽.

자의 몸통에 붙어서 함께 살아가는, 그리하여 이른바 배신자의 몸과 성자(聖者)의 머리가 함께 결합하여 복수와 동시에 악인까지를 구원하는 것, 즉 단(斷)의 차원에서의 '한울적 혁명'이 이루어지는 것이다. 이 한울적 혁명은 후천개벽적 지평 위에서 설정된 민중의 요청구조와 그 요청구조를 현실 속에서 실현하려고 저항하고 투쟁하는 민중의 자력적 신앙구조가 동시적으로 일치할 때 일어난다.

김지하는 존엄한 생명에 대한 존중과 사랑이라는 보편 진리를 모든 가치관의 기초로 한 "영성적이면서도 공동체적인 새로운 생존양식, 즉 민중 자신 속에 이미 숨겨져 있는 후천"을 새롭게, 자각적인 형태로 드러내고 확장하는 일에 헌신적으로 봉사할 것을 요구하고 있다.[35]

연꽃에서 김지하는 생명운동의 '수동적 적극성'을 발견한다: "우리가 비참한 죽음의 암흑을 있는 그대로 둔 채 그것을 뒤집는 부활을, 예토穢土 속에서 예토 전체를 그대로 정토淨土로 변화시키는 해탈을, 탁류 속에 들어가 오래 기다려 그 탁류 전체를 스스로 맑아지게 하는 도를 말할 때 그것이 다름 아닌 연꽃입니다. 그것은 십자가요, '부드러움', 즉 생명입니다. 그리고 그것이 이른바 '수동적 적극성'입니다.[36] 이와 같은 생각은 이미 그의 초기 사상에 잉태되어 있었다.

---

35 김지하, 「창조적 통일을 향하여」, 로터스상 수상연설, 『실천문학』 제3호, 1982; 『김지하전집』 제3권 미학사상, 실천문학사 2002, 566쪽 참조

36 김지하, 「창조적 통일을 향하여」, 로터스상 수상연설, 『실천문학』 제3호, 1982; 『김지하전집』 제3권 미학사상, 실천문학사 2002, 564쪽 참조

진흙창에서만 피어나는 연꽃의 숨은 뜻. 고졸(枯拙)의 세계. 투명한, 가없는 물의 自由의 높이. 그러나 그것은 끝없는 방황과 쉴새없는 介入, 좌절과 절망의 깊은 수렁을 통과해야만 얻어지는, 끝내 버림받으면서도 끝끝내 사랑하는 뜨겁고 끈덕진 열정에 의해서만 비로소 얻어지는 값비싼 高地라고 나는 생각한다. 세계에 대한, 인간에 대한, 모든 대상에 대한 사랑. 惡夢도, 降神도, 행동도 모두 이 사랑으로부터 비롯되는 것이다. 사랑의, 뜨거운 사랑의 불꽃같은 사랑의 言語. 나는 나의 詩가 그러한 것으로 되길 원해왔다.[37]

'후천개벽의 적극적 확대',[38] 이것은 영성공동체가 궁극적으로 지향하는 바는 "지극한 거룩함, 거룩한 변모, 해탈, 부활의 완성이면서 동시에 전 사회적이고 전 지구적인, 전 인류, 전 중생, 전 우주적인 생명공동체의 해탈이며 무궁확장의 완성이며 한울의 성취이며 후천개벽의 성취"에 있음을 뜻하는 것이다.[39] 더 나아가서 그것은 "사람이 한울天이 되는 것, 민중이 중생과 함께 개인적 또는 집단적으로 사회적 성화를 문득 성취하는 것, 한울이 사람 속에 개화만발開花滿發하는 것"을 뜻한다. 우리는 이와 같은 김지하의 후천 확장이론에서 칸트가 지상에서의 하느님 나라의 무한 확장을 주장한 것과 동일한 논지를 발견하게 된다.

이처럼 김지하가 제시한 민중론의 핵심은 '단(斷)의 철학' 또는 '한(恨)과 단(斷)의 변증법'으로 형상화되기에 이른다. 단은 개인적

---

37 김지하, 『황토』, 한얼문고 1970, 101쪽 이하; 서남동, 「예수·교회사·한국교회」, 『민중신학의 탐구』, 한길사 1983, 23쪽 참조
38 김지하, 「나는 밥이다」, 『김지하전집』 제1권 철학사상, 실천문학사 2002, 402쪽.
39 김지하, 「인간의 사회적 성화」, 『김지하전집』 제1권 철학사상, 실천문학사 2002, 11쪽.

이고 실존적인 차원에서 이루어질 수 있는 한의 즉자적인 폭발을 시도하는 자해적이고 자기 부정적인 방법의 지양을 의미한다. 그리고 그것은 집단적인 보복의 악순환을 철저하게 부정하고 있다. 그렇다고 그것이 한의 체념상태를 의미하는 것도 아니다. 단의 철학, 또는 한과 단의 변증법은 바로 한의 사회정치사적인 원인분석을 통하여 그 한을 사회 혁명적인 차원에서 일시에 해체하여야 한다는 것을 의미한다. 그러므로 단은 한으로 인하여 가능한 보복적인 악순환의 사슬을 끊어버리고 그것을 사회혁명의 에네르기로 축적하고 승화하여, 결국에는 한의 절대적인 해체를 성취하자는 실천철학적 개념이다. 천이두가 말하는 삭임의 기능뿐만 아니라 그것이 궁극적으로 지향하는 희망내용의 실현과 확장이라는 의미가 함축되어 있다. 그러므로 이제 한의 신학은 더 이상 사람을 죽이는 데 사용되는 폭력운동이 될 수 없고, 한의 해체를 통하여 사람을 살리는 해방운동으로 이해한다. 그리하여 김지하의 민중론은 서남동에 의하여 한의 신학으로 정초되기에 이른다.

4. 한의 민중신학적 이해(서남동)

서남동은 한에 대한 실존적, 정태적인 이해라는 전통적인 해석의 지평을 넘어서 사회혁명적 차원에서의 집단적이고 적극적인 해석을 시도함으로써 이른바 '한의 신학' 또는 '한의 사제론'을 제창하였다. 민중신학은 이제 한의 신학으로 된다. 민중신학은 한국 민중의 한을 사회경제사적 방법론을 통하여 분석하고 성서적으로 해석하여 치유하려는 신학이다.[40]

한의 문제가 민중신학에서 구체적으로 논의되기 시작한 것은 서남동 교수가 김지하의 문학세계를 인식하게 된 데서부터 비롯된다. 그는 70년대의 정치적 상황 속에서 억압받고 있던 시인 김지하를 신학적으로 발굴하면서 한의 개념에 대한 민중신학적 해석을 시도하게 된다. 그리하여 그는 죄의 개념으로부터 출발하는 기독교의 구원론을 한의 개념으로 대체하면서 이른바 한의 신학과 한의 사제론을 수립하기에 이른다. 한은 이제 민중신학적 구원론의 주제가 된 것이다. 그러므로 한의 사제는 죄로부터의 구원을 말하지 않고 한의 절대해체를 복음으로 선포한다. 서남동은 한을 민중에 대한 지배자의 가렴주구나 억압에 대한 민중의 감정적인 축적으로 이해한다. 그것은 민중의 핏속에 유전되고 전승된다. 그러므로 한은 민중에게 발견되는 '반체제적 사상과 행동의 정서적 핵심'이라고 정의될 수 있다. 그리하여 서남동이 이해하고 있는 한은 이제 실존적, 정태적 단계를 넘어서게 되며, 이것은 바로 그가 한의 원인을 사회경제적인 시각에서 분석하면서 한의 척결을 사회 혁명적인 방법으로 성취하

---

40 민중신학을 '한의 신학'으로 정초하려는 작업의 일환으로 서광선은 서울에서 열린 세계개혁교회연맹 신학협의회(1984년 9월 18-19일)에서 「한의 사제」라는 제목으로 강연하였다. 또한 '한의 신학'을 한국의 무속적인 한과 일치시키려는 현영학 교수의 논문 「민중신학과 한의 종교」(『神學思想』, 1984년 겨울호)가 발표되었다. 다른 한편, 현영학은 한의 얼굴을 '탄식-체념-적응-주어진 상황 안에서의 사랑 등(祭司長職)으로 연결되는 정한'과 '원망-복수-변혁-정의실현 등(豫言者職)으로 이어지는 원한'으로 분류하고, 정한과 원한이 상호적인 교호관계 속에서 연속적 또는 동시적으로 나타나는 사실을 지적하였다. 그는 임헌영의 논문 「恨의 문학과 民衆意義」(『오늘의 책』, No. 2, 1984 여름)에서 情恨의 문학(순수주의)과 怨恨의 문학(사회적 비판의 문학)의 지양 통일에 대한 관점을 중심으로 恨의 神學에 접근하기도 하였다. 그리하여 그는 한의 두 가지 측면에다가 이 두 얼굴에 항상 따라다니는 '해학과 풍자의 웃음'(궁극적 승리자인 '왕'의 웃음)을 합하여 민중신학에서의 삼위일체적 성격을 발굴하였다.

려고 시도한 결과이다. 그리고 그의 후기신학의 연구관심은 주로 한에 대한 사회 혁명적 이해에 있었다.

> 한이란 눌린 자 약한 자가 불의를 당하고 그 권리가 짓밟혀서 참으로 억울하다고 생각할 때, 그 호소를 들어주는 자도, 풀어주겠다는 자도 없는 경우에 생기는 감정상태이다. 그렇기에 한은 하늘에 호소되는 억울함의 소리, 무명의 무고(無告)의 민중의 소리 바로 그것이다. 한의 사제는 이러한 민중의 갈망을 듣고 전달하는 매체가 되어야 할 것이다. 이것이 황야에 잃어버린 한 마리 양의 울음소리이다. 저들은 구원의 손길을 찾고 있다.[41]

서남동이 '한의 신학'을 본격적으로 다루기 시작한 것은 그의 논문 「두 이야기의 합류」부터였다. 그는 성서적인 전통과 한국의 민중사적 전통을 성령론적 및 공시적 해석방법론을 통하여 민중신학으로 수립하고자 하였으며, 이 두 개의 전통에서 공통적으로 찾아낸 개념이 바로 한이었다. 그는 김지하의 담시 '장일담'의 구상 메모를 신학적 전거로 삼아서 한의 신학을 수립하게 된다. 이 논문에서 그는 인간 내면의 실존적 차원에서 발생하는 한에 대한 소극적, 정태적 해결 방식을 극복하면서 한의 악순환적 또는 즉자적 폭발을 억제하고 보다 높은 차원에서의 사회혁명적 또는 정신적 힘으로 승화시키는 '단의 변증법'을 강조하게 되었다. 이 논문은 그가 김지하의 민중사상을 신학적으로 수용하고 있다는 의미를 가지고 있다.

서남동이 한을 사회경제사적, 문학사회학적 및 신학적인 차원에서 이해하려고 시도하였던 논문은 바로 그가 1979년에 발표하였던

---

41 서남동, 「한의 사제」, 『민중신학의 탐구』, 한길사 1983, 44쪽.

「한의 형상화와 그 신학적 성찰」이다. 여기서 그는 지금까지의 한에 대한 논의를 통일적으로 체계화하여, '고난받는 민중의 메시아성'과 '한의 속량적 성격'을 강조하면서 이미 김정준이 제기하였던 민중신학의 구원론적 또는 기독교 윤리학적 입장을 종합적으로 계승하고 있다.[42]

그 후 서남동은 1982년에 행한 강연 「민중신학의 성서적 근거」에서 민중의 문제는 바로 한의 문제라고 규정하였다. 그는 이렇게 말한다: "사람을 밖에서 보면 육체고 안에서 보면 혼이듯이, 민중도 밖에서 보면 민중이고 안에서 보면 그의 혼에 해당하는 한이다. 즉 민중의 문제는 한이다."[43] 그리하여 그는 이제 한의 개념을 민중신학적 구원론의 주제 개념으로 설정하였다. 한국의 민중사적 전통에서 볼 때, 구원론은 죄의 문제보다 한의 문제를 원핵으로 하기 때문이다. 죄는 가진 사람이나 힘 있는 사람들이 없는 사람에게 붙여주는 이름이고, 한은 눌린 사람들이 자기의 설움과 괴로움을 발설하는 언어행위이다. 죄는 지배자의 언어이고 한은 민중의 언어이다. 죄는 힘 있는 지배계층의 언어이고 인죄론은 지배자를 위한 구원론이다. 그 반면에 한은 민중의 언어이고 한의 신학은 민중을 위한 구원론이다. 민중신학의 과제는 민중의 한을 풀어서 해체하는 데 있다. 이 경우에 한의 사제는 '밑바닥의 한과의 일치'를 경험하면서, 그 한이

---

42 서남동, 「소리의 내력」, 『민중신학의 탐구』, 한길사 1983, 119쪽: "우리 모두를 해방시킬 메시아의 도래는 고난받는 민중의 신음소리, 한의 소리를 타고 오시는 길밖에는 없는 것이다. 고난받는 이웃, 특히 우리가 구조적인 악이라고 부르는 것 때문으로 고난받고 있는 이웃의 소리(아픔)에서 만나지 못한다면 이 시대에 다른 아무 데에서도 그리스도를 만나지 못한다. 이것을 가리켜 나는 '고난받는 민중의 메시아성' 혹은 '한의 속죄적인 성격'이라고 말한다."

43 서남동, 『民衆神學의 探究』, 한길사 1983, 243쪽.

들려오는 '소리의 내력'을 밝혀야 하고, 한의 실존론적 정태적 수렴에 의한 즉자적 폭발을 지양하여 한과 단의 변증법적 통일이 가능하도록 노력하는 '해방의 설교자'가 되어야 한다.[44]

5. 한의 희망철학적 의미구조

그렇다면 한(恨)의 희망철학적 해석을 통하여 얻어지는 해석학적 의미구조는 무엇인가? 한의 해석학적 의미구조는 우리의 정치문화적 맥락 속에서 한이 절대적으로 해체될 수 있는 조건에 대한 탐구를 통하여 비로소 드러날 수 있다.

한국 민중은 역사적으로 이중적인 수탈을 당해 왔다. 외국으로부터의 침략과 내부 권력으로부터의 착취와 억압을 동시에 감내해야만 했다. 따라서 한국인의 근본정서는 미래지향적인 혁명과 참여의 철학보다는 한에 의하여 지배되고 있었다. 따라서 한에 대한 철학적인 분석과 반성 없이 그것은 사회경제적 억압구조의 총체성에 대한 저항적인 반영의식이라는 부정적인 모습으로 각인되었다.

---

44 서남동, 「한의 사제」, 『민중신학의 탐구』, 한길사 1983, 43쪽: 우리는 하느님의 선교에서 사제직을 잘 감당해야 한다. 그것은 지배계층, 부유계층의 횡포를 축복하고 눌린 자들의 자기생존을 위한 항거를 마취시키고 거세하는 사제직이 아니고, 진정으로 저들의 상처를 싸매주고 비굴해진 저들의 주체성을 되찾는 데 함께하고, 저들의 역사적 갈망에 호응하고, 저들의 가슴 속에 쌓이고 쌓인 한을 풀어주고 위로 하는 '한(恨)의 사제'가 될 것을 권한다.
땅에서부터 하늘에 호소하는 아벨의 피 소리(「창세기」 4:10)를 대변하고, 여리고 길에서 강도 만나 빼앗기고 얻어맞는 이웃의 신음소리를 듣고 그 아픈 상처를 싸매주고(「누가」 10:25), 일꾼들에게 지불되지 아니한 품삯이 만군의 주님의 귀에 들리도록 외치는 소리(「야고보」 5:4) □ 이 '소리의 내력'을 밝히는 '한의 사제'가 되어야 할 것이다. "벙어리와 고독한 자의 소리 없는 소리를 위하여 입을 열고, 학대받는 자, 가난한 자들의 한을 풀어주자"(「잠언」 31:8)는 것이다.

일상적인 민중의 삶에 있어서 한은 아직 풀리지 않은 채로 남아 있다. 그리고 이전의 한이 해체될 여유도 없이 새로운 한이 축적된다. 이전의 한은 새로운 한과 존재론적으로 일체화된다. 그리고 민중의 의식으로서 집적된 한은 여러 가지 모습으로 형상화되기에 이른다. 그러나 동시에 우리는 이 같은 한의 부정성과 절대적인 체념구조 속에서 요청적인 희망구조를 발굴하게 된다. 한은 민중의 희망이 억압되는 곳에서 생성된다. 민중의 요청적 희망내용은 현실논리와 대칭적이고 모순된다. 따라서 그것은 지금까지 전혀 풀리지 않았고, 앞으로도 풀어지지 않을 것이라는 이중적인 체념구조를 정형화한다. 그리고 이와 같은 시각은 한국사회가 봉건적인 역사관이나 식민지사관 그리고 신식민주의적 독점자본주의 체제나 경제적 제국주의와 영합한 군부독재적인 정치행태 하에서 규정되는 동안 고착화된 것도 사실이다.

한이란 이 억압적인 현실 속에서 맺혔던 것만을 의미하지 않는다. 한이란 과거적인 것일 뿐만 아니라 미래적인 것이기도 하다. 한에는 과거적인 것에 대한 원망과 체념이 존재론적 실체를 이루고 있다. 과거 속에서 어쩔 수 없이, 억울하게 당하지 않을 수 없었던 역사적 사실은 이제 더 이상 어떻게 할 수 없다는 체념구조를 만든다. 이러한 체념구조는 한의 일차적인 구성요소인 원(怨)과 탄(嘆)에 의하여 구체화된다. 이처럼 과거적인 것에 대한 한의 현상은 '더 이상-아님'(Nicht-Mehr)이라는 존재 구조를 특징으로 한다. 어쩔 수 없이 그렇게 당해 왔던 사실은 더 이상 풀어질 수 없는 것이다. 더 이상 풀어질 수 없는 것, 잘못된 행함에 대한 인륜적인 연민은 더 이상 돌이킬 수 없는 구조를 갖는다. 이것이 바로 한의 더 이상-아님의 구조(die Nicht-Mehr-Struktur der Han) 또는 한의 체념구조(die Ver-eitlungsstruktur der Han)이다. 한의 체념구조는 한이 이제 더 이상 해체되지 않을 것이라는 민중의 절망의식을 반영하고 있다. 그리하여 한의 체념구조는 한의 즉자적 폭발을 지향할 수 있다. 그것은 이기적이고 자기보복적 악순환을 불러일으키는 이른바 한의 감정적 해체를 선호한다. 왜냐하면 한의 체념구조는 과거 속에서 발생하였던 억울한 사실이 지금까지 해체되지 않았으며 앞으로도 영원히 풀려질 수 없다는 자포자기의 감정을 바탕으로 하기 때문이다.

그러나 한은 또 다른 존재론적 측면을 가지고 있다. 그것은 바로 한의 개념 속에 함축되어 있는 삭임과 염원과 희망의 요소들이다. 지금까지 과거의 역사 속에서 우리의 한은 풀어지지 않았으며, 지금 오늘의 현실에서도 그 한은 여전히 해체되고 있지 않다. 우리의 한은 아직 풀어지지 않고 있다. 바로 이 자리에서 한의 체념구조는 주도적으로 나타나며, 그것은 회복이 불가능한 행복의식의 결여와 그 해체 불가능성만을 강조하게 된다. 그러나 한의 희망구조는 우리의 한이 지금까지 해체되지 않았지만, 그것은 여러 가지 방식으로 해체될 수 있다는 가능성을 중시한다.

한은 우리에게 아직 풀리지 않고 있다. 여기에서 '아직-아님'(Noch-Nicht)은 '더 이상-아님'과는 다른 특별한 의미구조를 갖는다. 아직-아님은 존재론적으로 미래개방성을 의미한다. 아직-아님은 미래를 향해 열려 있음을 뜻한다. 한의 해체는 아직 이루어지지 않았다. 그러나 더 이상-아님의 구조에는 아직-아님의 구조가 잇대어 있다. 더 이상 돌이킬 수 없는 회한은 체념적인 삶을 승화할 수 있는 해학과 풍자를 통하여 극복할 수 있다. 그럼에도 불구하고 물론 한의 상흔이 완전하게 사라지는 것은 아니다. 한의 더 이상-아님의 구조 속에서는 일차적으로 체념과 좌절이 나타나는 동시에 이차적으로는 미래에 대한 절망이 자리하고 있다. 과거적인 한의 침전물이 영원히 풀리지 않을 미래적인 억압 현실로 이행하고 어제와 똑같은 암울함이 미래 속에서도 여전히 개선되지 않을 것이라는 체념의식이 한의 이중적인 부정구조를 형성하고 있기 때문이다.

그럼에도 불구하고 더 이상-아님이라는 한의 존재론적 부정구조가 미래적인 것을 전적으로 규정하지는 못한다. 그것은 다만 과거와 현재 속에서 아직 이루어지지 않은 것일 뿐이며, 미래에서의 해체가능성까지를 모두 부정하고 차단하는 것은 아니다. 한의 해체와 절대 해체는 아직 이루어지지 않았으나 앞으로 이루어질 수도 있는 그런 것이다. 더 이상 개선할 수 없는 과거적 고향상태에 대한 우리의 희망은 그와 같은 한의 질곡으로부터 해방될 것을 요구하고 있다. 미래적인 예견과 전망 속에서 한은 아직-아님이라는 지향적 존재구조를 가지고 있다. 더 이상-아님이 가지고 있는 과거적 체념구조와 미래적 절망구조라는 이중적인 부정성과 더불어 이제 한은 미래적인 시간 속에서 우리의 한이 언젠가는 해체될 것이라는 존재론적 희망구조를 정립하게 된다. 한의 미래구조는 혁명적 개벽적 해한 (解恨)의 기능을 가지고 있다. 한에 들어 있는 정(情)과 원(願)의 구성요소들이 암암리에 작동되고 있기 때문이며, 우리는 이것을 '한의 아직-아님의 구조'(die Noch-Nicht-Struktur der Han) 또는 '한의 희망구조'(die Hoffnungsstruktur der Han)라고 부른다. 한의 희망구조는 한이 지금까지는 해체되지 않았지만 그것은 앞으로 얼마든지 해체될 수 있는 가능성을 가지고 있다는 희망의식을 반영한다. 그러므로 이제 더 이상 어떻게 할 수 없고 돌이킬 수 없는, 그리하여 절망적인 한의 체념구조는 한의 희망구조로 전환될 수 있다. 한의 절대적인 부정성은 이제 아직-아님의 개방성 위에서 해체될 수 있는 것으로 인식된다.

한국의 종교문화사에서 가장 중요한 화두는 한의 해체이다. 전통적으로 무속신앙과 증산사상은 한(恨)의 종교로 알려져 왔으며, 현대 기독교에서조차도 한의 사제론과 한의 신학이 논의되고 있다. 왜 이처럼 우리의 종교에서 한이 문제되는 것일까? 그것은 바로 우리 종교의 일차적인 구원론적 과제가 한을 푸는 것과 한을 절대적으로 해체하는 데 있었기 때문이다. 그리하여 무속신앙, 미륵신앙, 동학사상, 증산사상, 원불교, 대종교 등의 한국 종교사상에서는 한의 해체, 즉 해한(解恨)이 구원론적 과제로 설정되어 왔으며, 이와 같은 신학적 과제를 기독교 안에 수용하려는 노력이 바로 한국의 민중신학 또는 한의 사제론이다. 특히 우리의 민중종교들은 후천개벽적 세계질서라는 역사철학적 지평을 근간으로 하고 있다. 이들의 기본 구상으로부터 우리는 한의 절대해체를 위하여 필연적으로 요구되지 않으면 안 되는 후천개벽적 세계질서의 이념이야말로 우리 민족이 지금까지 추구해 온 최고선이었다는 사실을 확인하게 된다.

그리하여 우리는 이제 아직-아님이라는 한의 미래개방적 또는 희망요청적 구조의 발굴을 통하여 한의 절대해체를 위한 가능성 조건을 파악할 수 있게 되었다. 한국적 최고선은 한이 절대적으로 해체되고, 더 이상의 새로운 한이 자리할 수 없는 도덕적 세계질서와 그 무한한 확장 요구에 다름 아닌 것이다. 그런데 이와 같은 최고선 역시 우리가 처한 다원적 상황에서는 현상적으로 실현 불가능한 것으로 생각될 수 있다. 우리 사회에 자리잡은 외래 사상은 최고선의 한 국주의적 정립에 대하여 이의를 제기할 수 있기 때문이다. 그것은 한스 큉(Hans Küng)이 대안으로 제시한 에큐메니칼 전략까지도 한 국의 근본주의 신학자들에게는 새로운 한이 될 수 있다는 사실에서 자명한 것이다.[45] 그럼에도 불구하고 우리는 큉이 제시한 전략보다 나은 새로운 대안을 제시할 수 없으며, 종교 간의 대화를 통해서만 가치관적 충돌을 최소화할 수 있을 것이다. 이와 같은 사실에서 아 펠이 이상적인 합의를 도출하기 위하여 제시한 필연적인 요구내용 들은 우리의 문제를 이해하는 데도 유용하게 사용될 수 있을 것이 다.[46]

한의 실천철학적 변증법에서 필연적으로 제기되는 모순들을 극복 할 수 있는 가능성은 역사철학적 사고의 혁명을 통하여 얻어질 수 있다. 그것은 바로 후천개벽적 세계질서의 요청이다. 특히 증산사상 에서 고유화되고 있는 후천적 개벽철학은 이 세계를 서로 다른 종 교와 가치들이 투쟁하는 상극의 원리로 파악하지 않고, 모든 다양한 종교이론들이 하나의 새로운 질서 속에 있다는 이른바 상생의 신학 을 가능하게 한다.[47] 그러나 이와 같은 이론은 그 문화적 또는 지역 적 특수성을 극복하지 못하면 큉이 지적한 바 있는 상대주의와 통

---

45 Küng, Hans: *Projekt Weltethos*. München 1990, 안명옥 역, 『세계윤리구상』, 분 도출판사 1992.

46 아펠이 이상적인 대화를 가능하게 하는 필연적인 조건으로 요구하고 있는 것은 현실적인 의사소통공동체의 보존(인류의 생존)과 이상적인 의사소통공동체의 실 현(예견의 현실화)이다. 이에 대해서는 김진, 『아펠과 철학의 변형』(철학과현실 사 1998), 93쪽을 참조하라.

47 실제로 박종천은 『상생의 신학』(한국신학연구소 1991)에 대한 가능적인 토대를 구축하였다.

합주의적 차원을 벗어나지 못하는 한계를 노출하고 있다. 그러므로 후천적 세계질서는 실재하는 세계질서로서 모든 세계종교들을 하나의 종교 안에 실재적인 통일신단을 구축하는 데서 실현되는 것이 아니라 하나의 통제적 이념으로서만 우리에게 주어져 있다. 그리하여 한국인들은 한의 절대해체를 실현 가능하게 하는 조건명제로서 후천적 세계질서를 한국적 요청내용으로 설정할 수 있게 된다. 이러한 후천개벽적 세계질서의 요청에 의하여 우리는 비로소 한의 실천철학적 변증론에서 제기되는 모순들을 극복할 수 있으며 도덕적 실천이나 혁명적 프락시스, 즉 김지하가 말하는 한과 혁명과 신의 통일이 가능하게 된다. 그리하여 우리는 한의 희망철학적 해석을 통하여 한의 상생적 무화(無化)와 절대해체를 지향하는 동시에 그것을 완전하게 성취할 수 있는 도덕적 세계, 즉 후천개벽적 세계질서와 그 무한한 확장이라는 한국적 최고선에 대한 이념적 주제들에 접근할 수 있는 것이다.

참고문헌

김열규, 「怨恨意識과 怨靈信仰」, 『증산사상연구』, 제5집, 1979.
김열규, 『恨脈怨流: 한국인, 마음의 응어리와 맺힘』, 主友 1981.
김지하, 『김지하전집』, 실천문학사 2002.
김진, 『종교문화의 이해』, 울산대학교출판부 1998, 2002.
김진, 『아펠과 철학의 변형』, 철학과현실사 1998.
김진, 『선험철학과 요청주의』, 울산대학교출판부 1998.
박종천, 『상생의 신학』, 한국신학연구소 1991.

서광선, 『恨의 이야기』, 보리 1988.

서남동, 『민중신학의 탐구』, 한길사 1983.

이어령, 『신화 속의 한국정신』, 문학사상사 2003.

이어령, 『푸는 문화 신바람의 문화』, 문학사상사 2003.

천이두, 『恨의 구조 연구』, 문학과지성사 1993.

최길성, 『한국인의 恨』, 예전사 1991.

Bloch, Ernst: *Atheismus im Christentum. Zur Religion des Exodus und des Reiches*. Frankfurt 1968.

Bloch, Ernst: *Das Prinzip Hoffnung*. Frankfurt 1954-1959.

Hiltmann, Jochen: *Miruk. Die heiligen Steine Koreas*. Frankfurt 1987.

Kant, I.: *Die Religion innerhalb der Grenzen der blossen Vernunft*. Königsberg 1793.

Kant, I.: *Kritik der praktischen Vernunft*. Riga 1788.

Kerstiens, F.: *Die Hoffnungsstruktur des Glaubens*. Mainz 1968.

Kim, Jin: *Kants Postulatenlehre, ihre Rezeption durch Ernst Bloch und ihre mögliche Anwendung zur Interpretation des Buddhismus*. Frankfurt 1988.

Küng, Hans: *Projekt Weltethos*. München 1990. 안명옥 역, 『세계윤리구상』, 분도출판사 1992.

Metz, J.B.: *Zur Theologie der Welt*. Mainz 1968.

Moltmann, J.(Hrsg.): *Minjung. Theologie des Volkes Gottes in Südkorea*. Neukirchen-Vluyn 1984.

Moltmann, J.: *Theologie der Hoffnung*. München 1969. 이신건 역, 『희망의 신학: 그리스도교적 종말론의 근거와 의미에 관한 연구』, 대한기독교서회 2002.

Nitsche, Bernhard: *Göttliche Universalität in konkreter Geschichte. Eine transzendental- geschichtliche Vergewisserung der Christologie in Auseinandersetzung mit Richard Schaeffler und Karl Rahner*. Münster 2000.

Rahner, K.: *Zur Theologie der Zukunft*. München 1971.

Schaeffler, Richard: *Erfahrung als Dialog mit der Wirklichkeit. Eine Untersuchung zur Logik der Erfahrung*. Alber, München 1995.

Schaeffler, Richard: *Was dürfen wir hoffen?- Die katholische Theologie der Hoffnung zwischen Blochs utopischem Denken und der reformatorischen Rechtfertigungslehre.* Darmstadt 1979.

제11장 | 한국 시가문학에서의 한

서정욱

1. 서론: 연구의 목적과 의의

한국인의 기본 정서(情緖, emotion)에는 '한(恨)'이라는 특수한 정서가 있고, 그것에 관해서는 김동리(1948) 이래 주로 작가 또는 문학평론가들에 의하여 많이 연구되었다. 이 한이라는 정서는 도대체 무엇이며, 어떻게 생성되고 구조화되며, 또, 어떻게 해소(극복 또는 승화)될 수 있는가? 그런 문제는 곧 ① 본질 □ 개념론적 접근, ② 생성 □ 구조론적 접근, ③ 해소 □ 승화론적 접근 등을 요구한다. 이 글에서는 우선 국어대사전들이나 성경 구절 및 그 원어에서 어떤 개념들과 관련되고, 어떻게 개념 정의(定義)가 되어 있으며, 우리말 속담에서는 어떤 예들이 있어, 어떤 상황이나 처지와 관련되는지 살펴보고 나서, 한국문학 특히 시가문학에서 그 정서가 어떻게 표현되고 승화(昇華)되어 있는지를 주로 연구하고자 한다.

그것이 주로 개인적으로나 집단적으로 자기 성취의 욕구나 의지가 좌절(挫折)됨으로써 발생하는 부정적 정서라고 볼 때, 그것은 복잡다양한 인간사회에서 언제 어디서나 자주 일어날 수 있는 이벤트(event)이므로, 그것에 대한 정확한 이해는 매우 절실한 문제요, 특히 그것의 극복과 승화의 의지야말로 우리 민족이 지금까지 계승해 온 과거로부터의 큰 유산(遺産)이라 할 수 있으며, 앞으로 남은 우리 민족의 시련과 어려움도 더 잘 극복하고 승화시켜나갈 방책(方策)의 실마리가 될 것이다. 그래서 이것이 2천년간의 우리 문화나 문학, 특히 시가문학에서는 시대별로 사회계층별로 어떤 양상을 보여주는지, 그리고 그것을 어떤 방식으로 계승 또는 극복(승화)되어 왔는지 살펴보는 것은 한국의 인문과학뿐만이 아니라 여러 분야가 학제적(學際的)으로 추구해야 할 중요한 과제의 하나로 여겨진다. 더구나, 오늘날 우리의 교육 분야에서 문학과 철학 등 인문과학의 기초나 목표를 새로이 정립(定立)하는 데 있어서, 한국인의 정체성 (正體性, identity)을 확인하기 위해 이 한 정서의 문제 연구는 필수 불가결의 과업인 것이다.

2. 본 연구의 방법과 절차 및 한계

본 연구를 위하여 먼저 한 개념 관련 어휘의 어휘장(語彙場) 구조와 사전적 정의를 찾아보고, 우리말 속담들에서는 그러한 정서가 어떻게 표현되어 왔는지, 그리고 그 정서의 인류보편성을 논의하기 위해 성경의 몇몇 구절에서 그 정서와 관련되는 부분과 원어들은 어떠한지도 살펴본 다음, 한국 시가문학의 역대 작품들을 시대 순으로 한의 관점에서 살펴보기로 한다.

다만, 이 연구는 그 성격상 심리학 전공자(일반심리학자, 분석심리학자, 정치심리학자, 상담심리학자 등)와 신학 전공자(여성신학자, 해방신학자, 민중신학자, 상담신학자 등), 그리고, 예술철학 전공자(음악사학자, 미술사학자, 연극영화인, 예술평론가, 예술치료사 등) 이외에도 한국문학사 및 장르별 전공자(시학자, 소설가, 희곡연극학자, 문학평론가 등)들이 다 가담해서 본격적으로 집대성해야 할 엄청난 대형 과제이지만, 우선 주변에서 자주 만날 수 있는 10여명의 교수 및 박사급 연구자로써 처리하는 '중형(中形)과제'로만 다루게 되는 아쉬움과 한계성이 있다.

3. '한(恨)' 개념 관련어휘의 사전적 정의와 개념 관계망

최초의 국어대사전인 문세영『조선어 사전』(1938) 이래로 대부분의 국어대사전들은 한을 '원한(怨恨)' 또는 '한탄(恨歎)'의 준말로 보면서, 그것을 '원통하고 한 되는 생각'(=怨)이라고 뜻풀이하고 있다. 이제, 다시 '원망(怨望)', '원통(冤痛)', '분통(憤痛)', '한탄(恨歎)' 등의 뜻을 찾아보면 다음 (1)과 같다. (n: 명사, v: 동사, a: 형용사)

(1)ㄱ. 원망(怨望): ① 남이 내게 대하여 한 일을 못마땅히 여겨 탓하거나, 마음에 불평을 품고 미워함 ② 지난 일을 불만하여 부르짖음.→[n+스럽다(a)/ n+하다(v)]

ㄴ. 원통(冤痛): 사랑하는 사람 또는 아까운 물건을 잃거나, 죄없이 화를 입어서 마음이 몹시 아프고 원망스러움. → [n+하다(a)]

ㄷ. 분통(憤痛): 몹시 분하여 마음이 쓰리고 아픈 것. → [n+터지다(a)]

ㄹ. 한탄(恨歎): 원통하게 여기어 탄식하는 것. → [n+스럽다(a)/ n+하다(v)]

그리고 이들과 관련된 개념으로는 '설움(서러움)/억울'; '이별, 죽음, 실망, 실족, 낙망, 절망, 좌절'; '배반, 배신, 배역, 배척'; '사기, 속임, 탈취, 강요, 강제, 강압, 핍박, 구박, 박대, 학대, 홀대, 멸시, 무시, 천대, 모욕'; '놀림, 비방, 비아냥, 조롱, 조소, 악평, 불평, 투덜댐, 후욕'; '앙갚음, 원수갚음, 보복, 보수, 복수, 원사(怨死), 원한살인'; '배상, 변상, 보상, 사과, 용서, 화해; '신원(伸寃), 신설(伸雪)' 등이 있다.

'한(恨)'과 '원(怨=寃)'을 설문해자(說文解字)식으로 구분하면 恨은 마음이 막혀 그치는 '유감'(遺憾)의 뜻이요, 怨은 전전하며 '복수하려는 맘'을 뜻한다(류정기 1977). 이 둘을 모두 어떤 개인이나 집단이 바라는바(즉, 願望)의 요구나 의지(意志)가 훼방받거나 좌절됨으로 발생되는 것이라 볼 때, 위의 개념들 중 어떤 것(예컨대, '설움 · 억울 · 실망 · 실족 · 절망 · 좌절' 등)은 한이 이미 어떤 사람의 내면에 '한맺힘'(結恨)으로 이루어지는 과정개념 또는 그 결과개념이요, 또 어떤 것(예컨대, '이별 · 죽음 · 배반 · 배신 · 배역 · 배척 · 사기 · 탈취 · 강요 · 강제 · 강압 · 핍박 · 박대 · 학대 · 홀대 · 멸시 · 무시 · 모욕' 등)은 한을 맺어지게 하는 원인개념이며, 또 어떤 것(예컨대, '앙갚음 · 원수갚음 · 보복 · 보수 · 복수 · 보상 · 용서 · 화해 · 포기' 등)은 한을 풀거나 풀어주는 '한풀이'(解恨)의 방법개념이라 할 수 있으므로, 이들의 개념관계망(關係網)을 다음 (2)와 같은 도식(圖式)으로 그려볼 수 있다.

(2) 願望 (바라는바 要求,意志):　　목적성, 지향성
　　↓ 좌절 ———— 원인 유형들(結恨의 계기성)
　　怨望/怨恨 ——→ 맺힘(結恨)

↓ 해소 ──────── ↓ 방법 유형들(解恨의 계기성)
和解, 容恕 ──────→ 풀이(解恨,解冤)의 실행(解恨,解冤의 과정성)
↓ 결과 ──────── ↓ (解恨,解冤의 결과성)
親交, 施與 ──────→ 풀림(減恨): 원래 요구성취(대체적 지향성)

즉, '한(恨)'은 원래 어떤 요구나 바램(願望)으로부터 생기며, 그
것이 좌절됨으로써 맺히게 되고, 그것이 맺히고 풀리는 데는 3단계
전이(轉移) 과정이 있는바, '한맺힘(結恨)'의 원인 유형은 자기지향
적(對自的)인 것과 타자지향적(對他的)인 것, 고의적인 것과 우발적
인 것, 직접적인 것과 간접적인 것 등으로 나눌 수 있는가 하면; '한
풀이(解恨)'의 방법 유형은 일방적인 것과 쌍방적인 것 또는 제3자
개입적인 것으로; 또 긍정(적극)적인 것과 부정(소극)적인 것 또는
중립적인 것으로; 공생적(共生的)인 것과 공멸적(共滅的)인 것 또는
일방적인 것으로 나눌 수 있으며; 그리고 '한맺힘(結恨)'과 '한풀림
(減恨)'의 결과 유형은 잠정적인 것과 영구적인 것, 부분적인 것과
전면적인 것 등으로 나누어진다.

4. '한(恨)'의 생성 근거와 발전적 해소를 위한 정신문화적 대안

한(恨, 怨)은 사람이 이 땅 위에 사회를 이루어 살게 되면서부터
생겼을 게 분명하다. 왜냐하면, '나'와 '남'은 똑같은 사물이나 사건
에 대해서도 서로 같은 생각이나 느낌을 가질 가능성보다는 서로
다른 생각이나 느낌을 가질 가능성이 더 크기 때문이다. 그리고 그
차이는 클수록 서로간에 갈등과 한(恨)이 발생할 소지가 많았을 것

이며, 어떤 사물과 사건에 지식과 이해력이 증가될수록 사람들은 결국 상대방과 그 인격을 더 잘 이해하고 존중하게 됨으로써 인류는 문학과 예술, 종교 등의 정신문화를 개발해 왔다고 할 수 있다.

　인격과 신격에 있어서 한(恨)의 생성 근거와 그 발전적 해소(解消)를 위해서는, 우선인류의 본성과 목적과 관계와 변화 등에 관한 정보를 가장 정확하게 알려주는 문헌인 성경으로부터 다음 (3)과 같은 몇 구절을 참조할 수 있다.

(3) ㄱ. 태초(太初)에 말씀(헬: logos)이 계셨다. 이 말씀이 하나님(헬: Theos)과 함께 계셨으니, 이 말씀이 곧 하나님이셨다.[요한복음 1:1] 그 하나님(히: Elohim)께서 천지(天地)를 창조(히: bara)하셨다.[창세기 1:1] 그리고, 하나님께서는 자기 형상(形像) 곧 하나님의 형상(라: Imago Dei)대로 사람을 창조하시되, 일남일녀를 창조하셨다.[창1:27]

ㄴ. 여호와(יהוה)께서 사람의 죄악이 세상에 관영함과 그 마음의 생각의 계획이 항상 악할 뿐임을 보시고, 땅 위에 사람 지으셨음을 한탄(恨歎, 히: na:cham)하사 마음에 근심(히: a:tsab)하셨다.[한글개역 창6:6-7](→표준새번역에서는 ‘… 땅위에 사람 지으셨음을 후회하시며 마음아파 하셨다.’로 번역됨)

ㄷ. 하나님께서 노아(Noah)에게 이르시되, “모든 혈육있는 자의 강포(强暴, חמס, cha:mas)가 땅에 가득하므로, 그 끝날이 내 앞에 이르렀으니, 내가 그들을 땅과 함께 멸하리라. 너는 잣나무로 너를 위하여 방주(方舟, תבה,teba:h)를 짓되…/너와 너의 온 집은 방주로 들어가거라. … ”[한글 改譯 창세기 6:13-14, 7:1]

ㄹ. 우스(עוץ,Uts)라는 곳에 욥(א,’Ιωβ)이라는 사람이 살고 있었다. 그는 흠이 없고 정직하였으며, 하나님을 경외(敬畏)하며 악을 멀리하는 사람이었다. / … (그의 열 자녀와 모든 재산이 어느

날 한 순간에 다 사라지자) … 그는 슬퍼하며 겉옷을 찢고 머리털을 민 다음에, 머리를 땅에 대고 엎드려 경배하면서 이렇게 말하였다. "모태(母胎)에서 빈손으로 태어났으니, 죽을 때에도 빈손으로 돌아갈 것입니다. 주신 분도 주님이시요, 가져가신 분도 주님이시니, 주님의 이름을 찬양할 뿐입니다. 이렇게 욥은 이 모든 어려움을 당하고서도 죄를 짓지 않았으며, 어리석게 하나님을 원망(히: na:tan tifela:h)하지도 않았다. [한글 표준새번역 욥기 1:1,20-22]

ㅁ. 한 아기가 우리에게 났고, 한 아들을 우리에게 주신바 되었는데, 그 어깨에는 정사(政事)를 메었고, 그 이름은 '기묘자(奇妙者)'라, '모사(謀士)'라, '전능하신 하나님'이라, '영존하시는 아버지'라, '평강의 왕'이라 할 것임이라.[한글 개역 이사야서 9:6]

ㅂ. 그가 자기 땅에 오셨으나, 그의 백성은 그를 맞아들이지 않았다. / 그러나 그를 맞아들인 사람들 곧 그 이름을 믿는 자들에게는 하나님의 자녀가 되는 특권을 주셨다. [표준새번역 요한복음 1:11-12]

ㅅ. …네가 제단에 제물을 드리려 하다가 네 형제나 자매가 네게 어떤 원한(something against you)을 품고 있다는 생각이 나거든,/ 너는 그 제물을 제단 앞에 놓아두고 먼저 가서 그와 화해(和解,διαλλασσω)하여라. 그런 다음에 돌아와서 제물을 드려라. … 너희의 원수를 사랑하고, 너희를 박해하는 사람을 위하여 기도하여라. / 그래야만, 너희가 하늘에 계신 아버지의 자녀가 될 것이다.[표준새번역 마태복음 5:23-24, 44-45]

ㅇ. 모든 일을 원망(怨望, 헬: γογγυσμος, 표준새번역 '不平')과 시비(是非, διαλογισμος, 어떤 번역은 '논쟁')가 없이 하여라. / 이는 너희가 흠없고 순전하여 어그러지고 거스리는 세대 가운데서 하나님의 흠없는 자녀로 세상에서 그들에게 빛들을 비추며…[한글개역 빌2:14]

ㅈ. 형제자매 여러분, 심판을 받지 않으려거든 서로 원망(στεναζω, '탄식')하지 마십시오.[표준새번역 야고보서5:9] 여러분이 전에는 어둠이었으나, 지금은 주 안에서 빛입니다. 빛의 자녀답게 사십시오. 빛의 열매는 모든 선(善)과 의(義)와 진실 (眞實)입니다.[에베소서 5:8-9] 무엇보다도 먼저 서로 뜨겁게 사랑하십시오. 사랑(αναπη)은 허다한 죄를 덮어줍니다. /불평(헬: νον γυσμος, 한글개역은 '怨望')하지 말고, 서로 따뜻하게 대접하십시오. [표준새번역 베드로전서 4:8-9]

물론, 여기서 (3ㄴ)의 표현은 민23:19(하나님께는 後悔나 食言이 없다)에 비추어 볼 때 의인법적 수사표현(修辭表現)이라 할 수 있으나, 히브리어 na:cham동사는 일반적으로 '한탄하다' 이외에 '한하다, 뉘우치다, 후회하다, 슬퍼하다; resent, repent, regret'(출13:17, 삼상15:11, 렘31:19)의 뜻과, 또 그 정반대로 '위로받다; be comforted'(창38:12, 삼상13:39, 겔14:22)의 뜻도 가진 말이며, 히브리어 a:tsab 동사는 '근심하다'의 뜻 외에, '고통당하다, 괴로워하다, 슬퍼하다; grieve, hurt, vexed' 등의 뜻도 갖고 있어, 이들은 서로 번역 유의관계(類意關係)를 맺고 있는 낱말들이라 할 수 있다(졸고 1991a,b 참조).

또한, (3ㅈ)에 의하면 '원망불평'은 (3ㄷ)과 같은 '심판'의 대상이 될 수도 있으니, 어쨌든 (3ㅂ)을 통하여 (3ㄷ)이 암시하는 '방주'에 들어가는 '하나님의 (흠없는) 자녀'나 '빛의 자녀들'(3,ㅂ,ㅅ,ㅇ,ㅈ)은 '원망불평' 없이 서로 용서하고 (3ㅅ)의 수준까지 다른 사람을 무조건적으로 사랑(αναπαω)해야 한다고 했다.

이밖에도 히브리어에는 '한(恨)' 또는 '원망(怨望)'과 관련된 용어가 20여개 있으며, 이스라엘은 역사상 주변 이민족(異民族) 강대국들로부터 당한 민족적 설움과 한맺힘이 많았고, 진리를 외치다가 권력자들이나 반대파에게 처형된 선인도 많다는 점에서 우리 민족과 비슷한 면모가 있다.(구약성서 사사기 및 예언서들, 시편 126장 등 참조) 그리고, 구 소련체제 하에 있던 나라나 민족들도 볼 때, '한(恨)'이 우리민족 특유의 정서(情緒)라고 보는 견해는 잘못된 것이며, 각 나라나 민족은 그들 나름대로의 한 구조 즉, 그 맺힘의 원인, 풀이의 방법, 풀림의 결과가 있음을 알 수 있다.

특히, 우리 문학사나 현대 문학 각론(各論) 등 기왕의 많은 연구들에서는 우리의 옛시가나 현대시에 각 시대별로 그들 나름대로의 '한(恨) 삭임'이 다양하게 실현되어 있음을 인정하는 추세이다(천이두 1993 등 참조).

5. 우리말 속담에 나타나는 '한(恨)' 개념의 실제적 표현들과 의미기능

다음 (4)에 보인 우리말 속담 중에서 (4ㄱ)은 한(恨)을 품는 양상이 남녀간에 다르며, 여자의 한이 남자의 한보다 더 무섭거나 차가운 것임을 암시함으로써, 남자에게 여자다루기를 조심할 것을 교훈한다. 그리고 (4ㄴ)은 남존여비(男尊女卑)의 유교적 사회 속에서 여자가 일단 시집가서 구박받아 쫓겨나지 않으려면, 적어도 3년 정도는 온갖 억울함이나 서러운 일도 참고 견뎌야 함을 가리킴으로써, 이 말을 들은 여인은 실제로 견디기 어려운 일을 당할 때마다 자기 어머니나 수많은 선배여인들도 다 그런 어려움을 슬기롭게 이겨내었음을 생각케 한다. 또, (4ㄷ)은 자식이 부모보다 먼저 죽은 한을 가진 많은 부모들이 계속 되뇌이며 그 한을 삭여온 수단이다. (4ㄹ)은 한이 맺힌 상태를 표현하는 말들이며, (4ㄹ,ㅁ)은 한의 오랜 원인 중의 하나인 '가난'을 자탄(自歎)하거나 체념하는 속담이고, (4ㅂ,ㅅ)은 그 속에서도 막연하나마 희망을 갖지 좌절은 하지 않겠다는 의지를 표현하고, 또 그런 의지를 갖게 도와주는 속담이다.

> (4) ㄱ. 여자가 한(恨)을 품으면 오뉴월에도 서리가 내린다.
>   ㄴ. 시집가는 여자는 벙어리 3년, 귀머거리 3년을 살아야 한다.
>   ㄷ. 젊어서 죽은 자식은 부모의 가슴에 묻힌다.
>   ㄹ. (똥구멍이) 찢어지도록 가난하다
>   ㅁ. 가난 구제는 나라(또는 나랏님)도 못한다.
>   ㅂ. 쥐구멍에도 볕들 날 있다.
>   ㅅ. 하늘이 무너져도 솟아날 구멍은 있다.

이렇게, 우리 민족의 '恨 표현'과 '恨 풀이'에 매우 중요하게 기여해온 속담들은 『삼국유사』(1285) 제5권의 욱면설화(郁面說話)에 기록된 "내 일 바빠 한댁 방아"(己事之忙 大家之春促)" 이래 최근까지 약 1만 가지가 정리·해설·편찬되면서 연구되고 있다.

6. 한국 고대 시가와 민요(民謠)에서의 '한(恨)' 표현

1) 고조선시대와 삼국시대의 한문시 <공무도하가>, <황조가>의 경우

한치윤(韓致奫)의 『해동역사』(1814) 기록에 따르면, 고조선의 사공 곽리자고(霍里子高)가 물에 빠져죽은 백수광부(白首狂夫)와 그 아내의 슬픈 사연을 공후인(箜篌引)으로 연주하며 노래한 다음 (5 ㄱ)의 한문시 <公無渡河歌>가 있다 하며, 또, 김부식(金富植)의 『삼국사기』(1145) 기록에 따르면, 고구려 제2대 유리왕(琉璃王)은 왕비 송씨가 승하하자 화희(禾姬)와 치희(雉姬)라는 두 여인을 계비(繼妃)로 맞이했는데, 어느 날 왕이 사냥을 다녀오니 두 아내가 싸워 치희가 친정으로 가버린 것을 보고 다음 (5ㄴ)과 같은 한시 <黃鳥歌>를 지었다고 한다.

(5) ㄱ. 公無渡河 公竟渡河. 墮河而死 當奈公何. (임이시여, 저 강물 건너지 마세요. 그리도 말렸건만 임은 기어이 강물을 건너시더니, 결국은 물에 휩쓸려 빠져 죽고 말았구려! 임이시여, 나는 장차 어이하란 말씀이오?)

ㄴ. 翩翩黃鳥 雌雄相依. 念我之獨 誰其與歸. (펄펄나는 저 꾀꼬리 암수 서로 정답건만 외로울사 이내 몸은 뉘 더불어 돌아갈꼬?)

이 두 편의 고대 한문시가에 나타난 '한(恨)' 정서는 지극히 개인적이지만 매우 처절하여, 비슷한 처지에 있던 많은 사람들의 공감을 얻었기에 오늘까지 전해왔다고 할 수 있다. 다만, 고대 시가는 악곡이 유실됨으로써 그 절반을 놓친 특성을 갖고 있다.

2) 신라향가 <제망매가>, <원가>의 경우

고려 가요 이후의 우리 가요 전체의 모체와 뿌리가 되는 신라 향
가 중에서도 월명사(月明師)의 <祭亡妹歌>와 신충(信忠)의 <怨歌>
등은 일연(一然)의 『삼국유사』(1285)에 설화가 붙은 채 다음 (6)과
향찰체(鄕札體) 시가(詩歌)로 적혀 있다.

(6) ㄱ. 生死路隱 此矣有何米 次肹伊遣
　　　(살고죽는 갈림길이 여기 있으니 두렵구나)
　　　吾隱去內如 辭叱都毛如云遣 去內尼叱古
　　　(나는가요 말도 못다하고 가는거냐?)
　　　於內秋察早隱風米 此矣彼矣浮良落尸葉如
　　　(어느 가을 이른 바람에 여기저기 지는 잎같이)
　　　一等隱枝良出古 去奴隱處 毛冬乎丁
　　　(한 가지에 나고도 가는 곳을 모르나니)
　　　阿也, 彌陀刹良 逢乎吾 道修良 待是古如.
　　　(아! 극락서 만날 난 도닦으며 기다리련다.)
　　ㄴ. 物叱好支栢史 秋察尸 不冬爾屋支墮米
　　　(질좋은 잣은 가을에도 안 떨어지나니)
　　　汝於多支行齊敎因隱 仰頓隱 面矣改衣賜乎隱多矣也
　　　(널 어찌 잊겠냐고 가르치신 우러르던 낯이 고치실 줄이야)
　　　月羅理影支古理因淵之叱行尸浪阿叱以支如支
　　　(달그림자 괸 연못 물결이야 번득여도)
　　　皃史沙叱望阿內 世理都 之叱逸烏隱第也
　　　(그 모습 바라보나 세상도 그대로 되는데야)

　　여기서, (6ㄱ)은 죽은 누이와 이승저승으로 헤어지는 영별의 한
(別恨)을 노래한 애가(哀歌)요, (6ㄴ)은 효성왕이 즉위하기 전에 바
둑두며 놀다가 자택의 잣나무(동백나무)를 두고 등용하겠다고 맹세

를 받았던 친구 신충이 효성왕 즉위 후에도 자기를 등용해 주지 않자 그 원망(怨望)의 마음을 이 노래로 지어 그 잣나무에 걸었더니 그 나무가 말라죽고 그를 등용하니 그 나무가 되살아났다는 설화가 붙어있어, 시가(詩歌)의 주술력(呪術力)을 입증하는 '원가'(怨歌)로서, '동백(잣)나무 노래'라고도 불린다.

3) 백제가요 <정읍사>와 고려초 <정과정곡>의 경우

백제 평민노래인 <井邑詞>(일명 '阿弄曲')와 고려초 충신 정서(鄭敍)의 <鄭瓜亭曲>(일명 '三眞勺')은 다음 (7)에서 보듯이, 장삿꾼 남편을 기다리는 아내의 애틋한 정한(情恨)과, 억울하게 유배당한 충신의 임금 그리워하는 한(戀君情恨)이 잘 드러나 있는데, 둘 다 조선초의 궁중음악서에 해당하는 <악학궤범>에 그 음악적 구조와 함께 기록되어 고려가요들의 조흥구(助興句)들도 엿볼 수 있게 해준다.

(7) ㄱ. 돌하 노피곰 도ᄃᆞ샤 (어긔야) 머리곰 비취오시라
　　　[달님이여, 높이높이 떠서]
　　　(어긔야 어강됴리 아으 다롱디리)
　　　[멀리멀리 비추어 주소서.]
　　　全 져재 녀러신고요 (어긔야) 즌ᄃᆞ를 드ᄃᆞ욜셰라
　　　[우리님은, 전주 장터에]
　　　(어긔야 어강됴리) 어느이다 노코시라
　　　[다니고 계신가요? 행여나]
　　　(어긔야) 내 가논ᄃᆡ 졈그롤셰라

[질퍽한 델 딛지 않게]
(어긔야 어강됴리 아으 다롱디리)
[무엇이든 놓아 버리세요
내 가는곳 날저물까봐 아,난 너무 두려워요]

ㄴ. *(前腔)* *내님믈 그리슨와 우니다니*
  (中腔) *山접동새 난 이슷ᄒ요이다*
  (後腔) *아니시며 거츠르신돌 (아으)*
  [내 님이 그리워 울며지내니,]
  (附葉) *殘月曉星이 아르시리이다*
  [山 두견새와 나는 비슷하다네.]
  (大葉) *넉시라도 님은 ᄒ디 녀져라(아으)*
  [임금께서 옳지않고 허황하신줄]
  (附葉) *벼기더시니 뉘러시리잇가*
  [새벽달도 샛별도 다 알건마는,]
  (二葉) *過도 허믈도 千萬 업소이다*
  [넋이라도 난 님과 함께하고 싶건만,]
  (三葉) *물 힛마리신뎌*
  [아, 소신(小臣)을 구하려고]
  (四葉) *술웃븐뎌 (아으)*
  [우기시던 분이 누구십니까?]
  (附葉) *니미 나롤 ᄒ마 니ᄌ시니잇가*
  [소신에겐 잘못도 허물도 전혀 없고]
  (五葉) *아소 님하, 도람 드르샤 괴오쇼셔*
  [다만 모함일 뿐인데,슬픕니다.아아!
  님께서는 나를 벌써 잊으셨습니까?
  그리 마소서,님이시여! 소신의 말을
  다시 들으사, 날 사랑해 주옵소서.]

4) 민요의 뿌리와 <아리랑>계 민요들

한편, 고려조(高麗朝) 일연(一然)의 『삼국유사』(1285) 제4권의 양지사석(良志使錫) 설화에는 신라 향가 <風謠>가 다음 (8)과 같은 향찰체(鄕札體) 이두(吏讀)로 적혀있는데, 이는 일종의 집단 노동요(勞動謠)로서, 우리 민요의 뿌리라 할 수 있다. 그것의 현대어 해석들에서 드러나듯이 우리네 인생살이 자체가 '설움'이요, 우리는 원래 이 세상에 공덕을 닦으러 온 것이라 한다.

> (8) 來如 來如 來如, 來如 哀反多羅. 哀反多 矣徒良, 功德修叱如良 來如.
> (오다, 오다, 오다. 오다, 서럽더라. 서럽다 의내여. 공덕 닦으러 오다.)

우리 나라의 '제2 애국가'라고도 불려지는 민요 '아리랑'의 어원(語源)에 관해서는 이른바 '아랑설(阿娘說)', '알영설(閼英說)', '알영고개설(閼英皐說)', '아리령설(我離嶺說)' 등 고대 인명지명 기원설 외에도, '아리랑설(阿離娘說)', '아이롱설(我耳聾說)', '아난리설(我難離說)', '아랑위설(兒郎偉說)' 등 대원군시대의 경복궁 공사를 위한 가렴주구와 관련시키는 학설들도 있어, 아직도 정설(定說)이 없거니와, 민요로서의 '아리랑'은 3음보 2행시의 한국 대표민요로서, 경상도의 '밀양아리랑', 강원도의 '정선아리랑', 전라도의 '진도아리랑' 등 3대 전통아리랑 외에 서울-경기지역 등의 '新아리랑'류(別調아리랑, 연변아리랑, 독립군아리랑 등) 변이형들도 있으나, '아리

랑 아리랑 (아라리요)'이라는 애절한 후렴은 다 같고, 삽입부만 각
지역 또는 개인의 생활상 비애나 애환의 양상에 따라 조금씩 다른
내용의 다양한 노랫말을 붙여서 부른다.

민요 등의 지역별 특성에 나타나는 한(恨)의 형상화는 후속될 별
고에서 좀 더 자세히 다루기로 한다.

7. 고려시대 별곡 및 단가(短歌)에서의 '한(恨)' 표현

1) 고려가요 <청산별곡>, <서경별곡>, <가시리>의 경우

고려시대에는 양반 사대부는 그들대로, 또 서민들은 거듭되는 전
란(戰亂) 속에서 그들 나름대로 생활의 애환이나 별리(別離)의 한을
시가(詩歌)로 표현했는데, 특히 <靑山別曲>은 복잡한 도시나 골치
아픈 정계(政界)를 떠나 조용한 시골 대자연으로 가고픈 정한(情恨)
을, 그리고, <西京別曲>이나 <가시리>는 사랑하는 사람과 이별해
야 하는 슬픔과 한(恨) 또는 믿음의 맹세 등을 애절한 연장체(聯章
體)로 표현하고 있다.(이들은 셋 다 근세조선 중기의 <樂章歌詞>에
수록된 자료임.)

    (9)ㄱ. 살어리 살어리랏다. 청산에 살어리랏다. 멀위랑 ᄃ래랑 먹고
        청산에 살어리랏다.
        (얄리 얄리 얄라셩 얄라리 얄라.)= '청산별곡'의 후렴구(後斂句,
        Refrain)
        우러라 우러라 새여, 자고니러 우러라 새여. 널라와 시름 한

나도 자고니러 우니노라.

(R) (…中略…)   [너보다 근심많은]

어듸라 더디던 돌코, 누리라 맞히던 돌코. 믜리도 괴리도 업시
마자셔 우니노라.

살어리 살어리랏다. 바른래 살어리랏다. 느 □ 자개 구조개랑
먹고 바른래 살어리랏다.

(R) (後略…) [바닷가에서 살고 싶어라]

ㄴ. 서경(西京)이 (아즐가) 서경이 셔울히마른는 (위 두어렁셩 두어
렁셩 다링디리) … 괴시란디(아즐가) 괴시란디 우러곰 좃니노이
다 (위 두어렁셩 두어렁셩 다링디리) (後略…) [사랑만 해주신
다면 울며불며라도 좇겠습니다]

ㄷ. 가시리 가시리잇고 (나는) 버리고 가시리잇고 (나는) (위 증즐
가 대평성대)

날러는 엇디 살라 ᄒ고 버리고 가시리잇고 (나는) (위 증즐가
대평성대)

잡ᄉ와 두어리마는는 션ᄒ면 아니 올셰라 (위 증즐가 대평성대)

셜온님 보내옵노니 (나는) 가시는듯 도셔오쇼셔 (나는) (위 증
즐가 대평성대)

2) 여말(麗末) 단가(短歌)들의 경우

근세조선 후기의 가객(歌客) 이세춘(李世春) 이후에 '시조(時調)'
라고 부르게 된 가요 또는 문학 형식은 고려말 사대부들의 우국충
정(憂國衷情)이나 인생무상(人生無常)을 표출한 다음 (10)과 같은
'단가(短歌)'들로부터 시작되었다.

(10)ㄱ. 오백년 도읍지(都邑地)를 필마(匹馬)로 도라드니

산천은 의구(依舊)ᄒ되 인걸(人傑)은 간ᄃᆡ업다.
어즈버 태평연월(太平烟月)이 ᄭᅮᆷ이런가 ᄒ노라. [吉再, 懷古歌. 二數大葉]

ㄴ. 흥망(興亡)이 유수(有數)ᄒ니 만월대(滿月臺)도 추초(秋草)ㅣ로다.
오ᄇᆡᆨ년 왕업(王業)이 목적(牧笛)에 부쳐시니
석양(夕陽)에 지나는 객(客)이 눈물계워 ᄒ노라. [元天錫, 懷古歌. 二數大葉]

ㄷ. 이몸이 죽고 죽어 일ᄇᆡᆨ번 고쳐 죽어
ᄇᆡᆨ골(白骨)이 진토(塵土)되어 넉시라도 잇고 업고
님 향ᄒᆞᆫ 일편단심(一片丹心)이야 가싈 줄이 잇스랴. [鄭夢周, 丹心歌. 二數大葉]

ㄹ. 수양산(首陽山) ᄇᆞ라보며 이제(夷齊)를 한(恨)ᄒ노라.
주려 죽을진들 채미(採薇)도 ᄒᆞᄂ는것가
아모리 프시엣거신들 긔 뉘 ᄯᅡ희 낫더니. [成三問, 忠節歌. 二數大葉]

8. 조선시대 시조와 歌詞문학에서의 '한(恨)' 표현

1) 조선시대 양반 시조의 경우

고려시대 말기에 등장한 단가(短歌)는 근세조선 초기와 중기에도 주로 유림(儒林)의 양반 사대부(士大夫)들에 의하여 계승되면서, 주로 조정(朝廷)의 어두운 면모들을 탄식하거나, 산천으로의 귀의(山川歸依) 즉 귀거래(歸去來)를 노래한 것이 있는가 하면, 아예 시골(農漁村)에 낙향하거나 퇴거하여 조정에 관여치 않으면서 임금이나 나라를 걱정는 선비들의 시조도 많은데, 그 세 부류는 각각 나름대로의 정한(情恨)을 나타내며,처음에 단련(單聯)으로 시작되었던 평시조(平時調)는 차츰 여러 연(聯)으로 이어진 (12)와 같은 연시조(聯詩調, 連詩調) 형태로 발전하였다.

(11)ㄱ. 천만리(千萬里) 머나먼 길ᄒᆡ 고온님 여ᄒᆡ옵고
ᄂᆡ ᄆᆞᄋᆞᆷ 둘데 업서 ᄂᆡᆺ가ᄋᆡ 안자시니
져 믈도 ᄂᆡ 안 ᄀᆞᆺᄒᆞ야 우러 밤길 예놋다.
[王邦衍, 夜川歌. 二數大葉]

ㄴ. 귀거래 귀거래 ᄒᆞ되 말 ᄲᅮᆫ이오 가리 업싀.
전원(田園)이 장무(將蕪)ᄒᆞ니 아니가고 엇지홀고
초당(草堂)에 청풍명월(清風明月)이 나명들명 기ᄃᆞ리ᄂᆞ니.
[李賢輔, 歸去來歌.二數大葉]

ㄷ. ᄆᆞᄋᆞᆷ이 어린 後이니 ᄒᆞᄂᆞᆫ 이리 다 어리다
만중운산(萬重雲山)에 어ᄂᆡ 님 오리마ᄂᆞᆫ
지ᄂᆞᆫ 입 부ᄂᆞᆫ ᄇᆞ람에 힝여 귄가 ᄒᆞ노라.
[徐敬德, 萬重雲山歌. 二數大葉]

ㄹ. 삼동(三冬)에 뵈옷 입고 암혈(岩穴)에 눈비 마자
구름ᄭᅵᆫ 볏 뉘도 쬔 적이 업건마ᄂᆞᆫ
서산(西山)ᄋᆡ ᄒᆡ진다 ᄒᆞ니 눈물계워ᄒᆞ노라.
[曹植, 南溟歌. 二數大葉]

ㅁ. 한산(閑山)셤 달 불ᄀᆞᆫ 바ᄆᆡ 슈루(戍樓)에 혼ᄌᆞ 안자
큰칼 녑희 ᄎᆞ고 기픈 시름 ᄒᆞ난 져긔
어듸셔 일성호가(一聲胡笳)ᄂᆞᆫ 나ᄆᆡ 애ᄅᆞᆯ ᄭᅳᆫ나니.
[李舜臣, 閑山島歌. 二數大葉]

(12)ㄱ. 맹사성(孟思誠), 강호사시가(江湖四時歌) 4首

: 강호에 봄이 드니 미친 흥이…
ㄴ. 이황(李滉),도산십이곡(陶山十二曲)12首
: 이런들 엇더ᄒ며 뎌런들 엇더ᄒ료…
ㄷ. 이이(李珥),고산구곡가(高山九曲歌)19首
: 고산 구곡담을 사람이 모르더니…
ㄹ. 정철(鄭澈),훈민가(訓民歌)16首
: 아바님 날 나ᄒ시고 어마님 날 기르시니…
ㅁ. 윤선도(尹善道),오우가(五友歌) 6首
: 내버디 몃치나ᄒ니 수석과 송죽이라…
ㅂ. 윤선도(尹善道),어부사시사(漁父四時詞)40首
:앞개에 안개겟고 뒷메희 ᄒᆡ비췬다…

2) 조선중기 이후 사설시조의 경우

나라 기강이 흔들리던 근세조선 중□후기에 이르면 시조는 '엇시조, 사설시조'라 하여 중장(中章)이나 종장(終章)이 1장 4음보(音步) 정형(定型)보다 매우 길어진 '장시조(長時調)'로 발전하면서, 서민적 애환(哀歡)들이 더욱 진술하게 표현되었는데, 예컨대, 다음 (13)에 옮겨 적은 몇 편에서 그 특성들을 다소 엿볼 수 있다.

(13)ㄱ. 흔잔 먹세근여 ᄯᅩ 흔잔 먹세근여. 곳것거 算노코 무진무진 먹세근여.
이몸 죽은 후면 지게우희 거덕 더퍼 주리혀 미혀가나, 유소보장(流蘇寶帳)의
만인이 우러녜나, 어욱새 속새 덥가나모 백양 속애 가기곳 가면,
누론히 흰둘 ᄀᆞ는비 굴근눈 쇼쇼리 ᄇᆞ람불제 뉘 흔잔 먹쟈

홀고.

흐믈며 무덤우희 진나비 프람블제야 뉘우친돌 엇디리. [鄭澈, 將進酒辭]

ㄴ. 시어머니 며늘아기 나빠 벽바닥을 치지 마소. 빚에 쳐온 며느린가 갑세 받은 며느린가 , 밤나무 썩은 등걸에 휘추리난 이갓치 앙살피신 시아버니, 볕뵈인 쇠똥갓치 되종고신 시어머니, 삼년 결은 노망태기에 새송곳부리갓치 뾰족하신 시누이님,당피 가온겯에 돌피나니갓치 샛노란 외꽃갓치 피똥누는 아들 하나 두고, 건 밭에 메꽃같은 며느리를 어디를 나빠하시오? [鄭澈, 子婦歌]

ㄷ. 모란은 화중왕(花中王)이요 향일화(向日花)는 충효로다. 매화는 은일사(隱逸士)요, 행화(杏花)는 소인이요, 연화(蓮花)는 부녀요, 국화는 군자(君子)요, 동백화는 한사(寒士)요, 박꽃은 노인이요, 석죽화(石竹花)는 소년이요, 해당화는 간나희로다. 이중에 이화(梨花)는 시객(詩客)이요, 삼색도화는 풍류랑(風流郞)인가 ᄒ노라. [金壽長, 萬花歌]

3) 조선 중□후기 가사류(歌詞類)와 여류문학의 경우

조선 중기 이후의 시가문학에서 흔히 볼 수 있는 또 하나의 경향은 이른바 '가사(歌詞,歌辭)'라고 부르는, 형식적으로는 운율성(韻律性)을 가지면서도 내용적으로는 매우 교술적(敎述的)인 문학의 성행(盛行)이다. 이것은 아마도 고려말 승려 나옹화상(懶翁和尙)의 <서왕가(西往歌)>나 임란(壬亂) 승병장(僧兵長) 서산대사(休靜)의 <회심곡(回心曲)> 계열의 '비정형(非定型)' 승려가사에서 먼저 영향을 받고, 나중엔 시조의 끝 구절을 모방하는 '정형(定型) 가사'도 생긴 듯한데, 정형가사는 역시 정철(鄭澈, 松江, 1536~93)과 박인로(朴仁老, 蘆溪, 1561~1642) 등의 양반가사에서 이루어지고, 사설시조의 확대와 양반 유배가사(流配歌辭)의 성행으로 평민가사와 내방가사(內房歌辭)들이 다양하게 지어짐으로써 그 내용의 다양성은 차츰 시조문학을 능가하기에 이르렀다. 특히 다양한 유배가사와 규방가사에는 그동안 잘 드러나지 않던 일반 서민들의 삶의 애환이 애절한 사연들로 표현되고, 더구나, 영·정조 때부터 양반들이나 학자들 계층에서 일어난 실학(實學)의 물결은 평민들도 사회적·경제적으로 자기 각성의 눈을 뜨게 함으로써, 종전의 구전설화(口傳說話)들이나 전기체(傳記體) 이야기들은 '고전소설'이라는 형태로 양산(量産)되기까지 하였다.

그 중에서도 규방(閨房)에 갇혀 시집갈 준비나 하다가 시집가면 시어른들 등살 속에 사회 활동은커녕 숨도 제대로 못 쉬던 여인들이 이제는 글로 써서나마 자기의 생각을 표현하고, 짓눌렸던 모든 것들도 노래나 시 또는 이야기로 풀려나왔으니, 그것이 바로 조선시대 서민들과 여인네들의 '한풀이'의 시작이었던 것이다.

> (14)ㄱ. 나도 이럴망정 세상에 인자러니 무상(無常)을 생각하니 다
> 거짓 것이로세.
> 부모의 끼친 얼굴 죽은후에 속절업다 저근덧 생각ㅎ야 세사
> (世事)를 후리치고
> 부모께 하직ㅎ고 단표자 일내의로 청여장을 빗기들고 명산을
> 찾아들어…[西往歌 1]
> ㄴ. 일심암(一心庵) 정남(正南)은 극락세계라 나무아미타불. 천지
> 지시(天地之始) 분(分)흔 후에 삼남화성(三南化城) 일어나서

세상천지 만물중에 사람에서 또 있는가. 여보시오 시주님네 이내 말씀 들어보소. 이세상에 나온사람 뉘덕으로 나왔었나 …[回心曲]

ㄷ. 홍진(紅塵)에 묻힌 분네 이내 생애 엇더흔고 녜사름 풍류(風流)를 미출가 못미출가

천지간 남자몸이 날만흔이 하건마는 산림에 묻혀있어 지락(至樂)을 모를것가 ··[賞春曲]

ㄹ. 이몸 삼기실제 임을조차 삼기시니 한생연분이며 하늘모를 일 이런가. 나하나 졈어잇고 임 하나 날 괴시니 이 마음 이 사랑 견줄더 노여 없다. 평생에 원흐요더 흔더네자 흐얏더니 늦게야 므스일로 외오두고 그리는고 …[思美人曲]

ㅁ. 어와 벗님네야 이내말씀 들어보소. 인생 천지간에 그 아니 느껴온가 평생을 다 살아도 다만지 백년이라. 하물며 백년이 반 듯기 어려우니 백구과극(白駒過隙)이요 창해일속(滄海一粟)이라. 역려건곤(逆旅乾坤)에 지나가는 손(客)이로다.…[萬言詞]

ㅂ. 엊그제 졈었더니 하마어이 다 늙거니. 소년행락 생각하니 일러도 속절업다.

늙거야 셜온말씀 흐자흐니 목이멘다. 부생모육 신고흐여 이 니 몸 길러닐 제 공후비필 못바라도 군자호구 원흐더니 삼싱의 보업이요 월하의 연분으로… [閨怨歌]

ㅅ. 신흥갈 동무들아 석별가롤 들어보소 인간세상 슬픈 것이 이별밧긔 더 있는가. 이별 중에 설운 것이 싱이별이 제일일세. 부모은덕 지중흐나 이별흐면 그뿐이요 동무정이 자별흐나 이별흐면 다 잊느니 이십년 놀던 인정 일죠에 끈탄 말가… [惜別歌]

ㅇ. 어와 니몸이여 셟고도 분한지고. 이 셜움을 어이흐리 인간만사 셜움중에 이니 셜움 곧흘손가. 셜온말 흐자흐니 가슴답답 그뉘알리. 남모르는 이런 셜움… [老處女歌]

ㅈ. 무남독녀 외딸아기 금지옥엽 길러니여 시집살이 보니면서 어
   머니의 ㅎ는 말이 시집살이 말많단다. 보고도 못본체 들어도
   못들은체 말없어야 잘 산단다.…[시집살이노래]

9. 한국 현대시 각 단계의 '한(恨)'의 문학적 형상화

한국 현대시인 181명을 김희보(1980)는 대체로 다음 (15)와 같은
다섯 단계로 나누어 그들의 시 573편을 소개함으로써, 지금까지 국
내의 단행본 시집으로는 가장 많은 시를 수록하고 있거니와, 본 연
구자는 여기에 오선영(1995)의 편찬 시집을 고려하여 (15⑥)에 해당
하는 한 단계를 더 추가하고, 이들을 다시 (16)과 같이 네 단계로 재
편성하여, 각 단계 대표시인 총 18명과 그들의 대표적 시들을 다음
(17)-(20) 등에서 살펴보기로 한다.

(15) ① 신체시와 낭만시의 풍토(최남선~김동환까지 24 시인)
     ② 순수시와 주지시의 풍토(최남선~김동환까지 24 시인)
     ③ 생명파와 자연파의 풍토(유치환~노지훈까지 17 시인)
     ④ 광복과 동란 전후의 풍토(고원~황금찬까지 43 시인)
     ⑤ 60연대와 70년대의 풍토(구자운~황선하까지 68 시인)
     (⑥ 80년대와 90년대의 풍토: 1932년 이후 출생하여 활동한 시
       인들)
(16) ① 제1단계(현대시 초기, 즉 1920년 이전에 출생하여 활동한 시
       인 약 40명)
     ② 제2단계(1921-30년에 출생하여 활동한 시인들 약 50명)
     ③ 제3단계(1931-40년에 출생하여 활동한 시인들 약 40명)
     ④ 제4단계(1941년 이후에 출생하여 활동한 시인들 약 40명)

1) 현대시 초기(제1단계) 대표시인들
   (김소월, 김영랑, 이상화, 이육사)의 경우

한국의 현대문학사를 갑오개혁 이후로부터 치는 일반적 추세를 따르더라도, 김소월(金素月, 1902~35)을 현대시의 제1기 대표 시인이라 할 수 있는 것은 그가 우리 고대의 한시나 향가 및 고려가요에서부터 표현되어 온 우리 나라 사람들의 '한(恨) 정서'를 현대국어로 가장 많이 표현한 '민요적 시인'이라는 점 때문이라 하겠다. 김소월의 시 몇 편을 그와 연배가 비슷했던 김영랑(金永郎, 1903~50)이나, 이상화(李相和, 1901~43) 또는 이육사(李陸史, 1905~44)의 시와 비교해보면, 다음(17)에서 보듯 둘씩 두 갈래로 나뉜다.

(17)ㄱ. 나 보기가 역겨워/ 가실 때에는/ 말없이 고이 보내드리오리다.
    영변에 약산 /진달래꽃/ 아름 따다 가실 길에 뿌리오리다.
    가시는 걸음걸음/ 놓인 그 꽃을/ 사뿐히 즈려밟고 가시옵소서.
    나 보기가 역겨워/가실 때에는/ 죽어도 아니눈물 흘리오리다.
                                    <김소월 1922, 진달래꽃>
   ㄴ. 접동/ 접동/ 아우래비 접동// 진두강 가람가에 살던 누나는/
    진두강 앞마을에/ 와서 웁니다.// 옛날 우리나라/ 먼 뒤쪽의/
    진두강 가람가에 살던 누나는/ 의붓아비 시샘에 죽었습니다. /
    누나라고 불러보랴/ 오오 불설워/ 시샘에 몸이 죽은 우리 누나는/
    죽어서 접동새가 되었습니다.// 아홉이나 넘어 되는 오랍동생을/
    죽어서도 못잊어 차마 못잊어/ 야삼경 남 다 자는 밤이 깊으면/
    이 산 저 산 옮아가며 슬피 웁니다. <김소월 1923, 접동새>
   ㄷ. 산에는 꽃 피네/ 꽃이 피네.//
    산에/ 산에/ 피는 꽃은/ 저만치 혼자서 피어있네.//

산에서 우는 작은 새여/ 꽃이 좋아/ 산에서/ 사노라네.//
산에는 꽃 지네/ 꽃이 지네.//
갈 봄 여름 없이/ 꽃이 지네. <김소월 1924, 山有花>

ㄹ. 돌담에 속삭이는 햇발같이 / 뜰아래 웃음짓는 샘물같이/ 내마음 고요히 고운 봄길 위에 오늘 하루 하늘을 우러르고 싶다.// 새악시 볼에 떠오는 부끄럼같이/ 시의 가슴에 살포시 젖는 물결같이/ 보드레한 에메랄드 얇게 흐르는/ 실비단 하늘을 바라보고 싶다. <김영랑 1930, 돌담에 속삭이는 햇발>

ㅁ. 모란이 피기까지는, / 나는 아직 나의 봄을 기다리고 있을테요. / 모란이 뚝뚝 떨어져 버린 날, / 나는 비로소 봄을 여읜 설움에 잠길테요. / 오월 어느날, 그 하루 무덥던 날/
떨어져 누운 꽃잎마저 시들어 버리고는 / 천지에 모란은 자취도 없어지고 / 뻗쳐오르던
내 보람 서운케 무너졌느니 / 모란이 지고말면 그뿐, 내 한해는 다 가고 말아/ 삼백예순날 하냥 섭섭해 우옵내다./ 모란이 피기까지는, / 나는 아직 기둘리고 있을테요,
찬란한 슬픔의 봄을. <김영랑 1934, 모란이 피기까지는>

ㅂ. 내 가슴에 독을 찬지 오래로다. / 아직 아무도 해한일 없는 새로 뽑은 독/ 벗은 그 무서운 독 그만 흩어버리라 한다./ …독 안 차고 살아도 머지않아 너,나마저 가버리면/ 억만 세대가 그 뒤로 잠자코 흘러가고 / 나중에 땅덩이 모지라져 모래알 될 것임을/ 허무한듸 독은 차서 무엇하느냐고. / 아! 내 세상에 태어났음을 원망않고 보낸 어느 하루가 있었던가…허나 앞뒤로 덤비는 이리 승냥이 바야흐로 내 마음을 노리매 …나는 독을 차고 선선히 가리라./ 막음날 내 외로운 혼 건지기 위하여. <김영랑 1939, 독(毒)을 차고>

ㅅ. 저녁의 피묻은 동굴 속으로/ 아, 밑없는 그 동굴 속으로/ 끝도 모르고/ 끝도 모르고/ 나는 거꾸러지련다. /나는 파묻히련다.// 가을의 병든 미풍의 품에다/ 아, 꿈꾸는 미풍의 품에다/ 낮도

모르고/ 밤도 모르고 / 나는 술취한 몸을 세우련다. /나는 속
아픈 웃음을 빚으련다.　　　　　　　<이상화 1922, 말세의 희탄>

ㅇ. 지금은 남의 땅- 빼앗긴 들에도 봄은 오는가?/
나는 온 몸에 햇살을 받고/ 푸른 하늘 푸른 들이 맞붙은 곳으로/
가르마같은 논길을 따라 꿈속을 가듯 걸어만 간다./
입술을 다문 하늘아 들아, 내 맘에는 혼자 온것 같지를 않구나./
네가 끌었느냐, 누가 부르더냐? 답답워라, 말을 해다오./ …
그러나 지금은 들을 빼앗겨 봄조차 빼앗기겠네.
　　　　　　　　　　　<이상화 1926, 빼앗긴 들에도… >

ㅈ. 한편의 시 그것으로/ 새로운 세계를 낳아야 할줄 깨칠 그때라
야/ 시인아, 너의 존재가/ 비로소 우주에게 없지못할 존재로
알려질 것이다. / 가뭄든 논에는 청개구리가 있어야 하듯./ …
시인아, 너의 목숨은 진저리나는 절름발이 노릇을 아직도 해
야 하는 것이다. 언제든지 일식(日蝕)된 해가 돋으면 뭣하며,
진들 어떠랴/ 시인아, 너의 영광은/ 미친개 꼬리도 밟는 어린
애의 짬없는 그 마음이 되어/ 낮이라도 밤이라도/ 새 세계를
낳으려 손댄 자국이 시가 될 때에 있다. / 촛불로 날아들어 죽
어도 아름다운 나비를 보아라.
　　　　　　　　　　　　　　<이상화 1928, 시인에게>

ㅊ. 내 고장 칠월은/ 청포도가 익어가는 시절.// 이 마을 전설이
주저리주저리 열리고,/ 먼데 하늘이 꿈꾸며 알알이 들어와 박
혀// 하늘밑 푸른바다가 가슴을 열고/ 흰돛단배가 곱게 밀려
서 오면,// 내가 바라는 손님은 고달픈 몸으로/ 청포를 입고서
찾아온다고 했으니,// 내 그를 맞아 이 포도를 따먹으면,/두
손은 함뿍적셔도 좋으련.// 아이야, 우리 식탁엔 / 하이얀 모
시수건을 마련해 두렴.　　　　　<이육사 1939, 청포도>

ㅋ. 매운 계절의 채찍에 갈겨/ 마침내 북방으로 휩쓸려 오다./ 하
늘도 그만 지쳐 끝난 고원 서릿발 갈날진 그 위에 서다. / 어
디다 무릎을 꿇어야 하나 한발 재켜 디딜 곳조차 없다./ 이러

매 눈감아 생각해 볼밖에 겨울은 강철로 된 무지갠가 보다.

<이육사 1940, 절정>

ㅌ. 까마득한 날에/ 하늘이 처음 열리고/ 어디 닭우는 소리 들렸으랴.// 모든 산맥들이/ 바다를 연모해 휘달릴 때도/ 차마 이곳을 범하던 못하였으리라.// 끊임없는 광음을/ 부지런한 계절이 피어선 지고/ 큰 강물이 비로소 길을 열었다.// 지금 눈 내리고/ 매화향기 홀로 아득하니, /내 여기 가난한 노래의 씨를 뿌려라.// 다시 천고의 뒤에/ 백마타고 오는 초인이 있어/ 이 광야에서 목놓아 부르게 하리라.   <이육사 1946, 광야>

즉, 김소월은 고독한 인생의 한(恨)과 비애(悲哀)에 대하여 안으로 흐느끼는 여성미를 보여주다가 마침내 그의 시 <초혼(招魂)>에서처럼 '너무 멀었던 하늘과 땅 사이에 산산히 부서진 이름'이 되어 버렸고, 김영랑도 처음에는 봄날의 서정을 순수한 맘으로 애닯게 노래했으나 결국은 (17ㅂ)의 독을 품은 채 살아 해방을 맞았다가 6 □ 25 동란때 죽은 데 반하여, 이상화는 초기에 '마돈나, 오너라. 우리의 침실로 가자'고 절규하며 절대자유의 영역('침실')을 희구하던 그대로 잃어버린 조국에 대해 계속 한탄(恨歎)하며 투쟁하다가 나중에야 마음을 겨우 가누며 시인들에게 일말의 희망을 걸었으며, 이육사는 차분히 '청포 입은 손님'(조국해방)을 기다리며 동시에 '백마타고 오는 초인'을 요청하였으나, 그 한맺힌 옥고(獄苦)의 보람인 해방은 그가 눈감은 이듬해에야 이루어졌다.

2) 현대시 제2단계 대표시인들:
   한용운, 서정주, 윤동주, 김현승의 경우

한국의 현대시 역사 가운데서 한용운(韓龍雲, 1879~1944)과 서정주(徐廷柱, 1915~2000)는 불교에 귀의함으로, 또 윤동주(尹東柱, 1917~45)와 김현승(金顯承, 1913~75) 등은 기독교에 의탁함으로써 일제하 지식인으로서의 인간적 무상감, 한계성의 한을 기도적(祈禱的) 염원들로 승화시켰음을 다음 (18)의 몇몇 시들만 보아도 확인할 수 있다.

(18)ㄱ. 님은 갔습니다. 아아, 사랑하는 나의 님은 갔습니다. 푸른 산빛을 깨치고 단풍나무숲을 향하여 난 작은 길을 걸어서 차마 떨치고 갔습니다. … 나는 향기로운 님의 말소리에 귀먹고, 꽃다운 님의 얼굴에 눈멀었습니다. 사랑도 사람의 일이라, 만날 때에 미리 떠날 것을 염려하고 경계하지 아니한 것은 아니지만, 이별은 뜻밖의 일이 되고 놀란 가슴은 새로운 슬픔에 터집니다. 그러나 이별은 쓸데없는 눈물의 원천을 만들고 … 아는 까닭에, 걷잡을수 없는 슬픔의 힘을 옮겨서 새 희망의 정수박이에 들어부었습니다. 우리는 만날 때에 떠날 것을 염려하는 것과 같이 떠날 때에 다시 만날 것을 믿습니다. 아아, 님은 갔지마는 나는 님을 보내지 않았습니다. 제 곡조를 못이기는 사랑의 노래는 님의 침묵을 휩싸고 돕니다.

　　　　　　　　　　　　　　　　　　　<한용운 1926, 님의 침묵>

ㄴ. 가을하늘이 높다기로 情하늘을 따를쏘냐/ 봄바다가 깊다기로 恨바다만 못하리라.// 높고높은 情하늘이 싫은 것은 아니지만/ 손이 낮아서 오르지 못하고// 깊고깊은 恨바다가 병될 것은 없지마는/ 다리가 짧아서 건너지 못한다.// 손이 자라서 오를수만 있으면/ 情하늘은 높을수록 아름답고, // 다리가 길어서 건널수만 있으면/ 恨바다는 깊을수록 묘하니라. // 만일 情하늘이 무너지고/ 恨바다가 마른다면// 차라리 情天에 떨어

지고/ 恨海에 빠지리라.// 아아, 情하늘이 높은줄만 알았더니/ 님의 이마보다는 낮고,// 아아, 恨바다가 깊은줄만 알았더니/ 님의 무릎보다는 얕다.// 손이야 낮든지 다리야 짜릅든지/ 情하늘에 오르고 한바다를 건너려면 님에게만 안기리라.

<한용운 1926, 情天恨海>

ㄷ. 눈물 아롱아롱/ 피리불고 가신 님의 밟으신 길은/ 진달래 꽃비 오는 서역 삼만리// 흰옷깃 여며여며 가옵신 님의/ 다시오진 못하는 파촉(巴蜀)삼만리/ 신이나 삼아줄걸 슬픈 사연의/ 올올이 아로새긴 육날 메투리/ 은장도 푸른날로 이냥 베어서/ 부질없는 머리털 엮어드릴걸.// 초롱에 불빛지친 밤하늘/ 굽이굽이 목이젖은 새/ 차마 아니 솟는 가락 눈이 감겨서/ 제 피에 취한 새가 귀촉도 운다./ 그대 하늘끝 호올로 가신 님아.

<서정주 1943, 歸蜀道>

ㄹ. 한송이의 국화꽃을 피우기 위해/ 봄부터 소쩍새는 그렇게 울었나보다.// 한송이의 국화꽃을 피우기 위해/ 천둥은 먹구름속에서 또 그렇게 울었나보다.// 그립고 아쉬움에 가슴조이던 머언먼 젊음의 뒤안길에서/ 인제는 돌아와 거울앞에 선/ 내 누님같이 생긴 꽃이여// 노오란 네 꽃잎이 피려고/ 내게는 잠도 오지 않았나보다.   <서정주 1947, 국화 옆에서>

ㅁ. 죽는날까지 하늘을 우러러/ 한점 부끄럼이 없기를, /잎새에 이는 바람에도 나는 괴로워했다./ 별을 사랑하는 마음으로/ 모든 죽어가는 것을 사랑해야지./ 그리고 나한테 주어진 길을 걸어가야겠다.   <윤동주 1941, 序詩>

ㅂ. 파란녹이 낀 구리거울 속에/ 내 얼굴이 남아있는 것은/ 어느 王朝의 유물이기에 이다지도 욕될까.// 나는 나의 참회의 글을 한줄에 줄이자./ 만 이십사년 일개월을/ 무슨 기쁨을 바라 살아왔던가?// 내일이나 모레나 그 어느 즐거운 날에/ 나는 또 한 줄의 참회록을 써야한다. 그때 그 젊은 나이에/ 왜 그런 부끄런 고백을 했던가./ 밤이면 밤마다 나의 거울을/ 손바닥으

로 발바닥으로 닦아보자.// 그러면 어느 운석(隕石) 밑으로 홀
로 걸어가는/ 슬픈 사람의 뒷모양이/ 거울속에 나타나온다.
<윤동주 1942, 참회록>

ㅅ. 꿈을 아느냐 네게 물으면, / 플라타나스, 너의 머리는 어느덧
파아란 하늘에 젖어 있다.//너는 사모할줄 모르나, / 플라타나
스, 너는 네게 있는 것으로 그늘을 늘인다.// 먼길에 올제, 호
올로 되어 외로울제/ 플라타나스, 너는 그 길을 나와같이 걸
었다.// 이제 너의 뿌리깊이 나의 영혼을 불어넣고 가도 좋으
련만,/ 플라타나스, 나는 너와 함께 신이 아니다!// 수고로운
우리의 길이 다하는 어느날,// 플라타나스, 너를 맞아 줄 검은
흙이 먼곳에 따로 있느냐?// 나는 길이 너를 지켜 네 이웃이
되고싶을 뿐/ 그곳은 아름다운별과 나의 사랑하는 창이 열린
길이다.   <김현승 1953, 플라타너스>

ㅇ. 가을에는/ 기도하게 하소서…/ 낙엽들이 지는 때를 기다려 내
게주신/ 겸허한 모국어로 나를 채우소서.// 가을에는/ 사랑하
게 하소서…/ 오직 한사람을 택하게 하소서. 가장 아름다운
열매를 위하여 이 비옥한 시간을 가꾸게 하소서.// 가을에는/
호올로 있게 하소서…/ 나의 영혼, 굽이치는 바다와 백합의
골짜기를 지나,/ 마른 나무가지 위에 다다른 까마귀같이.
                          <김현승 1957, 가을의 기도>

3) 현대시 제3단계 대표시인들
   (김수영, 신동엽; 이수복, 천상병)의 경우

한국의 현대시 역사 가운데서 일제시대 말기와 1960년대 이후의
공화국 시대를 다 살아본 시인들 중에는, 연약한 민중의 한많은 삶
을 대변해준 시인들과, 꽃이나 새나 동물 또는 눈□비 같은 자연물을

통해 전통적 정한(情恨)을 표현한 시인들의 두 부류로 나누어지는
데, 이들 중 작고시인(作故詩人) 몇 사람만 즉, 김수영(金洙暎, 1921
~ 68), 신동엽(申東曄, 1930~69), 이수복(李壽福, 1924~86), 천상
병(千祥炳, 1930~93) 등의 대표시 한 편씩만 들어보기로 한다.

(19)ㄱ. 풀이 눕는다./ 비를 몰아오는 동풍에 나부껴/ 풀은 눕고 드디
   어 울었다../날이 흐려서 더 울다가 / 다시 누웠다.// 풀이 눕
   는다. / 바람보다도 더빨리 눕는다../바람보다도 더빨리 울고/
   바람보다도 먼저 일어난다. // 날이 흐리고 풀이 눕는다./ 발
   목까지 발밑까지 눕는다./ 바람보다 늦게 누워도/ 바람보다
   먼저 일어나고/ 바람보다 늦게 울어도 바람보다 먼저 웃는
   다./ 날이 흐리고 풀뿌리가 눕는다.   <김수영 1968, 풀>
   ㄴ. 껍데기는 가라./ 사월도 알맹이만 남고/ 껍데기는 가라.// 껍데
   기는 가라./ 東學年 곰나루의,그 아우성만 살고/ 껍데기는 가
   라.// 그리하여 다시/ 껍데기는 가라./ 이곳에선, 두가슴과 그
   곳까지 내논/ 아사달 아사녀가/ 중립의 초례청 앞에 서서/ 부
   끄럼 빛내며 맞절할지니// 껍데기는 가라. /한라에서 백두까지
   / 향그러운 흙가슴만 남고/ 그 모오든 쇠붙이는 가라.
                          <신동엽 1967, 껍데기는 가라>
   ㄷ. 이 비 그치면/ 내 마음 강나루 긴 언덕에/ 서러운 풀빛이 짙어
   오것다.// 푸르른 보리밭길/ 맑은 하늘에/ 종달새만 무어라고
   지껄이것다.// 이 비 그치면/ 시새워 벙글어질 고운 꽃밭속/
   처녀애들 짝하여 새로이 서고/ 임앞에 타오르는 香煙과 같이/
   땅에선 또 아지랑이 타오르것다.   <이수복 1969, 봄비>
   ㄹ. 외롭게 살다 외롭게 죽을/ 내 영혼의 빈터에/ 새날이 와 새가
   울고 꽃잎 필 때는/ 내 가 죽는 날, 그 다음 날.// 산다는 것과/
   아름다운 것과/ 사랑한다는 것과의 노래가 한 창인 때에/ 나
   는 도랑과 나무가지에 앉은/ 한 마리 새.// 정감에 가득찬 계

절/ 슬픔과 기쁨의 週日,/ 알고 모르고 잊고 하는 사이에/ 새
여 너는 /낡은 목청을 뽑아라.// 살아서/ 좋은 일도 있었다고/
나쁜 일도 있었다고/ 그렇게 우는/ 한 마리 새.

<천상병 1971, 새>

4) 현대시 제4단계 대표시인들
(박재삼, 고은, 신경림, 조태일, 김지하, 박노해)의 경우

한국의 현대시 역사 가운데서 제3단계(주로 일제의 무단정치 시대
인 1930년대에 출생한 시인들의 시세계)와 제4단계(1940년대 이후에
태어나서 주로 해방 후 특히 1980년대와 90년대에 활동한 시인들의 시
세계)는 함께 묶어서 다시 서너 단계 또는 너댓 단계로 세분해 볼
수도 있겠지만, 여기서는 주로 현대 자본주의와 공산주의 체제의 갈
등 구조 속에서 다시 가진 자(부르조아)들과 못가진 자(프롤레타리아)
들의 공존생활 가운데서 맺어질 수 있는 한(恨)의 다양한 양상과 그
에 대한 문학적 형상화(形象化)를 볼 수 있는 6명의 시인을 골라 각
각의 대표시를 한 편씩만 들어 보기로 한다.

(20)ㄱ. 그냥 인고(忍苦)하여 수목이 지킨 이 자리와/ 눈엽(嫩葉)이
    봄을 깔던 하늘마리 알고 보면/ 무언지 밝은 둘레로 눈물겨
    워도 오는가.// 신록 속에 감추인 은혜로운 빛깔도 / 한량없는
    그 숨결 아직은 모르는데, / 철없는 마음 설레어 미소지어도
    보는가. // 어디메 물레바퀴가 멎은 여운처럼 / 걷잡을 수 없
    는 슬기 차라리 잔으로 넘쳐/ 동경은 원시로옵기 길이 임만
    부르느니라.   <박재삼 1970, 섭리>
    ㄴ. 겨울 文義에 가서 보았다./ 거기까지 다다른 길이/ 몇 갈래의

제11장 한국 시가문학에서의 한 391

길과 가까스로 만나는 것을./ 죽음은 죽음만큼 / 이 세상의 길이 신성하기를 바란다. / 마른 소리로 한번씩 귀를 달고 / 길들은 저마다 추운 소백산맥 쪽으로 뻗는구나./ 그러나 빈부에 젖은 삶은 / 길에서 돌아가 잠든 마을에 재를 날리고 / 문득 팔짱 끼고 서서 참으면 / 먼 산이 너무 가깝구나. / 눈이여, 죽음을 덮고 또 무엇을 덮겠느냐. // 겨울 文義에 가서 보았다./ 죽음이 삶을 꽉 껴안은 채 / 한 죽음을 무덤으로 받는 것을. / 끝까지 참다 참다 / 죽음은 이 세상의 인기척을 듣고 저만큼 가서 뒤를 돌아다본다. / 지난 여름의 부용꽃인 듯 / 준엄한 正義인 듯 모든 것은 낮아서 / 이 세상에 눈이 내리고 / 아무리 돌을 던져도 죽음에는 맞지 않는다. / 겨울 文義여, 눈이 죽음을 덮고 나면 우리 모두 다 덮이겠느냐.

<고 은 1974, 文義마을에 가서>

ㄷ. 징이 울린다. 막이 내렸다. / 오동나무에 전등이 매어달린 가설무대 / 구경꾼이 돌아가고 난 텅빈 운동장 / 우리는 분이 얼룩진 얼굴로 / 학교 앞 소줏집에 몰려 술을 마신다. / 답답하고 고달프게 사는 것이 원통하다. / 꽹과리를 앞장세워 장거리로 나서면 따라붙어 악을 쓰는 건 쪼무래기들뿐 / 처녀애들은 기름집 담벽에 붙어 서서 철없이 킬킬대는구나. / 보름달은 밝아 어떤 녀석은 / 서림이처럼 해해대지만 이까짓 / 산구석에 처박혀 발버둥친들 무엇하랴 / 비료값도 안 나오는 농사 따위야 / 아예 여편네에게나 맡겨두고 / 쇠전을 거쳐 도수장 앞에 와 돌 때 / 우리는 점점 신명이 난다. / 한 다리를 들고 날라리를 불거나 / 고갯짓을 하고 어깨를 흔들꺼나.

<신경림 1973, 農舞>

ㄹ. 내 몸을 떠난 팔다리일망정 / 쉬지 않고 늘 파닥거리는 뜻은/ 미움을 사랑으로 뒤바꾸기 위해서라서 / 그 행동의 끝을 끝끝내 만나기 위해서라서 // 길고 캄캄한 굴뚝 속의 한밤중을 // 맨주먹으로만 활보를 해도 / 어느덧 全身은 그냥 가득한 /

발광하는 빛이 되더라. // 발광하는 빛이 되더라. / 한많은 휴
지들이 끼리끼리 모여서 / 자기 살결에 오순도순 불을 지피는
/ 이 치열한 정적 속을 활보하면 / 어느 덧 全身은 천지간에
가득한/ 들끓는 가마솥이 되더라. / 들끓는 가마솥이 되더라.
//내가 날리는 목소리가 네 몸에 닿으면 / 네 몸은 곳곳을 부
딪치는 함성이 되고 // 내가 뱉는 숨결이 네 몸에 닿으면 / 네
몸은 그냥 갈기갈기 찢기는 폭풍이 되고 // 내가 뿌리는 눈물
이 네 몸에 닿으면 / 네 몸은 그냥 내리꽂는 폭포가 되고 //
내가 기른 머리털이 네 몸에 닿으면 / 네 몸은 원없이 나부끼
는 깃발이 되더라.// 깃발이 되더라. / 깃발을 올라타고 가물
거리는 사랑은 / 깃발을 올라타고 또 떠나는 행동은.

<조태일 1975, 國土14- 깃발이 되더라>

ㅁ. 신새벽 뒷골목에 / 네 이름을 쓴다. 민주주의여. / 내 머리는
너를 잊은 지 오래, 내 발길은 너를 잊은 지 너무도 너무도
오래 / 오직 한 가닥 있어 / 타는 가슴 속 목마름의 기억이 /
네 이름을 남몰래 쓴다. 민주주의여. // 아직 동트지 않은 뒷
골목의 어딘가 / 발자국 소리 호르락 소리 문 두드리는 소리
/ 외마디 길고 긴 누군가의 비명소리 / 신음소리 통곡소리 탄
식소리 그 속에 내 가슴팍 속에 / 깊이깊이 새겨지는 네 이름
위에 / 네 이름의 외로운 눈부심 위에 / 살아오는 삶의 아픔
/ 살아오는 저 푸르른 자유의 추억 / 되살아오는 끌려가던 벗
들의 피묻은 얼굴 / 떨리는 손 떨리는 가슴 / 떨리는 치떨리는
노여움으로 나무판자에 / 백묵으로 서툰 솜씨로 쓴다. // 숨죽
여 흐느끼며 / 네 이름을 남몰래 쓴다. / 타는 목마름으로 / 타
는 목마름으로 / 민주주의여, 만세.

<김지하 1980, 타는 목마름으로>

ㅂ. 전쟁같은 밤일을 마치고 난 / 새벽 쓰린 가슴 위로 / 차거운
소주를 붓는다./ 아, 이러다간 오래 못 가지. / 이러다간 끝내
못 가지. // 서른 세그릇 짬밥으로 기름 투성이 체력전을 / 전

력을 다 짜내어 바둥치는 / 이 전쟁같은 노동일을 오래 못 가
도 끝내 못 가도 어쩔 수 없지. // 탈출할 수만 있다면, / 진이
빠져 허깨비같은 / 스물 아홉의 내 운명을 날아 빠질 수만 있
다면, / 아, 그러나 어쩔 수 없지. 어쩔 수 없지. / 죽음이 아니
면 어쩔 수 없지. / 이 질긴 목숨을, 가난의 멍에를, 이 운명
을 어쩔 수 없지.// 늘어처진 육신에 / 또다시 다가올 내일의
노동을 위하여 / 새벽 쓰린 가슴 위로 / 차거운 소주를 붓는
다./ 소주보다 독한 깡다구를, 오기를, / 분노와 슬픔을 붓는
다. // 어쩔 수 없는 이 절망의 벽을 / 기어코 깨뜨려 솟구칠
/ 거치른 땀방울, 피눈물 속에 / 새근새근 숨 쉬며 자라는 / 우
리들의 사랑, 우리들의 분노, / 우리들의 희망과 단결을 위해/
새벽 쓰린 가슴 위로 / 차거운 소줏잔을 / 돌리며 돌리며 붓
는다. / 노동자의 햇새벽이 / 솟아오를 때까지.

<박노해 1984, 노동의 새벽>

이상, (17)-(19)에서는 한국 현대 시인들을 4단계에 걸쳐 18명을
고르고, 그들의 대표적인 시 30편을 살펴보았는데, 그들은 우리 민
족의 한을, 특히 가난하고 짓눌린 자의 한을 중심으로 축약하여 각
시대별로 문학적으로 형상화하고 있음을 알 수 있다.

10. 판소리 및 대중가요에서의 '한(恨)'의 예술적 형상화

1) 판소리의 경우

18세기 초(숙종말~영조초)에 생겨난 '판소리'(唱劇)에 나타나는
우리 민족의 한(恨)은 그동안 민담(民譚)이나 무가(巫歌)에서 구전

(口傳)되던 이야기를 신재효(申在孝, 1812~84)가 열두 마당으로 정리한 19세기 후반에는 이미 광대(廣大)의 지위가 상당히 향상되었고, 머잖아 그 대부분이 고전소설로 기록되기 직전의 상태에서, 창법(唱法)의 유파(流派)에 따라, 주로 송흥록(宋興祿)의 법제를 따르는 운봉, 구례, 순창, 흥덕 등지의 '동편제'(東便制)와 주로 박유전(朴裕全)의 법제를 따르는 광주, 나주, 보성 등지의 '서편제'(西便制), 그리고, 주로 염계달(廉季達)·모흥갑(毛興甲)의 법제를 따르는 경기, 충청 지역의 '중고제'(中高制), 그밖에 경기도 여주(驪州) 지방의 '경도림제', 가야금 병창(竝唱)의 '석화제' 등에 따라 '창(唱)'과 '아니리(辭說)'의 소리맛이 다 조금씩 다르긴 하지만, 서편제가 대체로 음색이 곱고 부드러운 계면조(界面調)로써 이야기의 애절한 맛을 드높인다. <춘향가>에서도 춘향이는 춘향이대로, 이도령은 이도령대로, 또, <심청가>에서도 심청이는 심청이대로, 심봉사는 심봉사대로, 그리고 <흥부가>의 흥부, <수궁가>의 토끼 등도 모두 한이 많은 인물이지만, '한풀림'의 상황과 방법이 모두 다르기에 각 작품이 나름대로의 독특한 재미를 제공해 준다.

2) 한국 현대 대중가요의 경우

한편, 대중가요는 고려시대 말에 원나라의 지배를 받아 애절한 고려가요가 많이 불려졌듯이, 일제 치하에서 온갖 설움을 받은 것이 한맺혀 부른 노래들과, 해방 후에 다시 6·25 동란의 피난살이 설움과 가족친인척 생이별의 한들이 응어리진 노래들, 그리고 1940년대의 영미 청년문화에 영향을 받으며 1970, 80년대에 대학시절을 보낸 중년층의 노래들, 그리고 90년대 중남미 음악에 영향을 받아 최근의 10대~30대들이 전자음악과 요란한 춤을 곁들여 빠른 템포로 이야기하듯 부르는 노래 등, 대체로 서너 가지로 나뉘어, 연령 계층별로 한을 뿜어내거나 풀어내는 음악의 색채가 사뭇 다르다. 그러나 각 계층은 서로 다른 연령별 부류별 가요를 서로 이해하며 함께 누릴 수 있는 가능성이 오늘날 우리 TV 방송의 <열린 음악회>에서 어느 정도 확인되고 있는 셈이다.

11. 결론

이상에서 본 연구자는 한국인의 기본 정서(情緒, emotion)인 '한(恨)'이라는 특수한 정서가 한국의 역대 시가(詩歌) 문학에서 어떻게 생성되고 구조화되었으며, 또, 어떻게 해소(극복, 또는 승화)되어 왔는가? 하는 문제를 ① 본질·개념론적 접근, ② 생성·구조론적 접근, ③ 해소·승화론적 접근 등의 방식으로 이해하기 위하여 우선 국어대사전들이나 성경 구절 및 그 원어에서 어떤 개념들과 관련되고, 어떻게 개념 정의(定義)가 되어 있으며, 우리말 속담에서는 어떤 예들이 있고, 또 그 각각이 어떤 상황이나 처지와 관련되는지 살펴보고 나서, 한국문학 특히 시가문학에서 그 정서가 어떻게 표현되고 승화(昇華)되어 있는지를 주로 살펴보았다.

'한(恨)'이라는 정서는 주로 개인적으로나 집단적으로 자기 성취의 욕구나 의지가 좌절(挫折)됨으로써 발생하는 부정적 정서라고 볼 때, 그것은 복잡다양한 인간사회에서 언제 어디서나 자주 일어날 수 이벤트(event)이므로, 그것에 대한 정확한 이해는 매우 절실한 문제요, 특히 그것의 극복과 승화의 의지야말로 우리 민족이 지금까지 계승해온 과거로부터의 큰 유산(遺産)이라 할 수 있으며, 앞으로 남은 우리 민족의 시련과 어려움도 더 잘 극복하고 승화시켜나갈 방책(方策)의 실마리가 된다. 이것이 2천년간의 우리 문화나 문학, 특히 시가문학에서는 시대별로 사회계층별로 어떤 양상을 보여주는지, 그리고 그것을 어떤 방식으로 계승 또는 극복(승화)되어 왔는지 제대로 이해하는 것은 한국의 인문과학뿐만이 아니라 여러 분야가 학제적(學際的)으로 추구해야 할 중요한 과제의 하나임에 틀림없다. 더구나, 오늘날 우리의 교육 분야에서 문학과 철학 등 인문과학의 기초나 목표를 새로이 정립(定立)하는 데 있어서, 한국인의 정체성(正體性, identity)을 확인하기 위해 이 '한(恨)' 정서의 문제는 앞으로 더욱 폭넓게 계속 연구되어야 할 과제임이 이 방면에서도 거듭 확인된다.

참고문헌

권영민(편)(1990):『한국 근대/현대 문인 대사전』, 서울, 아세아문화사.
권영민(편)(1994):『한국 현대문학 대계』, 1~9권, 서울, 민음사.
김기종(1989):『조선말 속담 연구』, 연변, 동북조선민족교육출판사.
김동리(1948):「청산과의 거리」,『문학과 인간』, 서울, 백민문화사.
김동욱(1961):『한국 가요의 연구』, 서울, 을유문화사.
김열규外(1989):『한국문화의 뿌리: 가문과 인간·문화와 의식』, 서울, 일조각.
김용환(편)(1996, 98):『성경성구대사전』 1~5,『원어대조성경』 1~4, 서울, 로고스출판사.
김준영·최삼룡(편)(1983):『고전문학집성』, 대구, 형설출판사.

김희보(편)(1980):『한국의 명시』(181시인의 573시 본문과 해설), 서울, 종로서적.

대한성서공회(1961,98):『개역 성경전서』.

대한성서공회(2002):『표준새번역 성경전서』.

류정기(1977):『說文字典』, 서울, 상지사.

문덕수(편)(1975):『세계문예대사전』, 서울, 대제각.

문세영(1938):『조선어 사전』, 서울, 영창서관.

박종문(1993):「한국 대중음악의 현황」, 대구, 대구카톨릭대, 『음악문화연구』2집.

박황(1987):『판소리 이백년사』, 사상사회 연구소

서광선(편)(1988):『한(恨)의 이야기』, 서울, 보리출판사.

서정욱(1984):「언어의 철학적 연구 서설」, 계명대 국어국문학과, 『어문논집』2.

서정욱(1989):『의미·화용론과 언어철학』, 대구, 경동문화사.

서정욱(1991):『신약성서 국역의 어휘의미론적 연구』, 서울대 언어학과 박사학위논문.

서정욱(1996):『국어정서법의 이론과 실제』, 대구, 문창사.

서정욱(1997):『작문 및 화법의 이론과 실제』, 대구, 문창사.

서정욱(1998):『성경언어학개론』, 대구, 보문출판사.

서정욱(1999):『서양 고사성어·신생어 사전』, 대구, 경동문화사.

어문각(1975):『新한국문학전집』, 1~50권.

엄병섭外(편)(1992):『조선속담집』, 평양, 사회과학출판사.(서울, 한국문화사 1994 영인)

양우당(1977):『한국고전문학전집』, 1~8.

오선영(편)(1995):『꼭 읽어야할 한국현대시 222선』, 서울, 타임기획.

유신(1991):『판소리 예술론: 애환이 짙은 민족의 판소리』, 서울, 삼호출판사.

이국자(1987):『판소리 연구: 80년대 名唱의 판소리를 중심으로』, 서울, 정음사.

이국자(1989):『판소리 예술미학』, 서울, 나남사.

이기문(편)(1982):『개정판 속담사전』, 서울, 일조각.

이성애(1995):『중등음악교육과 대중가요의 상관성 연구』, 계명대 교육대학원 석사논문.

이희승(편)(1982): 『국어대사전』, 서울, 민중서림.

장덕순(1963): 『국문학 통론』, 서울, 신구문화사.

정병헌(1986): 『신재효 판소리 사설 연구』, 서울, 평민사.

정지창(1989): 『서사극·마당극·민족극』, 창비신서 93, 서울, 창작과비평사.

조동일(1994): 『한국문학통사』1~5, 서울, 지식산업사.

조동일□김흥규(편)(1978): 『판소리의 이해』, <창비신서>22, 서울, 창작과비
　　　평사.

진봉규(1989): 『판소리의 이론과 실제』, 서울, 수서원.

천이두(1993): 『恨의 구조 연구』, 서울, 문학과지성사.

한국정신문화연구원, 『민족문화 대백과사전』.

제12장 | 한의 초극과 화해양식으로서의 여성영화

이강화

우리 시대에 대중문화는 대중의 사고와 삶에 막대한 영향력을 행사한다. 대중문화를 통해서 유포되는 이데올로기는 특정 문화에 내재하는 '현실에 대한 이론'으로서 현실을 여러 가지 방식으로 구조화하는 원리로 작용한다. 특히 영화가 그 영향력에 있어서 다른 어떠한 매체보다 탁월하다는 점에서 대중은 훈련과정을 통해서 영화가 의도적으로 혹은 잠재적으로 전달하려는 이데올로기를 수용 혹은 거부할 수 있는 나름대로의 감식안과 비판적 안목을 구비해야 하는 것이다.

1980년대 들어 한국 영화 연구에서 여성의 정체성 탐구에 관한 담론이 대폭 증가되었고, 그 결과 한국 영화가 여성의 정체성 형성에 어떤 식으로 기여했는가, 혹은 정체성을 어떻게 반영했는가를 다양하게 분석하게 된다. 이러한 분석은 구체적으로 전통적인 가부장적 이데올로기가 여성들을 어떻게 억압했으며 이러한 억압이 한국 여성의 정서와 정체성을 어떻게 형성했는가를 밝히는 방식으로 진행되었다.

이러한 작업의 일환으로 본 논문은 한국여성 특유의 정서인 한(恨)이 한국영화에서 어떻게 재현되는가를 보여줌으로서 한이라는 정서가 내면화 과정을 통해서 여성의 삶의 에너지로 승화시키는가를 밝히게 된다. 이를 위해서 세 가지 작업이 진행된다. 첫째, 영화 텍스트를 한이라는 새로운 관점에서 읽어내기 위한 방법론이 무엇이며, 둘째, 이러한 분석을 위한 적절한 장르가 무엇이며, 셋째, 이러한 장르의 차이가 한의 재현에 어떠한 차별성을 드러내는가를 밝혀내는 것이다. 첫 번째 작업을 위해서 페미니즘 혹은 여성주의적 관점은 여전히 유효한 분석 도구가 된다. 둘째, 채택된 장르는 멜로드라마, 역사물, 공포영화 그리고 무속영화로서 이 장르들은 전통적으로 여성의 삶을 재현하는 데 가장 대중적인 표현방식으로 기능하였다. 세 번째 작업은 장르들에 대한 구체적인 분석작업을 통해서 수행된다.

이러한 연구 작업을 통해서 한국에서 여성의 정체성은 여러 가지 지배적 권력담론들 속에서 어떻게 생산되고 조정되어 왔으며 동시에 대중 매체를 통해서 어떠한 모습으로 재현되었는가를 확인하게 된다. 한국영화 내면 깊숙이 자리잡고 있는 여성의 한을 이런 방식으로 드러내는 것은 단순히 상업적 차원에서 한을 미화하는 것이 아니라, 급격한 근대화로 인한 정신적 충격과 혼란으로 인한 한국 여성들의 의식 내면에 잠재해있는 상처와 고통을 드러냄으로서 이 모두를 포용하려는 화해적 시도를 의미하는 것이다. 대중문화 연구의 교육적 활용방안도 궁극적으로 여기에 있는 것이다.

1. 서론

문화 읽기란 흔히 문화연구라고 불리는데, 간단하게 말해서 문화라는 매체를 둘러싸고 있는 다양한 상징구도의 독해적 분석을 의미한다. 이것은 문화적 텍스트를 의미와 상징성을 중심으로 인문학적 사유의 대상으로 전환하면서 그곳에서 재현된 삶의 모습을 읽고 바라봄으로써 가능한 것이다. 특히 문화 읽기를 통해 일상적인 삶의 구체적인 모습을 비판적으로 읽어내려면, 공시성이 배제된 순수문화보다는 한 시대의 권력구조와 지배형태의 본질적 모습을 반영하고 있는 대중문화가 보다 실제적이고 구체적이다. 이런 차원에서 지난 세기말에 탄생하였고 금세기에 놀라운 영향력을 보여준 영화가 현대 사회 독해를 위한 가장 바람직한 텍스트 중의 하나로 받아들여지고 있음은 당연하다고 볼 수 있다. 영화는 처음부터 예술성이나 미학적 측면과는 상관없이 특유의 대중성으로 인하여 현대 사회의 독해를 위한 텍스트로서 풍부한 상징과 의미를 함의하고 있었다.

한편, 1980년대 이후 한국 영화에서 여성의 정체성 탐구에 관한 담론이 대폭 증가되었다. 근대성 문제와 관련된 이러한 논의는 영화라는 대중매체에서 한국의 전통적인 유교적 가부장적인 이데올로기는 여성들을 어떻게 억압했으며 이러한 억압이 한국 여성의 정서와 정체성을 어떻게 형성했는가를 밝혀주고 있다. 특히 무엇보다도 한국여성의 가장 본질적이고 내면적인 정서인 한(恨)이 내면화 과정을 통해서 어떻게 여성의 삶의 에너지로 승화되었는가를 설명할 필요가 있는 것이다. 따라서 본 논문은 한이 한국 여성에게 가장 일반적이고 보편적인 정서이며 이른바 여성영화[1]의 가장 중요한 주제 중의 하나임을 전제하면서 이 한이라는 정서의 본질적 의미를 여러 차원에서 밝히는 데 그 목적을 두고 있다. 이를 위해서 네 가지 작업이 진행되어야 한다.

첫째, 한국영화라는 텍스트를 한이라는 관점에서 읽어내려는 의도가 무엇이며, 둘째, 이를 위한 분석적 방법이 무엇인지, 셋째, 이러한 분석을 위한 가장 적절한 영화 장르가 무엇이며, 넷째, 이러한

---

1 'Woman's Film' 혹은 '여성영화'는 90년대 초반, 즉 비교적 근래에 대두된 범주이다. '여성영화'에서 '여성'은 영어 woman을 번역한 것이다. 사실 영어에서 일반적인 의미로서의 woman은 '여성' 혹은 '여자'로 모두 번역될 수 있지만 '여자'라는 단어가 다소 비하적 의미로 쓰인다는 점에서 90년대 여성주의 담론이 여자, 여성, 여류 등의 개념 중에서 '여성'을 재전유한 것은 성차의 정치학에 대한 관심에서 비롯되었다. 김소영 저 『근대성의 유령들』, 서울, 씨앗을 뿌리는 사람들 2000, 152-153쪽 참조. 한편, 여성주의자들은 여성감독의 작품들이 기존의 남성 중심 시각과는 다른 입장에서 여성을 대변해 주는 역할을 해왔다는 측면에서 이러한 여성감독의 작품들을 구별하여 '여성영화'라고 부르기도 한다. 수잔 헤이워드 저, 이영기 역, 『영화 사전』, 서울, 한나래 1997, 373쪽 참조

장르의 차이가 한이라는 주제와 관련된 여성의 재현에 어떠한 차별성을 드러내는가를 규명하는 것이다. 이를 좀더 구체적으로 설명하자면, 첫째, 어떠한 개인이나 민족도 나름대로 한을 지니고 살아가고 있으며 이 한을 다양한 방식으로라도 극복하려고 노력하지만, 특히 오랫동안 봉건적인 질서와 외세의 침략을 경험한 한국인의 경우, 그 한의 정도는 유달리 깊거나 절실하며 한 주체를 형성하는 근원적인 존재구조로서 고정된 방식으로 존재하기보다는 끊임없이 극복해가는 과정을 보여준다는 점에서 그 한의 해소 방법이 특이하다.[2]

한을 가슴에 품고 살아갈 수밖에 없지만 다른 문화권에서 보이는 분노와 원한에 대한 즉각적인 반격이나 보복이 아니라, 그 한을 내부에서 초극하는 다시 말해서 '삭이면서' 살아간다는 점이 한국적 특징이며, 이러한 한을 삭이는 과정을 통해서 한국인은 좀더 성숙해지고 삶을 전체적으로 통찰하게 되는 것이다. 특히 여성을 통해서 현저하게 보여지는 한국적 한의 이 독특한 정서는 그 동안 판소리를 비롯한 여러 전통적인 예술 양식에서 투사되고 표상화되었고[3] 근대적인 대중매체이자 표현양식인 영화에서 또 다른 새로운 방식으로 재현되었다.

둘째, 방법론에 있어서 여성주의(Feminism)[4]적 관점은 한이라는

2 천이두 저, 『한의 구조 연구』, 210쪽 참조
3 판소리에는 한을 삭이면서 살아가야 한다는 한국인의 미학적, 윤리적 가치 의식이 잘 반영되어 있다. 이것은 판소리에서의 특이한 용어인 '시김새'와 '그늘' 등이 잘 보여준다. 이들 용어는 판소리의 표현양식을 지칭하는 동시에 그 용어의 본래의 뜻이 말해주듯이 판소리 특유의 한적 요소를 보여주고 있다. 앞의 책, 102, 103 쪽 참조
4 여성주의란 "가부장적 남성 지배 사회에서 억압되고 종속 되어온 여성의 사회적 역사적 위치를 분석"하는 작업 혹은 관점으로서 영화의 경우, 영화 내에 존재하

정서를 분석하기 위해서는 여전히 유효하다. 여성주의자들의 주장처럼 가장 현대적인 매체인 영화가 오랫동안 다른 예술 문화 분야에 비해서 남성 우위적인 혹은 남성 독점적인 영역으로 남아있다면, 즉 영화의 표면적인 논리성 뒤의 특정 이데올로기가 남성들에 의해서 제공되어 왔다면, 영화 텍스트에서 여성의 소리와 입장은 배제되어 있을 것이고 여성 고유의 담화를 읽기란 한계가 있을 것이다.

따라서 여성주의 영화이론의 출발선은 대중 영화 분석을 통해 여성의 이미지나 역할이 가부장적 시각에서 어떻게 왜곡되었는지를 밝혀냄으로써 근본적으로 남성 중심적 시각과는 구별되는 방식에서 대중문화 특히 영화라는 텍스트를 재평가하고 재해석하려는 데 놓여있다.[5] 그러므로 여성주의 비평은 근본적으로 전통적인 남성 중심적 시각과는 구별되는 방식에서 여성의 현존하는 관심에 입각해 한국영화라는 텍스트를 새롭게 해석하는데 기여한다고 볼 수 있다.

셋째, 장르와 관련해서 멜로드라마는 여성의 한을 주제로 하는 여성 영화의 플롯과 양식 한가운데에 위치하게 된다. 이 장르에 대한 부정적이고 제한적인 평가와 통념에도 불구하고, 멜로드라마는 여전히 대중영화, 특히 한국 영화와 관객 사이에 가장 영향력 있게 공유되는 영화적 관습의 일부임을 부인할 수 없다. 또 하나의 장르는 멜로드라마의 하부장르로서의 역사물이다. 전통적인 왕조 드라마에서부터 최근의 수정주의적 역사영화까지 상당한 스펙트럼을 통해서

는 무의식적 가부장적 이데올로기를 드러내어 그것이 더 이상 '자연적'인 것이 아닌 '인위적'인 것임을 밝혀내게 된다. 이강화 저, 『문화이론과 현실』, 대구, 문예미학사 2003, 184-185쪽 참조

5 유지나변재란 엮음, 『페미니즘/영화/여성』, 서울, 여성사 1993, 14-18쪽 참조

심리적·사회적 문제들이 응축되어 있는 여성의 삶을 보여줌으로써 이것을 읽고 소비하는 관객들이 여기에서 제시된 여성의 한이라는 주제와 더불어 특정한 시대적 상황을 바라보고 해석하게 된다. 한 편, 가장 최근에 새롭게 주목되는 장르가 호러물이라 불리우는 공포 (혹은 괴기)영화이다. 이 장르에서 여성주의자들이 발견한 것은 공포 영화 특유의 긴장과 공포 배후에 은폐되어 있는 여성에 대한 억압 이다. 공포영화의 희생자 대부분은 여성들이고 이들이 한결같이 기 존의 규범으로부터의 이탈자로 묘사되어있다는 점에서 이 장르는 전통적인 규범을 강조하는 매우 보수적인 관점에 근거하고 있으며[6] 따라서 여성의 재현 방식에 있어서도 멜로드라마 이상으로 억압적 이라는 것이다.

한국 영화에서의 여성의 한은 무속영화라는 장르에 의해서 다시 독특하게 그려지고 있다. 대다수 한국인의 무의식적인 정신 구조에 녹아있는 문화적 침전물로서 무속은 단순히 표현방식으로서의 차원 이 아니라 보다 근원적인 제의적 양식이다.[7] 따라서 한국영화에 자 리잡고 있는 무속성을 드러내는 것은 전통 사회의 억압적 질서뿐만 아니라 정신적 충격과 혼란을 동반한 근대화로 인해서 한국 여성들 의식 내면에 잠재해있는 상처와 고통 등을 치유하고 포용하려는 화 해적 양식이 된다. 이상에서 언급된 방법론에 근거하여 여러 장르 안에서 한국 여성의 한이 어떠한 차별적 방식으로 재현되는가를 상 론함으로써 마지막 작업 과제는 수행될 수 있을 것이다.

---

6 김소영, 앞의 책, 72-75쪽 참조.

7 「무속과 민중사상」, 성균관대학교 대동문화연구원 편,『한국인의 생활의식과 민중 예술』, 대동문화연구총서 2, 서울, 성균관대학교출판부 1983, 528-529 쪽 참조.

2. 연구방법 - 여성주의적 관점을 중심으로

60년대 후반 사회운동으로서 등장한 여성주의는 문학, 광고, 텔레비전, 영화 등과 같은 매체들에서 여성이 어떻게 묘사되는가에 대한 관심을 표명하였으며, 그 결과 이러한 대중매체들이 한결같이 여성들을 남성위주의 관점에서 수동적 이미지로 혹은 남성의 욕구를 만족시키는 도구로 표현되고 있음을 알게 되었다. 특히, 특유의 상업성으로 인해서 영상매체는 이러한 양상이 더욱 심할 수 있다는 점에서 여성주의 이론가들은 헐리우드 영화를 중심으로 여성의 이미지나 역할이 이들 매체에서 어떻게 왜곡되게 재현되고 있는가에 관심을 집중하였다. 이를 위해서 여성주의 이론가들은 정신분석학을 비롯한 다양한 사회과학적 방법을 차용했는데, 이중에서 정신분석학적 방법을 통해서 화면과 관객 사이의 공간에서 이루어지는 의미생성이 영화 텍스트의 이해에 어떠한 역할을 하는가를 규명하였다.

그 결과 대부분의 대중영화들은 여성을 감정적이고 순종적인 존재로 묘사함으로써 남성의 종속적인 주체로 구성하며, 영화 속의 담론을 지배하는 남성의 시선이 영화 속에서 여성을 지배하고 통제하는 쾌락으로 이어짐으로써 여성의 이미지는 남성의 우월감을 충족시키는 남근 대치의 기호물로 혹은 남성권력에 대한 수동적인 비준자로 그려진다는 것이다. 물론 이러한 재현 속에는 해체적인 잠재력이 은폐되어있음도 알 수 있다. 여성들이 경계이탈자로 묘사되었다면 그것은 분명 남성들이 자신의 사회적 권력을 보존하기 위해 필요로 하는 법과 규범을 여성들이 위협했기 때문일 것이고, 여성이 성적 물신숭배의 대상으로 전락했다면 이것도 남성들이 자신의 나르시시즘적인 성 심리의 통합성에 균열이 가지 않도록 하기 위해 거부해야하는 위협적인 성적 힘을 여성들이 재현하기 때문이다.[8]

한국의 경우 역시 일제식민지와 해방을 거치면 정치, 경제, 사회의 여러 부문에서 급격한 변화를 겪게 되었고 이러한 과정에서 여성의 지위나 활동에 대한 전통적인 관점도 변화될 수밖에 없었다. 한국 영화는 이러한 시대적 상황에서 다양한 장르의 영화들을 통해서 남성들의 사회적 권력을 보존하기 위해 필요로 하는 이데올로기와 규범을 사회구성원들에게 일방적으로 강요하는데 크게 기여하였는데, 특히 60년대 이후의 공업화 과정에서 권력주체는 영화를 비롯한 대중매체를 체제의 정당화에 기여하는 방향으로 통제함으로써 이 과정에서 특히 여성에 대한 왜곡되고 굴절된 재현이 심화되었다.

3. 장르

1) 멜로드라마[9]

영화 탄생 초기부터 존재해 왔음에도 불구하고 멜로드라마는 주로 여성용 영화로 제작되고 여성을 위한 오락물로 소비된다는 인식

---

8 그러나 일반 관객들이 스크린 이면에 숨겨진 이러한 해체적 잠재력을 온전하게 파악하기란 사실상 불가능하며, 이런 차원에서 이러한 재현들이 무의식적으로 가부장적 이데올로기의 확대재생에 기여한다는 것은 상식이다. 유지나, 변재란 편역, 『페미니즘/영화/여성』, 서울, 여성사 1993, 17쪽.

9 멜로드라마(melodrama)는 사전적으로 음악을 의미하는 melos와 움직임을 의미하는 drama가 결합된 용어로서 음악과 더불어 감성적인 효과를 자아내는 극적인 내러티브 형식을 가리킨다. 김세영 외 3인 공저, 『연극의 이해』, 서울, 새문사 1997, 183쪽.

으로 인해서 사회적 의미와 관련해서 진지한 연구의 논제로 대접받지 못해왔다. 진보 진영으로부터는 리얼리즘이 거세되고 판타지만 강화된 가부장적 질서를 강화시키는 위험한 장르로 공격당하였고, 보수진영으로부터는 정서적 쾌락을 제공하기 위해 성을 상품화하는 유해한 장르라는 비난을 감수해야 했다.[10]

그러다가 60, 70년대 미국을 중심으로 여성주의 이론가들에 의해서 새롭게 읽혀지게 되면서 멜로드라마는 보다 공적인 영역에서 의미를 생산하는 장르로 인정되었다. 멜로드라마의 장르적 관습과 이데올로기적 효과, 섹슈얼리티 문제에 대한 중층적 독해는 이 장르를 사회 관습의 질서와 규칙 그리고 모순을 드러내면서 개인 연애 담론을 내러티브 욕망으로 풀어 가는 성 정치 이데올로기의 공간으로 재정립하게 하였다.[11]

물론 한국에서도 멜로 영화가 사회의 구조적인 문제를 외면한 채 남녀간 혹은 가족간의 애정이라는 매우 사적이고 빈약한 주제를 고수한다는 점에서 그리고 흥행 장르로서의 멜로 영화만을 추종함으로써 타 장르의 제작기회가 박탈되고 한국영화의 토양을 척박하게

---

10 오늘날 문학이나 연극, 영화에서 찾을 수 있는 멜로드라마의 기본적 형식은 프랑스 혁명 직후의 낭만주의 연극이나 감상주의 소설에서 시작되었다고 볼 수 있으며, 이 장르가 영화에 적용된 것은 1910년대 이후부터였다. 이후 50년대에 이르러 미국을 중심으로 가족 내에서 여성의 성적, 사회적 정체성을 집중적으로 다루었던 '가족 멜로드라마'(domestic melodrama)라는 장르로 위치하게 된다. 유지나 외 8인 공저, 『멜로드라마란 무엇인가』, 서울, 민음사 1999, 14쪽 참조.

11 특히, 프랑스의 비평가들이 멜로드라마 장르에 각별한 관심을 기울였는데, 그 이유는 멜로드라마가 '이데올로기적 국가기구'로서의 부르조아 가족의 주제를 가장 분명하게 다루고 있기 때문이다. 이들이 보기에 50년대의 헐리우드 멜로드라마는 대부분 부르조아 사회에서의 가족이 사회적 제도로서 존재하는 양식에 대한 이야기이며 여기에서의 인간관계 역시 부르조아 사회의 지배 이데올로기에 위하여 규정되거나 갈등한다는 것이다. 앞의 책, 같은 쪽.

만들었다는 등의 이유로 비판의 대상이 되었다.[12] 특히, 한국 전쟁 이후 1950년대 중반부터 제작된 일련의 멜로 영화들이 특유의 신파성을 과도하게 노출시킴으로써 오랫동안 '싸구려 감상주의에 편승한 환상적인 사랑 이야기', '연애환상을 가진 주부들이 즐겨보는 드라마', '여성용 장르' 등으로 치부되었고 이것은 '고무신 장르'라는 비하적 표현이 잘 보여준다.

그러나 1990년대 들어 한국 영화에서도 영화사회학적 관점에서 관객론과 대중 영화론, 영화의 성 정치학에 관한 담론 등이 증폭되었고 이 과정에서 멜로드라마에 대한 새로운 접근이 가능해졌다. 당대의 여성관객들이 이 장르를 통해서 자신들의 감정을 과장되게 표출하였다면 이것은 당시의 사회적 여건을 비롯한 여러 구성 요소가 이러한 상황들을 만들었고 이러한 상황 속에서 여성관객들은 이 장르 특유의 정서에 집중하고 결합할 수 있었던 것이다. 따라서 이 장르를 통해서 자신이 처한 상황에서 잠시나마 벗어나고자 했던 여성들에게 그 과잉적인 감정적 동화는 자신들이 겪어야 했던 많은 고난과 억눌림, 즉 한의 또 다른 표출이었음을 인지해야 할 것이다.[13]

따라서 한국 멜로드라마의 신파성을 근대적인 서구 멜로드라마에 비해 낙후된 전근대적인 정서로 폄하하는 것은 이 장르의 대중성의 본질과 미덕을 이해하는 데 장애가 될 것이다.[14] 오히려 이처럼 한

---

12 유지나 외 8인 공저, 앞의 책 20쪽 참조

13 이두현 저, 『한국신극사 연구』, 서울, 서울대학교출판부 1990, 46쪽 참조

14 김소영은 인물과 상황에 대한 여성 관객들의 과잉동화는 억눌림과 모순에 대한 자신들 각각의 구체적인 체험 혹은 주변으로부터의 간접적인 경험에서 파생하며 이러한 상황에 대한 자신의 무력함도 흘리는 눈물의 한 줄기를 차지하고 있다고 보았다. 김소영 저, 『시네마, 테크노 문화의 푸른 꽃』, 서울, 열화당 1996,

국 멜로 영화의 토대를 우리 고유의 정서인 한에 둠으로써 한국 멜로드라마의 다시 읽어내 복원시켜야 할 필요성이 있는 것이다. 이런 관점은 결국 복합적이고 구조적인 현실 문제를 지나친 개인 드라마로 풀어간 신파성에 대한 기존의 비판을 전적으로 거부하는 데서 시작된다.[15] 이렇게 볼 때 한국영화가 대중 관객들과 폭발적으로 만나게 되는 계기를 만들어 준 것이 1955년 이규환 감독의 <춘향전>과 1956년 한형모 감독의 <자유부인>이라는 사실은 매우 시사적이다.[16]

<춘향전>은 유교적 질서 속에서 가치 평가된 여성 덕목인 정절을 재주장하고 재인가하는 작품으로서 식민지와 한국 전쟁을 거치면서 와해된 여성들의 전통적 덕목에 대한 일종의 경고적 차원에서의 훈계로 읽을 수 있고, <자유부인> 역시, 표면적으로는 새롭게 시작하는 근대적 사회 내에서 한 주체로서 여성 즉 '자유부인'을 내세우지만 이들의 성적 욕망을 비난하고 처벌함으로써 내면적으로 전통적 덕목을 지속적으로 강요하는 것이다. 한편, 60년대에 접어들면서 전쟁으로 인한 원초적 궁핍이 어느 정도 극복된 후 여성은 새로운 정체성을 요구받으면서 단순한 퇴폐의 기호가 아닌 좀더 자립적인 행위의 수행자로 등장한다. 압축적인 경제발전으로 인해서 매우 불균

179쪽.

15 '개인적인 것이 정치적인 것이며 주류 이데올로기의 헤게모니가 개인적 삶에서 실천된다'는 알튀세적인 관점을 수용하면, 그 동안 신파에서 멜로드라마에 이르기까지 사적이고 개인 연애담이라는 이유로 무시된 것들을 다시 꺼내어 그 속에서의 공적인 의미를 읽어낼 필요가 있다. 유지나 외, 앞의 책, 14-15쪽 참조

16 서울 인구가 150만이었던 1955년 <춘향전>은 서울에서 관객 12만 명을 동원했고 <자유부인>은 11만 명의 관객을 동원했다고 한다. 인구비례를 따라 현재로 거칠게 환산하자면 약 100만 명의 관객이 동원된 셈이다.

등하지만 그래도 어느 정도의 경제적 발전이 가능해졌고, 이 과정은 여성으로 하여금 새로운 주체적 존재로 등장할 수 있는 여건을 조성하였다. <미워도 다시 한번>은 이런 변화된 상황을 잘 반영하고 있다.

영화의 스토리는 젊은 여성과 유부남 사이의 은밀한 애정관계, 즉 불륜을 다루고 있다. 이 과정에서 젊은 여성은 아들을 낳아 미혼모가 된다. 아들이 학교에 들어갈 나이가 되자 아버지에게 보낸다. 그러나 아들을 몰래 지켜 보아야했던 그녀는 결국 아들을 스스로 부양하겠다고 결심한다. 이 영화가 처음 개봉되었을 때도 과도하게 감상적이며 우연적이면서도 상투적인 서사 때문에 많은 비판을 받았다. 그러나 여성주의 비평가들의 주목을 끈 것은 물론 바로 이 정서적 과잉이고, 영화의 주체적 결말이다. 영화는 여성 주인공의 고통을 상세하게 묘사하는 것과 더불어, 남편의 외도를 인내해야 하면서 이 외도로부터 생긴 아이를 키워야 하는 본처의 고통까지도 함께 포착한다. 따라서 이른바 모성 멜로드라마로서 이 영화가 여성 관객을 사로잡는 이유 중 하나가 이러한 양가적 모성애에 있다.

모성이라는 사회적이고 정서적인 구성물을 다루면서, 이 영화는 일단 제도적으로는 가족을 이탈한 모성을 가혹하게 비난하지만[17] 다른 한편, 어머니의 희생이라는 덕목에 더 큰 가치를 부여하는데, 이것은 한국문화가 모성에 과도한 가치를 부여하기 때문이다.[18] 이

---

17 혜영의 이러한 행위를 공적인 윤리적 규범으로만 판단할 수 없기에 '신호를 믿고, 평생을 걸고 모시고자하는' 그녀의 의지는 낭만적 사랑으로 완성된다. 그러나 결혼과 가족의 형성이라는 공적 목표에 이르지 못한 혜영의 사랑은 당연히 처벌을 받게 되고, 그 결과 미혼모가 된 그녀는 모든 것을 박탈당한다.

18 한국의 가부장제는 산업화에 의해 근대적 가족 형태인 핵가족이 형성되던 시기

렇게 상호 대립하는 두 가지 관점 사이에서 여성 관객들은 눈물, 절망, 그리고 분노를 통해서 자신들의 감정을 완전히 가동시키면서 자신들이 처한 사회적 상황을 자각하게 한다. 그러나 이러한 자각이 가부장 체제가 안고 있는 근본적인 모순에 대한 이해로 귀결될 수는 없다. 이러한 인식이 과도한 정서적 반응과 한이라는 근원적인 감정의 분출과 연결됨으로써 매우 감정적인 일별로 끝나기 때문이다.

한편, 60·70년대 근대화가 진행되던 이 시대는 미혼 여성노동자들이 대거 서울로 이주하던 시기였다. 서울로 이주한 이들 농촌 여성들은 도시사회에서 가장 착취당하는 집단으로 전락하게 된다. 이른바 여공으로 값싼 노동을 제공하거나, 아니면 식모라는 호칭으로 가사보조로 일했다. 여성은 사적 영역에서의 어머니 이상으로 공적 영역에서의 생산자 역할을 요구받게 되는 것이다. <별들의 고향>, <영자의 전성시대>는 이러한 시대적 상황을 잘 보여주는데, 이들 영화는 자본주의 장치와 맞물린 국가권력이 여성 노동력의 통제와 밀접한 관계있음을 보여주고 있다.

우선 <별들의 고향>에서 보이는 서울의 풍경은 일상적인 공간들이 아니라, 술집과 카바레, 여관과 창녀촌 같은 퇴폐적이고 에로틱한 곳이다. 경아를 둘러싸고 있는 술과 과도한 욕망의 이러한 이미지는 압축적 근대화로 인한 도시의 혼돈과 여성화를 상징한다. 서울이라는 도시의 여성화는 군사정권의 초남성적 전략 속에서 상대적

에 전통적 유산과 명확히 단절하지 못했고, 오히려 전통적인 여성적 관점, 즉 모성을 적절히 활용하면서 정착되었기 때문에 한국의 모성은 가족 특히 자식을 위해 존재하는 기능이 여전히 존속해 있으며, 오히려 이런 기능이 사회에 적극적으로 편입되면서 모성은 좀더 왜곡된 형태로 형성되었다고 볼 수 있다.

으로 사회의 모든 영역이 여성화되는 현상과 그 맥을 같이 한다고 볼 수 있다.[19] 아버지이자 남편으로서 초남성화된 국가 앞에서 복종과 규율을 내면화해야 하는 남성 주체들의 심리적 상황은 문호를 통해 잘 드러난다. 문호는 고등교육을 받은 화가지만, 그에게서 남성적 권위는 찾아볼 수 없다. 오히려 문호의 유아적이고 바보스러운 행동은 남성성이 유아화되거나 거세될 위협에 처해 있음을 상징적으로 보여준다.

한편, '거리의 여자' 경아는 국가 주도의 억압적 근대화에 의해 동요하는 남성 주체의 모순을 설명하는 일종의 알레고리이다. 그러나 그녀는 국가의 초남성적 전략에 의해 여성화된 남성 주체들의 내적 분열과 모순을 표현하는 기호로 그려질 뿐, 여성 주체로서의 갈등과 모순은 드러나지 않는다. 그러나 다른 한편으로 정치적, 경제적, 사회적 질서에 필요한 지배력을 상실한 남성들의 무기력한 정체성은 여성의 주체성 증가를 보여주는 계기가 될 수도 있다. 이리하여 서울이라는 도시는 여성들의 새로운 욕망이 일어날 수 있는 공간이 되며, 반복적으로 드러나는 여성의 성애적 이미지는 억압되었던 그들의 주체들이 재구성되는 통로가 됨으로써 전통적인 성별 위계를 어지럽히고, 남성적 주체성을 위협하는 전복적인 의미를 가지게 된다.

이처럼 경아가 보여주는 유동적 여성성, 확대하자면 서울이 가진

---

19 유신 정권이 선택한 초남성적 전략은 서구의 남성주의적 자본주의와 한국의 전통적 가부장적 지배를 결합하면서 폭력과 통제, 권력을 통해서 정당화된다. 초남성화된 국가를 지탱하는 부담은 사회에 지워지게 되는데, 이제 사회는 전통적 가치관에서 딸 - 아내의 역할을 부여받으며 복종과 규율, 근면과 자기희생을 강요받는다. 주유신 외 앞의 책, 152쪽 참조

유동적인 여성성이 남성성을 파괴하는 위험한 것이 될 수 있기에 남성들은 자신들을 보호하기 위해서는 남성적 권위라는 무기로 이 것을 억압해야 하는 것이다. 이리하여 남성의 권위는 경아의 현존 자체를 죄악시하고 처벌의 대상으로 만든다. 표면적인 원인은 그녀 의 과잉된, 위험한 섹슈얼리티이다. 이 때문에 그녀는 남자들에게 버림받고, '타락한 여성'이라는 사회적 낙인 속에서 고통받는 것이 다. 물론 경아는 흰 눈 위에서의 죽음으로 자신의 '순결'을 회복하 려 하지만 경아의 이러한 소망이 죽음을 통해서만 가능하다는 사실 은 남성 위주의 사회적 질서가 여성의 정체성을 어떤 식으로 억압 하는가를 보여줄 따름이다.

한편, <영자의 전성시대>에서 영자는 식모에서 공장노동자로, 다 시 버스차장으로 마침내 창녀로 변해 가는데 이 위치들은 모두 60,70년대 하층 여성의 사회적 위치다.[20] 식모는 농어촌에서 갓 올 라온 십대 소녀들이 대부분 이었고, 이들은 곧 광범위한 산업화가 진행되면서 수출 지향적인 제조업으로 흡수된다. 영자도 이 대열에 합류하지만 결국 팔 하나를 잃게 되고 더 이상 노동현장에서 일할 수 없게 된 영자는 이제 생계를 위한 매춘으로 내몰리게 된다. 애초 부터 영자가 소망한 것은 '기술을 익혀서 평생 혼자 살고자 하는' 혹은 좀더 잘 되면 여성 택시 운전사 정도의 소박한 꿈이었다. 그러 나 영자의 이런 꿈은 팔 하나를 잃는 것으로 끝이 나는데, 이것은

---

20 공적 영역에 진출한 이 시기의 여성 노동은 국가에 의해 '조국 근대화의 역군'으 로 호명되면서도 실제로는 최저의 생계만을 허락하는 열악한 노동현장에 묶여있 었다. 따라서 '공순이'라고 불리었던 노동 여성들이 경험한 것은 합리적이고 독 립적인 존재로서의 정체감이 아니라, 국가, 부모, 회사를 위해 일하는 '근로 미혼 여성'의 차별적 지위였다.

월남전에서 돌아온 창수가 '기술을 배워 양복점을 차리는' 꿈을 실현하는 것과 확연히 대비되는 지점이다.

영자와 창수의 이러한 대비는 근대화 프로젝트라는 동일한 시공, 간을 공유했음에도 불구하고 여성과 남성의 사회적 정체성이 어떻게 다른가를 보여주는 예이다. 이것은 결국 여성이 민족주의적 근대화 프로젝트의 가장 큰 희생자이자 부산물이라는 점을 명확히 해주는 것이다. 그러나 영자가 의수를 달고 중앙청 앞을 혼자서 걸어가는 장면은 근대화의 부산물인 상실된 여성 주체인 영자가 바로 그 근대화 전략에 잠재적인 위협이 될 수 있음을 징후적으로 나마 드러낸다.21 물론 영화는 영자라는 여성 주체가 가진 잠재적인 위협성을 충분히 인식하면서 그녀를 단란한 가족 구성원에 포함시킴으로써 이런 위험성을 해결하고자 하지만, 김씨 아저씨로 대변되는 남성 주체는 영자가 단란한 가족을 꾸리기에는 '순결하지' 못한 창녀였음을 끊임없이 각인시킴으로써 그녀를 또 다시 도덕적으로 타락한 길로 내몰릴 뿐이다.22

이상 이 세 작품이 공통으로 보여주는 것은 한국 근대사에서 여성의 정체성이 남성위주의 외형적 규범과 이를 뒷받침하는 국가주의와 배리되는 방식으로 존재하고 있다는 사실이다. 식민지 말기와 한국전쟁 기간동안 여성들은 가장의 역할을 대신하게 되고 또한 사회적 노동도 그들의 몫이 된다. 그러나 여성들을 다시 전통적 자리

---

21 하위주체로서의 여성 노동자들이 갖는 잠재적인 위협성은 곧 현실 사회에서 표면화되는데 그것은 1970년대 후반 군사정권의 억압과 배제를 뚫고 나온 여성노동자들의 '민주노조'운동이었다.
22 이는 영자가 창수를 떠나기로 결심하고 버스 터미널에 앉아 있을 때 중년의 여자가 다가와 '색시, 취직 자리 구하지?'라고 말을 거는 장면에서 명확히 드러난다.

로 되돌려 보내기 위해 혹은 새로운 방식으로 그들의 노동력을 동원하기 위해서 국가는 다양한 이데올로기 장치를 동원해 여성의 규범을 재정립하게 된다. 이러한 과정을 그려내는 멜로드라마는 다른 어떠한 장르보다도 한국적 가부장제에 대한 비판적 텍스트로 가능하며, 이러한 주제는 다음과 같은 멜로물에서도 지속적으로 되풀이 된다.

<지옥화>(1958), <김약국의 딸들>(1963), <분례기>(1971), <그해 겨울은 따뜻했네>(1984), <우묵배미의 사랑>(1989), <두 여자 이야기>(1992), <창>(1996)

2) 역사영화

영화의 탁월한 서사적 기능은 역사를 비교적 정확하게 재현하고, 다양하게 해석하고 사고하게 함으로써 과거의 흔적으로부터 새로운 의미를 만들어낸다는 데 있다.[23] 우리나라 역사물 역시 개인적 드라마와 역사적 드라마 사이를 동요하면서 대중들에게 역사적 사실과 개인적 덕목에 관한 언술들을 새롭게 구성해서 보여주고 있다. 특히 대부분의 역사물은 왕실내부의 여성들을 중심으로 전개되는 음모와 갈등을 주 소재로 다루고 있는데, 여기에서 여성의 한이라는 주제는 정통 왕조 드라마에서부터 최근의 수정주의적 역사영화까지 다양한

---

23 역사를 다루는 시각적 미디어, 특히 영화의 이러한 차별성은 최근에 와서야 인정되었다. 따라서 미르크 페로의 지적처럼 "1960년대 초 만해도 영화를 문서로 파악하여 연구하고 그럼으로써 사회를 분석하겠다는 생각은 대학사회에 소동을 일으키기에 충분했다." 마르크 페로 저, 주경철 역, 『역사와 영화』, 서울, 까치 1999, 9쪽.

스펙트럼을 이루면서 재현된다. 신상옥의 <연산군>[24]은 이런 주제의 좋은 예가 될 것이다.

특히, <연산군>의 경우 같은 해에 집권한 박정희 군사정권의 통치권 행사 방식을 바라보는 여러 가지 시각들과의 연계 속에서 폭군 연산을 재현하고 있다. 그러나 이러한 재현이 좀더 구체화되었거나 노골화되었다면 검열과정에서 영화의 많은 장면들이 삭제되거나, 아예 상영금지 처분이 내려졌을지도 모른다. 대신 이 영화는 상당부분 그 시대가 요구하는 담론의 의미 생산에 참여함으로써 권력자들에게는 바람직한 서사물로 변하게 된다.

이를 위해서 감독은 연산군 집정기의 무오사화와 갑자사화 등의 역사적 사건들을 당시의 정치권력이라는 공적인 맥락 대신 연산군 개인의 사적 맥락에서 다룬다. 동시에 연산의 폭정과 패륜에 대한 구체적인 묘사와 어머니에 대한 그의 '인간적' 고뇌를 과장되게 그려냄으로써 관객들을 인간 연산에 대한 동일화와 반동일화적 지점에 위치시킨다. 결국 영화에서 폭군 연산과 인간 연산을 구분하는 선은 연산이 어머니, 즉 폐비 윤씨와 맺는 관계에서 비롯된다. 특히 연산군의 성격적 파탄의 원인을 왕권의 핵심과 그 주변 권력층들 사이의 역학적 관계에서 파악하기보다는, 연산군이라는 개인에게 귀결시키고 결과에 따른 책임 역시 그에게 전가시키는 것이다.

이러한 기술 방식은 연산군의 부덕의 원인을 어머니와 연결시킴

---

24 박종화의 대표적 역사소설인 <금삼의 피>를 1961년에 영화화한 <연산군>은 상업적 흥행으로 인해서 이듬해 임희재 극본의 <폭군 연산>으로 이어졌다. 연산군 일대기는 이후에도 영화, 연극 그리고 TV드라마의 형태로 여러 차례 만들어 졌는데 이것은 연산군과 그의 어머니 폐비 윤씨를 둘러싼 독특한 서사성으로 인해서 인간적, 정치적 문제 등 다양한 스펙트럼을 보여주고 있기 때문이다.

으로써 부계로 계승되는 왕권의 정통성에는 전혀 손상을 가하지 않는다. 연산군의 정치적 실패 혹은 연산군의 폭정의 주원인인 폐비 윤씨 사건의 주범도 여성인 인수대비나 성종 주변의 후궁들 나아가서 피해자인 폐비 윤씨 본인으로 지목되고 선왕인 성종이나 주변의 남성 권력자들에게 전가되지 않는 것은 바로 남성 중심의 도덕적 기반을 흔들지 않으려는 서사구성인 것이다. 연산군의 성격적 이상 역시 정치적 상황에서보다는 억울하게 죽은 윤씨의 한풀이와 이러한 어머니에 대한 극진한 사모에서 비롯된다. 윤씨의 억울한 죽음은 회상 형식으로 영화 중간 중간에 끼어들게 되고 이러한 과거사에 대한 연산군의 사적 감정은 윤씨가 죽으면서 흘린 피가 묻은 옷자락에서 극대화된다.

이렇게 볼 때 표면상으로는 폭군이라 불리는 연산군의 비행을 구체적으로 묘사함으로써 매우 정치적인 소재를 다루는 것처럼 보이지만, <연산군>은 아들이 어머니를 그리워하는 멜로드라마의 일종이며, 윤씨의 한 많은 생애와 연산군의 일탈적 행위는 남성 중심의 사회적 규범을 거부하는 것이 무엇을 의미하는가를 보여줄 따름이다. 그리고 이것은 궁극적으로 60년대가 요구하는 남성 중심의 가부장적 질서를 재생산하려는 것에 기여하려는 것이다.

한편, 한국 사회에서 여성의 성애를 담론화하는 방식은 식민주의/신식민주의 역사와도 관계가 있어 보인다.[25] 특히 식민 시기의 역사가 한국영화에서는 가장 드물게 재현되는 이유 중의 하나라는 다른

---

25 '화냥년'이라는 말의 유래가 중국에 공물로 바쳐졌다가 고향으로 돌아온 여자를 가리키듯이 '종군위안부'는 일본 식민지가 강제시킨 성 노동을, '양공주'는 미주둔군 기지를 근거로 한 성 산업을 상징한다.

어떤 시기보다도 성을 매개로 하는 억압과 통제의 시기였기 때문이다. 바로 여기에 있다고 할 수 있다. 이런 차원에서 여성주의자이자 독립영화감독인 변영주26에 의해서 1991년 세 명의 위안부 출신 여성이 대중 앞에 등장하기 전까지 위안부 문제가 전혀 올바로 기억되지도 않았고 스크린에 재현되지도 않았다는 사실은 놀라운 일이 아니다.27 변영주의 두 편의 영화 <낮은 목소리>와 <낮은 목소리 2>는 아직 화해되지 않은 식민의 역사로부터 나온 여성성의 탈식민적 계보를 보여준다. 동시에 이 두 편의 영화는 여성의 섹슈얼리티와 육체에 대한 현재의 개념이 마치 역사적 전이라 할 수 있을 정도로 과거의 위안부 문제와 깊이 얽혀 있음을 드러낸다.

감독은 자신의 영화가 여성 관객에 소구해야 한다고 당당히 선언했으며 <낮은 목소리>에서 위안부들이 50년간의 침묵을 떨쳐버리

---

26 변영주는 독립영화운동이 마침내 대중주의 민중운동과 결합하던 80년대 후반에 영화를 만들기 시작했다. 그녀의 영화만들기 궤적은 그 자체로 시사하는 바가 많다. 변영주의 첫 번째 다큐멘터리인 <아시아에서 여성으로 산다는 것>은 제주도에서 태국에 이르는 섹스관광을 추적한 작품이다. 영화를 촬영하는 동안, 제주도에서 일본 관광객을 상대하는 한 접대부는 자신의 어머니가 위안부였다고 감독에게 고백했다. 그녀는 어머니의 병원비를 대기 위해 접대부 일을 시작한 것이었다. 이러한 발견이 계기가 되어 변영주는 위안부에 관한 다큐멘터리 프로젝트에 착수하여 <낮은 목소리>와 <낮은 목소리 2>를 만들었다. 김소영 저, 『근대성의 유령』, 165-166쪽 참조.

27 무엇보다도 남한의 군사정부와 일본의 우익정권의 공모야말로 위안부 문제를 침묵시키는 데 결정적으로 기여했다. 그러나 이러한 정치적 침묵에도 불구하고 오랫동안 탈식민 시대 한국에서 여성의 섹슈얼리티와 육체의 개념은 위안부 여성과 결부된 수치심과 연접되어 민족주의적 서사를 구성하도록 만들었다. 훼손되고 강간당한 여성의 육체를 은유로 사용해 일본의 강점과 전후 미군 주둔의 이야기를 서술한 1970년대 한국의 수많은 이야기들 중 하나였다. 이러한 류의 문학적 상상력과 더불어 위안부의 역사는 성 착취 영화에 등장하는 윤간 환상의 배후나 TV 다큐멘터리의 민족주의적 구출 환상을 촉진시키는 지렛대로 전유되었다. 앞의 쪽, 165면

고 입을 열 때, 여성 관객들은 그들의 슬픔을 공감할 뿐만 아니라 이러한 역사에 자신도 개입되어 있음을 깨닫게 된다. 이 영화에서 여성의 육체에 대한 재고는 마지막 장면에서 가장 분명히 나타난다. 여기에서 카메라는 위안소에서 풀려나온 뒤 강제로 중국에 남아있어야 했던 한 위안부의 벗은 몸을 비추는데, 이때 카메라는 그녀의 약하고 주름진 육체를 매우 객관적인 시선으로 드러낸다. 이 장면는 이 영화가 위안부를 민족주의적 수사라는 박제화된 영역으로 방치한 무기력한 민족주의 서사와는 얼마나 거리가 먼가를 보여준다.

<낮은 목소리>가 오래 묵은 슬픔을 끄집어내기 위해 영화 내내 고백적 발화에 의존한다면, <낮은 목소리 2>는 오랫동안 억압된 욕망과 욕구를 표현하기 위한 우회 수단으로 노래와 농담을 동원한다. <낮은 목소리>가 종군위안부의 증언을 통해, 즉 자신의 목소리를 통해서 역사적 서사를 그들의 관점으로 재기술했다면, 후편은 그들의 일상에서의 농담과 가사를 바꾼 노래를 통해 그 서사를 우회적으로 이야기하고 있다. <낮은 목소리 2>에서 할머니들은 '스스로 말하기로 결정했다'고 밝히고 있다. 이리하여 반복적 농담과 노래의 양식을 통해 그들은 결혼과 출산에 대한 희망 그리고 노년의 연애를 이야기한다. 영화의 서사와 시각적 이미지를 스스로 연출하며 그들은 자신의 개인사에 새겨진 상처를 치유하려고 한다. 즉 역사적 폭력 때문에 경험할 수 없었던 부분을 언어를 통해 표현하고자 하는 것이다.[28]

---

28 암 때문에 시한부 인생을 살아가는 강덕경 할머니는 감독에게 그가 죽은 후에도 자신의 이야기가 남도록 영화를 찍으라고 부탁한다. 김순덕 할머니는 자신이 소처럼 일만 하는 사람처럼 보이도록 찍어달라고 당부한다. 심미자 할머니의 경우 다른 아이들이 엄마 혹은 할머니라고 부르는 소리를 들으면 가슴이 무너진다며

이렇게 볼 때 한국 여성에게 가해진 억압적 구조는 사회적 구조 이상으로 역사의 구성물이며 이것은 주로 섹슈얼리티의 억압으로 일반화된다. 그러므로 과거 역사적 기록에서 차용된 수많은 인물들이 빚어내는 사건들은 공적 영역에서의 객관적 사실보다는 한 개인을 중심으로 음모와 불만 그리고 화해 등의 사적 사실에 더욱 집중될 수밖에 없는 것이다. 그리고 이것은 아이를 낳는 일, 그리고 남성의 성적 대상으로서 자신의 성을 사용하는 것 이외에 다른 어떠한 방법으로 여성이 자신의 정체성을 확인하려는 것은 매우 불온한 행위로서 반드시 규제와 처벌의 대상이 되어야 한다는 전통적 주제를 재확인하는 데 불과한 것이다. 다음과 같은 역사물에서 이 주제는 되풀이된다.

<이조여인잔혹사>(1966), <내시>(1968), <물레야, 물레야>(1975), <황진이>(1986), <씨받이>(1990), <명자, 아끼꼬, 소냐>(1993)

3) 공포영화

흥미롭게도 한국 영화사 초기부터의 고전이나 설화 혹은 전설 따위를 소재로 한 이른바 괴기영화의 전통과, 최근 <여고괴담>시리즈, <소름>, <가위>, <폰> 등의 흥행에도 불구하고 공포영화[29]는 오랫

___

가족을 갖고 싶다고 말한다. 윤두리 할머니도 다시 태어나 결혼하고, 아이도 낳고 남편에게 사랑도 받고 싶다고 밝힌다. 그런가 하면 박두리 할머니는 성과 관련된 노래와 농담을 통해 자신의 욕망을 드러낸다.

29 일반적으로 공포영화 장르는 SF장르와 더불어 판타지 영화라 불린다. 판타지 영화는 환영과 속임수를 만들어 내는 영화의 스펙터클적인 가능성을 활용해, 이상한 생물이나 불가능한 서사구조 속에서 발생하는 괴이한 일들이 관객의 눈앞에 나타난다. 판타스틱 양식에 대한 이러한 정의는 18세기 후반과 19세기 초반의

동안 여성주의 이론가들에게 여성성의 담론을 위한 장이 되지 못했다. 그 이유로 우선 합리성을 추구하는 근대적 사유가 판타스틱한 방법에 의존하면서 비현실적인 스토리를 전개하는 이런 영화를 매우 퇴행적인 장르로 취급했을 것이고[30] 다음으로는 영화 분석을 위한 방법론의 제한으로 인한 것이었다.[31] 이리하여 정신분석학을 비롯한 새로운 관점에서 공포영화를 분석한 이론가들은 공포영화가 공포라는 인간의 근원적이고 보편적인 심성에 호소하는 장르인 동시에 특정한 사회, 문화적 맥락에서 은폐되고 왜곡된 사회적 질서나 이념의 반영이라고 보고 있다.[32]

물론 공포영화의 일차적 목적은 관객에게 긴장과 공포를 통해 새로운 종류의 쾌감을 제공하는데 있다. 그러나 예를 들어 공포영화에 등장하는 괴물의 실체는 흔히 '억압'과 '타자'라는 개념으로 나타나며, 여기에서 억압이란 일종의 과잉 억압(surplus repression)으로서 여성 특유의 억눌린 정서가 왜곡된 방식으로 재현된다는 것이다.[33]

고딕소설들로부터 기원하였다. 판타스틱 양식의 사회적 기능은 이것이 검열과 억압의 양식들을 위반하는 방식을 제안한다는 점을 들 수 있다.

30 공포영화는 귀신과 괴물이 나오는 몬스터 무비, 광적인 살인자가 등장하는 서스펜스 영화 등으로 구분되지만, 한결같이 관객으로 하여금 극도의 공포감을 느끼게 한다는 점, 달리 말해서 그 대상이나 상황자체 만으로 공포심을 불러일으킨다는 점이 공통적이다. 정교한 스토리나 플롯에 의존하지 않은 채 '공포' 그 자체를 가지고 장사한다는 점과 저렴한 비용의 제작이 가능하다는 점에서 공포영화는 오랫동안 저급한 B급 영화로 취급되었다.

31 정신 분석학 등의 방법이 영화 텍스트 분석에 도입된 것은 근래에 와서이다.

32 예를 들어서 50년대 만들어진 '돌연변이(mutant)' 공포영화는 2차대전 이후의 과학기술문명에 대한 공포를 드러내며, 80년대의 <에이리언>시리즈는 미국의 군산복합체의 비도덕성, 에이즈와 인간복제에 대한 공포 혹은 냉전 종식 이후 등장하는 새로운 외부세력에 대한 공포심 등을 상징한다.

33 타자라는 개념 역시, 기존의 주체(우리) 중심의 철학적 세계관이 타자(타인)를

한국영화의 경우, 이러한 경향은 특히 현저하다. 한국 영화에서 멜로드라마가 비교적 합리적인 방식을 통한 한의 표현이라면, 공포영화는 한에 대한 비합리적인 표현으로 볼 수 있다. 따라서 멜로드라마가 정서적 일치를 전제로 하면서 가부장적 질서를 정당화하는 장르라면, 공포영화는 여성으로 하여금 정서적 일탈을 조성하면서 이를 통해서 기존 질서에 대한 저항을 보여주는 것이다. 이리하여 오랫동안 여성을 억압하였던 봉건적 가치관과 윤리의식 그리고 근대화과정에서 소외된 여성의 사회적 위치와 고립 등은 60·70년대에는 주로 사극의 형식으로, 90년대에 청소년물로 구체적으로 재현되었다.

이렇게 볼 때 한국 공포영화의 주인공이 대부분 여자들 혹은 여자 귀신들이라는 사실은 지극히 당연하다고 볼 수 있다.[34] 그리고

어떤 식으로 억압해왔는가를 보여주는 개념이다. 예를 들어 우리 문화에서는 성적 욕구, 동성애, 여성의 성, 아동의 성 등이 과잉 억압을 받고 있다고 하겠다. 따라서 부르주아지의 입장에서는 프롤레타리아트가, 백인의 입장에서는 흑인이, 남성의 입장에서는 여성이, 어른의 입장에서는 어린이가 타자가 된다. 어쨌든 기존 체제는 타자로 규정된 것을 억압해왔는데, 바로 이러한 '억압된 것의 귀환'이 공포영화의 이론적 토대였던 것이다. 결국 호러 무비는 '억압된 것'의 귀환이며(정상성에의 도전 내지는 복수), 특정 구성원들의 집단적 악몽이다.

34 우선, 김시습의 <금오신화>의 한 부분을 취한 <목단등기>의 처녀귀신, 고대 소설을 영화화한 〈장화홍련전〉의 여귀, 중국설화를 각색한 <백사부인>의 인간으로 둔갑한 백사, <무덤에서 나온 신랑>의 달rif귀신과 여귀, <살인마>와 <목없는 미녀>의 여귀 등 주로 구전설화나 민담, 고전소설 등에 의존한 괴물형상으로서 대부분이 여성으로 나타난다. 동시에 1924년 <장화홍련전>을 필두로 한 한국 공포영화에서 독보적인 존재 역시 속옷 바람에 머리를 풀어헤친 여자귀신들이다. <월하의 공동묘지>, <미녀 공동묘지>, <원한의 공동묘지>, <여곡성>, <며느리의 한> 등 60년대의 일련의 공포영화들은 한결같이 양반집을 무대 원한을 품고 죽은 며느리가 등장하고, 원귀로 돌아온 며느리가 남편과 시어머니를 괴롭히는 내용이다. 이들은 주로 대를 잇지 못한다고 하여 억울하게 독살당하거나,

흔히 여인들의 원혼이 고양이로, 박쥐로, 그리고 나비 등으로 전이
되었다가 다시 인간의 몸을 빌려 환생하거나, 반대로 동물이 여인의
몸에 들어왔다가 인간으로 살아남기도 하는 이러한 스토리는 동물
과 유난히 가까웠던 전통적인 농경사회를 반영하기도 하지만, 무엇
보다도 인간이 아닌 동물의 몸을 통해서 자신의 실체를 드러내어야
하는 여성의 왜곡된 정체성을 보여주는 것이다. 공포영화의 이러한
특징은 60년대 대표작 <월하의 공동묘지>[35]에서 잘 나타난다.

이 영화는 <장화 홍련전>을 통해 일찍부터 여귀의 모태로 여겨져
온 가정비극과 기생의 인생 유전을 담은 30년대 신파의 구조를 근
간으로 하면서 이 시기에 새롭게 부각된 '모성의 담론'을 주제로 수
용하고 있다는 점이 특이하다. 이 영화의 이런 요소들은 지금까지도
공포영화들에서 다양한 방식으로 재조합되어 재현되었다. 이런 차
원에서 가족과 가족담론의 재조직화를 핵심으로 사회전반의 재구조
화가 진행되기 시작하던 무렵에 제작되었던 <월하의 공동묘지>가
일제강점기 가족으로부터 그 서사를 출발시키고 있음은 의미심장하
다.[36]

가문의 정통성에 흠집을 낼만한 불륜의 아기를 가졌다고 해서 살해당한 여성들
의 원혼인 것이다. 이것은 결국 봉건적 질서에 의해 억압받은 여성들의 모습들
이다.

35 1967년 8월 25일 동아극장에서 개봉하여 서울관객 5만을 동원한 <월하의 공동
묘지>는 여러 가지 면에서 한국 괴기 영화의 기본을 마련한 작품이다. 우선, 원
귀(寃鬼)가 한국 괴기 영화의 주요 캐릭터로 자리잡는 데 결정적인 역할을 했다
는 점, 또 고전소설 가운데 가정 비극의 구조를 이후 괴기 영화의 주요한 모델로
설정하도록 했다는 점 등 은 한국 괴기 영화를 설명하는데 더욱 중요시되어야할
부분이다.

36 일제 강점기는 무엇보다도 봉건적인 사회구조가 유지되던 조선과 근대적 국가의
수립 사이에 놓여 있으면서 강제적인 근대화가 시작된 시점으로 대중적 상상력

이 영화에서 여학생 명순은 독립운동을 하다가 감옥에 간 오빠와 애인의 뒷바라지를 위해 기생이 되었다가 일제의 식민지 정책에 편승하여 갑부가 된 한수의 아내가 된다. 그러나 명순은 부르주아 가정의 아내이자 가부장의 계승자인 아들의 어머니가 되고서도 과거의 훼손된 순수성으로 인해서 고통 받는다. 한편, 수난당하는 민족을 상징하는 오빠 춘식은 명순 가족의 도덕적 정당성을 희생시키면서 부와 명예를 추구한 한수의 부르주아 가정을 위협하는 과거의 망령이다. 여기서 지하로 스며든 독립운동가 춘식의 역사적 정당성이 동생의 행복을 위한 오빠의 애정이라는 사적 감정으로 치환되는데 이것 역시 60년대 후반의 여러 멜로드라마가 부당한 사회적 권력의 압박을 재현하는 것과 동일한 방식이다.

따라서 명순의 원귀는 해원(解怨)을 현실권력에 의존함으로써 기존 질서의 도덕적 정당성을 승인했던 장화홍련과는 달리, 스스로 원수를 갚음으로써 새로운 질서를 위한 상상의 공간을 열어놓는다. 그러나 명순을 원귀로 만든 불의의 세력에서 그녀는 분리는 되었지만 이것이 역사적 정당성을 회복하지 못한 한수와 모든 명분을 잃어버린 채 떠돌이가 되어버린 춘식과의 화해를 의미하지는 않는다는 점에서 매우 불온한 결말이 된다. 이처럼 전통적인 신파적 요소가 <월하의 공동묘지>에 이르러 괴기와 결합함으로써 한국 괴기영화의 불온한 상상의 영역을 개척했다는 점에서 이 영화는 이후의 괴기영화의 한 전범이 되었다.[37]

속에서 전통적 가족의 해체와 근대가족의 출발이 시작된 시기이다. 따라서 30년대 가정이라는 공간은 60년대 근대화 과정에서 노정된 가정적 모순을 가장 극명하게 반영할 수 있는 상상의 공간이라 볼 수 있다.

이처럼 <월하의 공동묘지>가 다른 공포(괴기)영화들과 공유하는 지점은 전통적인 여인의 한을 특정한 수용계층에 호소하는 그 양식적 특성에서 찾아야 할 것이다. 시대별로 대표적 공포영화를 살펴보면, <악의 꽃>(1961), <하녀>(1961), <원녀>(1965), <한>(1967), <몽녀>(1968), <여고괴담>(1999), <장화홍련>(2003) 등이 있다.

4) 무속영화

무속은 한국 고유의 신앙으로 일반 민중의 현세적 생활 속에서 경험하고 탐구하여서 얻어진 각종의 선험적 지식과 기술을 토대로 하는 신앙체계이며 동시에 인간의 모든 경험 내용이 침전된 민족고유의 집단적 연행 형태를 띤 예술이기도 하다. 전통사회에서 뿐만 아니라 지금까지도 무속은 상류층보다는 일반 대중, 특히 여성들을 위한 민간종교이다. 이리하여 과거 지배계층들은 무속을 미신시하고 배척했지만 민중들 특히 부녀자들 사이에서는 소멸되지 않고 지속적으로 근원적 정신구조로 남아있었다. 무엇보다도 무속은 부계 중심의 사회제도로 인해 소외된 이들을 위로할 수 있는 포용성을 갖고 있기 때문이다.[38]

---

37 특히 공포를 불러일으키는 첫 번째 무덤 장면에서부터 등장하여 명순이 기생이 된 내력과 억울한 죽음을 당한 이유 그리고 이를 회개한 한수가 무덤을 찾아왔으나 춘식이 외면하는 이유 등을 설명하는 변사의 역할은 무성영화 시기의 전형적인 영화 전개방식으로서 이후 <한>시리즈를 비롯해서 <전설의 고향> 같은 TV 공포물에서 되풀이되는 서사방식이라 할 수 있다.

38 경전이라는 문자매체를 통해 유지되는 기성종교에 반해, 무속은 주로 구전과 의례를 통하여 전승된다는 점에서 그 대중성을 확보할 수 있는 것이다. 그러나 사회적 마이너리티를 대변하는 무속은 이러한 대중성으로 인해서 과학적 합리성과

물론 무속이 불교나 유교에 비해 압도적으로 우리 민족문화의 전통과 주체의식을 대변한다고는 볼 수 없지만 적어도 무속이 사회에 내재해 있는 갈등과 모순을 사회적 또는 종교적으로 처리할 수 있는 메카니즘으로 기능한 것은 사실이다. 바로 이점이 공포영화, 역사물, 문예영화, 통속물 등 다양한 장르의 틀을 빌려 나타나고 있는 무속영화의 중요한 특징이며 기능이라고 볼 수 있다. 이것은 동시에 한국 사회의 은폐된 존재로서의 여성을 비합리적인 방식으로 드러내고 이를 통해서 여성을 억압하는 기존질서에 대해서 저항하고 해체하는 문화적 방식이기도 하다. 여기에서 유현목의 <장마>는 좋은 예로 제시된다.

영화의 시작과 끝을 이루는 서술의 원인과 결과는 모두 무속신앙에서 비롯된다. 이리하여 무속적 요소는 사건과 인물들을 전적으로 지배하고 있다. 우선 영화는 자신의 꿈을 미래에 대한 예견으로 받아들이는 외할머니와 아들의 무사귀환을 맹목적으로 확신하는 친할머니를 대립시킨다. 이 과정에서 외할머니는 자신의 꿈을 미래를 예언하는 계시로 알고, 집에 들어온 구렁이를 순철의 환생으로 보고 주술적 의식을 베풀어준다. 무속에서 억울한 죽음은 천수를 다하지 못한 불행한 사건이다. 이리하여 육체는 죽지만 그 영혼은 떠돌거나 다시 환생한다는 것이다. 따라서 이때의 구렁이는 저승에 가기 전의 순철의 원혼이며 죽음의 확인이다.

그러나 친할머니는 길준의 죽음을 천수에 따를 운명으로 얘기하고 점장이에게 점을 보고 순철의 살아 있음을 믿는다. 이 과정에서

근대성이라는 이름으로 거세되었으며, 민중의 결집을 두려워하는 기득권층에 의해서 배척되었다.

대립은 지속되지만 외할머니의 성스러운 의식은 주위 사람들을 감동시키면서 나아가서 두 할머니의 화해를 가능하게 한다.[39] 이것은 전쟁이라는 극한적 상황으로 인해서 외할머니와 친할머니 서로 갈등을 보여주지만 결국 무속신앙에 의해 혈연과 사상의 갈등이 전격적으로 해결되는 것을 의미하며 이것은 나아가서 외국에서 유입된 이데올로기가 초래한 갈등이 한국 고유의 신앙인 무속에 의해 해결됨을 의미하는 것이다. 이를 위해서 외할머니는 그 망자를 가족들과 상면시키고 저승으로 배웅하는 무녀의 역할을 하는 것이다.[40]

이처럼 이 작품을 구성하는 인물의 성격, 사건, 갈등의 원인과 해결 등이 모두 무속신앙에 뿌리를 두고 우리 민족 고유의 사고체계인 무속신앙을 관념적 이데올로기보다 더 중요하다는 사실을 부각시킴으로써, 전통 정서에 바탕을 둔 시각으로 전쟁의 비극성을 효과적으로 나타내었다. 이리하여 두 삼촌으로 상징되어 표출되는 이데올로기의 대립은 두 할머니 즉 두 여성의 화해를 통한 무속적 고유 정서를 압도하진 못하는 것이다. 이것은 이데올로기의 희생자들의 원혼을 무속을 통해서 위로함으로써 화해를 시도하려는 <태백산맥>

---

39 외할머니의 구렁이에 대한 주술의식은 친할머니의 머리카락을 태우는 소발 사상과도 관련된 것으로 보이는데, 소발이란 1년 동안 머리를 빗을 때 빠진 머리카락을 모아, 이듬해 음력 설날 저녁 대문 밖에서 살라버림을 의미한다. 액땜하는 방편으로 머리카락을 태울 때 피어나는 연기를 이용하는 것은, 벽사진경, 즉 요괴를 물리치고 경사스런 일을 끌어들인다는 사상과도 상통하지만, 특히 부모의 머리카락을 태우는 것은 신체의 모든 부분을 부모에게서 받았다는 유교사상에서 유래된 것이라고 볼 수 있다.

40 천수를 다하지 못하고 죽은 원혼을 달래는 굿으로 전라도의 씻김굿, 경상도의 오구굿, 서울의 진오귀굿 등이 있는데, 이 굿들은 죽은 이의 영혼의 한을 풀어 저승으로 보내는 기능을 한다.

에서 되풀이된다. 과 동일한 논리이다. 이 외에 대표적인 무속영화
로서는 <한네의 승천>(1977), <신궁>(1979), <태>(1985), <나그네
는 길에서 쉬지 않는다>(1987) 등이 있다.

4. 결론

이상에서 살펴본 내용을 다시 요약해 본다면, 멜로 영화의 경우,
한국 근대사에서 여성의 정체성은 남성위주의 외형적 규범과 이를
뒷받침하는 국가주의와 배리되는 방식으로 존재하고 있었고, 이것
은 특히 식민지와 전쟁을 겪으면서 동요하게 된 여성들을 전통적
자리로 되돌려 보내기 위해 혹은 새로운 방식으로 그들의 노동력을
동원하기 위한 의도에서 비롯된 것이다. 그리고 이것은 주로 섹슈얼
리티를 매개로 여성들을 규제하고 처벌하는 방식으로서 역사물 경
우, 여성들을 중심으로 음모와 불만 그리고 고통의 표현에 집중함으
로써 은폐된 차원에서의 여성의 한은 좀더 구체적으로 드러나게 된
다. 공포영화 역시, 특정한 시기 여성들을 억압하고 규제하는 사회
적 질서나 이념을 반영하는 서사물이라는 점에서 역사물과 동일한
방식의 재현물로 볼 수 있고, 비록 비합리적인 방식이지만 여성에게
가해진 고통과 절망을 배출시키는 분출구로 무속이 기능했으며 이
런 차원에서 무속영화는 한국 여성을 둘러싼 갈등과 모순을 종교적
으로 처리할 수 있는 가능성을 보여주었던 것이다.

이처럼 한국에서의 여성의 정체성은 여러 가지 지배적 권력담론
들 속에서 생산되고 조정되어 왔지만, 다른 한편으로 이 담론들의
틈새로 여성의 한은 여러 가지 모습으로 재현되었다. 이리하여 이들

영화에서 지속적으로 제기되는 질문은 다음과 같다. 즉 "근대화 이후 한국 사회에서 여성의 정체성은 어떻게 구성되어 왔는가? 그리고 그 과정에서 여성의 한은 어떤 언어로 형상화되었는가?" 장르와 관계없이 이른바 여성영화란 이 질문들에 답하고자 하는 지속적인 노력이라고 볼 수 있다.

마지막으로 이 연구를 통한 또 하나의 중요한 문제제기는 한의 존재론적 분석을 위한 우리 고유한 방법론이 개발되어야 한다는 것이다. 다시 말해서 서구로부터 차용된 문화 텍스트의 분석방법을 뛰어넘은 다른 차원의 고유한 접근방법이 필요하다는 것이다. 문화가 특정 계급 구조로부터 민족을 포함하는 여러 사회적 관계 혹은 특정한 사회적 구성체의 이념을 반영한다면 문화, 특히 대중문화는 개인을 포함하는 집단 전체의 사고와 삶에서 비롯되고, 이데올로기란 이러한 문화에 내재하는 현실에 대한 이론이라고 할 수 있다. 이러한 관점에서 우리 고유의 문화 혹은 대중문화에서 나타난 한이라는 고유한 정서를 우리의 관점에서 분석하기 위해서는 우리의 역사 삶의 체험에 근거한 새로운 방법론이 필요하다는 것이다. 개개의 영화가 나름대로의 현실을 보는 눈을 가지고 대중을 대하고 있고, 이를 감상하는 대중 역시 대중 매체로서의 영화가 의도적으로 혹은 잠재적으로 전달하려는 이데올로기를 수용 혹은 거부할 수 있는 나름대로의 감식안과 비판적 안목을 구비하려고 한다면 이때 가장 중요한 토대가 되는 것은 관객인 우리 자신의 눈으로 이 모든 것을 바라볼 수 있는 고유하고도 주체적인 방법론인 것이다. 대중문화 연구의 교육적 활용방안도 궁극적으로 여기에 있는 것이다.

참고문헌

게일 오스틴 저, 심정순 역, 『페미니즘과 연극비평』, 서울, 현대미학사 1995.

권택영 저, 『영화와 소설 속의 욕망이론』, 서울, 민음사 1995.

기 고티에 저, 유지나 김혜련 공역, 『영상기호학』, 서울, 민음사 1996.

김상준 저 『프로이트와 영화를 본다면』, 서울, 집현전 1997.

김상준 저, 『신화로 영화읽기, 영화로 인간읽기』, 서울, 세종서적 1999.

김성곤 저, 『김성곤 교수의 영화 에세이』, 서울, 솔 1994.

김소영 저, 『근대성의 유령』, 서울, 씨앗을 뿌리는 사람들 2000.

김소영 저, 『시네마, 테크노 문화의 푸른 꽃』, 서울, 열화당 1996.

김소영 편집, 『시네 페미니즘, 대중영화 꼼꼼히 읽기』, 서울, 과학과사상 1995.

김일란 「영화에서의 여성관객성 연구비판」, 중앙대 첨단 영상대학원 2001년 석사논문.

김정미 「페미니즘 영화이론과 여성영화연구」, 경성대 대학원 1997년 석사논문.

김현희 「90년대 후반 한국영화 내에서 나타난 여성의 성적 쾌락과 성적 주체성에 과한 연구」, 계명대 여성대학원 1999년 석사논문.

로버트 랩슬리 & 마이클 웨스틀레이크, 공저, 이영재, 김소연 역, 『현대영화이론의 이해』, 서울, 시각과 언어 1995.

로빈 우드 저, 이순진 역, 『베트남에서 레이건까지』, 서울, 시각과 언어 1994.

문수연 「성적 주체로서의 여성의 재현에 관한 여성주의 연구」, 성신여대 대학원 200년 석사논문.

박명진 저, 『욕망하는 영화 기계 - 한국영화의 시각적 무의식』, 서울, 연극과 인간 2001.

박병철 저, 『영화 속의 철학』, 서울, 서광사 2002.

박성수 외 공저, 『영화 이미지의 미학』, 서울, 현대미학사 1996.

박성수 저, 『들뢰즈와 영화』, 서울, 문화과학사 1998.

박은정 「한국여성의 모더니티 경험과 대중문화」, 서강대 대학원 2000년 석사논문.

수잔 제퍼드 저, 이형식 역, 『하드 바디』, 서울, 동문선 2002.

수잔나 D 월터스 저, 김현미 외 역, 『이미지와 현실 사이의 여성들』 서울, 또 하나의 문화 1999.

슬라보예 지젝 저, 김소연, 유재희 역, 『삐딱하게 보기』, 서울, 시각과 언어 1995.

슬라보예 지젝 저, 주은우 역, 『당신의 징후를 즐겨라 - 헐리우드의 정신분석』.

신창희 「김기영 영화에 나타난 여성 이미지 연구」, 한양대 대학원 1990년 석사논문.

양윤모 저, 『80년대 한국영화 개관—새로운 전망을 위하여』, 이중거 외.

유지나 변재란 공편, 『페미니즘 /영화/여성』, 서울, 여성사 1993.

유지나 변재란 편집, 『페미니즘. 영화, 여성』, 서울, 여성사 1993.

유지나 외 저 『멜로드라마란 무엇인가』, 서울, 민음사 1999.

이우경 「한국영화에 나타난 여성의 성 역할 변화 연구」, 고려대 언론 대학원 1996년 석사논문.

이중거 외. 『한국영화의 이해』, 서울, 예니 1992.

이효인 외 공저, 『새로운 한국영화를 위하여』, 서울, 이론과실천사 1988.

이효인 이정하 엮음, 『한국영화 씻김』, 서울, 열린 책들 1995.

이효인, 「1980년대 한국 뉴 웨이브에 대한 재평가 또는 반성」, 『세계영화사 강의□초기 영화에서 아시아 뉴 웨이브까지』, 임정택 외, 서울: 연세대학교출판부 2001.

주디스 메인 저 『사적 소설, 공적 영화』, 서울, 시각과 언어 1994.

최정화 「1960-70년대 한국 멜로드라마 영화의 여성 주체성 형성에 관한 연구」, 서울대 대학원 2002년 석사논문.

한경선 「90년대 한국영화의 여성재현에 관한 연구」, 중앙대 예술대학원 2000년 석사논문.

홀로우즈, 조안 & 얀코비치, 마크 편, 문재철 역, 『왜 대중영화인가』, 서울, 한울 1999.

Cook, David, A. *A History of Narrative Film*. 3rd ed. New York: W. W. Norton & Company, 1996.

Corrigan, Timothy. *Film and Literature*. Upper Saddle River, New Jersey: Prentice Hall, 1998..

Coward, Rosalind(1977), *"Class, 'Culture' and Social Formation"*, Screen, vol. 18, no.1.

Giannetti, Louis D.. *Understanding Movies*. New Jersey: Prentice-Hall Inc., 1972.

Hallam, Julia and Marshment, Margaret(2000), *Realism and Popular Cinema*, Manchester and New York: Manchester University Press.

Hill, John, *Sex, Class and Realism: British Cinema 1956-1963*, London: BFI Publishing, 1986.

McArthur, Colin, *"Days of Hope"*, Tony Bennett, Susan Boyd-Browman, Colin Mercer and Janet Woollacott (eds.), *Popular Television and Film*, The Open University Press. 1981.

Monaco, James. *How to Read a Film*. London: Oxford University, 1981.

Stead, Peter, *Film and the Working Class: The Feature Film in Britain and American Society*, London: Routledge. 1989.

찾아보기

저자소개 (집필순)

김진 ‖ 울산대학교 철학과 교수. 독일 루어대학(보쿰) 철학박사

저서: *Kants Postulatenlehre, ihre Rezeption durch Ernst Bloch und ihre mögliche Anwendung zur Interpretation des Buddhismus* (Frankfurt 1988), 『철학의 현실문제들』(철학과현실사 1994, 2003), 『칼 마르크스와 희랍철학』(한국신학연구소 1992; 울산대학교출판부 1998), *Hoffnungsphilosophie im Maitreya-Buddhismus* (Ulsan University Press 1997), 『종교문화의 이해』(울산대학교출판부 1998), 『아펠과 철학의 변형』(철학과현실사 1998), 『칸트·순수한 이성의 한계 안에서의 종교』(울산대학교출판부 1999), 『살고있는 순간의 어두움』(세종출판사 1999), 『선험철학과 요청주의』(울산대학교출판부 1999), 『칸트와 불교』(철학과현실사 2000), 『칸트와 생태사상』(철학과현실사 2003), 『퓌지스와 존재사유』(문예출판사 2003), 『공학윤리』(공저, 철학과현실사 2003)

조수동 ‖ 대구한의대학교 문화학과 교수, 영남대학교 철학박사

저서: 『인도철학사』(이문출판사 1995), 『문화의 이해』(공저, 이문출판사 2002), 『삼국유사의 종합적 연구』(공저, 박이정 2002), 『불교사상과 문화』(세종출판사 2003)

하창환 ‖ 영남대학교 철학과 강사, 영남대학교 철학박사

저서: 『재미있는 논리여행』(공저, 김영사 1994), 『퇴계선생』 권3(국제퇴계학회 대구경북지구 2000), 『배우지 않으면 알지 못하고 힘쓰지 않으면 하지 못한다』(공저, 일송미디어 2001).

이명곤 ‖ 경북대학교 철학과 강사, 파리 제1대학 철학박사

이광호 ‖ 영남신학대학교 강사·대구가톨릭대학교(철학박사)
저서:『이슬람과 한국의 민간신앙』(울산대학교출판부 1998),『기독교적 관점에서
본 세계문화사』(예영커뮤니케이션, 1996),『기독교 신앙과 윤리』(조에성경신학연
구원 2002)

김영필 ‖ 아시아대학교 교수. 계명대학교 철학박사
저서:『진리의 현상학』(서광사 1993),『현상학의 이해』(울산대학교출판부 1999),『
후설·유럽학문의 위기와 선험적 현상학』(울산대학교출판부 1999),『현대철학』
(울산대학교출판부 2002),『공학윤리』(공저, 인터비전 2003)

임효덕 ‖ 경북대학교 의과대학 정신과 교수. 영남대학교 의학박사
저서:『신경정신의학』(개정판, 중앙문화사 2003),『정신신체 의학과 현대의 정신
분석』(하나의학사 2004)

강대석 ‖ 대구가톨릭대학 철학과 교수, 독일 하이델베르크대학 졸업
저서:『현대철학의 이해』(한길사 1991)

박정희 ‖ 울산대학교 철학과 강사, 대구가톨릭대학교 철학박사

서정욱 ‖ 대신대학교 및 서울대학교 강사, 서울대학교 문학박사
저서:『국어정서법의 이론과 실제』(문창사 1996),『작문 및 화법의 이론과 실제』
(문창사 1997)

이강화 ‖ 대구가톨릭대학교 인문과학연구소, 계명대학교 철학박사
저서:『영화속의 여성읽기』(세종출판사 2003),『해석학과 현대철학』(공저, 철학과
현실사 1996)

한(恨)의 학제적 연구

2004년 5월 5일 1판 1쇄 인쇄
2004년 5월 10일 1판 1쇄 발행

지은이 김 진 외
발행인 전 춘 호
발행처 철학과현실사
        서울특별시 서초구 양재동 338-10
        전화 579-5908, 5909
등록번호 제1-583호
등록일자 1987년 12월 15일

ISBN 89-7775-483-6 03150
값 20,000원

※ 잘못된 책은 바꾸어 드립니다.
※ 지은이와의 협의에 따라 인지를 생략합니다.